요한복음 강해설교 1

생명의 떡 예수 그리스도

배 광 호 지음

도서출판 영문

I am the bread of life

By

Rev. Goeng-ho Bae(Th. D)

2012

Young Moon Publishing Co.,

Seoul, Korea

머리말

저는 요한복음을 좋아합니다. 요한복음을 통해 많은 은혜를 받았기 때문에 요한복음 설교를 꼭 해야겠다고 마음을 먹고 오랜 기간 그 때를 기다려 왔습니다. 그리고 결심을 하고 요한복음 강해설교를 시작했습니다. 그리고 전반 부분을 설교집으로 감히 출간하게 되었습니다.

요한복음서에서 우리는 '생명' 이란 말을 많이 만날 수 있습니다. 그 '생명' 은 바로 예수 그리스도이십니다. 그러므로 예수님과의 만남이 바로 생명을 얻는 길이요, 예수님과의 만남이 없으면 우리는 생명을 얻을 수 없습니다. 예수님은 '나는 생명의 떡' 이라고 말씀하셨습니다. 따라서 우리는 생명의 떡으로 오신 예수님과의 교제를 가질 때 이 땅에서 생명을 얻을 수 있습니다. 그리고 예수님을 통해서 우리가 이 땅을 떠나 하나님 나라에 들어가 하나님과 더불어 영원히 사는 생명을 얻습니다.

요한복음은 여러 가지 면에서 공관복음과 다른 점이 많습니다. 공관복음에서는 마지막 주간을 제외하고는 주로 갈릴리 사역을 다루고 있으나, 요한복음에서는 유대 지방에서의 사역을 기록하고 있습니다. 시간상으로도 공관복음은 한 번의 유월절만을 언급하여 예수님의 공생애 기간이 1년인 듯한 인상을 주는데 반해, 요한복음은 세 번(2:13, 6:4; 13:1) 내지 네 번(5:1) 언급하여 공생애 기간이 3년 이상이었음을 암시해 주고 있습니다. 그리고 공관복음에서의 특징적인 표현 방식은 비유를 많이 사용했지만, 요한복음에서는 교훈적인 진술을 가미한 짧고 생생한 구절들과 쉽게 기억될 수 있는 간단한 사건들이 많이 나타납니다. 특히 요한복음에 기록된 예수님의 교훈은 긴 강론 형식으로 되어 있습니다. 공관복음에서는 예수님의 가르침이 '하나님의 나라'에 중점을 두고 있는데 반해 요한복음의 강론들은 대부분이 예수님 자신에 관한 것과 예수님과 하나님과의 관계, 그리고 특별히 '영생'이라는 주제에 집중되고 있습니다.

예수님은 생명의 주인이십니다. 예수 그리스도는 인간의 몸을 입고 성육신하신 하나님으로 이 땅에 오셨습니다. 우리 인생은 매일 먹어야 합니다. 먹어도 되고 안 먹어도 되는 것이 아니라 반드시 먹어야 합니다. 그러나 우리는 육신의 떡보다 더 중요한 영혼을 살리는 생명의 떡을 먹어야 합니다. 우리 인생이 영적인 생명을 유지하기 위해서는 생명의 떡이신 예수님이 반드시 필요합니다. 예수님은 우리를 살리는 생명의 떡이십니다. 그러므로 우리는 생명의 떡이신 예수님을 믿어야 하고 영접해야만 합니다. 그때 예수님은 날마다 우리에게 생명을 주시고 새 힘을 주십니다. 예수님은 날마다 우리의 삶을 풍성케 하십니다.

생명의 떡이 되시는 예수님을 믿으면 영생을 얻습니다. 생명의 떡이신 예수 그리스도를 믿으면 생명의 떡을 먹는 것입니다. 예수님을 믿는 것이 영원히 사는 길입니다. 우리 인생이 죄와 죽음으로부터 구원받는 길은 생명의 떡이신 예수님을 영접할 때 이루어집니다. 그때 영원히 살게 됩니다. 생명의 떡이신 예수 그리스도는 그를 믿는 백성들과 항상 동행하시며 그의 백성들을 보호해 주십니다.

요한복음에는 예수님의 제자들을 비롯하여 많은 사람들이 생명의 떡이신 예수 그리스도를 통해서 생명을 얻은 사람들의 기록이 많이 나옵니다. 이 생명의 역사는 계속 이어지고 있습니다. 이 요한복음 설교집을 통해서 생명의 역사를 더 풍성하게 하는 촉매제가 되었으면 하는 바람입니다.

이 책을 발간하기 위해 수고한 공혜숙 전도사님을 비롯한 출판위원 여러분들께 깊은 감사를 드리며, 한창인 교회당 건축에 귀한 헌금으로 보내지길 기원합니다.

주후 2012년 12월

새 교회당 건축의 완공을 기다리면서

배 굉 호 드림

Contents

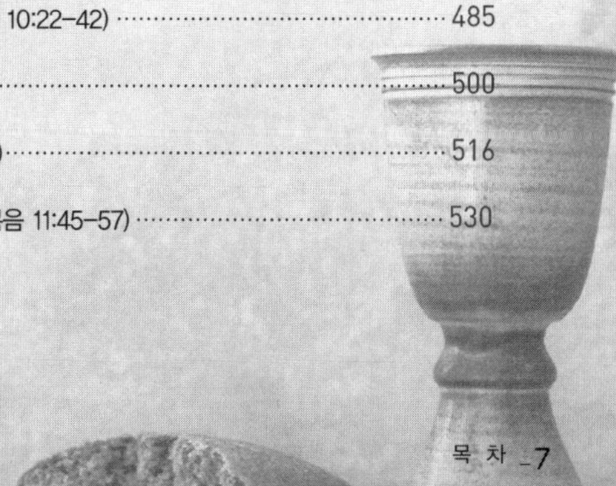

1태초에 말씀이 계시니라 이 말씀이 하나님과 함께 계셨으니 이 말씀은 곧
하나님이시니라 2그가 태초에 하나님과 함께 계셨고 3만물이 그로 말미암아
지은 바 되었으니 지은 것이 하나도 그가 없이는 된 것이 없느니라 4그 안에
생명이 있었으니 이 생명은 사람들의 빛이라 5빛이 어둠에 비치되 어둠이
깨닫지 못하더라

(요한복음 1:1-5)

01

태초의 말씀

요한복음은 세배대의 아들이요 예수님의 사랑을 받은 제자 요한이 기록했습니다. 고령인 요한이 1세기 말(주후 70-96년) 경에 에베소에서 기록한 것으로 보입니다. 요한복음은 다른 복음서들보다 제일 뒤에 기록되었습니다. 다른 복음서들은 주로 예수님께서 갈릴리에서 활동하신 사역들을 기록하고 있으나 여기서는 주로 유다에서의 행적을 기록하고 있습니다. 요한복음은 그 당시 예수 그리스도의 역사적 실체를 부정하는 가현설(docetism)을 공박하기 위해 기술되었습니다. 가현설이란 그리스도가 이 땅에 계실 때 유령 같은 존재였을 뿐 실제로 육체를 가지고 있지 않았다고 주장하는 초기 그리스도교의 이단 종파인 영지주의의 이론입니다. 그리고 예수 그리스도를 배척한 유대

주의의 모순을 지적하기 위해서 기록하였습니다. 한 마디로 예수 그리스도가 하나님의 아들이심을 증거하기 위해서 기록했다고 보아야 합니다.

마태복음은 유대인들을 대상으로 예수 그리스도는 유대인의 왕임을 강조했습니다. 마가복음은 로마인들을 대상으로 종으로 오신 예수 그리스도를 강조했습니다. 누가복음은 헬라인들을 대상으로 인간으로 오신 예수 그리스도에 대해 기록했습니다. 요한복음은 전 세계인을 대상으로 예수 그리스도는 하나님의 아들, 즉 그리스도의 신성에 대해 말씀하고 있습니다.

요한복음의 그리스도는 생명의 떡(6:35,41,51), 세상의 빛(8:12; 9:5), 양의 문(10:7,9), 선한 목자(10:11,14), 부활이요 생명(11:25), 길과 진리와 생명(14:6), 참 포도나무(15:1,5)로 나타나셨습니다. 요한복음에서는 생명, 믿음, 빛과 어두움, 진리, 증거, 세상, 영광, 영접, 기쁨, 아버지, 오라, 영원한 생명이란 단어가 반복되어 나옵니다.

요한복음의 특징 중 첫째는 예수님의 행적보다 그의 말씀이 많이 기록되어 있습니다. 공관복음에 기록되어 있는 예수님의 탄생, 세례 받으신 것, 겟세마네 동산에서의 기도, 승천하신 일들이 빠져 있는 대신 예수님이 하신 말씀들이 많이 기록되어 있습니다. 둘째는 어떤 사건에 대한 해설이 많습니다. 예를 들어 오병이어의 기적에 대한 기사를 보면, 공관복음에서는 보리떡 다섯 개와 물고기 두 마리로 기적을 베푸실 때 놀랐다는 것으로 끝이 납니다. 그러나 요한복음에서는 이 사건을 가지고 예수님의 피와 살에 대한 설명과 함께 '나는 생명의 떡으로 왔다' 고 해설해 줍니다. 셋째는 공관복음에서는 주로 갈릴리를 중심으로 한 사건이 많지만 요한복음은 예루살렘을 중심으로 한 사건이 많습니다. 넷째는 공관복음에서는 '가난하고 약하고 병든 사람들만 상대하는 예수가 어찌 모든 사람들의 메시야가 될 수 있을까?' 의문시하는 자들의 비난을 잠재우는 니고데모와 아리마대 요셉과 같은 고위직에 있는 사람들에 대한 기록이 나옵니다. 그러나 요한복음은 예수님은 하나님의 아들의 신분으로 이 세상에 오신 세상 모든 사람들의 메시야이심을 말씀합니다. 그러므로 모든 사람이 예수 그리스도를 믿음으로 영생, 즉 구원을 받게 하려는 데 목적이 있습니다. "오직 이것을 기록함은 너희로 예수께서 하나님의 아들 그리스도이심을 믿게 하려 함이요 또 너희로 믿고 그 이름을 힘입어 생명을 얻게 하려 함이니라"(20:31)

이제 우리는 요한복음의 본문으로 들어가 깊은 하나님의 뜻을 찾아 은혜를 받으며 하나님의 위대하신 사랑과 구원의 역사를 배우겠습니다.

1. 예수님은 말씀으로 오셨습니다

"태초에 말씀이 계시니라 이 말씀이 하나님과 함께 계셨으니 이 말씀은 곧 하나님이시니라"(1)

헬라 사상에는 말씀이라고 번역된 '로고스(λόγος)'란 개념이 있습니다. 로고스란 우주 만물 속에 보편적으로 내재해 있는 원리, 또는 질서를 말합니다. 우주 만물은 이 로고스에 의해서 조화를 이루고 통일을 추구해 간다고 보는 것입니다. 그래서 헬라 철학자 헤라클리투스는 자연계와 인간 세상에서는 "모든 일은 로고스에 따라 일어난다."고 말했습니다.

기독교 사상에는 이미 '말씀' 이란 개념이 창세기부터 나타나 있습니다. 하나님께서 말씀으로 천지를 창조하셨고 이 말씀으로 하나님의 백성들의 삶을 섭리하시고 인도하신다는 것입니다. 사도 요한은 헬라인들이 생각하는 로고스, 곧 태초부터 계신 이 말씀이 육신을 입고 인간이 되어 이 땅에 오신 그분이 바로 '예수' 라고 말합니다.

예수님은 태초부터 계신 말씀이십니다. 여기서 말하는 태초는 바로 영원을 가리킨다고 할 수 있습니다. '태초에 말씀이 계시니라' 는 말씀은 영원 전부터 말씀이 계셨다는 뜻입니다. 즉 하나님은 영원 전부터 계셨다는 말입니다.

우리 하나님은 시간을 초월하여 존재하시며 시간을 만드시고 시간을 다스리시는 분입니다. 하나님은 태초에 천지를 창조하셨습니다. 말씀이신 예수 그리스도는 영원 전부터 계신 하나님이십니다. "태초에 말씀이 계시니라 이 말씀이 하나님과 함께 계셨으니 이 말씀은 곧 하나님이시니라"(1)

예수 그리스도는 영원 전부터 계신 하나님이십니다. 다시 말하면 말씀으로 이 땅에 오신 예수 그리스도는 참 하나님이시며 참 인간이십니다. 이것을 '신인 양성' 이라고 합니다. 즉 예수님은 하나님이신 동시에 사람이십니다. 이것은 신비로운 것입니다. 인간의 이성과 인간의 지식으로 믿기가 어렵지만 이것은 성경이 말씀해 주는 아주 중요한 교리입니다. 예수님이 인간이 되셔야 우리를 죄에서 구원하실 메시야가 되시고, 예수님이 하나님이 되셔야 우리를 구원하시는 하나님이 되십니다. 죄가 없으신 하나님이 사람으로 오시어 우리를 구원하심으로 참 하나님이 되시고, 또 참 사람이신 예수 그리스도가 되셔야 우리의 구원자가 되실 수 있습니다. 이것을 믿는 것이 정통 기독교 신앙입니다.

그런데 이것을 부인하면 이단입니다. 역사적으로 예수님의 신성과 인성을 부인하는 많은 무리가 나타났습니다. 그래서 주후 325년에 열린 니케아 회의(Council of Nicaea)와 451년에 열린 칼케돈 회의(Council of Chalcedon)에서 예수 그리스도의 신성과 인성에 대한 주요 신조를 확정했습니다. 그 회의에서 예수 그리스도는 한 인격 안에 두 본성, 곧 신성과 인성이 있음을 확립했습니다. "혼동되지도 변화되지도 나누어지지도 분열되지도 않으며, 두 본성의 연합에 의하여 두 본성의 구별이 소멸되지도 않고, 각 본성의 특성은 보존되나 두 세력으로 쪼개어지지도 나누어지지도 않는 단 하나의 … 주 예수 그리스도의 한 인격, 한 본체적 개인 안에서 일치를 이루며…"라고.

한 마디로 하나님이신 예수 그리스도는 이 세상에 인간으로 오신 분이란 말입니다. 우리는 분명히 고백합니다. 예수 그리스도는 태초에 말씀으로 계신 하나님으로 우리를 구원하시려고 이 세상에 오셨습니다. 이것이 요한복음의 핵심 사상입니다.

2. 예수님은 창조의 하나님이십니다

"그가 태초에 하나님과 함께 계셨고 만물이 그로 말미암아 지은 바

되었으니 지은 것이 하나도 그가 없이는 된 것이 없느니라"(2-3)

우리는 여기서 삼위일체 하나님께서 천지를 창조하셨음을 알 수 있습니다. 말씀이신 예수 그리스도는 천지 창조에 함께 하셨습니다. "그가 태초에 하나님과 함께 계셨고" 성자 예수 그리스도는 태초에 하나님과 함께 계셨습니다. 그리고 창조 사역에도 함께 참여하셨습니다. "만물이 그로 말미암아 지은 바 되었으니 지은 것이 하나도 그가 없이는 된 것이 없느니라" 이 말씀은 예수 그리스도께서 만물을 창조하신 하나님이시란 말입니다. 천지 창조는 삼위일체 하나님이 하셨습니다. 여기에 삼위일체 중 제2위이신 예수 그리스도께서도 참여하셨습니다. 말씀으로 천지를 창조하신 하나님이 이 땅에 오셨는데 그분이 바로 예수 그리스도이십니다. 예수님은 만물을 창조하실 때부터 개입하신 하나님이십니다. 그 하나님이 이 땅에 오셨는데 그분이 바로 예수 그리스도이십니다. 예수님은 창조의 하나님이십니다. 창조주 하나님은 이 땅에 오시어 재창조의 역사를 이루셨습니다. 예수 그리스도께서 십자가에서 죽으시고 부활하심으로 재창조의 역사를 이루셨습니다. 누구든지 부활하신 예수 그리스도를 믿으면 구원을 받습니다. 예수 그리스도를 믿음으로 새 사람이 되고 새로운 피조물이 됩니다. 이것이 바로 재창조의 역사입니다.

태초에 천지를 창조하신 하나님께서 우리 인생을 다시 새롭게 창조하시기 위하여 예수 그리스도의 몸으로 이 세상에 오셨습니다. 태초부터 계셨던 말씀이신 하나님이 우리 인간 세계에 오신 것입니다. 그 목적은 우리를 죄악에서 구원하시기 위해서입니다. 예수님이 이 땅에 오신 목적이 요한복음에 분명히 기록되어 있습니다. "하나님이 세상을 이처럼 사랑하사 독생자를 주셨으니 이는 그를 믿는 자마다 멸망하지 않고 영생을 얻게 하려 하심이라"(3:16) 말씀이신 하나님이 인간의 몸을 입고 이 땅에 오셨습니다. 로고스(말씀이신 하나님), 즉 예수 그리스도는 우리를 죄악에서 구원하시려고 오셨습니다.

오늘날에도 재창조의 역사는 계속되고 있습니다. 이 시간에도 말씀으로 이 땅에 오신 예수 그리스도를 믿음으로 새 생명을 얻고 재창조되는 역사가 나타나고 있습니다. 예수님은 이 세상에 오시어 수많은 사람들을 구원하셨습니다. 죄악 가운데 살던 많은 사람들이 예수님을 통해서 새 생명을 얻고 구원받는 역사가 나타났습니다. 갈릴리 호수에서 물고기를 잡던 베드로를 비롯한 제자들은 예수님을 만남으로 변화되어 사람 낚는 어부가 되는 재창조의 역사를 체험했습니다. 일곱 귀신이 들린 막달라 마리아가 예수님을 만남으로 귀신이 나가고 정결한 여인으로 거듭나는 역사가 나타났습니다. 그 여인은 끝까지 예수님을 따르며 수종들다가 부활의 첫 증인이 되는 재창조의 역사를 체험했습니다. 남편이 다섯이나 있던 수가 성 여자도 예수님을 만남으로 변화를 받아 새 사람이 되는 재창조의 은혜를 입었습니다. 여리고의 삭개오 역시 예수님을 만나 구원받은 후 인생이 완전히 새롭게 변화되어 아브라함의 자손으로 재창조되는 은혜를 체험했습니다. 교회를 박해하던 사울은 다메섹 도상에서 부활하신 예수님을 만난 후 그의 인생이 완전히 변화되어 복음을 위하여 고난받는 사도가 되는 재창조의 역사를 체험했습니다.

성경은 말씀합니다. "그런즉 누구든지 그리스도 안에 있으면 새로운 피조물이라 이전 것은 지나갔으니 보라 새 것이 되었도다"(고후

5:17) 이전 것은 다 지나갔습니다. 예수 안에서 더 이상 우리는 죄악의 종도 저주의 노예도 아닙니다. 우리는 그리스도 안에서 옛 사람은 지나가고 새 사람이 되었습니다. "모든 사람이 죄를 범하였으매 하나님의 영광에 이르지 못하더니 그리스도 예수 안에 있는 속량으로 말미암아 하나님의 은혜로 값없이 의롭다 하심을 얻은 자 되었느니라"(롬 3:23-24) 우리는 예수님의 보혈로 모든 죄를 용서받아 의인이 되었습니다. 우리는 하나님으로 이 땅에 오신 예수 그리스도를 통해서 재창조 되었습니다. 예수 그리스도는 이 땅에 오시어 우리 인생을 변화시켜 재창조의 역사를 이루신 하나님이십니다.

우리 모든 성도들은 예수 그리스도를 통하여 변화를 받아 재창조된 구원받은 하나님의 자녀들이 되는 은혜를 입었습니다. 이제 우리의 할 일은 창조주가 되시는 주님을 찬양하며 구원의 은혜에 감사하는 것입니다. 그리고 우리는 주님의 재창조 사역에 수종들어야 합니다. 그것이 바로 전도입니다. 전도는 재창조의 사역입니다. 전도는 예수 그리스도께서 이 세상에 오시어 생명을 구원하시는 일에 동참하는 사역입니다. 그러므로 예수 그리스도로 말미암아 재창조를 받은 우리 모두는 전도에 동참해야 합니다. 우리를 재창조하신 하나님은 우리를 통하여 다른 영혼들도 재창조하시길 원하시기 때문입니다.

우리는 주님의 재창조 역사에 동참해야 합니다. 우리 모두 반드시 나도 한 사람 전도 운동에 동참하여 그들도 변화받을 수 있도록 주님의 재창조 역사에 수종들어야 합니다.

3. 예수님은 생명의 빛으로 오셨습니다

"그 안에 생명이 있었으니 이 생명은 사람들의 빛이라 빛이 어둠에 비치되 어둠이 깨닫지 못하더라"(4-5)

만물이 그에 의해 지음을 받았을 뿐만 아니라 그에 의해서 생명을 받았습니다. 움직이는 생명을 지으신 이는 하나님의 말씀입니다.(창 1:20; 행 17:25)

예수 그리스도 안에 생명이 있었습니다. 여기서 생명으로 번역된 헬라어 '조에(ζωή)'는 '영원한'이라는 형용사를 수반하여 영생이라는 용어로 자주 사용됩니다.(3:15-16; 요일 5:13) 구약 성경에서 하나님은 생명을 죽이기도 하시고 살리기도 하시는(시 36:9) 생명의 주인(시 104:29-30)으로 나타납니다. 요한복음에서 저자 요한은 생명이 바로 말씀이신 그리스도 안에 존재하고 있음을 말합니다. 그리고 그리스도 안에 존재하고 있는 생명이 영원한 생명(영생)임을 명시합니다.(14:6; 17:3) 따라서 그리스도를 주로 믿는 성도들에게는 영생이 주어집니다.

이 생명은 사람들의 빛이라고 했습니다. 그리스도 안에 있는 참되고 영원한 생명이 곧 인류에게 임할 참 빛이라는 사실을 말씀하고 있습니다.(9) 그리고 이러한 생명과 빛은 창조되었거나 형성된 것이 아니라 본래부터 삼위일체 하나님 안에 존재하고 있었습니다. 이 말씀은 생명의 원천이 하나님께 있다는 것을 말씀합니다.

"빛이 어둠에 비치되 어둠이 깨닫지 못하더라"(5) 어두움은 앞 절에 비추어 볼 때 생명을 가로막는 죽음의 세력, 즉 사단의 세력과 그 세력 아래에서 부단히 죽어가는 이 죄악된 세상을 상징합니다. 이 말씀은 빛이신 그리스도께서 성육신을 통하여 죄악된 이 세상 안으로 임하셨다는 뜻입니다. 예수님은 이 세상에 생명의 빛으로 오셨으나 어둠이 깨닫지 못하더라고 성경은 말씀합니다. 이 말씀은 어둠에 있는 이 세상 사람들이 영적으로 무지하여 우리를 살리시기 위해 이 세상에 오신 예수 그리스도를 우리가 깨닫지 못했다는 말씀입니다. 이 세상 사람들은 생명의 빛으로 오신 그리스도를 깨닫지 못하고 오히려 십자가에 처형했습니다. 예수 그리스도는 이 세상에 생명의 빛으로 오셨습니다.

창세기에는 생명의 근본을 빛이라고 했습니다. 요한복음에는 생명의 시작은 말씀이며 그 말씀을 곧 빛으로 비유하고 있습니다. 요한복음에 가장 많이 나타나는 단어는 생명, 빛, 사랑입니다. 요한복음에 생명이란 말이 54회, 빛은 23회, 사랑은 60회 나옵니다. 빛은 생명입니다. 빛이 있어야 생물이 자랍니다.

빛이신 예수 그리스도는 우리 영혼을 살리십니다. 예수 그리스도를 만나면 살아나는 역사가 있습니다. 예수님은 죽은 나사로를 살리셨고 야이로의 딸도 살리셨고 나인성 과부의 아들도 살리셨습니다. 지금도 예수 그리스도는 영혼을 살리십니다. 낙심한 영혼을 살리시고 병든 영혼도 살리시고 소망이 없는 인생도 살리십니다.

빛이신 예수님은 자라게 하십니다. 빛은 생명을 자라게 합니다. 빛으로 오신 예수 그리스도는 우리를 자라게 하십니다. 빛이신 예수님 안에 거하는 사람은 성장합니다. 예수님 안에 있으면 믿음이 자랍니다. 예수님의 제자들을 보십시오. 제자로 부름받을 당시의 그들은 도전적이었으며 싸우기도 하고 질투와 의심과 실수가 많았습니다. 그러나 빛이신 예수님과 함께 생활하면서 그들은 점점 변화되고 성장해 갔습니다.

사도 요한도 보아너게, 즉 우레의 아들이란 별명을 붙일 정도로 성격이 급했던 사람이지만 그는 빛이신 예수 그리스도로 인하여 변화되고 성장하여 사랑의 사도가 되었습니다. 전설에 의하면 사도 요한은 로마의 도미티안 황제 때 밧모 섬으로 귀양을 갔다가 주님의 놀라우신 은혜로 이 세상 마지막에 일어날 일들에 대해 요한계시록을 기록했습니다. 그가 유배에서 풀려난 후에는 에베소에 와서 복음을 전했는데 거의 100세쯤 되었을 때에는 거동이 불편하여 제자들에 의해 들것에 실려 다녔다고 합니다. 그를 설교 강단까지 모시고 오면 거의 누운 채로 "형제들아 서로 사랑하라"며 말씀을 선포했는데 그 말씀에 워낙 권위가 있어 많은 은혜를 받았다고 합니다. 사도 요한은 빛이신 예수 그리스도에 의해 변화되었습니다.

지금도 생명의 빛이신 예수 그리스도는 성령의 역사를 통하여(16:13) 성도들에게 생명을 부여해 주시고 성장하게 하십니다. 또한 빛의 군사로서 어둠의 세력과 끝까지 투쟁할 수 있도록 능력을 공급해 주십니다.(딤전 1:18; 6:12)

빛이신 그리스도 안에 있으면 영생을 얻습니다. 빛이신 그리스도 안에 있으면 자랍니다. 우리는 빛이신 예수 그리스도 안에서 풍성한 삶을 통해 성장해야 합니다. 말씀으로 오신 예수 그리스도는 하나님이십니다. 예수 그리스도는 말씀으로 우리를 구원하시기 위해 이 세상에 오셨습니다. 말씀으로 오신 예수 그리스도는 어둠에 있는 영혼들을 변화시키십니다.

오래 전에 있었던 지존파를 기억할 것입니다. 지존파는 1993년 7월부터 1년 동안 5명을 납치해 살해한 6명의 조직 폭력배를 말합니다. 이들이 살인행각을 벌였던 아지트는 전남 영광군 불갑면 금계리의 마을 한 가운데 있던 어느 양옥집이었습니다. 경찰이 그 집을 포위했을 때 정말 끔찍한 광경을 볼 수 있었습니다. 특히 마당 지하실에는 소각로와 불에 탄 유골들이 나뒹굴고 있었습니다. 공기총, 가스총, 다이너마이트, 전기 충격기, 도끼, 대검 등 여러 가지 살인 무기들도 널려 있었습니다. 그들은 사람을 차로 납치해 이곳으로 끌고 와서 각종 고문과 폭행을 가한 뒤에 돈을 뜯어냈습니다. 그리고 마치 짐승을 잡듯이 살해한 뒤 그 시신을 소각로에 넣어 불태웠습니다. 도저히 인간이라고 말할 수 없는 살인마들이었습니다. 이들은 1995년 11월 2일에 사형집행을 받았습니다. 그런데 이들은 모두 참회의 눈물을 흘리며 형장의 이슬로 사라져 갔습니다. 특별히 찬송가 305장 '나 같은 죄인 살리신 주 은혜 놀라워' 를 부르며 사형장으로 들어선 가장 악랄했던 김현양은 시신을 기증했습니다. 가장 나이가 어렸던 백병옥은 그의 부모가 전도 특공대원들을 찾아가 죄를 회개하고 예수님을 영접할 수 있게 해준 것에 감사하다며 인사를 했습니다. 이들에게 이런 변화가 일어난 배후에는 말씀이 있었습니다. 어느 교회의 전도대원들이 이웃이라는 발신자명으로 말씀을 가득 담은 편지를 이들에게 보냈습니다. 인내심을 가지고 지속적으로 편지를 보내자 이들의 마음이 조금씩 열리기 시작했습니다. 확신을 가지고 면회를 가서 말씀을 전한 결과 그들의 마음에 말씀이신 예수님이 들어가자 제일 먼저 대장격인 김기환이 무너졌습니다. 그리고 김현양은 누가복음 23장 41-43절 말씀에 통곡했습니다. 이들이 말씀이신 예수님의 능력으로 변화되기 시작한 것입니다. 말씀으로 오신 예수 그리스도는 살인마도 변화시킵니다. 어둠에 있던 그들에게 생명의 빛이 들어간 것입니다.

예수 그리스도는 말씀으로 이 세상에 오신 하나님이십니다. 예수 그리스도는 창조의 하나님이십니다. 예수 그리스도는 생명의 빛으로 이 세상에 오셨습니다. 우리 모두 말씀으로 빛으로 오신 예수 그리스도 안에서 영생을 누리며 그분과 동행하며 그리스도를 증거하며 살아가야 하겠습니다. 아멘.

6하나님께로부터 보내심을 받은 사람이 있으니 그의 이름은 요한이라 7그가
증언하러 왔으니 곧 빛에 대하여 증언하고 모든 사람이 자기로 말미암아 믿게
하려 함이라 8그는 이 빛이 아니요 이 빛에 대하여 증언하러 온 자라 9참 빛
곧 세상에 와서 각 사람에게 비추는 빛이 있었나니 10그가 세상에 계셨으며 세
상은 그로 말미암아 지은 바 되었으되 세상이 그를 알지 못하였고 11자기 땅에
오매 자기 백성이 영접하지 아니하였으나 12영접하는 자 곧 그 이름을 믿는 자
들에게는 하나님의 자녀가 되는 권세를 주셨으니 13이는 혈통으로나 육정으로
나 사람의 뜻으로 나지 아니하고 오직 하나님께로부터 난 자들이니라

(요한복음 1:6-13)

02

참 빛으로 오신 그리스도

우리 예수님은 이 땅에 참 빛으로 오셨습니다. "참 빛 곧 세상에 와서 각 사람에게 비추는 빛이 있었나니"(9)

'참 빛(the true light, NIV)' 으로 번역된 원문 '참(ἀληθινὸν, 알레디논)' 은 사도 요한이 즐겨 사용하는 용어로 거짓에 반대되는 '참(γινώσκω, 기노스코)' 이 아니라 불완전한 것을 완전케 하는 참을 의미합니다. 참 빛으로 오신 예수 그리스도는 불완전한 상태에 있는 세상을 완전케 하시고 불완전한 사람들을 완전케 하십니다. 예수님은 가장 믿고 신뢰할 수 있는 완전한 참 빛으로 오셨습니다. 예수님을 만

나는 심령마다 변화됩니다. 심령이 상한 자들이 예수님을 만나면 온전한 인격자로 고침을 받습니다. 육신의 병으로 고생하던 사람들이 참 빛이 되시는 예수님을 영접한 후 병 고침을 받았습니다. 어두움에 있던 백성들이 빛이신 예수 그리스도를 발견하고 구원을 받았습니다. 새 생명을 얻고 새 소망을 가지게 되었습니다. 그들의 삶이 변화되었습니다. 지금도 참 빛으로 오신 예수님은 불완전한 상태에 있는 사람들을 변화시켜 온전케 하시는 일을 계속 하고 계십니다. 그리고 장차 참 빛이신 주님께서 어두움의 권세를 종식(終熄)시키고 빛의 왕국인 하나님의 나라를 완성하실 것입니다.(계 21:9-27)

예수 그리스도는 참 빛이십니다. 모든 성도들은 참 빛이신 예수 그리스도를 통하여 날마다 완전한 인격자, 온전한 신앙인으로 변화되고 성장하고 있습니다. 그러나

1. 참 빛을 영접하지 않는 사람들이 있습니다

"참 빛 곧 세상에 와서 각 사람에게 비추는 빛이 있었나니 그가 세상에 계셨으며 세상은 그로 말미암아 지은 바 되었으되 세상이 그를 알지 못하였고"(9-10)

예수님이 참 빛으로 이 세상에 오셨지만

1) 세상이 그를 알지 못했습니다

여기서 '알다(γινώσκω, 기노스코)'는 감각적인 지식이나 사물에

대한 지식, 또는 선천적인 지식을 말하는 것이 아닙니다. 여기서 '알다' 라는 말은 구약 성경에 나오는 남녀 간의 성적인 관계를 의미하는 것으로 긴밀한 관계를 말합니다. 요한복음에서는 우리와 예수 그리스도와의 친밀한 관계를 의미하는 말입니다. 우리가 그리스도를 아는 것은 바로 영생을 얻는 것을 뜻합니다. 그러므로 우리가 예수 그리스도를 친밀하게 깊이 알 때 그분을 사랑하고 섬기며 더 가까이 하고 싶고 헌신하며 따르게 됩니다. 이것이 참 빛으로 오신 예수님을 아는 것입니다. 이 예수님을 알 때 생명, 즉 영생이 있고 천국이 주어집니다. 그때 예수님과 좋은 관계를 유지할 수 있습니다.

그런데 이 세상 사람들은 예수님을 바로 알지 못했습니다. 예수님을 자기의 생각대로 판단하고 대했습니다. 이 세상을 창조하시고 사람을 창조하신 분을 무지하여 알지 못했다는 말입니다. 이 세상 사람들은 예수 그리스도를 한낱 나사렛 목수의 아들로만 여겼습니다. 예수님을 귀신 들린 자로 오해했습니다. 예수님을 따르던 사람들조차도 그분을 기적을 행하는 분이나 정치적인 메시야로만 보았습니다. 예수님과 긴밀한 관계를 가지지 못했기 때문입니다. 예수님을 믿지도 못하고 사랑하지도 못하고 그분과 교제하지도 못했습니다. 그들은 참 빛으로 오신 예수님을 바로 알지 못했습니다.

오늘날 우리 주위에는 예수님을 모르는 사람들이 많습니다. 예수님을 바로 알지도 못하고 예수님과 깊은 교제도 가지지 못하는 사람들이 너무도 많습니다. 이들은 예수님을 사랑의 사도, 혹은 성자나 위대한 스승 중의 한 분으로만 생각합니다. 그들은 예수님이 태초에 말씀으로 천지를 창조하신 하나님인 것을 모릅니다. 예수님이 이 땅에 참 빛으로 오신 것을 모릅니다. 그들은 예수님이 생명의 빛으로 이 세상에 오시어 죄악 속에 있는 인생을 구원하시는 것을 모릅니다. 동정녀 마리아의 몸에서 탄생하신 것을 모릅니다. 그들은 예수님이 십자가에 달려 돌아가신 것도 모르고 사흘 만에 부활하신 것도 모릅니다. 지금은 승천하시어 하나님 보좌 우편에서 우리를 위하여 기도하시는 것도 모릅니다. 예수님이 다시 이 세상에 오셔서 심판하실 만왕의 왕이심을 그들은 모릅니다.

2) 자기 백성이 영접하지 않았습니다

"자기 땅에 오매 자기 백성이 영접하지 아니하였으나"(11)

이 세상의 주인이 되시는 예수 그리스도께서 자신이 창조하신 땅에 오셨습니다. 주인이 자기의 소유지 땅에 오신 것입니다. 이 땅에는 공중에 권세 잡은 어둠의 세력이 흥왕하고 있지만 하나님이 허락하신 기간에만 움직일 뿐 궁극적으로 이 땅의 소유권은 예수 그리스도께 있습니다.

그러나 자기 백성이 영접하지 않았습니다. 자기 백성은 이스라엘을 말합니다. 이스라엘은 구약시대에 하나님께서 선택하신 민족입니다. 거룩한 민족이요 구원받은 백성입니다. 그들에게는 이 세상의 죄악을 감당하고 사단의 권세와 싸우는 제사장 나라로서의 특권이 부여되었습니다. 그러나 그들은 타락하여 예수 그리스도를 영접하지 않고 배척했습니다. 여기서 영접한다는 말은 개인적인 영접이 아니라 집단적인 영접을 의미합니다. 그러므로 '자기 백성이 영접하지 아니했다'는 말은 예수님께서 선민 이스라엘의 공동체에서 환영받지 못했다는 말입니다. 이스라엘은 예수님을 체포하기도 하고 유대인들의 모의로 억지 재판도 했습니다. 심지어 예수님을 죽이라는 군중들의 함성과 조롱을 이기지 못해 예수님을 십자가에 못 박아 죽이는 큰 죄를 저지르고 말았습니다. 이스라엘은 그리스도의 소유된 백성으로서의 특권을 상실하고 말았습니다. 이스라엘은 그 주인을 알지 못하고 배척했습니다. 이사야 선지자는 이렇게 기록했습니다. "하늘이여 들으라 땅이여 귀를 기울이라 여호와께서 말씀하시기를 내가 자식을 양육하였거늘 그들이 나를 거역하였도다 소는 그 임자를 알고 나귀는 그 주인의 구유를 알건마는 이스라엘은 알지 못하고 나의 백성은 깨닫지 못하는도다"(사 1:2-3) 예수님이 이 세상에 오셨지만 그의 백성들은 그분을 영접하지 않았습니다.

오늘날에도 예수님을 알지 못해 영접하지 못한 사람들은 예수 그리스도를 조롱하고 그의 백성인 교회를 박해합니다. 이 세상에는 끝까지 복음을 거부하는 사람들도 있고 예수님을 배척하는 사람들도 있습니다. 모슬렘 나라에서는 예수님을 믿는 사람들을 가두고 죽이는 일이 벌어지고 있습니다. 공산주의 나라에서도 그리스도를 믿는 백성들을 박해하고 있습니다. 우리 주위에서도 참 빛으로 오신 예수님을 영접하지도 않고 오히려 조롱하고 무시하며 성도들과 교회를 박해하는 자들이 많습니다. 예수님은 이 땅에 참 빛으로 오셨으나 세상은 그를 알지 못하고 영접하지 않았습니다.

오늘날에도 하나님의 백성이라는 사람들조차 예수님과 깊이 교제하지도 않고 은혜 생활을 하지 못하면서도 오히려 하나님의 영광을 가리는 삶을 살고 있다면 그들은 아직 주님을 영접하지 않은 사람들입니다. 우리의 불신앙, 또는 자기의 생각이나 느낌대로 함부로 내뱉은 말 한 마디 때문에 다른 사람들이 교회에 나오는 것을 가로막는 일이 있어서는 안 됩니다. 우리가 영적 소경이 되면 예수님을 알 수 없습니다. 예수님과의 깊은 교제도 할 수 없고 예수님을 영접할 수도 없습니다.

그러므로 우리는 날마다 예수 그리스도와 함께 하며 깊이 교제하는 하나님의 자녀들이 되어야 하겠습니다.

2. 참 빛의 증언자가 되어야 합니다

참 빛이 되신 예수님이 이 세상에 오신 목적은 우리에게 구원을 주시기 위해서입니다. 여기서 중요한 것은 참 빛으로 오신 예수님을 증거하는 사람이 있어야 한다는 것입니다.

1) 요한은 증언하러 온 사람입니다

그 일을 한 사람이 바로 요한입니다. 세례 요한이 보냄을 받은 시대는 말라기 선지자 이래 400년 가까이 선지자들이 없어 앞을 내다볼 수 없을 정도로 캄캄한 시대였습니다. 한 마디로 어둠의 시대였습니다. 요한을 그처럼 어두운 시대에 보내신 이유는 증거하기 위해서입니다. "그가 증언하러 왔으니 곧 빛에 대하여 증언하고 모든 사람이 자기로 말미암아 믿게 하려 함이라 그는 이 빛이 아니요 이 빛에 대하여 증언하러 온 자라"(7-8) 요한이 증거한 내용입니다. "빛에 대하여 증언하고 모든 사람이 자기로 말미암아 믿게 하려 함이라", "보라 세상 죄를 지고 가는 하나님의 어린 양이로다"(29)

요한은 예수님이 하나님의 아들이라는 것과 그가 세상 죄를 지고 가는 하나님의 어린 양이라는 것을 증거했습니다. 이것은 복음의 핵심입니다. 요한은 참 빛이 되시는 예수 그리스도에 대해 증언을 한 사람입니다. 우리도 빛으로 오신 예수님을 많은 사람들에게 전해야 합니다. 이처럼 빛에 대하여 증거하는 자가 있어야 합니다. 요한은 하나님으로부터 보냄을 받은 사람입니다. "하나님께로부터 보내심을 받은 사람이 있으니 그의 이름은 요한이라"(6)

성경에 요한이라는 이름이 많습니다. 그 중에서도 널리 알려진 요한이라면 요한복음의 저자와 본문에 등장하는 요한입니다. 그래서 혼동되지 않게 하려고 예수님의 제자 중 하나요 요한복음을 쓴 사람을 사도 요한이라 부르고, 본문의 요한은 세례 요한이라고 부릅니다. 요한이 온 목적은 참 빛이신 예수 그리스도를 증거하는 일입니다.

이스라엘 민족은 그 옛날부터 하나님께서 보내신 선지자들을 통해 오실 메시야를 고대하고 기다렸습니다. 그들은 메시야가 오시면 천하를 지배한다고 생각했기 때문입니다. 그런데 그때 하나님으로부터 보냄을 입은 한 사람이 나타났는데 그의 사역과 행동이 특이했습니다. 그의 설교에 힘과 능력이 있어 구름떼처럼 많은 사람들이 몰려와 회개하고 세례를 받았습니다. 그러자 사람들은 그분이 오실 메시야인가 생각하여 모두 요한을 쳐다보고 있었습니다. 그러나 그는 증거하러 왔다고 성경은 말씀합니다. 그는 증거하러 온 사람입니다.

요한은 생명을 걸고 빛에 대해 증거하러 온 사람이었습니다. 요한은 많은 사람들이 자기를 메시야로 알고 따를 때 극구 부인하며 "주의 길을 곧게 하라고 광야에서 외치는 자의 소리"(23)라고 자신을 소개했습니다. 요한은 생명을 바쳐서 주가 메시야이심을 증거했습니다. 요한으로 말미암아 많은 사람들이 예수님을 믿게 하려고 보냄을 받은 것입니다. 성경은 분명히 말씀합니다. "그는 이 빛이 아니요 이 빛에 대하여 증언하러 온 자라"(8)

세례 요한이 세상에 온 목적은 빛이신 예수님을 증거하기 위해서입니다. 증거의 목적은 모든 사람들이 빛이신 예수님을 믿게 하기 위해서였습니다.

2) 우리도 증인이 되어야 합니다

우리도 세례 요한처럼 이 땅에 보냄을 받은 사람들입니다. 참 빛이신 예수 그리스도를 증거하기 위해 보냄을 받은 세례 요한과 같은 사람들입니다. 우리는 모두 하나님으로부터 보냄을 받은 대사들입니다. 우리는 우리 자신들로 말미암아 우리 가정과 이웃과 이 지구촌에 있는 많은 사람들에게 예수님을 믿게 하려고 하나님으로부터 보냄을 받았습니다. 우리가 이 사명을 잘 감당하려면 요건이 필요합니다.

① 증인은 체험이 있어야 합니다.

체험이 있어야 증인이 될 수 있습니다. 요한복음을 기록한 사도 요한은 요한일서 1장 1절에 이렇게 기록했습니다. "태초부터 있는 생명의 말씀에 관하여는 우리가 들은 바요 눈으로 본 바요 주목하고 우리 손으로 만진 바라" 사도 요한은 예수님에 대한 체험이 있었습니다. 그는 예수님을 만났고 예수님의 말씀을 들었으며 예수님의 능력을 체험했습니다. 그는 3년 동안 예수님과 함께 살면서 기도의 응답을 받았고 전도의 열매도 맺었습니다. 이런 체험이 있어야 증인이 될 수 있습니다. 그러므로 증인은 똑똑하거나 많이 배워야 되는 것이 아니라 보고 들은 바가 있어야 됩니다.

요한복음 9장에 나면서부터 소경이 된 사람이 나옵니다. 그는 38년 동안 맹인으로 살았습니다. 예수님은 그 사람의 눈에 진흙을 발라주시고 실로암 못에 가서 씻으라고 하셨습니다. 그가 예수님의 말씀대로 순종하여 실로암 못에 가서 씻자 즉시 눈이 뜨이는 놀라운 체험을 하게 되었습니다. 이를 본 사람들이 모두 놀랐습니다. 특히 예수님을 죽이려고 모함을 하며 허물을 찾던 바리새인들이 이 눈을 뜨게 된 맹인이었던 사람에게 물었습니다. "네 눈이 어떻게 떠졌느냐"(9:10) 그는 담대하게 말했습니다. "그 사람이 진흙을 이겨 내 눈에 바르고 나더러 실로암에 가서 씻으라 하기에 가서 씻었더니 보게 되었노라"(9:11) 예수라 하는 분이 고쳐 주셨다고 이처럼 용감하게 대답할 수 있었던 것은 그가 예수님의 능력을 체험했기 때문입니다. 증인은 체험이 있어야 합니다. 체험이 있어야 확신이 생기고 그때 비로소 증인이 될 수 있습니다.

우리도 증인이 될 수 있습니다. 우리도 예수님을 증거할 수 있습니다. 왜냐하면 우리는 예수님의 은혜를 체험한 증거가 있기 때문입니다. 이제 여러분이 체험한 은혜를 그대로 전하기만 하면 됩니다. 기도 응답의 체험도 바로 전하면 됩니다. 간증집회에 초청받는 분들은 모두 신앙 체험이 있기 때문에 많은 사람들 앞에서도 담대히 증거할 수 있는 것입니다. 증인은 체험이 있어야 합니다.

② 증인은 용기가 있어야 합니다.

중요한 것은 알고 있느냐 모르고 있느냐가 아니라 알고 있는 것을 전할 용기가 있느냐 하는 것입니다. 아무리 많이 알아도 전할 용기가 없으면 아무 소용이 없습니다. 증인은 용감해야 합니다.

예수님의 제자들은 용감했습니다. 주의 제자들은 성령 충만을 받은 후에 숨어 있던 다락방을 박차고 나가 외쳤습니다. "너희가 십자가에 못 박고 하나님이 죽은 자 가운데서 살리신 나사렛 예수 그리스도의 이름으로 이 사람이 건강하게 되어 너희 앞에 섰느니라"(행 4:10) 예수님을 십자가에 못 박아 죽인 무서운 사람들 앞에서도 베드로는 담대하게 외쳤습니다. 그는 용감했습니다. 그때 그 자리에서 3천 명이 회개하고 예수님에게 와서 세례를 받았습니다. 증인은 용감해야 합니다.

요한복음을 기록한 요한에게도 예수님을 담대하게 증거하는 용기가 있었습니다. 요한은 목숨을 걸고 예수님을 전파하다가 체포되어 밧모섬에 귀양을 가서 많은 고생을 했습니다. 그는 그의 생명이 다할 때까지 담대하게 예수님을 증거했습니다.

사도 바울도 자신이 만난 예수님을 증거했습니다. 돌에 맞고 채찍에 맞아가면서도 용기를 내어 전했습니다. 감옥에 갇히고 박해를 받아도 빛이신 예수님을 증거했습니다. 그는 총독 앞에서나 왕 앞에서도 용감하게 증거했습니다. 저자에서도 성난 군중들 앞에서도 감옥에서도 언제 어디서나 용기를 내어 참 빛으로 오신 예수님을 증거했습니다.

증인은 용기가 있어야 합니다. 우리도 용기를 내어 증인된 삶을 살아야 합니다.

일명 최권능 목사님의 본명은 최봉석으로 그분은 평양에서 태어났습니다. 그의 생애가 기사와 이적으로 가득한 결과 붙여진 별명입니다. 워낙 열심히 복음을 전해서 세인들로부터 비난과 멸시도 받았지만 개의치 않고 복음을 전한 결과 70여 개의 교회를 세웠습니다. 일제시대에 평양 시내에서 그로부터 복음을 듣지 않은 사람이 없을 정도로 열심히 전하였습니다. 그는 기방이나 남의 집 부엌이나 때와 장소를 가리지 않았습니다. 때로는 낯을 모르는 목사와 장로들에게 전한 때도 있었습니다. 그가 복음을 전했을 때 상대방이 자신이 신자라고 말하면 "신자면 왜 내게 전도하지 않느냐?"고 무섭게 책망했습니다. 최 목사님은 언제 어디서나 용감하게 복음을 전했습니다.

한 번은 '예수 사랑하심은 거룩하신 말일세'를 큰 소리로 부르며 지나가는데 일본 경찰이 시끄럽다고 소리를 쳤습니다. 그러자 최 목사님은 이렇게 대답했습니다. "자동차가 뿡뿡 울리는 소리는 시끄럽지 않고 내가 부르는 찬송 소리는 시끄럽단 말이오. 당신들은 교통사고를 막기 위해서 자동차 소리를 그냥 놔두지만 나는 지옥으로 가는 영혼들을 죽음에서 구하기 위해 찬송 소리를 내는 것이오." 최봉석 목사님은 일본의 신사 참배를 앞장서서 반대하다가 평양 경찰서로 끌려가게 되었습니다. 그때 최 목사님은 끌려가면서도 "내가 오늘에서야 경찰서장에게 전도할 기회를 얻었다."고 말했습니다.

목사님은 때를 얻든지 못 얻든지 열심히 복음을 전했습니다. 경찰서로 끌려간 목사님은 극심한 고문을 당했습니다. 그들은 정신을 잃으면 물을 끼얹고 또 잃으면 또 끼얹으며 심한 고문을 가했습니다. 목사님은 6년 동안 감옥에서 갖은 고문을 당했습니다. 고문을 심하게 하면 할수록 '예수 사랑하심은' 을 큰 소리로 불러서 감옥 안에 있는 사람들이 그 찬송을 모르는 사람이 없었다고 합니다. 목사님은 감옥에서도 기도하고 찬송하고 전도하는 일에 전념했습니다. 그래서 수용실 안에 들어온 사람들은 그의 전도로 예수를 믿고 그의 기도로 힘을 얻고 그의 찬송으로 기쁨을 누렸습니다. 그래서 수용실이 교회와 같이 되었다고 합니다.

형사들이 신사 참배를 하지 않으면 죽이겠다고 고문할 때마다 최봉석 목사님은 이렇게 대답했습니다. "내가 죽는 것은 영광이오. 나는 죽기 위해서 오늘까지 당신들의 신을 경배하지 않고 살아 왔소. 내가 죽으면 천당에 가오. 주님이 나의 집을 예비하고 나 오기를 기다리고 계시오." 하루는 형사가 최 목사님에게 몽둥이질을 하자 그때마다 '예수 천당, 예수 천당' 하며 소리를 질렀습니다. 그러자 형사가 몽둥이질을 멈추고 왜 이렇게 시끄럽냐고 묻자 목사님은 이렇게 대답을 했습니다. "내 몸에는 예수로 꽉 차 있어서 나를 때리면 내 몸에서 예수가 튀어 나옵니다." 최 목사님은 예수로 충만하여 예수님을 용기 있게 전한 증인이었습니다. 우리도 빛으로 오신 예수님을 용감하게 전해야 합니다.

③ 증인은 자기를 부인해야 합니다.

"그는 이 빛이 아니요 이 빛에 대하여 증언하러 온 자라"(8) 이 말씀은 세례 요한은 빛이 아니란 말입니다. 세례 요한은 자신을 증거하지 않았습니다. 그는 오직 예수 그리스도만을 증거했습니다. 증인이 주목을 받게 되면 안 됩니다. 증인의 사명은 오직 주인공만 나타나게 해야 합니다. 증인은 주인공이 아니기 때문입니다. 증인된 우리도 주인공이 아닙니다. 증인은 오직 예수님만 증거해야 합니다. 그러므로 증인은 자신을 부인할 때 비로소 참 빛으로 오신 예수님을 증거할 수 있습니다. 세례 요한은 자신을 부인하고 오직 예수님만 부각시킨 증인입니다. 그는 예수님을 이렇게 소개했습니다. "내 뒤에 오시는 이가 나보다 앞선 것은 나보다 먼저 계심이라 한 것이 이 사람을 가리킴이라"(15) 그러자 어떤 사람들이 물었습니다. "그러면 누구냐 네가 엘리야냐"(21) 그때 요한이 대답했습니다. "나는 아니라"(21) 그러자 또다시 물었습니다. "네가 그 선지자냐"(21) 요한은 똑같이 "아니라"(21)고 대답했습니다. 그러자 그들이 또다시 물었습니다. "누구냐 우리를 보낸 이들에게 대답하게 하라 너는 네게 대하여 무엇이라 하느냐"(22) 요한의 대답은 한결같았습니다. "나는 선지자 이사야의 말과 같이 주의 길을 곧게 하라고 광야에서 외치는 자의 소리로라"(23) 그러자 다시 물었습니다. "네가 만일 그리스도도 아니요 엘리야도 아니요 그 선지자도 아닐진대 어찌하여 세례를 베푸느냐"(25) 요한의 대답입니다. "나는 물로 세례를 베풀거니와 너희 가운데 너희가 알지 못하는 한 사람이 섰으니 곧 내 뒤에 오시는 그이라 나는 그의 신발 끈을 풀기도 감당하지 못하겠노라"(26-27) 그리고 그는 예수님에 대해 이렇게 증언했습니다. "보라 세상 죄를 지고 가는 하나님의 어린 양이로다 내가 전에 말하기를 내 뒤에 오는 사람이 있는데 나보다 앞선 것은 그가 나보다 먼저 계심이라 한 것이 이 사람을 가리킴이라"(29-30)

요한은 자신을 낮추고 예수님만 높였습니다. 이것이 증인의 자세입니다. 증인은 자신을 부인하고 예수님만 증거하면 됩니다. 증인은 항상 자신을 부인해야 합니다. 자기를 낮추고 부정하면 복음의 사명을 잘 감당할 수 있습니다.

우리도 참 빛으로 오신 예수님을 증거하기 위해서는 항상 자신을 부인하고 주님만을 높이는 삶을 살아야 합니다. 자기를 부인한다는 것은 자신을 희생하는 것을 의미합니다. 우리가 증인이 되기 위해서는 때로는 손해도 보고 때로는 참아야 합니다. 예수님의 증인이 되기 위해서는 자신의 사생활도 희생할 줄 알아야 합니다.

④ 증인은 사랑이 있어야 합니다.

증인은 주님과 운명을 같이 하고 주님을 위해 죽을 수도 있어야 합니다. '증인(μαρτυσ, 마르투스)' 은 영어로 순교자(martyer)라고 합니다. 순교자적인 각오가 없이는 증인이 될 수 없다는 뜻이 있습니다. 사도 요한은 주 예수님으로부터 많은 사랑을 받았습니다. 그는 주의 품에 안기어 질문도 하며 늘 주님과 가까이 했습니다. 그는 사랑하는 예수 그리스도를 위해서 고난도 받았습니다. 주님을 사랑했기 때문에 감옥에 갇히기도 하고 고문도 당하고 밧모 섬으로 귀양도 갈 수 있었습니다. 주님을 사랑했기 때문에 하나님의 부름을 받을 때까지 끝까지 예수님과 운명을 함께 하며 증거할 수 있었습니다. 예수님의 제자들이 기꺼이 목숨까지 바쳐가며 예수님을 증거할 수 있었던 것은 예수님을 사랑했기 때문입니다. 우리도 주님의 증인으로서 주님을 증거하기 위해 고난도 받을 수 있어야 합니다. 예수님과 운명을 같이 하며 주님과 함께 죽을 수도 있어야 합니다. 주님을 더욱 사랑해야 합니다.

호화 여객선 타이타닉 호가 침몰될 때 오케스트라 단원을 지휘한 월레스라는 단장은 이 호화스런 배로 바다를 횡단하는 사람들에게 복음을 전하기 위해 자진해서 그 배에 오른 악장입니다. 월레스 단장은 난장판이 된 순간에도 마지막까지 침착하게 팀 멤버들을 격려하며 찬송가를 연주했습니다. 그리고 수장되어 가는 사람들에게 이 찬양을 통해 예수 그리스도를 증거했습니다.

> "내 주를 가까이 하게 함은 십자가 짐 같은 고생이나 내 일생 소원은 늘 찬송하면서 주께 더 나가기 원합니다. 천성에 가는 길 험하여도 생명 길 되나니 은혜로다 천사 날 부르니 늘 찬송하면서 주께 더 나가기 원합니다"

이 장엄한 음악을 연주하면서 그는 계속 소리쳤다고 합니다. "예수 그리스도, 그분을 의지하십시오. 그를 가까이 하십시오. 그가 소망입니다."

이 세상에는 참 빛으로 오신 예수님을 모르는 사람들이 많습니다. 우리는 예수님의 증인이 되어야 합니다. 증인은 체험이 있어야 하고 용기가 있어야 하고 자기를 부인할 줄 알아야 하고 사랑이 있어야 합니다. 참 빛으로 오신 예수 그리스도를 영접한 우리는 참 증인으로 살아가야 합니다. 아멘.

[12]영접하는 자 곧 그 이름을 믿는 자들에게는 하나님의 자녀가 되는 권세를 주셨으니 [13]이는 혈통으로나 육정으로나 사람의 뜻으로 나지 아니하고 오직 하나님께로부터 난 자들이니라

(요한복음 1:12-13)

03

하나님의 자녀가 되는 권세

예수님이 이 세상에 오셨을 때 세상은 그분을 영접하지 않았습니다. 그들은 어둠 속에 살다가 멸망을 받을 수밖에 없었습니다. 그러나 말씀으로 오신 예수님, 생명의 빛으로 오신 그분을 영접하는 자에게는 놀라운 복을 약속하셨습니다. 성경은 말씀합니다. "영접하는 자 곧 그 이름을 믿는 자들에게는 하나님의 자녀가 되는 권세를 주셨으니"(12)

여기서 영접한다는 말과 믿는다는 말은 같은 의미로 쓰였습니다. 예수님을 영접하는 자들에게 주시는 하나님의 복은 하나님의 자녀가 되는 권세입니다. 이 권세는 우리가 어떤 대가를 지불하고 얻는 것이 아니라 다만 예수 그리스도를 영접하는 자에게 주시는 놀라운 권세입니다. 우리가 누구의 자녀가 되느냐에 따라서 그 권세가 달라집니다. 누

구의 자녀가 되느냐에 따라 영광이 될 수도 있고 큰 고통이 될 수도 있습니다. 애국자의 자녀는 존경을 받지만 매국노의 자녀는 조롱을 받습니다.

친일파요 매국노인 이완용의 증손자가 자신의 신분을 숨기고 서울에 있는 모 중학교에 다니다가 그것이 알려져 일본으로 도피한 일이 있습니다. 동급생들이 돌을 던지는가 하면 길거리에서는 손가락질을 하며 '이완용' 이라고 놀리는 바람에 그 모멸감을 감당할 수가 없었기 때문입니다. 사실 그 손자에게는 아무런 잘못이 없습니다. 그의 조상의 잘못일 뿐입니다. 우리가 누구의 자녀가 되느냐에 따라서 그 권세가 달라집니다.

반면 이토오히로부미를 암살하고 대한 독립 만세를 외친 애국자 안중근 의사의 자손들은 사랑과 존경을 받고 있습니다. 안중근 의사 의거 100주년을 맞아 안 의사의 증손자인 토니 안(한국명 안보영 · 46) 씨가 서울과 중국 하얼빈에서 동시에 열리는 안 의사 의거 100주년 기념식에 초청받아 한국에 왔습니다. 안 씨는 미국 필라델피아에서 태어나 미국의 국적을 가지고 있지만 할머니와 아버지가 틈만 나면 '너는 애국지사의 후손' 이라고 강조하셨다고 합니다. 그는 "처음엔 그것이 무슨 말인지 잘 몰랐지만 주위의 동포들과 몇몇 미국인들이 증조부가 걸어온 삶에 대해 자세히 얘기를 해줘 알게 됐다."고 말했습니다. 그는 그 뒤로 증조부에 대해 공부하면서 안 의사의 후손인 것이 자랑스럽기도 하고, 한편으로는 후손으로서 한 일이 없어 책임감도 느꼈다고 말했습니다. 그는 가끔 인터넷 백과사전인 위키피디아(Wikipedia)에 들어가 안 의사에 대한 정보를 직접 올리기도 하고 잘못된 부분을 발견하면 바로잡으며 안 의사의 업적을 영미권에 알리는 민간 전도사 역할을 맡고 있다고 합니다.

현대가의 자녀들은 아버지 고 정주영 회장 덕에 아주 풍요로운 생활을 하고, 삼성가의 자녀들은 아버지 고 이병철 회장 덕에 권세를 누리고 있습니다. 하나님은 우리 아버지이시고 우리는 그의 자녀입니다. 우리에게 주신 권세는 아주 놀랍습니다. 우리가 누구의 자녀인가 하는 것은 의미가 있을 뿐 아니라 아주 중요합니다.

그런데 본문 말씀에 주 예수님을 영접한 사람에게는 하나님의 자녀가 되는 권세를 주셨다고 했습니다. 우리가 하나님의 자녀가 된다는 것은 하나님으로부터 유산을 물려받는다는 뜻이 있습니다. 동시에 하나님의 자녀는 하나님으로부터 보호를 받으며 하나님께서 주시는 복을 누리게 된다는 의미도 있습니다.

하나님의 자녀에게는 어떤 권세가 있습니까?

1. 하나님의 자녀는 죄 사함의 은총을 받습니다

"그러므로 이제 그리스도 예수 안에 있는 자에게는 결코 정죄함이 없나니 이는 그리스도 예수 안에 있는 생명의 성령의 법이 죄와 사망의 법에서 너를 해방하였음이라"(롬 8:1-2)

여기에 두 가지 원리가 나옵니다. 하나는 생명의 성령의 법이고 또 다른 하나는 죄와 사망의 법입니다. 바울은 똑같은 내용을 로마서 6장 14절에서는 이렇게 말씀하고 있습니다. "죄가 너희를 주장하지 못하리니 이는 너희가 법 아래에 있지 아니하고 은혜 아래에 있음이라" 우리가 과거에 그리스도 예수 밖에 있을 때에는 법, 즉 율법 아래에서 살았습니다. 벌을 받지는 않을까 하는 두려움에 떨리는 마음으로 살았습니다. 우리는 죄와 사망의 법에 얽매여 정죄함을 받은 죄인으로 살아야 했습니다. 그것은 우리가 율법의 모든 조항을 100% 완전하게 지킬 수 없기 때문입니다. 그러나 이제는 주 예수 그리스도를 영접한 자, 곧 그 이름을 믿는 하나님의 자녀가 된 우리는 그리스도 예수 안에 있습니다. 우리는 더 이상 율법 아래에서 살지 않고 은혜 안에서 살아갑니다. 두려워서 법을 지키고 섬기는 것이 아니라 구원의 은혜에 감사하여 기쁨으로 자발적으로 우러나오는 마음으로 주님을 섬기고 교회를 위해서 봉사합니다. 하나님의 자녀가 된 우리는 이제 죄와 사망의 법에서 해방되어 생명의 성령의 법에 따라서 살아갑니다. 심판에서 생명으로 옮겨졌습니다. 성령의 인도하심을 따라서 주님이 주시는 기쁨과 주님이 주시는 참된 평안함 가운데 살아갑니다. 이것이 하나님의 자녀가 누리는 죄 사함의 특권입니다.

하나님의 자녀가 된 우리는 이제 더 이상 죄인이 아닙니다. 예수님의 십자가의 피로 모든 죄를 용서 받았기 때문입니다. 예수님을 영접한 사람은 이제 그리스도 예수 안에 있습니다. 그리스도 안에 있는 우리는 이미 의롭다는 선언을 받았습니다. 하나님께서 한 번 선언하시면 누구도 취소할 수가 없습니다. 성경은 말씀합니다. "그리스도 예수 안에 있는 자에게는 결코 정죄함이 없나니"(롬 8:1) 그리스도 안에 있는 자에게는 결코 정죄함이 없습니다.

우리에게 정죄함이 없는 이유는 오직 한 가지밖에 없습니다. 그것은 우리가 그리스도 예수 안에 있기 때문입니다. 우리가 그리스도 안에 있을 수 있는 것은 우리가 예수님을 영접하여 그분을 믿기 때문입니다. 그러나 그리스도 밖에 있는 자에게는 반드시 정죄함이 있습니다. 그들은 하나님의 심판대 앞에서 지옥으로 던져지게 될 것입니다. 죄를 용서 받아 하나님의 자녀가 된다는 것은 우리가 영원한 생명을 얻게 되는 것을 의미합니다. 예수님은 말씀하십니다. "내 말을 듣고 또 나 보내신 이를 믿는 자는 영생을 얻었고 심판에 이르지 아니하나니 사망에서 생명으로 옮겼느니라"(24), "나는 부활이요 생명이니 나를 믿는 자는 죽어도 살겠고 무릇 살아서 나를 믿는 자는 영원히 죽지 아니하리니 이것을 네가 믿느냐"(11:25-26) 하나님의 자녀는 죄 사함의 은총을 입은 결과 영원한 생명을 얻습니다. 인생은 모두가 죄인이지만 하나님의 자녀가 된 사람은 죄를 용서 받습니다. 이것이 하나님의 자녀된 자의 특권입니다.

미국이 남북전쟁으로 한창일 때에 어느 조그마한 농촌에 있는 청년이 징집을 받아서 전선으로 갔습니다. 그런데 그 고통을 견디기가 너무 힘들고 두려워서 탈영을 해버렸습니다. 그러나 그 청년은 오래 가지 못해 체포되어 사형선고를 받게 되었습니다. 이 소식을 들은 그의 아버지는 아들을 잃게 된다고 생각하자 견딜 수가 없었습니다. 그야말로 삶의 의욕이 다 사라져 버렸습니다. '어떻게 하면 내 아들을 살릴 수 있을까?' 하고 고민하던 그에게 한 가지 묘안이 떠올랐습니다. 마지막으로 대통령을 만나서 탄원해 보자는 생각이었습니다. 그는 링컨 대통령을 만나기 위해 백악관으로 갔지만 경비들의 제지로 만날 수가 없었습니다. 아무나 들여보내 줄 수가 없기 때문입니다. 그는 길가에 있는 벤치에 앉아서 한없이 울고 있었습니다. 그때 가까운 곳에서 비탄에 빠져 있는 그를 측은한 눈길로 지켜보고 있던 한 소년이 다가와 "아저씨, 왜 그러세요?" 하고 물었습니다. 그는 자초지종을 이야기했습니다. 모든 이야기를 들은 소년은 느닷없이 자기를 따라오라고 말했습니다. 그는 처음에는 무슨 소리인지 알아듣지 못했지만 계속 재촉하는 바람에 그 소년을 따라갔습니다. 그런데 그 소년은 그를 경비실로 데리고 가더니 이렇게 말하는 것이었습니다. "이 사람은 제가 데리고 들어가는 사람이에요." 그러자 모든 경비원들이 아무 말도 하지 않고 그를 통과시켜 주었습니다. 그 소년은 그를 대통령 집무실로 데리고 가더니 링컨 대통령에게 이렇게 말했습니다. "아빠, 제가 데리고 온 사람이에요. 이 사람의 이야기를 들어보세요. 가슴이 너무 아파요." 대통령의 아들의 권세로 대통령을 만난 그 병사의 아버지는 그의 아들을 살릴 수가 있었습니다. 여기서 대통령의 아들이 가진 권세를 바로 우리가 가지고 있습니다.

우리는 하나님의 자녀로서의 권세를 가진 사람들입니다. 죄를 용서받은 우리는 이제 하나님의 자녀가 되었으므로 은혜의 보좌 앞에 당당하게 나아가게 되었습니다. 성경은 말씀합니다. "그러므로 우리는 긍휼하심을 받고 때를 따라 돕는 은혜를 얻기 위하여 은혜의 보좌 앞에 담대히 나아갈 것이니라"(히 4:16)

우리는 예수님을 믿음으로 죄를 용서받아 하나님의 자녀가 되는 특권을 누리게 된 것을 감사하며 기쁨으로 섬기는 삶을 살아야 합니다.

2. 하나님의 자녀는 유산을 상속받을 수 있습니다

"너희가 그리스도의 것이면 곧 아브라함의 자손이요 약속대로 유업을 이을 자니라"(갈 3:29)

하나님의 자녀에게는 상속권이 주어집니다. 우리가 받을 유업은 천국입니다. 우리가 예수님을 믿는 것은 구원받아 천국에 가기 위해서입니다. 우리가 구원받아 천국을 유업으로 받는다는 것은 영혼이 천국에 갈 수 있다는 말입니다. 우리가 어느 때에 구원을 받았느냐 하는 것은 아무런 상관이 없습니다. 직분을 받았거나 받지 않았거나 또는 얼마나 많은 헌신을 했느냐 하지 않았느냐 하는 것도 문제가 안 됩니다. 우리는 우리의 공로로 구원받는 것이 아니라 하나님의 자녀가 된 권세로 받는 것입니다.

자녀는 부모의 재산을 상속받을 수 있습니다. 아버지의 재산을 자녀들이 상속받게 됩니다. 우리나라 부모들은 자녀들에게 재산을 물려주기 위해서 열심히 일을 합니다. 선진국에서는 재산을 사회에 환원하는 운동을 합니다. 교회에 출석하는 분들은 교회에 자신의 재산을 헌납하기도 합니다. 그러나 우리나라는 아직 교회나 사회에 헌납하기보다는 대부분 후손들에게 물려줍니다. 이유는 오직 하나 자녀이기 때문입니다. 자녀들이 똑똑하든 부족하든 잘 하든 잘 하지 못하든 상관이 없습니다. 단지 자식이라는 이유로 모든 재산을 물려줍니다. 어떤 사업을 하는 분에게 이 사업을 누구에게 물려주겠느냐고 물었는데 그 분의 대답은 아주 간단했습니다. 회사에 유능하고 똑똑한 사람이 많이 있어도 그들에게 물려줄 수는 없고 부족한 듯해도 자녀들에게 물려주고 싶다고 했습니다. 여기에 누구도 이의를 제기할 수 없습니다. 자녀는 부모의 재산을 상속받을 권세가 있기 때문입니다. 이것이 자녀의 권세입니다.

우리가 예수님을 주님으로 영접하는 동시에 하나님의 자녀가 되면 하나님 아버지로부터 하늘나라를 상속받게 됩니다. 자녀는 아버지가 있는 곳에서 함께 살게 되는 권세가 있습니다. 대통령의 자녀는 아무런 지위도 권한도 없지만 아버지와 함께 청와대에서 살 수 있습니다. 그 이유는 자녀의 권세가 있기 때문입니다. 아버지의 자녀라는 이유만으로 아버지와 함께 살 수 있고 아버지의 유업을 상속받을 수 있습니다. 예를 들면 어느 분이 대통령이 되면 그분의 자녀들은 청와대에서 살 수 있습니다. 전직 대통령의 아들이라도 살 수 없지만 아버지가 현직 대통령이기 때문에 청와대에서 살 수 있는 것입니다. 그들에게 어떤 특혜가 있어서가 아니라 다만 아버지의 자녀라는 권세가 있기 때문입니다. 예수님을 나의 주님으로 영접하면 우리는 하나님의 자녀가 됩니다. 하나님의 자녀는 아버지가 계신 천국에서 함께 살게 됩니다.

우리 하나님 아버지는 천국에 계십니다. 우리는 하나님의 자녀가 되었기 때문에 아버지가 계신 천국에 가서 살게 됩니다. 우리에게 공로가 있다거나 죄가 없어서가 아닙니다. 오직 하나 하나님의 자녀라는 이유 때문에 천국을 상속받게 되는 것입니다. 그러나 아직 우리는 천국을 기업으로 받지 못하고 이 땅에서 살아가고 있기 때문에 고난도 받아야 합니다. 아직은 때가 아니기 때문입니다. 하지만 언젠가는 우리가 하나님의 것을 상속받을 날이 올 것입니다. 그래서 상속받을 그

날까지 거쳐야 할 많은 일들이 있습니다. 그것이 때로는 어려움으로 다가올 수도 있습니다. 앞서 간 많은 신앙의 사람들도 이 땅에서 살아가는 동안에 크고 작은 많은 어려움들을 겪었습니다. "자녀이면 또한 상속자 곧 하나님의 상속자요 그리스도와 함께 한 상속자니 우리가 그와 함께 영광을 받기 위하여 고난도 함께 받아야 할 것이니라"(롬 8:17)

하나님의 후사된 우리 성도들은 이 세상에 살고 있지만 항상 나의 영원한 기업인 하늘나라를 생각하고 사모하며 준비하는 자세로 살아가야 합니다. 비록 이 세상에 살아도 항상 우리의 본향 천국을 생각하며 살아야 합니다. 그런데 집을 떠난 나그네가 돌아가야 할 본향을 잊어버리고 세상에 도취하여 살면 그것은 잘못된 것입니다. 하나님의 자녀인 우리도 우리의 기업인 하나님 나라를 잊어버리면 안 됩니다. 항상 천국을 생각하며 열심히 살아가야 합니다. 모세가 가나안 땅을 눈앞에 두고 이스라엘 백성들에게 마지막으로 한 말입니다. "네가 먹어서 배부르고 아름다운 집을 짓고 거주하게 되며 또 네 소와 양이 번성하며 네 은금이 증식되며 네 소유가 다 풍부하게 될 때에 네 마음이 교만하여 네 하나님 여호와를 잊어버릴까 염려하노라"(신 8:12-14)

'누르하치'는 만주족으로서 중원을 정복하고 청나라를 세웠습니다. 신무기로 무장한 불란서 군대가 중원을 침공하러 왔다가 말을 타고 달리는 누르하치 군대에 패하여 후퇴하고 말았습니다. 몇 십 년이 지난 후 불란서 군대가 북경을 정탐하러 왔는데 만주족이 북경에 특별구를 만들어 놓고 특권을 누리며 살고 있었습니다. 만주족은 먹고 마시며 향락을 즐기다가 그의 후손들이 말을 타는 법을 잊어버려 결국 청나라는 불란서 군대에게 무릎을 꿇고 말았습니다. 성경은 말씀합니다. "우리가 잠시 받는 환난의 경한 것이 지극히 크고 영원한 영광의 중한 것을 우리에게 이루게 함이니"(고후 4:17)

하나님의 자녀라는 이 특권을 가지고 있는 우리는 지금의 편안함 때문에 영원한 나라의 상급을 잃어버리는 어리석음을 범하지 말아야 합니다. 그리고 우리는 예수님을 영접함으로써 이제 천국을 상속받을 권세를 가진 하나님의 자녀들이 되었으므로 믿음으로 당당한 삶을 살아가야 합니다.

3. 하나님의 자녀는 아버지에게 무엇이든 요구할 수 있습니다

"너희가 아들이므로 하나님이 그 아들의 영을 우리 마음 가운데 보내사 아빠 아버지라 부르게 하셨느니라"(갈 4:6)

'아바($\alpha\beta\beta\alpha$)' 는 아람어로 아버지를 가장 가깝고 친근하게 부르는 말로써 우리나라로 말하면 '아빠' 라는 말이 이에 해당됩니다. 친아버지가 아니면 아빠라고 부를 수 없습니다. 우리가 하나님의 자녀가 되면 하나님을 아버지라 부를 수 있는 권세가 있습니다.

누가복음 15장에 나오는 둘째 아들이 아버지의 재산을 탕진하고 돌아와서 아버지에게 말했습니다. "아버지 내가 하늘과 아버지께 죄를 지었사오니 지금부터는 아버지의 아들이라 일컬음을 감당하지 못하겠나이다"(눅 15:21) 둘째 아들은 아들로서의 자격을 상실했지만 아버지는 아들을 맞아 주었습니다. 먼 거리에서도 아버지는 아들을 알아 보고 측은히 여겨 달려가 목을 안고 입을 맞추었습니다. 아버지는 종들에게 이르되 제일 좋은 옷을 내어다가 입히고 손에 가락지를 끼우고 발에 신을 신기라고 명령했습니다. 그리고 말했습니다. "살진 송아지를 끌어다가 잡으라 우리가 먹고 즐기자 이 내 아들은 죽었다가 다시 살아났으며 내가 잃었다가 다시 얻었노라"(눅 15:23-24) 아버지는 책망 대신에 오히려 환영 잔치를 베풀며 아들의 권세를 회복시켜 주었습니다. 이것이 아버지의 마음입니다. 아들이 아무리 큰 잘못을 했어도 아들은 영원한 아버지의 아들입니다.

우리 예수님도 제자들에게 기도를 가르치실 때 '하늘에 계신 우리 아버지' 라고 부르게 하셨습니다. 하나님을 아버지로 부를 수 있는 것은 하나님의 자녀들에게만 주어지는 특권입니다. 자녀가 되면 무엇이든지 아버지에게 요구할 수 있는 청구권이 있습니다. 세상의 아버지도 자녀들이 요구하면 할 수만 있다면 무엇이든 다 주려고 합니다. 하늘에 계신 아버지는 그의 자녀들에게 무엇이 필요한지를 잘 아십니다. 그러므로 하나님 아버지는 자녀들이 필요한 것을 간청하면 아낌없이 그 소원을 이루어주십니다. 예수님은 말씀하십니다. "너희가 내 안에 거하고 내 말이 너희 안에 거하면 무엇이든지 원하는 대로 구하라 그리하면 이루리라"(15:7), "너희 중에 누가 아들이 떡을 달라 하는데 돌을 주며 생선을 달라 하는데 뱀을 줄 사람이 있겠느냐 너희가 악한 자라도 좋은 것으로 자식에게 줄줄 알거든 하물며 하늘에 계신 너희 아버지께서 구하는 자에게 좋은 것으로 주시지 않겠느냐"(마 7:9-11)

요한 웨슬리는 믿음의 차원을 두 가지로 분류했습니다. 종의 믿음과 아들의 믿음입니다. 종의 믿음은 내가 무엇인가 주인에게 해드려야 안심이 되고, 또 주인의 집에서 함께 살아갈 수 있다고 생각하는 믿음입니다. 일하지 않고 가만히 앉아 있으면 불안하여 평안히 쉴 수 없는 믿음입니다. 그러나 아들의 믿음은 다릅니다. 아들의 믿음은 자신의 행위나 아버지에 대한 공로로 아버지의 것을 받는 것이 아니라는 것을 아는 믿음입니다. 아들은 가만히 있어도 아버지 집에서 사는 것이 평안합니다. 구원은 내가 무엇을 함으로 받는 것이 아니라 오직 믿음으로 얻는 것입니다. 예수 그리스도의 공로로 하나님의 자녀가 된 것을 믿는 신앙이 있어야 합니다.

우리는 주 예수 그리스도를 믿음으로 하나님의 자녀가 되는 권세를 얻었기 때문에 무엇이든지 하나님께 구할 수 있는 권세도 있습니다. 우리는 기도하면 응답받을 수 있는 자녀의 권세를 받았으므로 이 권세를 마음껏 사용해야 합니다. 기도는 하나님의 자녀된 자들의 특권입니다. 우리 모두 열심히 기도함으로써 하나님의 자녀된 자로서의 권세를 마음껏 누려야 하겠습니다.

4. 하나님의 자녀는 오직 하나님께로부터 난 자들입니다

우리가 하나님의 자녀로서의 권세를 누리는 것은 오직 하나님께로부터 났기 때문입니다. "이는 혈통으로나 육정으로나 사람의 뜻으로 나지 아니하고 오직 하나님께로부터 난 자들이니라"(13)

우리가 하나님의 자녀로 출생하는 것은 혈통으로나 육정으로나 사람의 뜻으로 되는 것이 아니란 말입니다. 우리가 하나님의 자녀가 된 것은 '혈통(αἱμάτων, 하이마톤)' 으로 된 것이 아닙니다. 이 말은 육체적인 혈연관계로 된 것이 아니란 말입니다. 우리가 하나님의 자녀로 태어난 것은 육정으로 된 것도 아닙니다. 여기서 육정은 '육체적인 욕망(fleshly desire, NEB)' 이란 뜻으로 성령의 뜻에 거슬리는 모든 육체적 욕구나 세상적인 정욕을 통칭합니다.(고후 11:18; 갈 5:16) 우리가 하나님의 자녀가 된 것은 사람의 뜻으로 된 것도 아닙니다. 사람의 뜻이란 말은 절대자에게 도달하고자 하는 인간의 이성적 노력이나 수양이나 율법 준수 등을 통칭합니다. 따라서 위에 열거한 세 가지 조건, 즉 혈통이나 육체적 욕망이나 사람의 뜻은 하나님의 자녀가 되는 것과는 무관한 것들입니다.(고전 1:22-25) 왜냐하면 이러한 것들은 타락한 세상에서 비롯된 인본주의적 구원의 욕구이기 때문입니다. 그러므로 이 세상에서 육체를 따라 의롭다 여김을 받을 사람은 아무도 없습니다.(롬 3:20)

우리가 하나님의 자녀로 태어나게 된 것에 대해 본문은 이렇게 말씀합니다. "오직 하나님께로부터 난 자들이니라"(13) 우리가 하나님의 자녀가 된 것은 인본주의적(人本主義的)인 구원의 수단으로 된 것이 아니라 전적으로 하나님의 주권적인 능력으로 되었습니다. 우리가 구원받은 것은 사람의 어떤 노력이나 능력으로 된 것이 아니라 전적으로 하나님의 초자연적·초역사적인 능력으로 된 것임을 말씀합니다. 우리가 오직 하나님의 능력으로 구원받아 하나님의 자녀가 되었다는 것은 우리가 항상 하나님의 은혜에 감사하며 겸손하게 주의 뜻을 따라 살아가게 하는 중요한 이유가 됩니다.

영화의 고장 할리우드에서 배우들과 영화계에 종사하는 사람들이 함께 모여 아침식사를 나누는 모임이 있었습니다. 이때에는 당대의 최고 인기 배우나 유명 인사들을 초빙하여 간단한 연설을 듣는다고 합니다. 한번은 매우 아름다운 미모의 여성이 연사로 등단했습니다. 그녀는 미국에서 최고의 미인 열 명 중의 한 명으로 뽑힐 만큼 아름다운 영화 배우였습니다. 이 여성이 마이크 앞에 나오자 박수가 요란스럽게 터져 나왔습니다. 그런데 그녀는 좌중을 둘러보더니 대뜸 이렇게 말하는 것이었습니다. "여러분, 나는 지금 사랑에 빠졌습니다." 순간 장내는 야릇한 흥분으로 채워지기 시작했습니다. 모두가 궁금했습니다. 그때 누군가가 소리쳤습니다. "도대체 그 행운을 잡은 사나이가 누굽니까?" 이 여성은 거침없이 대답했습니다. "네, 그분은 예수 그리스도이십니다. 나는 그분을 사랑합니다. 그래서 이제는 배우 활동도 그만 두려고 합니다." 얼마 후 그 여배우는 자신이 말한 대로 할리우드를 떠나 목사의 부인이 되어 복음을 전하는 일에 전념했습니다. 그 뒤 오랜 시간이 지난 후에 누군가가 그에게 질문을 했습니다. "당신은 할리우드의 명예와 부를 뒤로 하고 예수님을 선택한 일에 전혀 후회가 없습니까?" 그녀의 대답은 이렇습니다. "할리우드의 스타나 영국 여왕의 자리도 지금의 저와는 바꿀 수 없습니다. 그리스도는 저에게 이처럼 귀하신 분입니다."

하나님의 자녀의 권세를 가진 사람은 이 세상의 무엇보다도 예수님을 사랑합니다. 예수 그리스도는 이 세상의 부귀와 명예와 행복과 바꿀 수 없는 존귀하신 분입니다. 예수님 안에 모든 보화가 들어 있습니다. 우리가 이것을 누릴 수 있는 것은 하나님의 자녀된 권세가 있기 때문입니다.

하나님은 우리에게 영접하는 자, 곧 그 이름을 믿는 자들에게는 하나님의 자녀가 되는 권세를 주셨습니다. 하나님의 자녀는 죄 사함의 은총을 받습니다. 하나님의 자녀는 천국을 상속받을 수 있고 무엇이든 기도하여 응답받을 수도 있습니다. 하나님의 자녀는 오직 하나님께로부터 난 자들입니다. 주 예수님을 영접함으로써 얻는 하나님의 자녀된 권세를 마음껏 누리며 살아가시길 바랍니다. 아멘.

[14]말씀이 육신이 되어 우리 가운데 거하시매 우리가 그의 영광을 보니 아버지의 독생자의 영광이요 은혜와 진리가 충만하더라

(요한복음 1:14)

04

말씀이 육신이 되신 그리스도

예수 그리스도는 말씀이 육신이 되어 이 세상에 오신 하나님이십니다. 이것을 신학 용어로 '성육신'이라고 합니다. 하나님이 인간의 몸을 입으시고 이 세상에 오신 것은 놀라운 일이며 너무도 중요한 사건입니다. 구속사에서 반드시 일어나야 하는 우리 인간을 향한 하나님의 위대한 사랑의 표현입니다. 하나님이 동정녀 마리아의 몸을 통해 성령으로 잉태되어 이 세상에 오신 사건이 바로 말씀이 육신이 되어 이 땅에 오신 예수 그리스도의 탄생입니다. 말씀이 육신이 되신 사건은 하나님께는 영광이요 우리에게는 은혜입니다.

1. 말씀이 육신이 되신 그리스도께서 하나님이 직접 인간 역사에 개입하셨다는 의미입니다

"말씀이 육신이 되어 우리 가운데 거하시매"(14)

'말씀이 육신이 되어' 란 말씀은 예수님의 성육신 사건을 말합니다. 영지주의의 가현설(Docetism)은 "그리스도가 인간으로 오신 것처럼 보였으나 육체로 오시지 않았으며 그의 수난도 하나의 가상(假像)이었다."고 주장함으로써 예수님이 육신으로 오신 것을 부인했습니다. 그래서 이단이 된 것입니다. 예수 그리스도는 인간의 몸을 입고 이 세상에 오셨습니다. 예수님이 육신으로 오셨다는 것은 예수님 역시 인간적인 한계성과 연약성을 지닌 존재였음을 보여줍니다. "우리에게 있는 대제사장은 우리의 연약함을 동정하지 못하실 이가 아니요 모든 일에 우리와 똑같이 시험을 받으신 이로되 죄는 없으시니라"(히 4:15)

육신을 입고 이 세상에 오신 예수님은 피곤하셨습니다.(4:6) 갈증을 느끼셨습니다.(4:7) 하나님께 의존하셨습니다.(5:19) 슬퍼 눈물을 흘리셨습니다.(11:35) 분노도 하셨습니다.(11:38) 갈등도 하셨습니다.(12:27) 수난을 받으시고 죽으셨습니다.(18-19장) 이것이 그리스도의 인성입니다. 한 마디로 말씀이 육신이 되어 오신 예수 그리스도는 완벽한 인간의 몸을 입고 오셨습니다. 태초에 말씀으로 계신 그리스도께서 생명의 빛으로 역사 속으로 육신을 입고 오신 사건이 바로 예수 그리스도의 탄생입니다. 말씀이 육신이 되어 이 세상에 오셨다는 것은 하나님께서 스스로 인간의 구원을 위하여 인간의 역사 속으로 들어오셨다는 뜻입니다. 이보다 신비로운 일은 없습니다. 이것은 인간의 이성과 지식으로는 이해할 수 없는 사건입니다. 하나님께서 인간의 몸을 입고 세상에 오신 것은 기독교에만 있는 유일한 사건입니다.

성육신 사건은 인간들이 지어낸 신화가 아니라 역사적 사건입니다. 베들레헴의 마구간에서 나신 예수 그리스도는 바로 하나님 자신이 인간의 역사 속으로 들어오신 사건입니다. 다시 말하면 인간 역사 가운데 하나님의 역사가 나타난 것입니다. 인간 역사의 중심을 이루고 있는 것은 하나님의 구속 역사입니다. 그러므로 '말씀이 육신이 되어 우리 가운데 오셨다' 는 것은 인류 역사에 있어 대 전환점이 되었습니다. 그래서 세속사를 주님이 오시기 전과 후로 나누어 구분하고 있습니다. 육신을 입고 오신 예수 그리스도의 탄생을 기점으로 주전(BC, before christ)과 주후(AD, anno domini: 라틴어, 주님의 해)로 나눕니다. 즉 예수님의 탄생을 기점으로 연도를 계산한 것입니다. AD 525년에 로마의 한 수도원장에 의해 만들어진 이 말은 일반적으로 한국어로 '기원 후', 혹은 '서기' 라고 번역하고 교회에서는 '주후' 라고 번역하기도 합니다.

하나님께서 말씀이 육신이 되어 이 세상에 오신 사건은 인류 역사의 중심이 된 위대한 일입니다. 말씀이 육신이 되어 이 세상에 오신 사건은 하나님께서 이 세상의 역사 속에 직접 오시어 구원 역사를 이루신 것입니다. 말씀이 육신이 되어 이 세상에 오신 예수 그리스도는 역사의 주인공이 되셨습니다. 예수 그리스도는 역사를 운행하시는 분입니다. 인류 역사는 예수 그리스도에 의해 진행되고 있으며 예수 그리스도의 재림을 향하여 달려가고 있습니다. 우리 앞에 전개되고 있는 모든 역사는 예수 그리스도의 재림을 향해 가고 있습니다. 예수님은 모든 역사와 우리 인생의 중심이 되십니다.

2. 말씀이 육신이 되어 우리 가운데 거하셨습니다

"말씀이 육신이 되어 우리 가운데 거하시매"(14)

예수 그리스도께서 말씀이 육신이 되어 우리 가운데 거하셨다는 말은 그분이 이 세상에 거하셨다는 말입니다. '거한다'는 말은 '천막을 치다(σκηνόω, 스케노오)'라는 뜻에서 왔습니다.

예수 그리스도는 성육신하신 하나님께서 임시적으로 이 땅에 계셨음을 가리키며 하나님의 임재를 상기시켜 줍니다. 이스라엘 민족이 광야에서 방랑할 때 하나님이 거주하신 곳이 바로 성막이었습니다. 즉 하나님께서 우리와 함께 하셨다는 말입니다. 임마누엘은 하나님이 우리와 함께 하신다는 말입니다. 다시 말하면 그리스도의 성육신은 이 세상에서 이루어졌으며 우리 인간들 속에서 발생한 역사적인 사건이란 말입니다.

'말씀이 육신이 되어 우리 가운데 거하시매'(14)에서 거한다는 말은 장막을 친다, 숙소를 정한다는 뜻입니다. 이 표현은 구약적인 표현입니다. 하나님은 모세에게 성막(회막)을 짓게 하셨습니다. 이 성막은 성전 이전의 성전인 셈입니다. 그리고 하나님은 이 성막에서 이스라엘 백성들을 만나셨습니다. 이스라엘 백성들은 행진 중에도 그 성막을 들고 다녔습니다. 행진이 진행 중일 때는 장막을 걷고 행진이 멈추면 다시 장막을 쳤습니다. 그래서 이스라엘 백성들은 하나님은 자신들 가운데 장막을 치고 계시는 분으로 생각했습니다.

그런데 이스라엘 백성들의 장막 가운데 거하셨던 하나님께서 이제는 친히 육신으로 함께 거하시게 되었습니다. 바로 예수님이 인간의 몸을 입으시고 이 세상에 오시어 그들의 백성과 함께 지내시게 되었습니다. "말씀이 육신이 되어 우리 가운데 거하시매"란 말씀은 사람들에게 잠깐 나타나신 것이 아니라 하나님께서 사람이 되셔서 33년 동안 사람들과 함께 사셨다는 말씀입니다. 하나님은 사람들과 함께 슬퍼하며 울며 사셨습니다. 나사로가 죽었을 때에도 예수님은 마르다와 마리아와 함께 우셨습니다. 사람이 되신 하나님은 사람들처럼 가난하게 살면서 피난살이도 하셨습니다. 인간의 배고픔과 아픔과 슬픔과 고통을 다 짊어지셨습니다. 하나님께서 사람으로 이 땅에 오시어 사람들과 함께 사셨습니다. 이것이 하나님의 사랑입니다. 하나님이 우리를 사랑하심으로 이 땅에 사람의 몸을 입고 오시어 위대한 사랑을 실천하셨습니다. 십자가에서 자신의 몸을 주심으로 구원을 완성하신 사랑입니다. 이것은 너무나 크고 엄청난 사건이었습니다.

미국인 유진 벨(Eugene Bell) 선교사는 한국을 사랑하여 한국에서 4대에 걸쳐 117년 동안 그리스도의 복음을 전하며 살고 있습니다. 1895년 미국에서 한국으로 파송 받아 사역했던 유진 벨(Eugene Bell) 선교사(한국명: 배유지)의 사위 린튼 선교사의 후손들이 지금도 한국인을 사랑하여 북한에까지 그리스도의 사랑을 전하고 있습니다. 그는 지금 한국 사람들보다 더 분명한 한국 사람이 되어 있고 전라도 사람들보다 더 분명한 전라도 사람이 되어 있습니다. 많은 한국인들은 미국으로 이민 가는 것을 사모하지만 존 린튼 박사는 자신을 미국으로 보낼까봐 걱정이라고 말합니다. 그는 한국인들을 사랑해서 한국에서 4대째 한국인들과 함께 살고 있습니다.

예수님은 하나님의 영광을 버리시고 말씀이 육신이 되어 이 세상에 오시어 우리와 함께 거하셨습니다. 우리를 너무도 사랑하신 나머지 죄악 가운데 있는 우리를 구원하시려고 이 땅에 오시어 우리와 함께 사셨습니다. 그러므로 말씀이 육신이 되어 이 땅에 오신 예수님을 인격적으로 영접하면 하나님께서 우리 속에 함께 계시게 됩니다. 이것이 바로 임마누엘입니다. 하나님께서 우리와 함께 하시는 것입니다. 이 사건은 이미 예언이 되었습니다. "처녀가 잉태하여 아들을 낳을 것이요 그의 이름을 임마누엘이라 하리라"(사 7:14) 이 땅에 말씀이 육신이 되어 오신 예수 그리스도는 바로 임마누엘의 하나님으로 오셨습니다. "이는 한 아기가 우리에게 났고 한 아들을 우리에게 주신 바 되었는데 그의 어깨에는 정사를 메었고 그의 이름은 기묘자라 모사라 전능하신 하나님이라 영존하시는 아버지라 평강의 왕이라 할 것임이라"(사 9:6) 처녀의 몸에서 태어날 아기 예수님을 가리켜 전능하신 하나님, 영존하시는 아버지라고 불렀습니다. 말씀이 육신이 되어 이 땅에 오신 아기 예수님이 바로 전능하신 임마누엘의 하나님이셨습니다. 예수님은 말씀이 육신이 되어 우리 가운데 거하시는 임마누엘의 하나님으로 이 세상에 오셨습니다.

지금도 주 예수 그리스도를 모신 하나님의 자녀들의 심령에 예수 그리스도는 임마누엘로 함께 하십니다. 심령뿐만 아니라 모든 삶 가운데 함께 하십니다. 예수님은 승천하시면서 임마누엘을 약속하셨습니다. "내가 너희에게 분부한 모든 것을 가르쳐 지키게 하라 볼지어다 내가 세상 끝 날까지 너희와 항상 함께 있으리라"(마 28:20) 그리고 예수님은 보혜사 성령을 보내주시어 함께 하신다고 약속하셨습니다. "내가 아버지께 구하겠으니 그가 또 다른 보혜사를 너희에게 주사 영원토록 너희와 함께 있게 하리니"(14:16)

하나님은 지금도 우리와 함께 하십니다. 그분은 우리의 친구가 되시어 늘 우리와 동행하시며 우리를 도우십니다. 그러므로 우리는 늘 그분과 교제할 수 있습니다. 하나님은 말씀하십니다. "두려워하지 말라 내가 너와 함께 함이라 놀라지 말라 나는 네 하나님이 됨이라 내가 너를 굳세게 하리라 참으로 너를 도와주리라 참으로 나의 의로운 오른손으로 너를 붙들리라"(사 41:10)

말씀이 육신이 되어 이 땅에 오신 예수 그리스도는 우리와 늘 함께 하십니다. 임마누엘의 하나님은 영원히 우리와 함께 하십니다.

3. 왜 육신으로 오셔야 했습니까

1) 속죄의 피를 흘리기 위해서입니다

피가 없이는 죄 사함을 받을 수 없다는 것이 하나님이 주신 속죄의 법칙입니다. 하나님은 영이시므로 피를 흘리실 수가 없습니다. 그런데 레위기 17장 11절에서는 "육체의 생명은 피에 있음이라 내가 이 피를 너희에게 주어 제단에 뿌려 너희의 생명을 위하여 속죄하게 하였나니 생명이 피에 있으므로 피가 죄를 속하느니라"고 하셨고, 로마서

3장 24-25절에서는 "그리스도 예수 안에 있는 속량으로 말미암아 하나님의 은혜로 값없이 의롭다 하심을 얻은 자 되었느니라 이 예수를 하나님이 그의 피로써 믿음으로 말미암는 화목제물로 세우셨으니"라고 하셨습니다. 피가 없이는 구원을 받을 수 없기 때문에 창세기부터 요한계시록까지 계속 피에 대해서 말씀하고 있습니다. 이처럼 성경 전체에 '피'라는 단어가 700여 회 나옵니다.

하나님의 독생자가 성령으로 잉태되어 육신을 입고 이 세상에 오셨습니다. 천사가 요셉에게 나타나 "다윗의 자손 요셉아 네 아내 마리아 데려오기를 무서워하지 말라 그에게 잉태된 자는 성령으로 된 것이라"(마 1:20)고 가르쳐 주었습니다. 히브리서 9장 22절에서는 이렇게 말씀하셨습니다. "율법을 따라 거의 모든 물건이 피로써 정결하게 되나니 피 흘림이 없은즉 사함이 없느니라" 그러므로 피 흘려 죽으시기 위해 하나님께서 인간의 몸을 입고 이 땅에 오신 것입니다. 영으로는 속죄의 피를 흘리실 수가 없기 때문에 인간의 몸을 입고 오셨다고 성경은 말씀합니다. "너희 중에 누구든지 으뜸이 되고자 하는 자는 모든 사람의 종이 되어야 하리라"(막 10:45)

인류의 최대, 최종의 원수는 죽음입니다. 이 죽음의 문제를 해결하고 우리에게 부활과 영생을 주시기 위해 사람의 몸을 입고 이 땅에 오셨습니다. 아담 한 사람의 범죄로 말미암아 온 인류에게 죄와 벌이 임했지만 예수님께서 온 인류를 대표하여 사망 권세를 이기시고 부활하심으로 죽음을 정복하셨습니다. 그 결과 이제부터는 예수님을 믿는 자마다 멸망치 않고 영생을 얻어 생명의 부활을 하게 되었습니다. 예수님 자신이 몸소 죽임을 당하시고 부활하심으로 죽음의 문제를 해결해 주셨습니다. 죽은 자 가운데서 살아나신 예수님을 구주로 믿고 입으로 시인하는 사람에게는 영생과 부활이 약속되어 있습니다. 예수님은 죽음의 문제를 해결해 주시기 위하여 죽음을 맛보시고 부활하셨습니다.

2) 참 인간의 모습을 보여주시기 위해서입니다

하나님이 사람의 몸을 입고 이 세상에 오신 이유는 보이지 않던 하나님과 참 인간의 모습을 보여주시기 위해서였습니다. 그것은 아담과 하와가 타락한 후부터 하나님의 형상(image of God)을 잃었기 때문입니다. 빌립보서 2장 6-8절에 보면 "그는 근본 하나님의 본체시나 하나님과 동등 됨을 취할 것으로 여기지 아니하시고 오히려 자기를 비워 종의 형체를 가지사 사람들과 같이 되셨고 사람의 모양으로 나타나사 자기를 낮추시고 죽기까지 복종하셨으니 곧 십자가에 죽으심이라"고 하셨습니다. 여기서 '하나님과 동등하신 분이 … 사람의 모양으로' 나타나신 것은 참 사람의 모습을 보여주시기 위해서였습니다.

범죄한 인간은 하나님의 심판을 면할 수 없기 때문에 영원한 죽음 또한 피할 길이 없습니다. 그래서 죄가 없는 사람이 그 죄의 값을 치러야 했습니다. 그러나 모든 인생이 죄를 범하여 의인이 없기 때문에 누구도 그 죄의 값을 대신 치를 수가 없었습니다. 그런데 하나님은 모든 인간이 하나님을 떠나 사망의 길로 가는 것을 원치 않으셨습니다. 그래서 전혀 죄가 없으신 하나님께서 직접 자기 백성을 죄에서 구속하시려고 육체를 입고 이 땅에 오신 것입니다. 그분이 바로 말씀이 육신이 되어 이 세상에 사람으로 오신 예수님이십니다. 예수님은 참 사람의 모습으로 이 땅에 오셨습니다.

모로카이 섬은 옛날 하와이 군도 중의 한 섬으로 나병환자들만 모여 살던 죽음의 섬이었습니다. 그곳에 벨기에 출신의 다미엔 선교사가 복음을 들고 들어가 그들에게 복음을 전하기 시작했습니다. 그러나 그가 온 몸이 썩어 들어가는 병자들에게 복음을 전할 때 그들은 비웃으며 말했습니다. "당신은 건강한 몸이기 때문에 믿음으로 살지만 만약 우리처럼 날마다 몸이 썩어들어 간다면 그렇게 말하진 못할 것이다." 그들의 마음은 처음부터 굳게 닫혀 있었습니다. 다미엔은 고민에 싸여 하나님께 기도했습니다. "하나님, 저에게도 나병을 허락하옵소서. 저들의 마음이 열리고, 저들을 사랑하는 저의 마음을 받아들일 수만 있다면 저에게 나병을 주옵소서." 그리고 얼마 후부터 다미엔의 몸은 점차로 감각이 무디어가고 있었으며 눈썹도 조금씩 빠지고 관절도 떨어져 나갔습니다. 그에게 나병이 찾아온 것입니다. 손가락 마디가 떨어져 나간 상태로 그들 앞에 선 다미엔이 외쳤습니다. "사랑하는 여러분, 주님은 나병에 걸린 우리를 사랑하십니다." 그럴 때에 수많은 나병환자들은 전류에 감전된 듯한 감동을 받으며 복음을 받아들이기 시작했습니다.

우리 예수님도 하나님의 영광을 버리시고 우리를 구원하시기 위하여 인간의 몸을 입고 이 세상에 오셨습니다. 바로 이것이 말씀이 육신이 되어 참 사람으로 오신 성육신 사건입니다. 우리는 이 놀라운 하나님의 은혜에 감사해야 합니다.

3) 하나님을 보여주시기 위해서입니다

말씀으로 육신을 입고 이 세상에 오신 예수 그리스도를 통해서 우리는 하나님을 보게 되었습니다. "말씀이 육신이 되어 우리 가운데 거하시매 우리가 그의 영광을 보니 아버지의 독생자의 영광이요 은혜와 진리가 충만하더라"(14)

"우리가 그의 영광을 보니"에서 '보니'는 놀라운 광경을 본다는 뜻을 가진 'θεάομαι(데아오마이)'의 부정과거 중간태로써 놀라운 상태에서 실제로 목격했다는 의미를 포함하고 있습니다. 사도 요한이 변화 산에서 변모하신 예수님의 모습(Transfiguration, 마 17:2-8; 막 9:2-8)을 보고 놀랐습니다. 그때 요한은 예수님이 거룩한 광채와 함께 나타나신 모습을 보았으며 하늘로부터 '이는 내 사랑하는 아들'(막 9:7)이라는 음성도 들었습니다. 더 나아가 말씀이 육신이 되어 이 땅에 오신 예수 그리스도의 성육신과 공생애와 부활은 빛이 환하게 비치듯 놀랍고도 영광스러운 사건이었습니다. 성육신하신 예수님을 통해 하나님의 영광을 보았습니다.

"아버지의 독생자의 영광이요"란 말씀은 그리스도의 영광이 영원하신 성부 하나님의 영광과 대등함을 보여주고 있습니다.

특히 '독생자(μονογενους, 모노게노스)'는 'μονος(모노스, 유일한)'와 'γενους(게노스, 종류, 혈족)'의 합성어로 오직 그리스도를 가리키고 있습니다.(3:16,18; 요일 4:9) 그리스도는 하나님과 하나님의 자녀들 사이에서 중보자적 사역을 담당하는 유일하신 분(3:17; 갈 3:26)이며, 하나님과 친밀한 인격적인 관계를 지닌 대등하신 분(1절 주석 참조)이며, 이 세상에 하나님을 완벽하게 계시하신 유일하신 분

(14:9; 빌 2:6–7)이라는 의미가 있습니다.

'은혜와 진리가 충만하더라' 에서 은혜와 진리(κάριτος καὶ ἀληθείας, 카리토스 카이 알레데이아)는 구약 성경에서 하나님의 성품을 나타내는 용어로 쓰였습니다. 따라서 이 말씀은 하나님의 성품인 은혜와 진리가 바로 말씀이신 그리스도의 성품과 일치하는 것을 보여줍니다. 이는 성육신하신 그리스도가 그의 지상 사역을 통해서 하나님의 본성을 드러내셨음을 말합니다. 그리고 '충만하더라(πλήρης, 플레레스)' 는 은혜와 진리의 역동성을 보여주는 말입니다. 다시 말하면 그리스도께 속한 은혜와 진리는 고정된 것이 아니라 그리스도로부터 차고 넘치게 흘러 나와 성도들에게 임하여 역사(役事)한다는 뜻입니다.

말씀이 육신이 되어 오심으로 하나님을 보여 주셨습니다. "본래 하나님을 본 사람이 없으되 아버지 품속에 있는 독생하신 하나님이 나타내셨느니라"(18) 하나님은 영이신고로 우리가 볼 수가 없으며 하나님을 보면 그 영광의 빛이 강하기 때문에 죽는다고 했습니다. 그런데 말씀이 육신이 되어 오신 예수 그리스도를 통해서 우리는 하나님을 볼 수 있게 되었습니다. "태초에 말씀이 계시니라 이 말씀이 하나님과 함께 계셨으니 이 말씀은 곧 하나님이시니라"(1) 어느 날 빌립이 하나님 아버지를 보여 달라고 하자 예수님께서 말씀하셨습니다. "나를 본 자는 아버지를 보았거늘 어찌하여 아버지를 보이라 하느냐"(14:9) 보이지 않던 하나님(invisible God)을 보여주시기 위하여(visible God) 하나님이 육신을 입고 오신 것입니다.

예수님은 하나님으로서 인간의 몸을 입고 이 세상에 오셨습니다. 말씀이 육신이 되어 우리 가운데 오신 것입니다. 스스로 인간의 구원을 위하여 인간의 역사 속으로 들어오셨습니다. 이것은 역사상 가장 신비로운 사건입니다. 이것은 인간의 이성과 지식으로는 이해할 수 없는 사건입니다. 하나님이 사람이 되어 이 세상에 오신 것은 기독교에만 있는 유일한 사건입니다. 성육신 사건은 만들어낸 신화(神話)가 아니라 역사적 사건(事件)입니다. 하나님께서 베들레헴 마구간으로 오신 것은 바로 하나님 자신이 인간의 역사 속으로 들어오신 사건입니다. 예수 그리스도는 역사를 운행하시는 주인이 되셨습니다. 그리고 예수 그리스도는 항상 우리와 함께 하시는 임마누엘의 하나님이십니다.

오래 전에 한 군인이 군 생활이 너무 힘들어 탈영을 하게 되었습니다. 그러나 이 군인은 곧 체포되어 20년형을 선고 받고 감옥에 들어가게 되었습니다. 그런데 그의 어머니는 모든 살림을 팔아 교도소 가까이로 이사를 해서 항상 창문을 열고 아들이 있는 방향을 바라보았습니다. 아들이 냉방에서 잠을 자기 때문에 어머니도 냉방에서 지냈습니다. 모든 사람들이 죄인이라며 면회도 하지 않았습니다. 애인도 떠나고 형제들도 모두 외면하며 거들떠보지도 않았습니다. 그러나 어머니는 외아들을 위해서 20년 동안이나 옥바라지를 했습니다. 철따라 따뜻하고 시원한 옷뿐만 아니라 어머니가 즐겨 읽던 성경도 넣어 주었습니다. 20년이란 세월이 흐른 뒤 아들은 어느덧 중년이 되었고 어머니는 할머니로 변해 있었습니다. 20년이 지난 성탄절에 석방된 그 아들은 "임마누엘의 하나님이 나와 함께 하셨다."는 것을 고백하며 어머니 앞에 무릎을 꿇고 시를 써서 바쳤습니다.

내가 감옥에 있을 때
어머니 나를 떠나지 않고 찾아 오셨으며
내가 감옥에 누워서 외로이 있을 때
어머니 마음 내 곁에 와 있었으며
내가 추위에 떨 때
어머니의 따뜻한 손길이 나를 덮으셨고
내가 외로워 눈물 흘릴 때
어머니의 손길 내 눈물 닦아 주셨네
내가 외로이 방안에 누워 있을 때
어머니 마음은 나를 둘러 감싸주셔서
이 외로움을 넘어 극복했네

그 아들이 이 시를 헌시하면서 어머니 앞에 무릎을 꿇고 큰절을 했던 것은 어머니가 아들을 버리지 않고 늘 함께 했기 때문입니다.

그러나 어머니도 우리 곁을 떠납니다. 함께 머물고 싶어도 함께 할 수 없습니다. 배우자도 떠나고 친구도 떠납니다. 그러나 끝까지 나를 떠나지 않고 영원히 우리와 함께 하실 분이 계십니다. 그분은 바로 우리 주 예수 그리스도이십니다.

말씀이 육신이 되어 이 세상에 오신 예수 그리스도는 하나님이십니다. 인간의 역사 속에 오시어 우리와 항상 함께 하시는 임마누엘의 하나님이십니다. 인간의 몸을 입고 이 땅에 오시어 우리를 죄악에서 구원하신 하나님이십니다. 그리고 보혜사 성령으로 늘 우리와 함께 하시되 영원히 동행하시는 임마누엘의 하나님이십니다. 아멘.

15요한이 그에 대하여 증언하여 외쳐 이르되 내가 전에 말하기를 내 뒤에 오
시는 이가 나보다 앞선 것은 나보다 먼저 계심이라 한 것이 이 사람을 가리
킴이라 하니라 16우리가 다 그의 충만한 데서 받으니 은혜 위에 은혜러라 17
율법은 모세로 말미암아 주어진 것이요 은혜와 진리는 예수 그리스도로 말
미암아 온 것이라 18본래 하나님을 본 사람이 없으되 아버지 품 속에 있는
독생하신 하나님이 나타내셨느니라 19유대인들이 예루살렘에서 제사장들과
레위인들을 요한에게 보내어 네가 누구냐 물을 때에 요한의 증언이 이러하
니라 20요한이 드러내어 말하고 숨기지 아니하니 드러내어 하는 말이 나는
그리스도가 아니라 한대 21또 묻되 그러면 누구냐 네가 엘리야냐 이르되 나
는 아니라 또 묻되 네가 그 선지자냐 대답하되 아니라 22또 말하되 누구냐
우리를 보낸 이들에게 대답하게 하라 너는 네게 대하여 무엇이라 하느냐 23
이르되 나는 선지자 이사야의 말과 같이 주의 길을 곧게 하라고 광야에서
외치는 자의 소리로라 하니라 24그들은 바리새인들이 보낸 자라 25또 물어 이
르되 네가 만일 그리스도도 아니요 엘리야도 아니요 그 선지자도 아닐진대
어찌하여 세례를 베푸느냐 26요한이 대답하되 나는 물로 세례를 베풀거니와
너희 가운데 너희가 알지 못하는 한 사람이 섰으니 27곧 내 뒤에 오시는 그
이라 나는 그의 신발 끈을 풀기도 감당하지 못하겠노라 하더라 28이 일은 요
한이 세례 베풀던 곳 요단강 건너편 베다니에서 일어난 일이니라

(요한복음 1:15-28)

05

광야의 소리

세례 요한은 위대한 선지자요 자기의 사명을 다 완수하고 멋있게 살

다가 간 하나님의 사람입니다. 세례 요한의 사명은 예수 그리스도를 증언하는 일이었습니다. 요한에게 있어 예수 그리스도를 소개하고 증언하는 것은 가장 큰 사명이며 영광스러운 일이었습니다. 그에게 "네가 누구냐"고 질문하는 사람들에게 자신은 "광야에서 외치는 자의 소리"라고 소개했습니다.(19-23)

그는 예수님을 소개하는 광야에서 외치는 자의 소리였습니다.

1. 세례 요한이 증거한 예수 그리스도는 어떤 분이십니까

1) 선재(先在)하신 예수님이십니다

예수님은 세례 요한보다 6개월 뒤에 태어나셨습니다. 예수님은 세례 요한이 사역을 시작한 뒤에 공생애를 시작하셨습니다.(막 1:14-15) 그런데 세례 요한은 자신보다 6개월 뒤에 탄생하시고 공사역 역시 후배인 예수님을 가리켜 자기보다 먼저 계셨던 분이라고 증거하였습니다.

예수님이 전면에 나타나시기 전에 이미 세례 요한에게는 그의 제자가 되겠다고 자청하여 따르는 사람들이 많이 있었습니다. 그때 세례 요한은 자기 뒤에 오실 예수님을 자기보다 먼저 계셨던 분이라고 증거했습니다. "내가 전에 말하기를 내 뒤에 오시는 이가 나보다 앞선 것은 나보다 먼저 계심이라 한 것이 이 사람을 가리킴이라"(15) 세례 요한은 예수님을 향해 "내 뒤에 오시는 이가 나보다 앞선 것은 나보다 먼저 계심이라"고 말했습니다. 이것은 물리적으로는 세례 요한이 예수님보다 여섯 달 앞섰으나 영적으로는 예수님이 요한보다 앞서 계셨던 분으로, 즉 그리스도의 선재(先在)하심을 증거한 말입니다. 세례 요한의 존재는 출생 이후부터 시작되었지만 예수님은 세례 요한보다 늦게 태어나셨다 할지라도 영원 전부터 계셨다는 말입니다.

예수님이 세례 요한보다 앞선 근본적인 이유는

첫째, 세례 요한이 인간에 지나지 않는 반면에 예수님은 창조 전부터 하나님과 더불어 선재하셨던 분으로서 본질상 하나님과 동등하신 분이기 때문입니다.(빌 2:6) 따라서 신분이나 권능에 있어서 당연히 세례 요한과는 비교할 수 없습니다.

둘째, 예수님도 자신을 소개하실 때에 선재성을 말씀하셨습니다. "진실로 진실로 너희에게 이르노니 아브라함이 나기 전부터 내가 있느니라"(8:58)

셋째, 세례 요한은 예수님의 선재성을 인정하는 동시에 우월성을 당연하게 시인했습니다.(3:22-30)

넷째, 세례 요한은 예수님을 향하여 나보다 능력 많으신 이(눅 3:16), 하나님의 어린 양(29,36), 신발 끈을 풀기도 감당하지 못할 분(막 1:7) 등으로 소개했습니다. 세례 요한은 예수 그리스도는 분명히 자기보다 먼저 존재하신 분으로 소개했습니다.

세례 요한은 예수 그리스도는 분명히 자신보다 먼저 존재하신 분으로 소개했습니다. 예수 그리스도는 창세 전부터 계셨던 하나님이십니다. 요한복음의 서두에 말씀이신 예수님에 대해 기록하고 있습니다. "태초에 말씀이 계시니라 이 말씀이 하나님과 함께 계셨으니 이 말씀은 곧 하나님이시니라 그가 태초에 하나님과 함께 계셨고 만물이 그

로 말미암아 지은 바 되었으니 지은 것이 하나도 그가 없이는 된 것이 없느니라"(1-3)

말씀이 육신이 되어 이 세상에 오신 예수 그리스도는 창세 전부터 이미 계셨던 하나님이십니다. 우리를 죄악에서 구원하시기 위해서 이 땅에 오신 하나님이십니다. 세례 요한은 이 예수님을 증거하기 위해 왔으며 그는 맡겨주신 사명을 잘 감당했습니다. 우리도 사도 요한처럼 예수 그리스도는 창세 전부터 계신 하나님임을 고백하고 하나님을 증거하는 삶을 살아야 합니다.

2) 율법을 이루시고 우리에게 은혜를 주신 분입니다

"우리가 다 그의 충만한 데서 받으니 은혜 위에 은혜러라 율법은 모세로 말미암아 주어진 것이요 은혜와 진리는 예수 그리스도로 말미암아 온 것이라"(16-17)

하나님은 율법 아래에 있는 자들을 속량하시려고 육신을 입고 이 땅에 오셨는데 그분이 바로 예수님이시라고 고백하고 있습니다. "우리가 다 그의 충만한 데서 받으니 은혜 위에 은혜러라"(16) "은혜 위에 은혜러라"는 말씀은 문자적으로 은혜 대신에 은혜라고 해석할 수 있습니다. 이는 한 번 받은 은혜가 그 능력을 다 발하고 나면 또 다른 은혜를 받게 된다는 의미로 '은총을 받고 또 받았다(공동 번역)' 라는 뜻으로 번역될 수 있습니다. 즉 하나님의 은혜는 곧 그리스도의 은혜입니다. 이 은혜는 넘쳐흐르는 충만함으로 인하여 성도들에게 끊임없이 이어지는 은혜라는 것을 요한이 밝히고 있습니다.

우리가 은혜 위에 은혜가 넘치는 은혜를 입은 것은 예수 그리스도께서 율법이 정한 모든 요구를 십자가로 다 이루시고 우리를 온전히 구속하셨기 때문입니다. 율법으로는 우리 모두가 죄인입니다. 말씀대로 완벽하게 사는 사람은 아무도 없기 때문입니다. 예수님이 이 땅에 오시어 십자가에서 우리의 모든 죄 값을 다 치르심으로 율법을 완성하셨습니다. 그러므로 우리는 예수님을 믿음으로 율법에서 해방되었습니다. 이제 더 이상 율법 아래에 있는 죄인이 아니라 죄를 용서받은 자유인이 되었습니다. 그 결과 죄에서 구원받아 하나님의 자녀가 되고 천국 백성이 되었습니다. 이처럼 우리는 은혜 위에 은혜를 받았습니다. 예수님이 율법을 다 이루심으로 우리가 은혜를 받게 된 것입니다.

예수님은 율법을 이루신 분입니다. "율법은 모세로 말미암아 주어진 것이요 은혜와 진리는 예수 그리스도로 말미암아 온 것이라"(17) 모세 율법은 시내산에서 받은 언약의 말씀입니다. 모세 율법에 의하면 죄의 삯은 사망이므로 죄인은 마땅히 죽어야 합니다. 하나님을 떠나 마음대로 살아가는 사람들은 율법에 기록된 대로 모두 주님의 심판대에 서서 형벌을 받아야 합니다. 그런데 하나님의 독생자 예수 그리스도께서 그 율법의 요구에 응하기 위하여 성육신 하셔서 십자가를 지셨습니다. 율법의 요구를 다 이루시고 우리에게 구원의 은혜를 주셨습니다. 그러므로 우리는 은혜 위에 은혜를 받은 것입니다. 따라서 우리는 더욱 더 은혜를 사모하며 감사하며 찬양하며 살 수 있게 되었습니다.

1895년 독일의 뢴트겐(Wilhelm Konrad Rontgen, 1845-1923)이 X선을 발견한 이후 질병을 더 정확하게 찾아낼 수 있게 되었습니다. 육안으로 볼 수 없는 것도 X-레이를 통과하면 다 나타납니다. 결핵이나 신체 장기에 관련된 부분이 X-레이 촬영으로 드러나게 되어 의사들이 약을 투여하고 수술을 하는 등 의료행위에 많은 발전을 가져오게 된 것입니다. 얼마 전에 머릿속에 못이 박힌 것을 찾아내고 복부에 수술용 가위가 있는 것을 발견할 수 있었던 것은 X-레이라는 의료기술 덕분이었습니다.

율법은 바로 X-레이와 같은 것입니다. 율법을 통해서 보면 감추어진 죄가 다 드러나게 됩니다. 율법이 오기 전에는 자기 속에 있는 죄가 죄로 드러나지 않았기 때문에 죄를 인식할 수 없었습니다. 그러나 율법의 X-레이가 비춰짐으로써 감추어진 죄가 다 드러나게 된 것입니다. 완전히 하나님 앞에 벌거벗은 존재가 된 것입니다. 율법의 X-레이로 인해 쫓기게 된 인생은 그리스도의 십자가 아래로 들어갈 도리밖에 없습니다.

예수 그리스도께서는 우리의 죄를 용서하심으로 의롭게 만들어 우리에게 구원을 주시려고 이 땅에 오셨습니다. 그리고 인간이 율법 아래에서 지은 모든 죄를 대신 끌어안고 십자가 위에서 몸을 찢고 피를 흘리시며 돌아가심으로 우리의 모든 죄 값을 지불하셨습니다. 우리는 "죄의 삯은 사망이요 하나님의 은사는 그리스도 예수 우리 주 안에 있는 영생이니라"(롬 6:23)는 말씀처럼 우리를 대신하여 우리의 모든 죄 값을 치러주신 예수님의 은혜를 선물로 받을 수밖에 없습니다.

세계적으로 유명한 신학자이자 설교가인 아이언 사이드(Iron side)라는 목사님이 있습니다. 그런데 어느 날 이 목사님이 회의를 진행하던 중에 "그것은 그냥 넘어가죠." 하고 안건을 마무리했었나 봅니다. 그러자 어떤 젊은이가 손을 들더니 이렇게 말했습니다. "목사님, 그렇게 대충 넘어가지 말고 법대로 합시다." 그 좋았던 분위기가 찬물을 끼얹은 듯이 조용해졌습니다. 그때 목사님이 그의 눈을 쳐다보며 말했습니다. "이보게 젊은이, 법대로 하자고? 법대로 했으면 자네는 지금 지옥에 가 있어야 되네." 법대로 한다면 벌을 받지 않을 사람이 아무도 없습니다. 법대로라면, 구약의 율법대로라면 우리 가운데 지옥에 가지 않을 사람이 아무도 없습니다.

강철왕 카네기는 "빚은 다 갚을 수 있지만 우리가 받은 은혜는 영원히 갚지 못한다."고 말했습니다. 율법 외에 하나님의 한 의가 바로 예수 그리스도의 십자가의 대속하심입니다. 우리는 하나님의 은혜로 값없이 의롭게 되었습니다. 우리는 이 은혜를 항상 기억하고 날마다 순간마다 감사하며 살아가야 합니다.

3) 예수 그리스도를 통한 율법의 완성을 보여줍니다

세례 요한은 예수님을 가리켜 인간의 육신을 입은 독생자의 모습으로 세상에 오신 하나님이라고 증거했습니다. "본래 하나님을 본 사람이 없으되 아버지 품속에 있는 독생하신 하나님이 나타내셨느니라" (18)

"본래 하나님을 본 사람이 없으되"의 문자적인 의미는 결코 보이신 적이 없는 하나님입니다. 우리는 하나님을 본 적이 없습니다. 물론 볼 수도 없습니다. 구약 성경에 보면 모세가 여호와와 대면했다는 기록이 있지만(출 33:11; 신 34:10) 그 역시 하나님의 본체를 본 것이 아니라 하나님의 후광을 보았을 뿐입니다.(출 33:17-34:9) 왜냐하면 우리 인생은 유한하고 죄악된 존재이기 때문에 거룩하고 영광스러운 하나

님을 본다는 것은 곧 죽음을 의미했기 때문입니다.(출 33:20)

세례 요한은 아버지 품안에 있는 독생하신 하나님이 나타내셨다고 말합니다. 아버지의 품속에 말씀으로 함께 계신 독생하신 하나님이 하나님을 나타내셨다는 고백은 율법의 완성을 말합니다. "아버지 품속에 있는"이라는 표현은 예수 그리스도가 하나님의 아들이심을 선명하게 부각시키는 표현입니다. 그리고 '독생하신 하나님'은 14절의 '아버지의 독생자'와 상호 연관된 말로 바로 은혜와 진리의 부여자(附與者)이신 예수 그리스도를 가리킵니다.(17) 따라서 예수 그리스도가 하나님의 아들이시며 그의 본성인 은혜와 진리로 교회를 형성하신 분이란 의미를 독생하신 하나님이라는 표현 속에서 드러내고 있습니다. 예수님께서도 '내가 곧 길이요 진리요 생명이니 나로 말미암지 않고는 아버지께 올 자가 없다'고 말씀하셨습니다.(14:6) 오직 예수님만이 하나님을 알게 하실 수 있습니다. 베드로 사도는 다른 이로써는 구원을 받을 수 없나니 천하 사람 중에 구원을 받을 만한 다른 이름을 우리에게 주신 일이 없다고 말했습니다.(행 4:12)

우리 인간의 눈으로는 하나님을 직접 볼 수 없습니다. 그래서 하나님이 인간의 육신을 입고 이 세상에 오셨습니다. 그분이 바로 독생자 예수님이십니다. 예수 그리스도의 인격 안에서 하나님의 임재를 경험하게 됩니다. 그 영광을 봄으로써 은혜와 진리가 충만하신 하나님의 사랑을 보게 되는 것입니다. 그러므로 우리 인간은 예수님을 통해서만 하나님을 볼 수 있고 예수님을 본 사람은 바로 하나님을 본 것입니다. 예수님의 제자 빌립이 하나님 아버지를 보여 달라고 했을 때 예수님이 하신 대답을 보면 잘 알 수 있습니다. "빌립아 내가 이렇게 오래 너희와 함께 있으되 네가 나를 알지 못하느냐 나를 본 자는 아버지를 보았거늘 어찌하여 아버지를 보이라 하느냐"(14:9)

오늘날의 우리도 마찬가지입니다. 누구든지 독생하신 하나님이신 예수 그리스도를 통하지 않고는 아무도 하나님 아버지를 볼 수 없습니다. 그러므로 세례 요한은 하나님을 온전하게 보여주시기 위해 독생자로 오신 예수님을 사람들에게 최초로 증거한 사람입니다.

예수 그리스도는 우리를 구원하시기 위해 이 땅에 오시어 율법의 요구를 십자가에서 다 완성하셨습니다. 우리는 이 은혜를 공짜로 받았지만 하나님은 엄청난 값을 지불하셨습니다. 이것이 십자가의 은혜입니다. 예수 그리스도는 하나님의 독생자로 이 땅에 오시어 우리를 구속하시기 위해 십자가를 지셨습니다. 이 사건은 하나님 편에서 볼 때 어마어마한 대가를 지불하신 것입니다. 하나님은 독생자를 내어 주시고 그리스도는 생명을 바쳐 우리를 위해 죄 값을 치러주셨기 때문에 그 값은 측량할 수가 없습니다. 이처럼 하나님은 값비싼 대가를 지불하셨지만 우리는 믿음으로 말미암아 거저 받게 되었으니 이 은혜에 감사하며 감격하지 않을 수 없습니다. 우리는 우리가 지은 죄로 인하여 영원히 지옥불에 탈 수밖에 없습니다. 그럼에도 불구하고 우리가 오직 예수님을 구주로 모시기만 하면 모든 죄를 용서받고 하나님의 자녀가 되어 영생을 누리게 됩니다. 이것이 은혜입니다.

2. 위대한 조연자 세례 요한은 광야에서 외치는 자의 소리였습니다

세례 요한은 위대한 조연자로서의 사명을 잘 감당했습니다. 드라마나 영화를 보면 주연보다 더 뛰어난 조연들이 있습니다. 그 조연들의 역할 때문에 재미가 있고 시청률과 관람률이 올라갑니다. 세례 요한은 조연 역할을 잘 수행함으로써 그의 사명을 잘 감당했습니다. 주인공은 예수 그리스도이시고 세례 요한은 훌륭한 조연이었습니다. 즉 광야의 외치는 자의 소리였습니다.

말라기 이후 400여 년 동안 하나님의 말씀을 전해 주는 선지자가 없던 시대, 즉 하나님의 계시가 중단된 그때에 많은 사람들이 하나님의 말씀을 갈망했습니다. 그때 나타난 사람이 바로 세례 요한이었습니다. 세례 요한은 제사장인 아버지 사가랴와 어머니 엘리사벳에게서 태어났습니다. 그의 삶 역시 특이했습니다. 그는 낙타털로 만든 옷을 입고 메뚜기와 석청을 먹으며(막 1:6) 요단 강에서 세례를 베풀었습니다. 수많은 사람들이 세례 요한이 전하는 말씀을 듣고 그에게 세례를 받기 위해 몰렸습니다. 세례 요한의 설교를 들은 사람들은 세례 요한이 수백 년 동안 기다려 왔던 메시야일지도 모른다는 생각을 했습니다.

그러자 예루살렘에서는 세례 요한이 누구인지 알아보기 위해 제사장들과 레위인들을 보내어(19) 세례 요한의 정체를 묻기 시작했습니다. 당시 유대인들은 로마의 지배 아래에 있었기 때문에 유대인들을 로마의 속박으로부터 구원하고 다시 영광스러운 이스라엘을 세울 메시야를 간절히 기다리고 있었습니다. 그런데 요한 자신은 메시야가 아니라고 했습니다. "나는 그리스도가 아니라 한대 또 묻되 그러면 누구냐 네가 엘리야냐 이르되 나는 아니라"(20-21) 그들이 이렇게 질문한 것은 말세 때에 엘리야 선지자가 올 것이라는 예언이 있었기 때문입니다. "보라 여호와의 크고 두려운 날이 이르기 전에 내가 선지자 엘리야를 너희에게 보내리니 그가 아버지의 마음을 자녀에게로 돌이키게 하고 자녀들의 마음을 그들의 아버지에게로 돌이키게 하리라"(말 4:5-6) 그래서 유대인들은 말세에 엘리야 선지자가 올 것으로 믿고 있었습니다. 그들이 또 물었습니다. "네가 그 선지자냐"(21) 여기서 말하는 '그 선지자'는 모세가 예언했던 선지자를 말합니다. "네 하나님 여호와께서 너희 가운데 네 형제 중에서 너를 위하여 나와 같은 선지자 하나를 일으키시리니 너희는 그의 말을 들을지니라"(신 18:15)

그들은 애굽에서 종살이 하던 이스라엘 민족을 출애굽시킨 모세처럼 로마의 지배 아래에서도 자신들을 해방시켜 줄 모세와 같은 선지자가 나올 것이라고 믿고 있었습니다. 그런데 세례 요한은 자신은 그 선지자가 아니라고 했습니다. 유대 종교 지도자들은 예루살렘에서 세례 요한이 누구인지 알아오도록 보냄을 받았기 때문에 그의 정체를 알아서 돌아가 보고해야 했습니다. 그런데 세례 요한이 그리스도도 아니고 엘리야도 아니고 선지자도 아니라고 하니 예루살렘으로 돌아가 보고할 내용이 없게 된 것입니다. 그래서 본문 22절에서 말씀합니다. "우리를 보낸 이들에게 대답하게 하라 너는 네게 대하여 무엇이라 하느냐" 그러자 요한이 대답했습니다. "나는 선지자 이사야의 말과 같이 주의 길을 곧게 하라고 광야에서 외치는 자의 소

리로라"(23)

본문에서 '광야에서 외치는 자의 소리'라고 표현한 것은 이사야가 그리스도의 오심을 예언했듯이 구약의 마지막 예언자인 세례 요한은 주의 길을 예비하는 자였기 때문입니다. 여기서 '외치는 소리'는 일종의 감탄문이라 할 수 있습니다. 특히 공적인 일을 선포하는 전령자(傳令者)라는 의미를 지닌 'βοωντος(보온토스)'라는 용어를 사용함으로써 이사야나 세례 요한의 '소리(the voice, NIV)'가 바로 이들을 파견하신 하나님의 구원의 메시지임을 잘 드러내고 있습니다. 세례 요한은 주연을 위한 조연으로서 광야에서 외치는 자의 소리라고 대답했습니다. 세례 요한은 주인공인 예수님을 돋보이게 하는 광야의 소리였습니다. 주인공이신 예수 그리스도의 길을 곧게 만드는 조연이었습니다. 세례 요한은 겸손히 예수님의 길을 준비한 사람입니다.

1) 세례 요한은 자신이 누구인지를 바로 알고 자신의 정체성을 분명히 밝힌 광야에서 외치는 자의 소리였습니다

세례 요한은 주인공이 아니라 예수 그리스도를 위해 온 광야에서 외치는 자의 소리임을 분명히 밝혔습니다. 우리도 우리 자신의 정체성을 바로 알아야 합니다. 우리도 예수 그리스도를 소개해야 할 사명을 가지고 이 땅에 왔기 때문에 그분을 위해 외치는 광야의 소리가 되어야 합니다. 우리는 항상 하나님의 자녀라는 것을 의식하고 하나님의 영광을 위해 살아야 합니다. 그의 나라와 그의 의를 위하여 살아야 할 신분임을 알고 행동해야 합니다.

2) 세례 요한은 겸손한 광야에서 외치는 자의 소리였습니다

세례 요한은 육신적으로 볼 때 모든 면에서 예수님보다 앞선 사람이었습니다. 예수님보다 6개월 먼저 태어난 친척 관계에 있는 형입니다. 사역도 예수님보다 먼저 시작하여 예수님께 세례도 베풀었습니다. 요한은 무엇으로 보나 예수님보다 앞서 있었습니다. 그러나 겸손하게 예수님을 소개했습니다. "내 뒤에 오시는 그이라 나는 그의 신발 끈을 풀기도 감당하지 못하겠노라"(27)

당시 유대 관습상 주인의 신발 끈은 종들이 풀어주었습니다. 유대 랍비 격언에 "제자가 그 스승을 위해서 할 수 있는 일 중에 신발 끈을 푸는 일을 제외하고는 어떤 일이든지 종이 하는 일을 하라."는 말이 있습니다. 그런데 세례 요한은 지금 자신은 예수님의 신발 끈을 푸는 일조차도 할 만한 사람이 못된다고 말했습니다. 다시 말하면 예수님의 종이 될 만한 처지가 못된다는 말입니다. 예수님을 자기의 주인처럼 높인 반면 자신은 종처럼 낮추었습니다.

우리도 겸손히 낮아지고 섬기는 일꾼이 되어야 합니다. 그리스도만을 높이고 주님을 위해서라면 언제든지 낮아질 수 있는 겸손한 광야에서 외치는 자의 소리가 되어야 합니다.

3) 세례 요한은 용기 있는 광야에서 외치는 자의 소리였습니다

세례 요한은 세상의 권력이나 권위 앞에서도 두려움이 없었습니다. 요한이 당시의 종교계 지도자인 바리새인들과 사두개인들이 세례를 베푸는 곳으로 오는 것을 보고 "독사의 자식들아 누가 너희를 가르쳐 임박한 진노를 피하라 하더냐"(마 3:7)며 외쳤습니다. 뿐만 아니라 세례 요한은 헤롯 안디바가 자기의 이복동생 헤롯 빌립의 아내인 헤로디아를 아내로 삼자 "동생의 아내를 취한 것이 옳지 않다"(막 6:18)고 담대하게 지적했습니다. 당시 헤롯 안디바는 최고의 권력자인 분봉왕으로 권력을 한 손에 쥐고 있었습니다. 요한은 그런 왕 앞에서도 거침없이 그의 잘못을 지적했습니다. 그 결과 옥에 갇히게 되었고 끝내 목이 잘려 죽게 되었습니다. 정말 그는 두려울 것이 없는 사람이었습니다. 우리도 그리스도를 전하는 일과 진리를 증거하는 일에 담대해야 합니다.

어느 대학에서 불신자 교수가 강의 내내 기독교를 공격했습니다. 그리고 기독교 신앙을 가진 사람들에게는 좋은 성적을 줄 수 없다는 의미의 말을 계속 했습니다. 어느 날 이 교수가 "이 중에서 크리스천이 있으면 손을 들라."고 했습니다. 이때 한 학생이 당당하게 손을 들었습니다. 그러자 곧장 교수로부터 공격이 시작되었습니다. "자네는 신이 사람이 되어 이 세상에 왔다는 말을 믿을 만큼 어쩌면 그렇게도 어리석을 수 있단 말인가? 나도 성경을 자세히 읽어 보았지만 어디에도 그런 사실을 입증할 만한 증거가 없었네. 그건 다 터무니없는 말일세." 학생이 그 교수를 뚜렷이 바라보며 말했습니다. "교수님, 성경은 하나님이 크리스천에게 보내신 편지입니다. 만일 교수님이 이해하지 못하셨다면 그것은 교수님이 남의 편지를 읽으셨기 때문입니다."

우리도 진리 앞에서 용감해야 합니다. 그리스도를 전하는 일에 용감해야 합니다. 'yes' 라고 말해야 할 때 'yes' 라고 답하고 'no' 라고 말해야 할 때 'no' 라고 할 수 있어야 합니다.

4) 세례 요한은 절제하는 광야에서 외치는 자의 소리였습니다

세례 요한은 절제하는 삶을 살았습니다. 그의 절제하는 삶을 성경은 이렇게 증거하고 있습니다. "이는 그가 주 앞에 큰 자가 되며 포도주나 독한 술을 마시지 아니하며"(눅 1:15)

세례 요한은 이 세상의 향락과 즐거움에서 떠난 삶을 살았다는 것을 알 수 있습니다. "이 요한은 낙타털 옷을 입고 허리에 가죽 띠를 띠고 음식은 메뚜기와 석청이었더라"(마 3:4) 이것은 세례 요한이 일반적인 의식주 생활을 포기했다는 말입니다. 그는 세상 사람들과는 다른 절제하는 삶을 살았습니다. 세례 요한은 철저하게 자신과의 싸움에서 승리하는 삶을 살았습니다. 세상의 즐거움과 쾌락을 다 포기했다는 말입니다.

그렇다고 우리가 금식만 하면 안 됩니다. 먹을 것은 먹어야 하고 운동도 해야 하고 삶도 즐겨야 합니다. 그러나 항상 하나님의 나라와 영광을 위한 목표가 있어야 합니다. 그리고 우리도 건강을 위하여 음식과 삶을 절제할 수 있어야 합니다. 시간도 잘 활용해야 합니다. 취미생활도 절제하며 지혜롭게 해야 합니다. 모든 생활을 절제하면 좋습니다. 시간도 잘 활용하고 취미생활도 절제할 줄 알아야 합니다. 모든 생활에 절제가 있으면 유익합니다. '광야에서 외치는 자의 소리' 로 살아가기 위해서는 우리에게 절제하는 훈련이 반드시 필요합니다. 예수 그리스도를 증거하기 위해 우리는 지혜롭게 절제하는 생활을 훈련해야 합니다.

세례 요한이 절제할 수 있었던 비결은 모태로부터 성령의 충만함을 받았기 때문이라고 성경은 말씀합니다.(눅 1:15) 세례 요한이 포도주나 독한 술을 마시지 않을 수 있었던 것은 바로 성령의 도우심이 있었기 때문이란 말입니다. 요한이 절제하는 삶을 살 수 있었던 것은 바로 성령의 역사가 있었기 때문입니다. 우리도 성령으로 충만하여 항상 절제하는 광야에서 외치는 자의 소리가 되어야 합니다. 세례 요한은 주연인 그리스도를 위하여 위대한 조연자로서의 사역을 잘 감당했습니다. 우리도 기꺼이 그리스도 그분을 증거하기 위해 조연으로서의 사명을 잘 감당해야 합니다.

예수 그리스도는 우리를 구원하러 오신 하나님이십니다. 독생자 예수 그리스도를 통해서 우리는 하나님을 보았습니다. 예수 그리스도의 십자가를 통해 율법이 성취되었고 우리는 그의 은혜로 구원을 받았습니다. 우리는 이 은혜에 감사하며 찬양하며 그리스도를 증거해야 합니다. 우리도 위대한 조연자인 세례 요한처럼 그리스도를 위한 조연으로서의 사명을 잘 감당해야 합니다. 아멘.

[29]이튿날 요한이 예수께서 자기에게 나아오심을 보고 이르되 보라 세상 죄를
지고 가는 하나님의 어린 양이로다 [30]내가 전에 말하기를 내 뒤에 오는 사람
이 있는데 나보다 앞선 것은 그가 나보다 먼저 계심이라 한 것이 이 사람을
가리킴이라 [31]나도 그를 알지 못하였으나 내가 와서 물로 세례를 베푸는 것
은 그를 이스라엘에 나타내려 함이라 하니라 [32]요한이 또 증언하여 이르되
내가 보매 성령이 비둘기 같이 하늘로부터 내려와서 그의 위에 머물렀더라
[33]나도 그를 알지 못하였으나 나를 보내어 물로 세례를 베풀라 하신 그이가
나에게 말씀하시되 성령이 내려서 누구 위에든지 머무는 것을 보거든 그가
곧 성령으로 세례를 베푸는 이인 줄 알라 하셨기에 [34]내가 보고 그가 하나님
의 아들이심을 증언하였노라 하니라

(요한복음 1:29-34)

06

세상 죄를 지고 가는 하나님의 어린 양

세례 요한은 예수님을 소개하는 일에 위대한 조연을 한 광야에서 외치는 자의 소리였습니다. 요한은 예수 그리스도는 세상 죄를 지고 가는 하나님의 어린 양이라고 했습니다. 세례 요한은 말씀이 육신이 되어 이 세상에 오신 예수님이 30세의 나이로 공생애를 시작하기 위해 역사의 무대로 등장하시는 모습을 세상 죄를 지고 가는 어린 양으로 소개하고 있습니다. 세례 요한은 예수님이 오신 목적을 분명하게 알

고 있었습니다. 그래서 사도 요한은 예수님이 인류의 죄 문제를 해결하시고 모든 사람들로 하여금 생명을 얻고 더욱 풍성하게 얻게 하시려는 세상 죄를 지고 가는 하나님의 어린 양으로 소개했습니다.

1. 예수님은 세상 죄를 지고 가는 하나님의 어린 양입니다

"이튿날 요한이 예수께서 자기에게 나아오심을 보고 이르되 보라 세상 죄를 지고 가는 하나님의 어린 양이로다"(29)

'세상 죄를 지고 가는 하나님의 어린 양'은 하나님의 어린 양, 곧 세상의 죄를 지고 가는 분으로 번역될 수 있습니다.

세례 요한은 그리스도를 직접 증언했습니다. 본문에서 '보라'는 감탄사에 이어 하나님의 어린 양(the lamb of God, NIV)과 세상 죄를 지고 가는 분이 동격으로 표현되어 있습니다. 예수 그리스도는 하나님의 어린 양이십니다. 이스라엘 백성들은 어린 양에 대해서 잘 알고 있었습니다.

1) 출애굽 때의 유월절 어린 양입니다

하나님께서 이스라엘 백성들을 애굽의 노예 생활에서 해방시키실 때에 모세와 아론을 통하여 열 가지 재앙을 내리셨는데 그때 마지막 열 번째 재앙이 장자가 죽는 벌이었습니다. 장자는 모든 자녀를 대표합니다. 이때 이스라엘 백성들을 이 재앙으로부터 보호하기 위하여 어린 양을 잡아서 문설주에 바르게 했습니다. 이날 천사가 어린 양의 피가 묻어 있는 집은 다 넘어갔기 때문에 이스라엘 백성들의 장자는 모두 살아남을 수 있었습니다. 유월(passover)은 넘어가는 것을 말합니다. 이것은 바로 하나님의 어린 양으로 오신 예수 그리스도를 예표하는 것입니다. 성경은 말씀합니다. "너희는 누룩 없는 자인데 새 덩어리가 되기 위하여 묵은 누룩을 내버리라 우리의 유월절 양 곧 그리스도께서 희생되셨느니라"(고전 5:7), "오직 흠 없고 점 없는 어린 양 같은 그리스도의 보배로운 피로 된 것이니라"(벧전 1:19) 우리가 죄에서 구원받을 수 있는 길은 오직 예수 그리스도의 십자가의 피로써만 가능합니다.

유월절 어린 양의 피를 뿌린 모든 이스라엘의 가정은 죽음에서 구원을 받았듯이 하나님의 어린 양으로 오신 예수 그리스도의 피를 믿는 자는 누구든지 어떤 죄를 지었더라도 모든 죄를 용서받아 구원을 받습니다. 오직 하나님의 어린 양 예수 그리스도의 피를 통해서만 구원받을 수 있습니다. 어떤 사람이든지 예수님의 십자가를 바라보며 내 죄를 위하여 죽으신 구세주 예수님을 믿으면 영원한 생명을 얻습니다.

2) 구약 시대에 하나님의 성전에서 드렸던 희생제물을 의미합니다

세례 요한은 아버지 사가랴가 제사장이었기 때문에 어린 시절부터 제사에 관하여는 익숙했습니다. 성전에서는 늘 하나님께 제사를 드렸습니다. 소나 양이나 염소들을 잡아 피를 흘리고 불에 태워 드렸습니다. 이때 아침저녁으로 사람이 지은 죄를 대속하기 위하여 양을 잡아 드릴 때에는 그 양에게 모든 죄를 전가하여 번제로 드렸습니다. 그런데 죄를 지은 사람은 반드시 흠도 점도 없는 양을 제사장에게로 끌고 가야 했습니다. 그러면 제사장은 모든 죄를 그 양에게 전가시키고 양을 죽여 피를 흘려서 제사를 드렸습니다. 그래야 죄를 용서받을 수 있었기 때문입니다. 구약 성경에서 이 사실을 잘 말씀해 주고 있습니다. "네가 제단 위에 드릴 것은 이러하니라 매일 일 년 된 어린 양 두 마리니 한 어린 양은 아침에 드리고 한 어린 양은 저녁 때에 드릴지며"(출 29:38-39), "그 숫염소의 머리에 안수하고 여호와 앞 번제물을 잡는 곳에서 잡을지니 이는 속죄제라"(레 4:24) 구약 시대에 성전에서 드리는 희생제물, 즉 이스라엘 백성들을 위하여 속죄 양이 된 모든 피 흘림은 예수 그리스도의 십자가의 예표입니다. "그는 실로 우리의 질고를 지고 우리의 슬픔을 당하였거늘 우리는 생각하기를 그는 징벌을 받아 하나님께 맞으며 고난을 당한다 하였노라 그가 찔림은 우리의 허물 때문이요 그가 상함은 우리의 죄악 때문이라 그가 징계를 받으므로 우리는 평화를 누리고 그가 채찍에 맞으므로 우리는 나음을 받았도다"(사 53:4-5)

예수 그리스도는 구약에서 예언한 하나님의 어린 양으로 우리의 모든 죄를 위하여 십자가에서 몸 찢고 피를 흘려 죽어주심으로 우리의 죄를 속량해 주셨습니다. 그러므로 누구든지 예수 그리스도의 피를 믿는 자는 모든 죄를 용서 받습니다.

3) 백성들의 죄를 대신 지고 가는 아사셀 염소가 있습니다

모든 이스라엘 백성들의 죄를 회개하는 대 속죄일이 되면 미리 준비한 아사셀 양의 머리에 제사장이 손을 얹고 이스라엘의 죄를 고백합니다. 그리고 나서 이 양을 사람이 살지 않는 광야로 보냅니다. 그러면 양은 이스라엘 모든 백성들의 불의를 대신 지고 무인지경으로 간다고 했습니다. 이것이 아사셀 양입니다. 아사셀이라는 말은 히브리어로 떠나 보낸다는 뜻을 가지고 있습니다. 아사셀 양은 이스라엘 백성들을 위한 속죄 양을 말합니다. "그 지성소와 회막과 제단을 위하여 속죄하기를 마친 후에 살아 있는 염소를 드리되 아론은 그의 두 손으로 살아 있는 염소의 머리에 안수하여 이스라엘 자손의 모든 불의와 그 범한 모든 죄를 아뢰고 그 죄를 염소의 머리에 두어 미리 정한 사람에게 맡겨 광야로 보낼지니 염소가 그들의 모든 불의를 지고 접근하기 어려운 땅에 이르거든 그는 그 염소를 광야에 놓을지니라"(레 16:20-22)

이 아사셀 양은 버림받은 주님의 모습입니다. 아론이 그 머리에 두 손을 얹어 안수함으로써 택함을 받은 성민의 모든 죄가 전가됩니다. 그리고 난 후에 미리 정한 자에 의해서 광야로 끌려갑니다. 그때 모든 백성들은 자신의 죄를 아사셀에게 전가하면서 돌팔매질을 합니다. 이때 아사셀은 피투성이가 된 몸으로 무인지경에 이르러서는 버림을 받게 됩니다. 이것이 세상 죄를 지고 가는 어린 양이 되신 주님의 모습니다.(29) 아사셀의 최후는 끝내 고통 중에 비명을 지르며 죽어갑니다. 이것이 바로 갈보리 산에서 부르짖었던 주님의 절규였습니다. "엘리 엘리 라마 사박다니 하시니 이는 곧 나의 하나님 나의 하나님 어찌하여 나를 버리셨나이까"(마 27:46)

이스라엘 백성들은 이미 어린 양에 대해서 잘 알고 있었기 때문에 세례 요한이 예수님을 향하여 "보라 세상 죄를 지고 가는 하나님의 어린 양이로다"라고 외칠 때 누구나 이해할 수 있었습니다. 이미 오래 전에 예수 그리스도는 유월절의 어린 양으로, 매일 성전에서 드리는 희생 제물로 예표되었습니다. 그리고 대 속죄일이 되면 모든 이스라엘 백성들의 죄를 지고 가는 아사셀 양으로 예표되었습니다. 예수님은 세상 죄를 지고 가는 하나님의 어린 양으로 이 세상에 오셨습니다.

4) 예수님은 흠 없는 어린 양이 되시어 피 흘려 죽으심으로 속죄를 이루셨습니다

세상 죄를 지고 가는 하나님의 어린 양으로 이 땅에 오신 예수 그리스도는 십자가에서 우리의 모든 죄를 대신 지시고 피 흘려 죽으심으로 우리의 구원을 이루셨습니다. "염소와 송아지의 피로 아니하고 오직 자기 피로 영원한 속죄를 이루사 단번에 성소에 들어가셨느니라" (히 9:12) 누구든지 세상 죄를 지고 가는 하나님의 어린 양 앞에 나오면 구원을 받습니다. 주 예수님 앞에 나오면 모든 죄를 사함 받아 하나님의 복을 받을 수 있습니다.

1982년 1월 13일, 미국 여객기가 워싱턴 포토맥 강에 추락하여 탑승자 79명 중 74명이 죽고 5명 만이 생존하는 대형사고가 발생했습니다. 처음에는 6명의 생존자가 엄동설한의 얼음물 속에서 허우적거렸으나 구조용 헬리콥터가 마지막 1명을 미처 구조하지 못해 물속으로 가라앉고 말았습니다. 사실 그 사람이 가장 먼저 구조될 수 있었지만 헬리콥터가 그에게로 갔을 때 그는 구조 로프를 다른 사람에게 양보했습니다. 결국 나머지 5명이 다 구조될 때까지 양보한 것입니다. 헬리콥터가 마지막으로 그 사람을 찾았을 때에는 이미 그가 심장마비로 바닷물에 잠긴 뒤였습니다. 이 사실은 헬리콥터 구조원들의 증언에 의해 밝혀지게 되었습니다. 견딜 수 없이 차가운 물속에서 전혀 모르는 다른 사람들의 생명을 구하기 위해 이 사람이 치른 희생이야말로 무정하고 메말라가는 사람들의 마음을 녹이기에 충분했습니다. 자신의 한 생명을 희생함으로써 다른 다섯 명의 생명을 구원할 수 있었습니다.

우리는 세례 요한이 소개한 세상 죄를 지고 가는 어린 양이신 예수 그리스도의 희생을 통한 죄사함의 은혜를 받았습니다. 그분은 영원한 생명을 주시기 위해 나를 대신하여 공개적인 수치와 가장 고통스러운 십자가 처형을 당하셨습니다. 성경은 말씀합니다. "그러므로 이제 그리스도 예수 안에 있는 자에게는 결코 정죄함이 없나니 이는 그리스도 예수 안에 있는 생명의 성령의 법이 죄와 사망의 법에서 너를 해방하였음이라"(롬 8:1-2)

우리는 세상 죄를 지고 가는 하나님의 어린 양으로 오신 예수 그리스도의 십자가의 구속의 은혜에 매일 감사하며 살아가야 합니다.

2. 요한은 예수 그리스도를 분명하게 증거했습니다

1) 예수 그리스도는 자신보다 먼저 계셨던 분임을 증거했습니다

요한은 가장 영예로운 예언자였습니다. 이전의 많은 예언자들은 모두 앞으로 오실 그리스도를 말했지만 요한은 이미 그분이 오신 것을 알았고 그분을 직접 만났고 그분을 바로 증거했기 때문입니다. 모든 예언자들이 오실 것이라는 메시야 예수 그리스도는 이 세상에 말씀이 육신이 되어 하나님의 어린 양으로 오셨습니다. 바로 세례 요한이 그 분을 증거했습니다. "내가 전에 말하기를 내 뒤에 오는 사람이 있는데 나보다 앞선 것은 그가 나보다 먼저 계심이라 한 것이 이 사람을 가리킴이라"(30)

요한은 예수님이 서 계신 곳을 가리키며 내 뒤에 오신다고 했던 사람이 바로 이 사람이라고 말했습니다. 그는 이전에 자신이 했던 말을 인용했습니다. 내가 말했던 그가 이 사람이라고 요한은 여전히 자신을 비천하게 여기는 반면 그리스도는 높였습니다. 그리스도는 요한보다 먼저 계셨던 분이며 태초에 말씀으로 천지를 창조하실 때부터 존재하셨던 하나님이십니다. 세례 요한은 자신보다 늦게 이 세상에 오신 예수님을 자신보다 먼저 계셨던 분으로 분명하게 소개했습니다.

2) 요한은 그리스도를 나타내려고 했습니다

그리고 요한이 말했습니다. "나도 그를 알지 못하였으나 내가 와서 물로 세례를 베푸는 것은 그를 이스라엘에 나타내려 함이라"(31)

세례 요한이 나는 그를 모른다고 말한 것은 예수님과 서로 인척 관계였지만 그 동안 전혀 친분이 없었다는 말입니다. 세례 요한의 어머니 엘리사벳과 동정녀 마리아와는 서로 사촌 관계이므로 예수님과 세례 요한은 육촌이 됩니다. 그러나 예수님이 세례 요한에게 세례를 받기 위해 오실 때까지 요한은 예수님을 개인적으로 알지 못했습니다. 왜냐하면 서로 삶의 양식이 달랐기 때문입니다. 세례 요한은 대부분을 광야나 고적한 곳에서 시간을 보냈고 예수님은 나사렛에서 사람들과 교제하며 보내셨기 때문입니다. 그 동안 서로 연락이나 대화가 전혀 없었습니다. 교제가 없었으니 우정이나 친밀함도 없었습니다. 그럼에도 세례 요한이 예수님을 소개할 수 있었던 것은 하나님으로부터 주신 깨달음과 가르침이 있었기 때문입니다. 사전에 서로 만나서 어떤 계획이나 의논을 한 것이 아닙니다. 세례 요한은 전적으로 하나님으로부터 받은 계시로 예수님을 소개하고 있습니다. 예수님은 요한에게 낯선 사람이기 때문에 하늘에서 주신 바가 아니면 그에 대해서 어떠한 일도 알 수 없었습니다.

요한의 전도와 세례의 중요한 의도는 예수 그리스도를 소개하는 것이었습니다. 요한이 세례를 베푸는 것은 스라엘에 그를 드러내려 함이라고 분명히 말했습니다. "내가 와서 물로 세례를 베푸는 것은 그를 이스라엘에 나타내려 함이라"(31) 여기서 물로 세례를 베푸는 것은 세례 요한의 사역을 말합니다. 세례 요한의 사역의 핵심은 바로 메시야의 도래를 예비하여 죄 사함을 받게 하는 세례를 베푸는 것이었습니다. 많은 사람들이 세례 요한이 말씀을 증거하는 곳으로 몰려와 회개하고 세례를 받았습니다. 세례 요한이 물로써 세례를 베푸는 것 역시 예수 그리스도를 소개하기 위해서였습니다.

3) 세례 요한은 비둘기 같이 임하는 성령의 증거를 보았습니다

"요한이 또 증언하여 이르되 내가 보매 성령이 비둘기 같이 하늘로부터 내려와서 그의 위에 머물렀더라"(32)

세례 요한은 성령이 비둘기 같이 하늘에서 내려오는 것을 보았다고 증거했습니다. 비둘기는 순종과 온화함, 그리고 온순함을 상징합니

다. 또 비둘기는 노아의 홍수 때 평화를 상징하는 감람나무 잎사귀를 가지고 왔습니다.(창 8:11)

따라서 성령이 비둘기 같이 하늘로부터 내려와 예수님 위에 임했다는 것은 그리스도의 품성과 사역을 말해 줍니다. 예수 그리스도는 성부 하나님의 뜻에 끝까지 순종하셨습니다. 그리고 그분은 온유하셨으며 우리에게 평화를 주셨습니다. 세례 요한은 직접 성령을 표상하는 비둘기를 보았습니다. 성령께서 예수님 위에 머물렀다는 것은 그분이 그리스도이심을 증거해 줍니다. 예수님 위에 비둘기 같은 성령이 내려옴으로써 예수 그리스도는 세상 죄를 지고 가실 분이라는 것을 널리 알리게 되었습니다. 세례 요한은 증거합니다. "나도 그를 알지 못하였으나 나를 보내어 물로 세례를 베풀라 하신 그이가 나에게 말씀하시되 성령이 내려서 누구 위에든지 머무는 것을 보거든 그가 곧 성령으로 세례를 베푸는 이인 줄 알라 하셨기에 내가 보고 그가 하나님의 아들이심을 증언하였노라"(33-34)

4) 그리스도가 하나님의 아들이심을 증거했습니다

"내가 보고 그가 하나님의 아들이심을 증언하였노라"(34)

이 말은 세례 요한이 예수님에 대해 증언한 내용의 결론이 되었습니다. 세례 요한은 그분이 하나님의 아들이라고 증거했습니다. 예수님은 하나님의 능력을 힘입어 성령으로 세례를 주실 뿐만 아니라 하나님의 본성이 있으시다고 증거했습니다. 성령이 예수님 위에 머무는 것을 본 세례 요한은 확신 있게 예수님이 그리스도로 오신 분이라는 것을 증거했습니다. 세례 요한은 하나님으로부터 보냄을 받은 사람입니다. 하나님께서 물로써 세례를 베풀고 예수 그리스도를 증거하도록 보냄을 받았습니다. 그리고 성령으로 세례를 베풀 사람을 지명하라는 명령도 받았습니다. 그는 자신의 사명을 확실히 감당했습니다. 예수 그리스도는 세상 죄를 지고 가는 하나님의 어린 양으로 오시어 우리의 모든 죄를 대신 지시고 십자가에서 구속사역을 이루셨습니다. 그러므로 누구든지 하나님의 어린 양으로 오신 예수 그리스도를 믿으면 구원을 받습니다. 이 진리를 우리가 전해야 합니다. 세상 죄를 지고 가는 하나님의 어린 양을 우리가 전해야 합니다.

우리가 이미 잘 알고 있는 이야기입니다. 19세기 영국의 유명한 설교가 스펄전(S.H. Spurgeon, 1834-1892) 목사님이 교회당을 새로 건축하고 입당하게 되었습니다. 그 당시에는 마이크가 없을 때였으므로 설교를 육성으로 해야 했습니다. 이전보다 훨씬 넓은 교회당이라 뒷자리에 앉는 성도들에게까지 잘 들리게 하려면 어느 정도의 음성으로 설교해야 될지 알 수가 없었습니다. 그래서 설교를 하기 전에 먼저 테스트를 하려고 사모님과 함께 본당으로 들어 갔습니다. 사모님은 맨 뒷좌석에 앉아 있다가 목사님의 설교가 잘 들리면 손을 들어 사인(Sign)을 하기로 했습니다. 그때 스펄전 목사님이 택한 설교 본문이 바로 요한복음 1장 말씀이었습니다. 스펄전 목사님은 "세상 죄를 지고 가는 하나님의 어린 양을 보라"며 큰 목소리로 설교를 했습니다. 그런데 뒷자리에서 듣고 있던 사모님의 손이 올라가지 않았습니다. 그 설교가 제대로 들리지 않았다는 뜻으로 알고 다시 음성을 더 높여서 "세상 죄를 지고 가는 하나님의 어린 양을 보라"고 외쳤습니다. 그래도 역시 손이 올라가지 않았습니다. 그래서 이번에는 훨씬 더 큰 소리로

"세상 죄를 지고 가는 하나님의 어린 양을 보라"고 고함을 질렀습니다. 그랬더니 사모님의 손이 올라갔습니다. 이만한 음성으로 하면 되겠다 싶어 예배당을 나오려는데 교회당 지붕에서 페인트칠을 하던 인부가 갑자기 지붕에서 내려와 황급히 교회당 안으로 들어왔습니다. 그리고는 스펄전 목사님 앞에 와서 무릎을 꿇더니 "목사님, 내 죄를 사하여 주옵소서." 하며 자신의 죄를 고백했습니다. 목사님은 무슨 일이냐고 묻자 이렇게 대답했습니다. "제가 방금 하나님의 음성을 들었습니다. 조금 전까지 지붕에서 일을 하고 있었는데 어디선가 '세상 죄를 지고 가는 하나님의 어린 양을 보라'는 소리가 들렸습니다." 그래서 스펄전 목사님은 웃으면서 "그것은 조금 전에 내가 주일 설교를 준비하던 중에 한 말입니다." 하고 설명해 주었습니다. 그런데도 그 인부는 "아닙니다. 그 말을 한 분이 목사님이든 누구이든 내게는 하나님의 음성으로 들렸습니다. 내 죄를 사유하시고 나를 위해 기도해 주십시오." 하며 간청을 했습니다. 하는 수 없이 스펄전 목사님은 그를 위해 기도해 주었습니다. 그리고 그 인부는 그때부터 예수님을 믿어 그 교회에 출석하게 되었고, 그 후 그 교회에서 참으로 충성된 일꾼이 되었다는 일화가 전해져 내려오고 있습니다.

우리 예수님은 세상 죄를 지고 가는 하나님의 어린 양이십니다. 우리의 죄를 대신 지시고 갈보리 산 십자가 위에서 피 흘려 구원을 이루셨습니다. 그러므로 하나님의 어린 양으로 오신 예수 그리스도를 영접하면 누구든지 죄를 용서 받아 구원을 선물로 받습니다. 어린 양 예수님의 십자가의 보혈은 모든 죄를 다 씻어 주시고 치유해 주십니다.

찬송가 268장의 가사입니다.

1. 죄에서 자유를 얻게 함은 보혈의 능력 주의 보혈
시험을 이기는 승리되니 참 놀라운 능력이로다

2. 육체의 정욕을 이길 힘은 보혈의 능력 주의 보혈
정결한 마음을 얻게 하니 참 놀라운 능력이로다

3. 눈보다 더 희게 맑히는 것 보혈의 능력 주의 보혈
부정한 모든 것 맑히시니 참 놀라운 능력이로다

4. 구주의 복음을 전할 제목 보혈의 능력 주의 보혈
날마다 나에게 찬송 주니 참 놀라운 능력이로다

후렴》 주의 보혈 능력 있도다 주의 피 믿으오
주의 보혈 그 어린 양의 매우 귀중한 피로다

오직 세상 죄를 지고 가는 하나님의 어린 양의 피만이 우리를 구원의 길로 인도할 수 있습니다. 세례 요한은 그의 가장 중요한 사명인 예수님을 소개하는 일을 확실하게 감당했습니다. 그는 그리스도를 높인 반면 자신은 낮추었습니다. 세례 요한은 예수님을 소개한 조연으로서의 사명을 잘 감당했습니다. 세례 요한은 그가 듣고 보고 체험하고 믿은 것을 그대로 증거했습니다. 그러므로 세례 요한의 증거는 참되고 진실합니다.

우리도 세상 죄를 지고 가는 하나님의 어린 양을 믿어야 합니다. 그리고 우리가 믿는 것과 아는 것과 체험한 것을 그대로 증거해야 합니다. 그리고 어린 양이신 예수님의 은혜에 늘 감사하며 살아야 합니다. 아멘.

35또 이튿날 요한이 자기 제자 중 두 사람과 함께 섰다가 36예수께서 거니심
을 보고 말하되 보라 하나님의 어린 양이로다 37두 제자가 그의 말을 듣고
예수를 따르거늘 38예수께서 돌이켜 그 따르는 것을 보시고 물어 이르시되
무엇을 구하느냐 이르되 랍비여 어디 계시오니이까 하니(랍비는 번역하면
선생이라) 39예수께서 이르시되 와서 보라 그러므로 그들이 가서 계신 데를
보고 그날 함께 거하니 때가 열 시쯤 되었더라 40요한의 말을 듣고 예수를
따르는 두 사람 중의 하나는 시몬 베드로의 형제 안드레라 41그가 먼저 자기
의 형제 시몬을 찾아 말하되 우리가 메시야를 만났다 하고(메시야는 번역하
면 그리스도라) 42데리고 예수께로 오니 예수께서 보시고 이르시되 네가 요
한의 아들 시몬이니 장차 게바라 하리라 하시니라(게바는 번역하면 베드로
라)

(요한복음 1:35-42)

07

안드레가 됩시다

지난 해 성탄절 오후 5시에 오른손에 성경을 들고 왼손에는 김 국방위원장에게 보내는 편지 한 장을 들고 얼어붙은 두만강을 뚜벅뚜벅 걸어서 북한으로 들어간 사람이 있었습니다. 바로 로버트 박입니다. 그는 미국 시민권을 가진 한국계 미국 청년입니다. 그는 북한에 들어가자마자 군인들에게 체포되어 초죽음이 되도록 맞았다고 합니다. 최

근 국경을 넘은 회령 출신의 한 북한 주민의 말에 의하면 한국계 미국인이 군인들에게 너무 맞아 몸을 추스르려면 수 개월이 걸릴지도 모른다는 군인들의 말을 들었다고 했습니다.

로버트 박은 지금도 북한에서는 700만 명이 굶어 죽어가고 있고 25만 명 가량이 학대와 고문으로 정치범 수용소에서 죽어가고 있는데도 국제사회는 침묵하고 있다고 자신의 홈페이지를 통해 밝혔습니다. 그는 한국에서 노숙자들에게 점퍼를 벗어주기도 하고 때로는 지갑을 털어 주고 나면 교통비가 없어 숙소까지 1시간을 걷기도 했습니다. 이렇게 이웃 사랑이 넘치는 로버트 박이 북한에서 고생하는 주민들을 그냥 보고만 있을 수가 없었습니다. 그래서 그가 고통 받는 북한 주민들을 향한 하나님의 마음은 어떤 것일까 생각하며 고민하고 기도하던 끝에 내린 결론이 있습니다. 그것은 바로 자신의 생명을 바칠 각오로 북한에 들어가 하나님의 사랑을 전하는 것이었습니다. 하나님의 복음만이 북한을 구원할 수 있다고 믿은 그는 용감하게 행동에 옮겼습니다.

우리는 하나님의 복음이 필요한 사람들에게 예수님의 사랑을 전해주어야 합니다. 북한뿐만 아니라 우리가 살고 있는 남한에도 아직 예수님의 복음을 듣지 못해서 비참하게 살아가는 사람들이 많습니다. 이 복음을 알지 못해서 스스로 생명을 끊는 사람들도 있습니다. 우리는 그들에게 복음을 전해 주어야 합니다. 복음은 사람의 영혼을 살리는 능력이 있습니다.

본문에 안드레가 자기 형제 베드로를 주님 앞으로 인도하는 내용이 있습니다. 안드레가 베드로에게 복음을 전한 것은 한 영혼을 구원한 일일뿐만 아니라 하나님의 나라를 위한 위대한 일꾼 한 사람을 찾아낸 엄청난 사건이었습니다. 이 시대에 안드레가 필요합니다. 우리 교회에도 안드레가 필요합니다. 많은 안드레가 필요합니다. 그리고 우리 모두가 안드레가 되어야 합니다.

1. 안드레는 예수님에 대한 확신이 있었습니다

어부였던 안드레는 시몬 베드로의 형제이자 세례 요한의 제자였습니다. 그가 세례 요한의 제자가 된 것은 메시야에 대한 소망을 가졌기 때문입니다. 세례 요한이 메시야가 아닐까 하는 기대감으로 그의 제자가 되었는데 세례 요한은 자신이 메시야가 아니라고 분명하게 밝혔습니다. "또 이튿날 요한이 자기 제자 중 두 사람과 함께 섰다가 예수께서 거니심을 보고 말하되 보라 하나님의 어린 양이로다 두 제자가 그의 말을 듣고 예수를 따르거늘"(35-37)

두 제자는 세례 요한의 말을 듣고 예수를 좇았다고 했습니다. 여기에 두 제자 중 한 명은 안드레입니다. "요한의 말을 듣고 예수를 따르는 두 사람 중의 하나는 시몬 베드로의 형제 안드레라"(40) 또 다른 한 사람의 제자에 대해서는 많은 신학자들이 이 책을 쓴 사도 요한일 것이라고 주장합니다. 그래서 사도 요한은 자신의 운명을 결정짓는 중요한 날이기 때문에 정확한 시각까지 기록했을 것으로 생각합니다. 물론 정확하지는 않지만 안드레에 대해서는 이름이 분명하게 기록되어 있습니다.

우리 인생에서 만남이란 아주 소중합니다. 우리가 누구를 만나느냐에 따라 인생이 바뀌게 됩니다. 좋은 만남이 있는가 하면 만나서는 안 되는 만남도 있습니다. 우리가 살아갈 동안 수많은 사람을 만나고 그들과 이런 저런 관계를 맺고 있지만 가장 중요한 만남은 예수님과의 만남입니다. 예수님은 우리 모든 인생이 반드시 만나야 할 분입니다. 안드레는 예수님을 만났습니다. 그는 예수님이 그들이 그토록 기다리던 메시야, 즉 그들의 구원자이심을 확신했습니다. 그는 세례 요한이 "예수께서 거니심을 보고 말하되 보라 하나님의 어린 양이로다"(36)라고 말하자 즉시 예수님을 따랐습니다. 이 한 마디에 그의 인생을 걸었습니다. "예수께서 이르시되 와서 보라 그러므로 그들이 가서 계신 데를 보고 그날 함께 거하니 때가 열 시쯤 되었더라"(39)

안드레는 확신의 사람이었습니다. 안드레는 예수님을 만난 그날부터 예수님과 함께 했습니다. 안드레는 예수님과의 대화를 통해 예수님에 대해 많은 것을 알게 되었습니다. 그가 예수님을 만났던 시간까지 정확하게 기록하고 있는 것은 안드레가 예수님을 만난 것을 얼마나 소중하고 가치 있게 생각 하는지를 알 수 있습니다. 안드레는 예수님을 만남으로 그의 인생이 변화되었습니다. 이 만남의 소중함을 기억하기 위해 시간까지 정확하게 기록하고 있습니다. 안드레는 예수 그리스도는 우리 인생을 구원하시고 우리를 죄에서 자유케 할 어린 양이심을 확신했습니다.

우리가 어떤 일을 하기 전에 먼저 확신이 있어야 합니다. 내가 믿는 것에 대한 확신이 있어야 그 일에 전력할 수 있습니다. 내가 믿는 사람에 대해 확신이 있을 때 그 사람을 위해 모든 것을 바치고 희생할 수 있습니다. 우리가 하나님의 말씀을 전할 때도 확신이 있어야 합니다. 안드레는 예수 그리스도가 메시야이심을 확신했습니다. 그렇기 때문에 우리를 죄악에서 구원하실 어린 양이신 예수 그리스도를 위해 자기의 인생을 맡길 수 있었던 것입니다. 그는 담대하게 복음을 전하다가 마침내 그분을 위해 순교의 제물이 되었습니다. 그는 그의 평생을 그분을 위해 바쳤습니다.

유세비우스의 교회사를 보면 AD 260년에 기록된 '안드레 행전'이란 책이 있습니다. 그 책에 보면 안드레가 러시아의 남부 스키티아라는 지역에서 복음을 전하다가 돌에 맞아 죽을 뻔한 위기를 당했으며, 후에 그리스의 아가야 지방에 와서는 복음을 전하다가 X자형의 십자가에서 순교를 당했다고 합니다. 그래서 지금도 카톨릭에서는 X자형의 십자가를 안드레형 십자가라고 부릅니다. 안드레가 순교당할 때 "지금이라도 신앙을 포기하고 목숨을 보존하라."고 회유하자 그는 자신에게 말한 그 사람에게 "그대는 그대의 영혼을 잃지 마시오."라며 이런 기도문을 남겼습니다. "오, 그리스도 예수시여. 나를 받아 주소서. 내가 본 그분, 내가 사랑한 그분, 그분 안에서 나는 내가 되었나이다. 주님이시여, 당신의 영원한 나라의 평안 가운데 이제 나의 영혼을 받아 주옵소서." 그에게는 예수님만이 우리를 죄악에서 구원하실 메시야이시며 예수님만이 우리를 천국으로 인도하실 하나님이시라는 확신이 있었습니다. 그렇기 때문에 자신의 모든 힘을 다해 자신의 인생을 걸고 마지막에는 생명까지 바쳐가면서도 복음을 전할 수 있었습니다. 우리도 안드레처럼 확신하는 신앙생활을 해야 합니다.

하나님은 살아계셔서 우리를 구원하십니다. 그리고 하나님은 늘 우리와 함께 하셔서 우리를 도와주시고 우리 인생을 책임져 주십니다. 우리는 이 확신이 있어야 합니다. 그때 비로소 우리 인생이 풍성해지고 행복감을 느끼며 용감하게 살아갈 수 있습니다.

미국 휴스턴의 조엘 오스틴 목사님이 시무하는 그의 레이크 우드 교회의 필리스라는 여성은 고등학교에 다니던 16세의 나이에 임신을 하는 바람에 더 이상 학교에 다닐 수 없게 되었습니다. 그의 꿈은 산산조각이 나고 억장이 무너졌지만 그래도 아이를 키우겠다는 생각에 조그만 방을 마련하였습니다. 하지만 어린 그녀에게 세상은 만만한 곳이 아니었습니다. 가까스로 구호품에 의지해야만 입에 풀칠이라도 할 정도였습니다. 결국 그녀는 사회복지 시설에 몸을 의탁해야만 했습니다. 가난과 절망감에 찌든 필리스는 미래가 없는 하루살이나 다름이 없었습니다. 그러나 그는 일찍이 예수님을 영접했습니다. 예수님은 필리스의 주인이 되어 주셨습니다. 그는 하류인생을 거부하기로 결심했습니다. “이런 삶을 내 아이들에게 물려주지 않겠다. 하나님이 내게 주신 복을 온전히 누리고야 말겠다. 나는 하나님이 원하시는 사람이 될 것이다.” 그는 과거의 망령을 훌훌 털어버리고 더 크고 놀라운 일을 믿기 시작했습니다. 그러자 하나님의 형용할 수 없는 복을 기대하는 마음이 솟아나기 시작했습니다. 과거의 패배감은 사라지고 할 수 있다는 생각이 그를 사로잡았습니다. 아무리 어려운 시련이 닥쳐도 필리스에게는 포기란 없었습니다. 끝없이 노력하고 노력했습니다. 필리스는 하나님의 은혜로 학교 식당에서 식권 받는 일을 하게 되었습니다. 비록 최저 임금을 받았지만 하나님께 감사했습니다. 그러나 필리스는 거기에 만족하지 않고 하나님이 자신을 위하여 더 좋은 선물을 예비해 두셨음을 믿고 더 멋진 인생을 꿈꾸었습니다. 그녀는 현실에 안주하지 않고 노력한 결과 마침내 고등학교 졸업장을 손에 쥐었습니다. 그러고 나니 이제는 대학교에도 가고 싶어진 필리스는 낮에는 종일 학교 식당에서 일을 하고 밤에는 학교에 다녔습니다. 드디어 4년 만에 영예로운 대학 졸업장을 받게 되었습니다. 하지만 필리스의 꿈은 여기서 끝나지 않았습니다. 그녀는 내친 김에 다시 학교로 돌아가 박사학위를 취득하였습니다. 이제 필리스는 더 이상 복지시설에 의존하는 처지가 아니었습니다. 그녀는 식권을 받던 학교와 같은 학군에 있는 다른 학교의 교장선생님이 되었습니다. "목사님, 저는 복지시설에 의탁하던 사람이었는데 이제는 그런 시설에 기부할 수 있는 사람이 되었어요." 예수님이 그녀의 주인이 되셔서 하나님의 영광을 위하여 멋진 인생을 살아가게 하셨습니다. 예수님을 믿는다는 것은 생명의 주님을 나의 주님으로 모셔 들이는 것이요, 온 우주 만물을 창조하신 하나님을 나의 아버지로 모시는 것입니다.

우리에게 가장 중요한 것은 예수님에 대한 확신입니다. 우리를 죄악에서 구원하시고 천국으로 인도하실 예수님을 확신해야 합니다. 예수님 때문에 내가 행복해야 하고 예수님으로 인하여 내가 은혜를 받아야 합니다. 언제나 우리를 버리지 않으시고 함께 도와주시고 우리의 기도에 응답하시는 예수님을 확신해야 합니다. 우리 모두 그분을 위해 살고 그분을 위해 우리의 평생을 바치는 오늘날의 안드레로 살아갑시다.

2. 안드레는 확신을 가지고 예수님을 전했습니다

"그가 먼저 자기의 형제 시몬을 찾아 말하되 우리가 메시야를 만났다 하고(메시야는 번역하면 그리스도라)"(41)

안드레는 시몬을 찾아가서 우리가 메시야를 만났다고 전했습니다. "우리가 메시야를 만났다"는 말은 '우리가(찾던) 메시야를 발견했다(We have found the Messiah; KJV, RSV, Living Bible)'는 뜻입니다. 예수 그리스도는 우리를 죄악에서 구원하시고 자유와 평화, 그리고 영원한 생명을 주시려고 오신 하나님의 어린 양 메시야이십니다. 우리에게 이 확신이 있어야 우리가 복음을 전할 수 있습니다. 안드레는 그의 형제 베드로에게 가서 자기가 메시야를 만났다는 사실을 말했습니다. 이는 간단하지만 아주 분명한 메시지입니다. 안드레는 확신 있게 예수님을 전했습니다.

우리도 이 확신을 가지고 내가 만난 예수님을 전해야 합니다. 빌립이 예수님을 만난 후 친구인 나다나엘을 찾아가서 "내가 메시야를 만났으니 와서 보라"고 확신 있게 예수님을 전했습니다. 사마리아 수가성의 여자 역시 예수님을 만난 후에 물동이를 버려두고 동네로 달려가서 자기를 욕하고 미워하는 사람들에게 "이는 그리스도가 아니냐"며 담대하게 복음을 전하여 많은 사람들을 주님께로 데리고 나왔습니다.

다락방에 숨었던 예수님의 제자들이 부활하신 예수님을 만난 후에 길거리로 나가서 예수님이 십자가에서 죽으셨다가 부활하신 우리의 구세주이심을 확신 있게 전했습니다. 예루살렘 초대교회의 힘은 예수님에 대한 확신이었습니다. 베드로는 우리가 기다리던 메시야를 너희가 십자가에 못 박아 죽였다고 군중들 앞에서 확신을 가지고 담대하게 말했습니다. 그러나 그 예수님은 사흘 만에 부활하셨다고 외칠 때에는 하루에 3천 명이 회개하고 세례 받는 놀라운 역사가 나타났습니다. 우리는 확신을 가지고 내가 만나고 체험한 예수님을 전해야 합니다.

확신이 있으면 용기가 생기고 담대해 집니다. 반면 확신이 없으면 아무 것도 할 수 없습니다. 안드레는 예수님이 우리를 구원하러 오신 메시야이심을 확신했습니다. 이 확신이 담대하게 그의 형제를 찾아가 전도할 수 있는 용기를 주고 힘을 얻게 했습니다.

우리는 종종 지하철이나 버스 안에서 예수님을 믿으라며 복음을 전하는 사람들을 봅니다. 이분들에게 예수님에 대한 확신이 없다면 결코 할 수 없는 일입니다. 우리 교회 권사님들도 화요일마다 길거리에서 노방전도를 합니다. 수요일에는 구역장과 인도자와 권찰들이 모여 수영구 지역을 중심으로 복음을 전하고 있습니다. 전도는 예수님에 대한 확신이 없이는 할 수 없는 일입니다.

최봉석 목사님이 평양 시내를 다니면서 새벽부터 밤늦게 까지 '예수 천당' 을 외칠 수 있었던 것은 그가 만난 살아계신 예수님을 확신했기 때문입니다. 그 목사님에게는 예수님을 만나는 것이 이 세상에서 가장 소중하고 귀한 일이라는 확신이 있었기 때문입니다. 예수님을 통해서 은혜를 받고 예수님 때문에 참된 행복을 찾은 사람들만이 확신 있게 복음을 전할 수 있습니다. 예수님을 만나 구원의 확신이 있는 사람은 담대하게 복음을 전할 수 있습니다. 이 확신을 가진 사람은 예수님을 모르고 살아가는 세상 사람들이 불쌍하게 보이기 때문에 이들에게 참된 행복의 근원이 되시는 예수님을 전하려고 합니다. 우리 인간은 죄 때문에 행복을 상실했습니다. 나름대로 행복을 찾으려고 수단과 방법을 가리지 않고 노력하지만 참된 행복은 돈이나 세상의 명예나 인기나 쾌락 등으로 결코 채울 수 없습니다.

어린 아이는 다른 것은 없어도 자기 엄마만 있으면 행복합니다. 마찬가지로 우리 인간은 우리를 창조하신 하나님을 만나야 행복해질 수 있습니다. 아기는 장난감을 가지고 놀다가도 엄마를 찾고 엄마가 없으면 웁니다. 엄마가 없으면 다른 모든 것들이 있어도 행복하지 않습니다. 우리 인간은 돈과 권력과 성공이란 장난감으로 놀지만 만족을 얻지 못하고 자신에게 더 큰 기쁨과 행복을 줄 수 있는 뭔가를 계속 찾아 다닙니다. 그것이 무엇인지도 모르지만 계속 찾습니다. 그것은 바로 하나님을 찾고 있는 것입니다. 다만 인간이 그 찾고 있는 것이 무엇인지를 깨닫지 못할 뿐입니다. 결국 인간은 모든 것을 가져도 하나님이 없으면 공허하기만 합니다. 인간은 하나님으로만 행복해지기 때문입니다. 우리도 안드레처럼 담대하게, 그리고 확신을 가지고 우리가 만난 예수님을 전해야 합니다.

창끝, 즉 '엔드 오브 스피어(End of the Spear)' 라는 선교 영화를 우리 교회에서 본 적이 있습니다. 지금으로부터 50년 전, 에쿠와도르 정글 해안에서 오카족의 창에 찔려 5명의 선교사가 희생되었습니다. 오카족은 지구상에서 가장 잔인한 부족사회로서 종족 분쟁으로만 종족의 60%가 살해된 족속입니다. 이때 죽은 5명의 순교자 중에 네잇 세인트란 분이 있었는데 그에게는 당시 5세 된 아들 스티브가 있었습니다. 아버지의 비참한 죽음을 목격한 스티브는 잠시 정글을 떠났다가 다시 돌아왔습니다. 보복하기 위해서가 아니라 살리기 위해 약품을 들고 왔습니다. 바로 거기서 그는 아버지를 죽인 민카예라는 사람을 만났습니다. 민카예는 자신이 스티브의 아버지를 죽였다며 원한다면 자기를 죽이라고 위협하면서 목을 내밀었습니다. 그때 스티브는 거절하며 말했습니다. "No. one took my father's life, he gave it.(누구도 내 아버지를 죽이지 않았습니다. 그가 스스로 생명을 주었습니다.)" 그리고 여동생 레이첼을 비롯한 다른 사람들과 함께 정글로 들어가서 그들과 함께 30년을 살았습니다. 그리고 스티브는 스스로 아버지를 죽인 민카예의 양자가 되었습니다. 그로부터 50년 후, 그렇게도 완악하던 이 종족의 40%가 기독교로 개종하면서 마침내 분쟁과 살상의 역사가 사라지기 시작했습니다. 그리고 역사상 한 번도 경험하지 못했던 평화가 그 민족 가운데 자리잡게 되었습니다. 옛날에는 평화라는 언어조차 없던 민족이었지만 이제는 지구상에서 가장 평화롭고 은혜로운 백성들이 되었습니다. 이런 기적은 예수님이야말로 우리 인생이 반드시 만나야 할 구원자이심을 확신한 5명의 선교사와 어린 나이에 아버지를 잃었던 선교사의 아들 스티브의 예수님에 대한 확신 있는 전도가 있었기에 가능했습니다.

우리도 확신을 가지고 우리가 만난 예수님을 담대하게 전하여 많은 영혼을 주님 앞으로 인도하는 구원 역사에 동참하는 삶을 살아갑시다.

3. 안드레는 제일 먼저 가까운 형제에게 복음을 전했습니다

"그가 먼저 자기의 형제 시몬을 찾아 말하되 우리가 메시야를 만났다 하고(메시야는 번역하면 그리스도라) 데리고 예수께로 오니 예수께서 보시고 이르시되 네가 요한의 아들 시몬이니 장차 게바라 하리라 하시니라(게바는 번역하면 베드로라)"(41-42)

안드레는 예수님을 영접한 즉시 자기와 제일 가까운 형제 시몬에게 가서 예수님을 전했습니다. 여기에 나오는 시몬(Simon)은 베드로가 하나님의 자녀가 되기 전의 이름입니다. 게바는 아람어이고 헬라어로는 베드로인데 예수님이 지어주신 이름입니다. 시몬이 게바, 즉 베드로가 된 것입니다.

여기서 우리가 주의해서 볼 것은 안드레가 예수님을 영접한 즉시 확신을 가지고 자기와 가장 가까운 형제 베드로에게 가서 복음을 전했다는 사실입니다. 우리가 제일 먼저 생각나는 사람에게부터 복음을 전해야 합니다. 안드레는 예수님을 만나고 보니 제일 먼저 자기 형제 시몬이 생각이 났던 것입니다. 그래서 한 걸음에 달려가 "우리가 메시야를 만났다." 하고 시몬을 예수님께로 데리고 왔습니다.

1) 우리 가까이에 있는 시몬에게 가야 합니다

안드레는 제일 먼저 형제 시몬에게 달려가 예수님을 소개하고 데리고 왔습니다. 우리도 제일 먼저 생각나는 그 사람에게 예수님을 전해야 합니다. 그런 사람은 우리 가까이에 있습니다. 우리 가족이나 친척,

또는 친구와 이웃이 바로 그들입니다. 그들이 바로 우리의 전도 대상자입니다. 예수님에 대해서 이야기해 주고 싶은 사람이 있으면 그 사람이 여러분의 시몬입니다. 우리 주위에서 시몬을 찾아야 합니다. 우리를 기다리는 시몬은 우리 가까이에 있습니다. 바로 그 시몬에게 내가 예수님을 만났다는 이야기만 하면 됩니다. 내가 만난 예수님이 어떤 분인가를 말해 주는 것이 바로 전도입니다. 예수님이 나의 삶을 어떻게 변화시켰으며 주님이 나에게 주신 참 행복과 기쁨을 사실 그대로 말해 주는 것이 바로 전도입니다. 우리의 시몬에게 내가 만나고 사랑하고 내게 구원과 참된 행복을 주신 예수님을 간증하는 것이 전도입니다. 이것이 안드레가 되는 길입니다.

2) 시몬이 베드로가 되었습니다

안드레가 전도한 시몬이 게바, 즉 베드로가 되었습니다. 베드로는 기독교 역사상 위대한 인물이 되었습니다. 많은 사람을 예수님 앞으로 인도한 위대한 전도자가 되었습니다. 안드레가 베드로를 전도한 것입니다. 안드레가 전도한 사람은 갈릴리 어부 출신인 시몬이지만 예수님은 시몬을 게바로 변화시켜 주셨습니다. 예수님을 만나자 시몬이 베드로로 변화되었습니다. 이것이 하나님의 역사요 섭리입니다. 안드레는 자기가 한 일이 얼마나 놀랍고도 위대한 일인지 몰랐습니다. 그러나 하나님은 안드레의 전도를 너무도 위대한 일로 변화시켜 주셨습니다. 시몬이 베드로가 되었습니다. 안드레가 엄청난 일을 한 것입니다.

우리도 안드레가 되어야 합니다. 안드레는 '데리고 오는 사람' 이라는 별명을 가지고 있습니다. 자기 형제 시몬을 예수님께로 데리고 와서 베드로가 되게 했습니다. 또한 요한복음 6장에서는 보리떡 다섯 개와 물고기 두 마리를 가진 소년을 예수님께로 데리고 온 사람이 바로 안드레입니다. 안드레가 없었다면 오병이어의 기적도 없었을 것입니다. 요한복음 12장에서도 몇 명의 헬라인들이 예수님을 만나려고 찾아왔을 때 그들을 예수님께로 안내한 사람도 안드레였습니다. 안드레는 전도자 이전에 소개자가 되고 안내자가 되었습니다.

우리도 안드레가 되어야 합니다. 우리도 안드레처럼 다른 영혼을 주님께 소개해 드리고 안내하는 사람이 되어야 합니다. 그때 주님께서 그들의 마음을 변화시키는 놀라운 일을 행하실 것이며 우리는 전도자로 쓰임 받는 체험을 하게 될 것입니다.

에드워드 킴벌이라는 그리스도인이 제화점을 지나면서 그 안에서 구두를 수선하는 젊은이를 발견하고 그를 응시했습니다. 그리고 이 젊은이가 주님을 믿으면 구두만 만지다 끝나는 인생이 아니라 사람들의 영혼을 만지며 새롭게 할 것이라는 확신이 들면서 마음이 끌렸습니다. 그 후에 의도적으로 제화점을 방문해 복음을 전한 결과 그 젊은이는 예수 그리스도의 제자로 변화되었습니다. 그 젊은이의 이름이 바로 미국 교회의 부흥 역사를 논할 때 빼놓을 수 없는 드와이트 무디(Dwight. L. Moody)입니다. 그리고 무디(D.L. Moody)의 역사를 이야기할 때 에드워드 킴벌을 빼놓을 수 없습니다. 킴벌이 무디를 예수님 앞으로 데리고 왔더니 예수님이 무디를 세계적인 부흥사로 만들어 주셨습니다.

예수님의 제자 중의 제자요 수제자인 베드로를 주님 앞으로 데리고 온 사람은 바로 그의 형제 안드레였습니다. 이 안드레가 얼마나 큰 대어를 낚았습니까? 안드레야말로 사람 낚는 일등 어부였습니다. 우리도 사람을 낚는 어부가 되어야 합니다. 그의 형제 베드로는 수천 명을 하나님 앞으로 인도하는 더 큰 어부가 되었습니다. 우리도 평범하게 보이는 시몬을 전도하면 예수님께서 베드로라는 큰 인물로 변화시켜 주실 것입니다.

우리가 전도하여 주님 앞으로 인도한 사람 중에서 어떤 인물이 나올지 우리는 알 수 없습니다. 우리도 안드레처럼 베드로를 인도할 수도 있습니다. 이것은 아무도 알 수 없는 일입니다. 오직 주님만이 아십니다. 우리 자신이 안드레가 되어야 합니다.

우리도 안드레가 되어 시몬을 전도합시다. 내가 인도한 시몬이 베드로가 될 수도 있습니다. 그것은 주님이 하실 일입니다. 우리가 할 일은 오직 시몬 한 사람을 예수님에게로 인도하는 일입니다. 동시에 우리는 선교에 눈을 돌려야 합니다. 이 지구촌에는 우리가 전도해야 할 시몬이 많습니다. 그 시몬을 전도하기 위해서 우리를 대신하여 많은 선교사들이 파송되었습니다. 우리 교회는 남부 아프리카에 선교사들을 파송하고 피부가 검은 시몬들을 주님 앞으로 인도하기 위해 헌신하고 있습니다. 우리는 이 선교사들이 선교 사역을 잘 감당할 수 있도록 기도와 물질로 협력해야 합니다. 시몬을 찾는 일은 주님의 명령입니다. 우리도 안드레처럼 시몬을 찾아 예수님에게로 데리고 와야 합니다.

우리는 나를 구원하시고 변화시켜 주신 예수님에 대한 확신을 가져야 합니다. 우리는 내가 만난 예수님에 대해 확신을 가지고 담대하게 예수님을 소개하고 자랑해야 합니다. 우리는 가까운 사람, 제일 먼저 생각나는 그 사람에게 예수님을 전해야 합니다. 우리가 전도한 시몬이 베드로가 되는 역사를 기대합시다. 우리 모두 시몬을 찾아 주님 앞으로 데리고 오는 이 시대의 안드레가 됩시다. 아멘.

43이튿날 예수께서 갈릴리로 나가려 하시다가 빌립을 만나 이르시되 나를 따
르라 하시니 44빌립은 안드레와 베드로와 한 동네 벳새다 사람이라 45빌립이
나다나엘을 찾아 이르되 모세가 율법에 기록하였고 여러 선지자가 기록한
그이를 우리가 만났으니 요셉의 아들 나사렛 예수니라 46나다나엘이 이르되
나사렛에서 무슨 선한 것이 날 수 있느냐 빌립이 이르되 와서 보라 하니라
47예수께서 나다나엘이 자기에게 오는 것을 보시고 그를 가리켜 이르시되 보
라 이는 참으로 이스라엘 사람이라 그 속에 간사한 것이 없도다 48나다나엘
이 이르되 어떻게 나를 아시나이까 예수께서 대답하여 이르시되 빌립이 너
를 부르기 전에 네가 무화과나무 아래에 있을 때에 보았노라 49나다나엘이
대답하되 랍비여 당신은 하나님의 아들이시요 당신은 이스라엘의 임금이로
소이다 50예수께서 대답하여 이르시되 내가 너를 무화과나무 아래에서 보았
다 하므로 믿느냐 이보다 더 큰일을 보리라 51또 이르시되 진실로 진실로 너
희에게 이르노니 하늘이 열리고 하나님의 사자들이 인자 위에 오르락내리락
하는 것을 보리라 하시니라

(요한복음 1:43-51)

08

부름 받은 빌립과 나다나엘

예수님은 빌립과 나다나엘을 불러 제자로 삼으셨습니다. 이들은 예수님의 12사도로 선택되어 훌륭한 복음의 증인들이 되었습니다. 주님으로부터 부름 받은 빌립과 나다나엘을 통해 주시는 교훈을 얻고자 합니다.

1. 예수님이 빌립을 부르셨습니다

1) 부르심은 주님의 주권적인 사역입니다

예수님이 제자들을 부르신 것이지 제자들이 예수님을 찾은 것이 아닙니다. "이튿날 예수께서 갈릴리로 나가려 하시다가 빌립을 만나 이르시되 나를 따르라 하시니"(43)

예수님이 먼저 빌립을 부르셨습니다. 소명은 부름을 받는 것입니다. 빌립은 예수 그리스도로부터 직접 부름을 받았습니다. 하나님은 여러 가지 방법을 통해 선택하신 사람들을 부르십니다. 우리도 우리가 예수님을 찾기 전에 그리스도께서 먼저 우리를 찾아 오셨습니다.

누구의 부름을 받았느냐 하는 것은 아주 중요합니다. 우리도 하나님께서 직접 부르셨습니다. 우리가 하나님을 찾아간 것이 아니라 하나님이 우리를 부르신 것입니다. 그러므로 우리는 부름받은 은혜에 감사해야 합니다. 우리 주님이 이 세상에 오신 목적은 사람을 찾아 구원하시기 위해서입니다. 언제나 주님의 관심은 사람이었습니다. 주님께서 많은 기적을 행하셨지만 그 기적의 궁극적인 목표는 언제나 사람을 구원하는 것이었습니다.

오늘날 교회가 할 일은 바로 하나님의 잃어버린 영혼들을 찾고 부르는 일입니다. 죄로 인하여 죽은 심령들을 찾아 그 심령에 예수 그리스도의 보혈의 주사를 성령으로 놓아 새 사람으로 만드는 일입니다. 이것이 교회의 사명이자 존재하는 이유이며 본질이기도 합니다. 교회의 가장 중요한 목표는 언제나 영혼 구원이어야 합니다. 주님께서 빌립을 보시고 "나를 따르라"고 하셨습니다. 나를 따르라는 말씀은 예수님을 향한 헌신을 요청하는 말씀입니다. 예수님의 사도가 되어 평생 전도자로 지낼 것을 초청하시는 말씀입니다. 이 부름은 일방적인 명령입니다.

빌립이 사도로 부름을 받았듯이 우리의 직분 역시 하나님이 주신 것입니다. 우리가 하나님의 자녀로 부름받은 것도 감사한데 직분까지 받았으면 더욱 감사해야 합니다.

2) 빌립은 주님의 부르심에 바로 응했습니다

빌립은 예수님이 "나를 따르라"고 하실 때 바로 응했습니다. 주님의 사람들은 주님을 믿고 주님을 따르는 사람들입니다. 자신의 생각이나 의지보다 주님을 믿는 믿음으로 사는 사람들입니다. 내가 계산한 답으로 사는 것이 아니라 주님께서 하신 말씀으로 사는 것입니다. 빌립은 주님의 부름에 응하였습니다. 우리도 주님의 부름에 응한 사람들입니다. 우리가 부름에 응하였으면 주님의 뜻에 따라야 합니다.

1961년 9월 17일, 전 유엔 사무총장 다그 함마슐드 씨가 아프리카 오지에서 비행기 추락 사고로 세상을 떠났습니다. 그가 세상을 떠나기 전에 쓴 마지막 일기에는 이런 기도문이 기록되어 있었다고 합니다. "주님의 음성을 들을 수 있도록 겸손한 마음을 주시옵소서. 주님을 섬길 수 있도록 믿음을 더하여 주시옵소서. 나를 위하여 몸을 바치신 주님, 저도 주님께 '예.' 하고 대답하나이다."

우리도 어느 곳에서 어떤 일을 하든지 주님의 부름에 합당하게 순종하는 삶을 살아야 합니다.

3) 빌립과 안드레와 베드로는 모두 한 동네에 살았습니다

"빌립은 안드레와 베드로와 한 동네 벳새다 사람이라"(44)

안드레와 베드로와 함께 한 동네에 살던 벳새다 사람 빌립은 예수님으로부터 나를 따르라는 명령을 받았습니다. 한 동네에 살던 친구들이 함께 주님의 부름을 받은 것입니다. 이것은 아주 귀하고 복된 일입니다. 한 교회에서 함께 신앙생활을 하던 사람들이 모두 하나님께 쓰임을 받는다는 것은 참으로 귀한 일입니다. 같은 동네, 같은 학교 출신들이 같은 교회에서 장로가 되고 권사가 되고 집사가 되어 함께 섬긴다면 이것은 더없이 큰 복이요 영광스러운 일입니다.

한 교회 출신들이 함께 공부하여 목사와 선교사가 된다면 그보다 귀한 일이 없을 것입니다. 하나님의 일을 위해 함께 부름받은 안드레와 베드로와 빌립은 축복받은 사람들입니다. 우리도 함께 세움을 받고 함께 직분을 받게 된 것을 감사하면서 서로 협력하고 격려하며 주님의 교회를 충성스럽게 섬기는 훌륭한 직분자들이 다 되어야 합니다.

4) 주님의 부르심을 받은 빌립은 즉시 나다나엘을 찾아가서 전도했습니다

빌립은 예수님의 부름을 받은 즉시 친구 나다나엘을 찾아가서 메시야를 만났다고 전했습니다. 부름받은 안드레와 베드로와 빌립은 모두 한 동네에 살았습니다. 이들이 한 동네에 살았다는 것뿐 아니라 처음으로 부름받은 이들은 모두 인맥으로 연결되어 있습니다. 처음으로 안드레와 요한이 예수님을 따랐습니다. 그리고 안드레가 베드로를 불러 왔습니다. 요한복음에서는 베드로에 이어 바로 빌립이 등장하지만 공관복음서에는 빌립보다 야고보가 먼저 부름을 받았는데 이 야고보는 요한의 형제입니다. 다음으로 부름받은 빌립은 친구 나다나엘을 찾아 데리고 왔습니다. "빌립이 나다나엘을 찾아 이르되 모세가 율법에 기록하였고 여러 선지자가 기록한 그이를 우리가 만났으니 요셉의 아들 나사렛 예수니라"(45)

빌립은 '모세가 율법에 기록하였고 여러 선지자가 기록한 그이' 라며 성경적 근거를 가지고 예수님을 소개했습니다. 빌립은 메시야에 대한 소식을 율법에 근거하여 말했습니다. 여기에는 율법에 충실한 나다나엘을 주께로 인도하기 위한 빌립의 열정이 잘 드러나 있습니다. 빌립은 예수님이 바로 구약에 예언된 그분, 곧 메시야라고 증거했습니다. 여기서 빌립은 예수님이야말로 율법과 예언서로 대표되는 구약의 모든 말씀을 성취하시는 메시야이심을 확신하고 있음을 볼 수 있습니다.

"그이를 우리가 만났으니"에서 '만났다' 는 말은 '메시야를 만났다는 말' 로 '우리가 만났다는 것' 은 '우리가(찾던) 메시야를 발견했다(We have found the Messiah; KJV, RSV, Living Bible)' 는 의미입니다. 여기서 메시야를 만난 빌립의 감격과 확신에 찬 목소리가 들리는 듯하다고 주석되고 있습니다. 조상 대대로 그토록 기다리던 대망의 메시야를 만나자 그 놀라운 소식을 전한 것입니다. '우리' 란 재판정에서 증인의 최소 구성 인원인 2인을 상기시키므로(신 19:15) 우리가 만났다는 증언(testimony)은 확실한 소식으로 받아들여졌을 것입니다. 그리고 그 메시야는 바로 나사렛 출신의 예수라고 증거했습니다.

빌립이 만난 메시야의 인간적인 신분이 제시됩니다. 원래 예수님의 출생지는 베들레헴이지만 갈릴리 나사렛에서 성장하셨기 때문에 나사렛 예수라 불렸습니다.(마 2:23) 전도자는 성경의 예수님을 가르치고 전해야 합니다.

고등학교 시절에 주님을 영접하게 된 어느 목사님은 가족이 모두 11명이나 되었다고 합니다. 그가 하나님의 은혜를 받은 후 얼마나 마음이 뜨거웠는지 온 가족의 구원을 위해 날마다 울며 기도했다고 합니다. 그런데 형님 내외는 끝내 반대하면서 절에만 다녔습니다. 몇 년 후, 그는 굳은 결심을 하고 연초에 하나님께 서원을 했다고 합니다. "하나님, 금년 안에 우리 가족 모두가 예수님을 믿도록 해주세요. 그러면 제가 신학을 공부해서 주의 종이 되겠습니다." 그날 이후로 새벽기도와 정오, 그리고 밤에도 일정한 시간을 정해 놓고 날마다 기도했다고 합니다. 그 결과 하나님께서 그의 기도에 응답하셔서 그 해가 다 가기 전에 온 가족이 교회로 나왔다고 합니다. 그는 하나님께 서원한 대로 신학을 공부하여 목사가 되었습니다.

우리도 우리가 만난 예수님을 자신감을 가지고 담대하게 전해야 합니다.

2. 주님은 빌립을 통하여 나다나엘을 부르셨습니다

1) 나다나엘이 처음에는 부정적인 반응을 보였습니다

"나다나엘이 이르되 나사렛에서 무슨 선한 것이 날 수 있느냐 빌립

이 이르되 와서 보라 하니라"(46)

나다나엘이란 이름의 뜻은 하나님이 주셨다, 즉 '하나님의 선물' 이라는 뜻입니다. 빌립의 말을 들은 나다나엘의 반응입니다. "나사렛에서 무슨 선한 것이 날 수 있느냐"(46) 나다나엘은 율법을 연구하는 사람이었으므로 메시야가 유대 베들레헴에서 탄생할 것을 알고 있었습니다.(미 5:2) 반면 나사렛은 갈릴리의 한 촌락으로 그다지 인식이 좋지 않았습니다.

요한복음 7장 52절에도 "너도 갈릴리에서 왔느냐 찾아 보라 갈릴리에서는 선지자가 나지 못하느니라"고 말한 것으로 보아 당시 나사렛은 갈릴리의 조그마한 마을이었으므로 율법주의자의 입장에서 보면 멸시할 만도 했습니다. 그러므로 본문은 당시 율법주의자들이 갈릴리 지방을 조롱할 때 쓰던 관용어였을 것으로 추측하기도 합니다. 이러한 당시 상황으로 미루어보아 나다나엘은 평판이 좋지 않았던 나사렛에서 모세와 선지자들이 기록한 예언의 인물이 태어난다는 것은 도무지 믿을 수 없었을 것입니다.

여기에서 우리가 경계해야 할 것은 선입견의 위험입니다. 더구나 잘못되고 왜곡된 선입견은 더욱 위험합니다. 잘못된 선입견을 가지고 있으면 신앙의 성장을 방해합니다. 진리의 가치를 발견하지 못하고 전해지는 말씀을 거부하며 하나님의 은혜에 저항하게 됩니다. 나다나엘의 왜곡되고 잘못된 선입견은 분명히 신앙에 방해가 됩니다.

오늘날에도 왜곡된 선입견 때문에 은혜의 자리로부터 멀어지게 하는 일들이 많습니다. 선입견은 인간관계를 깨뜨리고 방해합니다. 진리에 귀를 막게 하고 옳고 그름을 분별하지 못하게 하며 반목과 오해를 부추기기도 합니다. 편을 가르게도 하고 싸우게도 하고 담을 쌓게도 합니다. 영·육간에 계산할 수 없는 손해를 보게 만들어 버립니다. 가정이나 친구 사이 뿐 아니라 심지어 교회 안에서도 잘못된 선입견 때문에 서로 오해도 하고 잘못 판단하는 경우도 있습니다. 우리는 선입견의 포로가 되지 않도록 주의해야 합니다. 우리는 올바른 판단력으로 모든 일을 바르게 볼 수 있는 지혜를 가져야 합니다. 우리는 주님께 지혜를 달라고 기도하여 올바르게 결정하고 행동해야 합니다.

2) "와서 보라" 전도입니다

"빌립이 이르되 와서 보라 하니라"(46)

나다나엘의 말을 들은 빌립은 와서 보라고 했습니다. 나다나엘의 반응으로 빌립의 자존심에 상처가 될 수도 있었습니다. 그러나 진정성은 감동과 변화를 줍니다. 우리가 복음을 전할 때 나다나엘처럼 빈정거리는 말투 때문에 마음의 상처가 될 수도 있습니다. 뿐만 아니라 나다나엘의 말은 논리적으로 타당성이 있었기 때문에 심한 수치감까지 주었을 것입니다.

오늘날에도 우리가 전도할 때 이런 일이 발생할 수 있습니다. 때로는 전도하는 사람을 무시하면서 자존심을 상하게 하는 말을 하기도 합니다. 그러나 빌립은 논리적으로 시비하거나 물러서지 않았습니다. 간단하게 예수님만 소개했습니다. 빌립은 잘못된 선입견을 가지고 있는 나다나엘에게 강권하여 와서 보라고 했습니다. 빌립이 와서 보라고 한 것은 자신이 믿는 바를 확신했기 때문입니다. 빌립은 예수님에 대한 확신을 가지고 전했습니다. "나는 그분을 만났고 그분은 요셉의 아들 나사렛 예수이시다. 성경에 기록되어 있고 우리가 기다리던 구세주가 바로 그분이시다." 이것은 빌립의 확실한 신앙 고백이었습니다.

전도는 내가 믿는 예수님에게로 사람을 데리고 오는 것입니다. 와서 보라고 초청하는 것이 전도입니다. 이것은 체험이 없거나 확신이 없으면 할 수 없는 일입니다. 예수님을 통해 은혜 받은 사람이 은혜를 전하고 믿음이 있는 사람이 믿음을 전하고 예수님을 만난 사람이 예수님을 전할 수 있습니다. 우리는 보고들은 바를 말하지 않을 수 없습니다. 확신이 있다는 것은 진정성이 있다는 말입니다. 진정성을 가져야 감동과 변화를 줍니다.

3) 예수님에게로 데리고 왔습니다

빌립은 나다나엘을 주님 앞으로 인도해 왔습니다. 중요한 것은 예수님 앞으로 데리고 나오는 것입니다. 빌립의 말을 들은 나다나엘은 나사렛에서 무슨 선한 것이 날 수 있느냐며 빈정거렸습니다. 나다나엘의 고향은 나사렛 옆 동네인 가나였습니다. 나다나엘은 나사렛이 누추하고 보잘 것 없으며 다른 고을에 비해 초라하다는 것을 잘 알고 있었습니다. 나다나엘은 나사렛과 예수님을 인정하지 않았습니다. 나사렛 예수를 무시한 것입니다. 그러나 빌립은 그를 데리고 예수님님에게로 왔습니다. 빌립은 나다나엘의 말을 듣고 논쟁하지 않았습니다. 성경을 들이대며 설명하고 신학서적을 펼쳐 놓고 가르쳐야만 믿는 것이 아닙니다. 빌립은 와서 보라고 단호하고도 간곡하게 초청했습니다.

우리의 전도 대상자들도 예수님을 인정하지 않고 교회를 무시할 수도 있습니다. 우리의 전도 대상자들도 예수님에 대해 거부반응을 나타낸다거나 교회를 인정하지 않을지도 모릅니다. 비판적이거나 교회에 오는 것을 싫어할 수도 있습니다. 그래도 빌립처럼 예수님에게로 데리고 나와야 합니다. 예수님에게로 나오는 사람들 중에 이미 완전하게 이해되어 믿는 사람은 아무도 없습니다. 그러므로 우리는 "와서 보라"고 강하게 이끄는 것이 중요합니다. 우리 주님도 "강권하여 데려다가 내 집을 채우라"(눅 14:23)고 말씀하셨습니다.

4) 예수님이 나다나엘을 평가하셨습니다

예수님 앞으로 다가오는 나다나엘을 보신 주님이 말씀하셨습니다. "보라 이는 참으로 이스라엘 사람이라 그 속에 간사한 것이 없도다"(47)

나다나엘은 참 이스라엘 사람으로 그 속에는 정직함이 들어 있다고 칭찬하셨습니다. 그는 간사한 것이 없다는 말은 참 이스라엘의 특성을 지닌 사람이란 말입니다. 그는 사람들에게 간사함이 없는 사람, 즉 속임이나 음모가 없는 진실한 사람이었습니다. 또 하나님 앞에서도 간사한 것이 없는 사람이란 말은 자기의 죄를 진정으로 통회하고 하나님과 진실한 계약을 맺는 것으로 마음에 간사한 것이 없음(시 32:2)을 뜻합니다. 이는 죄가 없다는 말이 아니라 간사한 것이 없다는 말입니다.

예수님은 나다나엘의 모든 것을 다 알고 계셨습니다. "나다나엘이 이르되 어떻게 나를 아시나이까"(48) 나다나엘이 놀라서 묻자 예수님께서 대답하셨습니다. “빌립이 너를 부르기 전에 네가 무화과나무 아래에 있을 때에 보았노라”(48) 예수님은 나다나엘의 모든 것을 알고 계셨습니다.

유대 민족의 번영을 상징하며 팔레스틴에서 번식하는 이 무화과나무는 무성하고 커다란 잎으로 그늘을 드리웠으므로 당시의 랍비들은 그곳을 율법을 교육하거나 묵상하는 장소로 사용했습니다. 따라서 ‘무화과나무 아래’ 라는 표현으로 보아 나다나엘이 그리스도를 만나기 전에 율법을 묵상하고 있었음을 암시합니다. 또한 여기서 ‘보았노라’ 는 말은 단순히 알았다는 것이 아니라 주목하고 있었다는 뜻이 포함되어 있습니다. 이는 예수님이 이미 나다나엘을 주님의 제자로 지목하셨다는 것을 알 수 있습니다. 예수님이 나다나엘의 모든 것을 다 알고 계셨다는 것은 그의 신성이 있으시다는 말이기도 합니다. 예수 그리스도는 하나님으로 이 땅에 오신 분입니다. 따라서 예수님은 우리의 모든 것도 알고 계십니다.

우리가 전도할 대상자들에 대해서도 주님은 이미 다 알고 계십니다. 예수님은 그들의 가정형편과 생활, 감추고 싶은 문제와 어려움들과 실패와 좌절들을 다 알고 계십니다. 나다나엘이 무화과나무 아래서 기도하고 묵상하는 것을 주님은 다 알고 계셨습니다. 예수님은 우리의 모든 것을 알고 계십니다. 그러므로 우리는 걱정할 필요가 없습니다. 주님 앞으로 데리고 오기만 하면 됩니다. 그 다음은 주님이 하십니다. 나다나엘은 예수님께서 자신을 처음 보시고도 마음의 생각과 생활, 그리고 기도하며 묵상하는 것까지 다 아신다는 것을 깨닫고 그분 앞에 머리를 숙이며 고백했습니다.

5) 나다나엘이 메시야임을 고백했습니다

"나다나엘이 대답하되 랍비여 당신은 하나님의 아들이시요 당신은 이스라엘의 임금이로소이다"(49)

나다나엘이 예수님의 답변에 항거할 수 없는 힘에 이끌리어 예수님이 메시야라는 사실을 결정적으로 고백하고 말았습니다. 나다나엘은 자신의 마음을 샅샅이 꿰뚫어 보시고 만족시켜 주신 예수님의 권위에 강력하게 압도당하고 말았습니다. "당신은 하나님의 아들이시요 당신은 이스라엘의 임금이로소이다"라는 말은 베드로가 고백한 "주는 그리스도시요 살아 계신 하나님의 아들이시니이다"(마 16:16)란 고백과 같은 의미가 될 수 있습니다. 그는 그리스도를 '하나님의 아들(시편 2:7에서 일컬어지는 하나님의 아들)'이라 부름으로써 그의 신성과 사명을 인정하기에 이르렀습니다. 비록 그가 인간의 모습을 취하고 계시지만 신의 지혜가 있으심을 나다나엘이 깨달았습니다. 나다나엘은 결국 그를 하나님의 아들로 인정하게 되었습니다.

하나님의 아들이면 곧 이스라엘의 왕입니다. 여기서 나다나엘의 고백의 의미는 바로 "당신은 이스라엘의 왕이시며 우리는 그 왕을 오랫동안 기다려 왔습니다."란 말입니다. 그는 자신이 이스라엘 왕을 즉시 받아들이고 그분에게 복종하는 참 이스라엘인임을 증명해 주고 있습니다.

우리도 나다나엘과 베드로처럼 예수 그리스도는 우리의 왕이시며 우리의 하나님이시며 우리의 구원자이심을 고백해야 합니다.

3. 예수 그리스도께서 위대한 약속을 하셨습니다

"예수께서 대답하여 이르시되 내가 너를 무화과나무 아래에서 보았다 하므로 믿느냐 이보다 더 큰일을 보리라"(50)

예수 그리스도는 나다나엘에게 무화과나무 아래에 있는 것을 보았던 것보다 더 큰일을 볼 것이라고 말씀하셨습니다. 나다나엘은 그 후 실제로 예수 그리스도를 따라다니며 놀라운 이적과 기사를 보았습니다. 예수 그리스도는 수많은 이적과 권능들을 나타내셨으며 많은 사람들의 병을 고쳐주시고 죽은 자를 살리시고 어려운 문제들을 해결해 주셨습니다. 자신이 메시야가 되심을 입증하신 것입니다. 지금도 예수 그리스도는 하나님의 백성들에게 놀라운 일들을 보여주심으로 체험하게 하십니다. 주님은 또 말씀하셨습니다. "진실로 진실로 너희에게 이르노니 하늘이 열리고 하나님의 사자들이 인자 위에 오르락내리락 하는 것을 보리라"(51) 여기서 '하늘이 열리고' 란 표현은 야곱이 벧엘 들판에서 꾸었던 꿈과 연관되는 말로(창 28:10-22) 이것은 하나님의 주권적인 역사로 인하여 하나님과 인간과의 관계가 재확립되는 징조를 상징합니다.(사 64장) 이러한 사실은 예수 그리스도의 죽음과 부활을 통해서 하늘이 열리고 그동안 죄로 인하여 막혔던 하나님과 인간과의 관계가 완전히 회복되는 것을 상징합니다. '하늘이 열리고' 라는 말은 예수 그리스도를 믿는 자들, 곧 물과 성령으로 거듭난 자들이 하나님 나라를 보며 그 나라를 소유하게 되는 축복을 받는 것을 의미한다고 볼 수 있습니다.

"하나님의 사자들이 인자 위에 오르락내리락 하는 것을 보리라"에서 '하나님의 사자들' 이란 하나님의 뜻을 수행하는 천사들을 가리킵니다. 여기서 '인자 위에 오르락내리락 하는 것을 보리라' 는 말 역시 벧엘 들판에서 야곱이 꿈에서 본 환상을 연상시킵니다. 이 말씀은 예수 그리스도는 하나님과 인간 사이에 중보자(the Mediator)가 되신다는 것을 보여줍니다.

예수님은 하나님과 사람, 그리고 하늘과 땅을 잇는 중보의 사닥다리이십니다. 예수님 외에 하나님께 직접 나아갈 사람은 아무도 없습니다. 우리는 우리의 중보자가 되시는 예수 그리스도를 통하여 천국에 올라갈 수 있습니다. 예수님은 기도와 예배의 중보자이시며 하늘 문을 여는 사닥다리이십니다. 우리는 예수 그리스도를 통하여 구원과 생명과 복을 받을 수 있습니다. 우리 주 예수님은 하늘 문을 여시고 구원의 문을 여시고 우리를 치료하시고 눈물을 닦아 주시고 하늘나라까지 연결해 주시고, 또 기도가 하늘에까지 상달되도록 하시는 복의 사닥다리이십니다.

예수님은 직접 제자들을 부르셨습니다. 예수님은 직접 우리를 불러 제자로 삼으셨습니다. 우리도 빌립처럼 찾아가서 '와서 보라' 고 강권하여 예수님께로 인도해야 합니다. 예수님은 우리의 구주이시며 우리의 하나님이십니다. 예수 그리스도는 우리를 하나님 나라로 인도하시는 중보자가 되십니다. 우리도 고백합시다. "주는 우리의 왕이시며 구원자이십니다." 아멘.

[1]사흘 째 되던 날 갈릴리 가나에 혼례가 있어 예수의 어머니도 거기 계시고
[2]예수와 그 제자들도 혼례에 청함을 받았더니 [3]포도주가 떨어진지라 예수의
어머니가 예수에게 이르되 저들에게 포도주가 없다 하니 [4]예수께서 이르시
되 여자여 나와 무슨 상관이 있나이까 내 때가 아직 이르지 아니하였나이다
[5]그의 어머니가 하인들에게 이르되 너희에게 무슨 말씀을 하시든지 그대로
하라 하니라 [6]거기에 유대인의 정결 예식을 따라 두세 통 드는 돌항아리 여
섯이 놓였는지라 [7]예수께서 그들에게 이르시되 항아리에 물을 채우라 하신
즉 아귀까지 채우니 [8]이제는 떠서 연회장에게 갖다 주라 하시매 갖다 주었
더니 [9]연회장은 물로 된 포도주를 맛보고도 어디서 났는지 알지 못하되 물
떠온 하인들은 알더라 연회장이 신랑을 불러 [10]말하되 사람마다 먼저 좋은
포도주를 내고 취한 후에 낮은 것을 내거늘 그대는 지금까지 좋은 포도주를
두었도다 하니라 [11]예수께서 이 첫 표적을 갈릴리 가나에서 행하여 그의 영
광을 나타내시매 제자들이 그를 믿으니라

(요한복음 2:1-11)

09

물로 포도주를 만드신 예수님

갈릴리의 가나 혼인잔치에서 물로 포도주를 만드신 것이 예수님이 행하신 첫 번째 기적입니다. 이 기적을 통해서 예수님은 자연만물을 지배하시는 전능하신 하나님의 아들이심을 보여 주셨습니다. 예수님은 물로써 포도주로 변화시키는 것뿐 아니라 만나는 모든 사람

들을 변화시켜 주시는 분입니다. 예수님을 만나면 누구나 변화됩니다. 물이 변하여 포도주가 되게 하신 첫 번째 기적을 통하여 예수님께서 우리를 어떻게 변화시켜 주시는가를 알 수 있습니다.

유대 나라는 음식을 먹을 때 포도주를 음료수처럼 마셨습니다. 그런데 오늘 혼인잔치가 한창 무르익을 즈음에 포도주가 떨어졌으니 큰일입니다. 마침 이때 예수님께서 물로 포도주를 만들어 주심으로써 기쁨의 잔치가 되었습니다.

1. 예수님을 초청해야 합니다

"사흘 째 되던 날 갈릴리 가나에 혼례가 있어 예수의 어머니도 거기 계시고 예수와 그 제자들도 혼례에 청함을 받았더니"(1-2)

사흘 째 되던 날은 예수님이 갈릴리에 들어가신 지 3일째를 말합니다. 첫 번째 기적이 일어난 곳은 갈릴리 가나입니다. 갈릴리 가나는 아셀 지파가 살고 있는 갈릴리의 가나입니다. 예수님의 첫 번째 기적은 공개적으로 자신을 드러낼 수 있는 예루살렘에서 멀리 떨어진 벽촌에서 일어났습니다. 이것은 예수님이 기적을 일으키신 목적이 사람들로부터 영광을 받으시려고 하신 것이 아니었음을 보여 줍니다.

예수님은 항상 힘이 없고 약한 자들과 함께 하시면서 그들에게 먼저 기적을 베풀어 주셨습니다. 그것은 소박하고 정직한 갈릴리인들이 예루살렘의 오만으로 가득한 랍비들이나 지도자들과 귀족들보다 훨씬 수월하게 예수님의 가르침과 기적을 받아들일 수 있었기 때문입니다.

교만하고 높은 자리에 있는 사람들은 하나님의 역사를 잘 받아들이거나 믿지 않습니다. 그러나 낮은 자리에 있는 사람들은 항상 겸손하게 하나님의 말씀을 잘 받아들이고 하나님을 더욱 더 의지합니다.

우리도 항상 낮고 겸손한 자리에 있어야 합니다. 그리하여 하나님의 역사와 말씀을 그대로 믿고 받아들이며 순종하는 삶이 되어야 합니다.

이 가나 혼인잔치에서 중요한 것은 예수님을 초청했다는 사실입니다. "예수의 어머니도 거기 계시고 예수와 그 제자들도 혼례에 청함을 받았더니"(1-2) 제자들도 함께 청함을 받았습니다. 만약 그 자리에 예수님이 계시지 않았다면 이 잔치 집은 큰 낭패를 당했을 것이 분명합니다. 그런데 이 잔치에 예수님을 초청함으로써 모든 문제가 해결되고 하나님의 역사를 경험할 수 있게 되었습니다. 적어도 포도주를 만들려면 최소한 1년이 걸립니다. 도저히 어떻게 할 수 없는 상황에서 예수님을 그 잔치에 모심으로써 문제가 해결되었습니다.

우리도 우리 가정에 예수님을 모셔야 합니다. 예수님을 우리 삶의 주인으로 모셔야 합니다. 우리가 하는 모든 일의 중심에 예수님을 모셔야 합니다. 내가 주인이 되어 내 마음대로 하지 말고 예수님을 주인으로 모셔야 합니다. 그때 우리의 문제가 해결될 수 있습니다.

2. 예수님이 물로 포도주를 만드셨습니다

1) 포도주가 모자랐습니다

"포도주가 떨어진지라"(3)

잔치 집에 포도주가 떨어졌습니다. 모든 것이 풍성하게 준비된 줄로 알았는데 한 가지 모자란 것이 나타난 것입니다. 우리 인생도 마찬가지입니다. 완벽하게 다 가진 사람은 세상에 아무도 없습니다. 누구나 무언가 한 가지씩 부족한 것이 있습니다. 이것이 우리 인생입니다. 부자 청년은 다른 사람들에 비해 모든 좋은 조건을 다 갖추었지만 한 가지 부족한 것이 있다고 예수님이 말씀하셨습니다. 그것은 재물에 대한 욕심이었습니다. 그 청년은 재물을 버리지 못해 영생을 놓치고 말았습니다.

우리도 부족한 것이 한 가지 이상 있습니다. 물질이 부족한 사람도 있고 지식이 부족한 사람도 있고 건강이 부족한 사람도 있습니다. 그리고 자녀 문제나 친구 문제, 또는 형제 사이의 문제도 있습니다. 이것이 우리 인생입니다. 이 모든 문제들을 해결할 수 있는 분은 오직 예수님밖에 없습니다. 가나의 혼인잔치에서 모자라는 것, 즉 포도주를 예수님이 해결해 주셨습니다. 우리의 문제도 예수님만이 해결해 주실 수 있습니다.

2) 문제의 해결자는 예수 그리스도이십니다

"예수의 어머니가 예수에게 이르되 저들에게 포도주가 없다 하니"(3)

우리도 어려운 문제가 있을 때 예수님을 찾아야 합니다. 다른 곳에 가지 말고 먼저 예수님을 찾아가 우리의 형편을 사실대로 아뢰어야 합니다. 우리도 우리의 모든 고민과 어려운 문제들을 나 혼자 고민하지 말고 다 예수님께 말씀드리고 모든 것을 주님께 맡겨야 합니다. 주님은 우리가 도와 달라고 하면 언제라도 도와주십니다. 그러므로 우리에게는 기도 시간이 필요합니다. 새벽을 깨워서 기도하는 것이 중요합니다. 새벽기도와 24시간 중보기도 등에 참여하여 주님께 도움을 구하면 언제라도 해결해 주십니다. 우리 모두 주님 앞에 나와 기도해야 합니다. 하나님만 의지하면 하나님이 책임져 주시고 응답해 주십니다.

우리가 애창하는 찬송가 337장입니다.

1. 내 모든 시험 무거운 짐을 주 예수 앞에 아뢰이면
근심에 쌓인 날 돌아보사 내 근심 모두 맡으시네
3. 내 짐이 점점 무거워질 때 주 예수 앞에 아뢰이면
주께서 친히 날 구해주사 내 대신 짐을 져주시네
4. 마음의 시험 무서운 죄를 주 예수 앞에 아뢰이면
예수는 나의 능력이 되사 세상을 이길 힘 주시네
후렴》 무거운 짐을 나 홀로 지고 견디다 못해 쓰러질 때
불쌍히 여겨 구원해 줄 이 은혜의 주님 오직 예수

우리의 모든 짐을 주님께 맡기면 우리 주님은 반드시 응답해 주신다는 것을 믿고 기도하여 응답받는 성도들이 다 되시길 바랍니다.

이때의 예수님의 반응입니다. "여자여 나와 무슨 상관이 있나이까 내 때가 아직 이르지 아니하였나이다"(4) 여기서 예수님이 어머니 마리아에게 '여자' 라고 하신 것은 결코 하대하는 말이 아닙니다. 여기서 '여자여(γυνή, 구이네)' 는 여성에 대한 최고의 존칭어입니다. 원래 이 단어는 그 당시에 왕후를 부를 때에 쓰는 용어로 여성에 대한 최고의 높임말이었습니다.

이어서 예수님이 말씀하셨습니다. "나와 무슨 상관이 있나이까 내 때가 아직 이르지 아니하였나이다" '나와 무슨 상관이 있나이까' 란 표현은 메시야의 구속(救贖)사업에 있어서는 예수님의 모친이라는 권세로 간여할 수 없다는 말입니다. 예수님 외에는 하나님 앞에서 인간을 도와 줄 중보자가 없습니다.

그리고 "내 때가 아직 이르지 아니하였나이다"란 말씀에서 이른바 '내 때' 란 말은 메시야의 영광을 나타낼 때를 의미합니다.(7:30, 8:20, 13:1, 17:1) 때는 바로 가나의 혼인 잔치에서 그의 권능을 나타내실 일정한 시각을 가리킨다고 생각됩니다. 그리고 예수님이 말씀하시는 '내 때' 는 예수님이 이 땅에 오신 목적과 관련이 있습니다. 예수님이 이 땅에 오신 것은 죄와 사망 가운데 빠져 있는 우리 인생들을 구원하시기 위해서였습니다. 예수님은 우리를 죄에서 구원하여 영원한 천국에 이르게 하시려고 이 땅에 오셔서 우리 죄를 대신 지시고 십자가에 달려 죽으셨습니다. 그러므로 예수님의 '내 때가 아직 이르지 않았다' 는 말씀은 예수님께서 십자가에서 돌아가실 그 결정적인 시각에 아직 이르지 않았다는 말입니다. 요한복음 17장 1절을 보면 예수님이 십자가에 달리실 시각이 점점 다가오자 "아버지여 내 때가 이르렀사오니" 라고 말씀하셨습니다. 따라서 예수님의 대답의 요점은 아직 십자가에 못 박힐 시각이 몇 년 더 남았기 때문에 공적으로 어떤 일을 할 준비가 되어 있지 않다는 말입니다.

여기서 예수님께서 물로 포도주를 만드신 것은 자선사업을 목적으로 하신 것이 아니라 제자들로 하여금 예수님을 메시야로 확실히 믿게 하려는 것이었습니다.(11) 따라서 여기에서의 '내 때' 는 바로 가나의 혼인잔치에서 예수님의 권능을 나타내실 일정한 시각을 가리킨다고 생각됩니다.

하나님의 구원 역사는 때가 되어야 이루어집니다. 그토록 기다리던 메시야는 때가 차매 이 땅에 인간의 몸을 입고 오셨습니다. 범사에 하나님의 때가 있습니다. 이스라엘의 회복도 하나님의 때가 되어야 이루어지고 예수 그리스도의 재림 역시 하나님의 때가 되어야 이루어집니다. 인생의 구원도 하나님의 때가 되어야 이루어집니다. 이 모든 것이 하나님의 영광을 위한 것입니다. 때가 되어야 믿을 자가 믿습니다. 우리는 하나님의 때를 기다려야 합니다. 그리고 하나님의 때가 되면 순종해야 합니다. 모든 것이 하나님의 영광을 위한 것이 되어야 합니다.

예수님의 어머니 마리아는 예수님의 신성을 이미 알고 있었습니다. 혼인잔치 집의 문제를 해결해 주실 줄로 믿었던 것입니다. 그 증거가 하인들에게 한 말입니다. 예수님이 문제 해결을 위해 나섰습니다. 우리가 예수님께 구하면 예수님은 일하십니다. 예수님이 하인들에게 말씀하심으로 문제가 해결되었습니다. 문제 해결은 예수님만이 하실 수 있습니다. 예수님이 모든 문제를 해결해 주셨습니다.

3. 순종함으로 일어난 기적입니다

먼저 예수님의 어머니 마리아가 하인들에게 예수님의 말씀에 순종하라고 말했습니다. "그의 어머니가 하인들에게 이르되 너희에게 무슨 말씀을 하시든지 그대로 하라"(5)

마리아는 예수님을 성령으로 잉태할 때 이미 하나님의 계시를 받았습니다. 그리고 예수님이 12세 때 유월절을 지키려고 예루살렘 성전에 올라가 그곳에서 율법 선생들과 대화하며 토론하는 것을 보고 어머니가 "아이야 어찌하여 우리에게 이렇게 하였느냐 보라 네 아버지와 내가 근심하여 너를 찾았노라"(눅 2:48)고 할 때 예수님이 "어찌하여 나를 찾으셨나이까 내가 내 아버지 집에 있어야 될 줄을 알지 못하셨나이까"(눅 2:49) 하고 대답하신 적이 있습니다. 그리고 마리아는 이 모든 말씀을 마음에 두었다고 했습니다. 마리아는 예수님의 신성을 믿고 모든 것을 마음에 새겨 두었습니다. 그리고 이 가나 혼인집에서도 예수님의 능력으로 기적을 일으키실 줄 믿었습니다.

예수님은 물로 포도주를 만들어 문제를 해결해 주셨습니다. 예수님께서 하인들에게 말씀하셨습니다. "항아리에 물을 채우라 하신즉 아귀까지 채우니 이제는 떠서 연회장에게 갖다 주라 하시매 갖다 주었더니 연회장은 물로 된 포도주를 맛보고도 어디서 났는지 알지 못하되 물 떠온 하인들은 알더라"(7-9) '물을 채우라, 이제는 떠서 갔다주라.' 는 주님의 말씀에 순종하였더니 물이 포도주로 변했습니다. 하인들이 예수님의 말씀에 순종했기 때문에 물이 변하여 포도주가 된 것입니다.

여기서 중요한 것은 하인들의 철저한 순종입니다. 순종하는 종들에 의해 기적이 일어났습니다. 하인들이 순종하기란 쉬운 일이 아니었습니다. 지금 잔치 집 사람들에게 필요한 것은 물이 아니라 포도주입니다. 그런데 예수님은 항아리에 물을 채우라고 하시더니 이제는 연회장에게 갔다주라고 하십니다. 자칫 봉변을 당할 수도 있었지만 하인들은 예수님의 말씀에 순종했습니다. 이때 역사가 나타났습니다.

성경의 역사는 순종함으로 일어난 기적입니다. 우리도 순종함으로 하나님의 기적을 체험할 수 있습니다. 우리도 하인들의 순종을 본받아야 합니다. 하나님의 말씀을 따지지 말고 순종해야 합니다. 예수님의 말씀이므로 그대로 믿고 순종하면 됩니다. 예수님의 말씀에 순종할 때 기적이 일어납니다. 그러므로 우리는 의심하지 말고 순종해야 합니다.

정동 감리교회에 출석하고 있는 주식회사 모나미의 송삼석 회장의 간증입니다. 5·16군사 정부가 들어섰을 때 박정희 대통령이 혁명 1주년 기념으로 경복궁에서 무역박람회를 개최했습니다. 여기에 우리나라에 물품을 수출하던 외국 기업들이 앞 다퉈 참여했는데 그때 일본에서 가장 큰 문구회사인 우치다요오크의 전시를 도우면서부터 볼펜에 관심을 갖게 되었습니다. 여러 가지 우여곡절 끝에 기술을 전수받아 1963년에 볼펜을 만들게 되었는데 그 이름을 '모나미 153' 이라고 붙였습니다. 송 회장은 볼펜을 생산한 그날 저녁에 요한복음의 베드로가 물고기를 잡는 내용을 읽게 되었습니다. 그리고 하나님의 말씀을 믿고 따르면 우리도 베드로처럼 복을 받는다는 사실을 널리 알리려고 베드로가 순종함으로 잡은 물고기의 수와 같은 '153' 으로 정하게 되었습니다.

그리고 장로님은 이 작은 볼펜이 전국 방방곡곡에 퍼져 하나님을 알리는 작은 선교사가 되어주기를 기도했습니다. 그 당시에는 철필과 잉크가 주류를 이루던 시절이라 불티나게 팔리리라는 기대와는 달리 의외의 결과가 나타났습니다. 사람들의 반응은 냉담했습니다. 아무래도 실패한 듯했습니다. 그때 그는 "우리가 환난 중에도 즐거워하나니 이는 환난은 인내를 인내는 연단을 연단은 소망을 이루는 줄 앎이로다"(롬 5:3-4)라는 하나님의 말씀을 의지하고 역경 가운데서도 인내하며 말씀대로 순종하며 이겨 나갈 것을 굳게 다짐했습니다. 그 장로님은 그 다음 날부터 직원들과 함께 관공서 민원실로 찾아가 볼펜을 무료로 나눠 쓰게 했는데 불과 몇 개월 만에 급성장하게 되었습니다. 볼펜이 팔리지 않는다고 회사를 포기했더라면 이런 결과를 얻지 못했을 것입니다. 하나님의 도우심을 믿고 기다렸던 까닭에 복을 받을 수 있게 되었습니다. 공장의 화재로 큰 어려움을 당했을 때는 장로님은 이런 기도를 했습니다. "하나님을 걱정시켜 드리지 않고 이 시련을 이겨 나가겠습니다. 등창이 났어도 하나님을 원망하지 않았던 욥처럼 견뎌 나가겠습니다. 하나님께서 능히 이겨나갈 만한 시련을 주실 것으로 믿기 때문입니다. 어떤 일이 있어도 하나님의 말씀대로 순종하며 살겠습니다."

순종하면 기적을 체험할 수 있습니다. 어려움을 잘 견디어 낸 지금의 모나미는 우리나라 문구산업의 개척자로 선두주자의 자리를 한 번도 빼앗긴 적이 없습니다. 현재 모나미는 세계 문구업계에서 10위권 이내에 진입해 있는 기업입니다. 그는 출근할 때마다 자신의 방에 걸려 있는 액자를 바라보며 늘 새롭게 다짐합니다. "저 높은 곳을 향하여 날마다 나아갑니다. 내 뜻과 정성 모두어 날마다 기도합니다." 순종하면 역사가 일어납니다. 우리 모두 주님의 말씀에 순종하여 물이 변하여 포도주가 되는 역사를 만들어 갑시다.

4. 처음보다 나중이 더 좋았습니다

"사람마다 먼저 좋은 포도주를 내고 취한 후에 낮은 것을 내거늘 그대는 지금까지 좋은 포도주를 두었도다"(10)

예수님이 물로 만드신 포도주는 극상품 포도주였습니다. 대부분의 잔치 집에서는 좋은 포도주를 먼저 내고 나중에는 품질이 낮은 것을 내었습니다. 그러나 예수님이 만드신 포도주는 처음 것보다 훨씬 좋았습니다. 그래서 연회장에 모인 모든 사람들이 더욱 기뻐했습니다. 예수님이 만드신 것은 최고의 품질이었습니다. 우리도 처음보다 나중이 더 좋아야 합니다. 갈수록 좋아져야 합니다.

우리의 신앙도 처음보다 나중이 더 좋아져야 합니다. 날이 갈수록 더 좋아져야 합니다. 우리의 인격도 처음보다 나중이 더 좋아져야 하고 우리의 섬김과 봉사도 처음보다 갈수록 더 좋아지고 성장해야 합니다. 성도들 가운데 처음에는 잘 하다가 갈수록 못하는 경우가 있습니다. 처음에는 열심을 내어 잘 하다가도 갈수록 믿음이 약해져 교회도 멀리하고 주의 교회를 섬기는 일에도 점점 열정이 식어지는 사람들이 있습니다. 우리는 그런 길을 걸으면 안 됩니다. 열심을 내어야 하고 성장해야 하고 변해야 합니다. 물이 포도주로 변한 것처럼 우리도 더 좋은 방향으로 변해야 합니다. 우리의 신앙과 인격이 우리의 섬김과 봉사가 더 좋은 방향으로 변해야 합니다. 우리가 스스로 변화될 수는 없습니다. 예수님이 우리를 변화시켜 주셔야 합니다.

어떤 동네에 포악스러운 욕쟁이 노인이 살았다고 합니다. 이 욕쟁이 노인이 소를 몰고 나가면 입에서 험악한 욕이 마구 쏟아졌습니다. 그리고 밭을 갈거나 물건을 실어 나를 때에도 입에 담지 못할 온갖 욕을 했습니다. 그러던 어느 날 갑자기 그 욕쟁이가 조용해졌다는 소문이 마을에 퍼졌습니다. 사람들은 그에게 무슨 일이 생겼는지 궁금했으나 곧 알게 되었습니다. 그 욕쟁이가 요즘 교회에 나가 예수님을 믿게 된 후부터는 말수도 적어졌고 욕도 일절 하지 않는다고 했습니다. 그러던 어느 장날 동네에 사람들은 욕쟁이 노인을 지켜보았습니다. 욕쟁이 노인은 소에게 안장을 지우더니 이렇게 말했습니다. "소님, 일어나십시오. 오늘은 짐을 싣고 장엘 가야겠습니다." 소는 들은 척도 하지 않고 새김질만 계속 했습니다. 사람들은 노인의 얼굴과 소를 번갈아 가며 어떤 일이 벌어질지 호기심 어린 눈으로 지켜보고 있었습니다. 몇 번이나 반복하여 일어나라고 했지만 소는 여전히 들은 척도 하지 않았습니다. 이때 노인에게 영감이 떠올랐습니다. 그 노인은 갑자기 회초리를 높이 들더니 '탁' 치면서 큰 소리로 "할-렐-루이-야아아아!" 하고 외쳤습니다. 그러자 소가 얼른 일어났다는 얘기입니다.

누가 이 사람을 변화시켰습니까? 예수 그리스도이십니다. 물이 포도주로 변하듯이 그 노인이 예수님을 모실 때 그의 마음과 삶이 변화되었습니다. 예수 그리스도는 사람을 변화시키는 원동력이 됩니다. 지금도 예수 그리스도 안에서 변화의 역사가 일어나고 있습니다. 결정적인 변화는 예수님을 인격적으로 만날 때 이루어집니다.

우리도 예수님 안에서 날마다 더 좋은 방향으로 변화되어야 합니다. 은혜 받은 사람은 물이 포도주로 변한 것처럼 얼굴이 변합니다. 야곱이 변하여 이스라엘이 되고 사울이 변하여 바울이 되듯이 그리스도 안에서 변화되는 복이 함께 하시길 바랍니다. 내가 예수님 안에서 진정으로 변하기만 하면 모든 주위의 환경도 변하게 됩니다. 우리 가정과 일터가 좋아지고 우리 교회가 좋아지고 더 나아가 우리의 모든 삶이 좋아지게 됩니다. 물이 변하여 포도주가 된 사건을 통해 우리 자신을 살피는 시간이 되어야 하겠습니다.

날이 가고 해가 갈수록 신앙과 인격이 성숙해지고 섬김과 봉사도 더 아름답게 성장함으로 처음보다 나중이 더 좋아지는 복이 함께 하시길 바랍니다.

5. 하나님의 영광을 나타낸 기적입니다

"예수께서 이 첫 표적을 갈릴리 가나에서 행하여 그의 영광을 나타내시매 제자들이 그를 믿으니라"(11)

예수님이 물로 포도주를 만드신 목적은 하나님의 영광을 위해서였습니다. 예수님의 기적은 하나님의 영광을 위한 것입니다. 모든 기적의 목적은 하나님의 영광입니다. 이 기적을 통하여 제자들이 더욱 더 예수님을 신뢰하고 따르게 되었습니다. 많은 사람들이 예수님의 능력을 보고 놀랐습니다. 예수님이 하나님의 아들, 즉 하나님이 사람이 되어 이 땅에 오신 것을 증거했습니다. 예수님이 이 세상에 오신 목적은 하나님의 영광을 위해서입니다. 예수님이 탄생하셨을 때를 성경은 이렇게 말씀하고 있습니다. "말씀이 육신이 되어 우리 가운데 거하시매 우리가 그의 영광을 보니 아버지의 독생자의 영광이요 은혜와 진리가 충만하더라"(1:14)

예수님이 이 땅에 오신 것은 바로 하나님의 영광을 위해서입니다. 예수님의 사역도 하나님의 영광을 나타낸 것입니다. 십자가에 달리신 것도 하나님의 뜻을 이루기 위해서였고 부활도 하나님의 영광을 위해서였습니다. 우리도 무엇을 하든지 하나님 영광을 위해 살아야 합니다.

우리는 예수님을 우리의 삶 속에 모셔야 합니다. 말씀에 순종할 때 하나님의 역사가 나타납니다. 예수님을 통해 우리 자신이 변해야 합니다. 처음보다 나중이 더 좋아져야 합니다. 물이 포도주가 되는 기적을 통해 오직 하나님의 영광을 위하여 살아가는 우리 모든 성도들이 되어야 하겠습니다. 아멘.

[13]유대인의 유월절이 가까운지라 예수께서 예루살렘으로 올라가셨더니 [14]성전
안에서 소와 양과 비둘기 파는 사람들과 돈 바꾸는 사람들이 앉아 있는 것
을 보시고 [15]노끈으로 채찍을 만드사 양이나 소를 다 성전에서 내쫓으시고
돈 바꾸는 사람들의 돈을 쏟으시며 상을 엎으시고 [16]비둘기 파는 사람들에게
이르시되 이것을 여기서 가져가라 내 아버지의 집으로 장사하는 집을 만들
지 말라 하시니 [17]제자들이 성경 말씀에 주의 전을 사모하는 열심이 나를 삼
키리라 한 것을 기억하더라 [18]이에 유대인들이 대답하여 예수께 말하기를 네
가 이런 일을 행하니 무슨 표적을 우리에게 보이겠느냐 [19]예수께서 대답하여
이르시되 너희가 이 성전을 헐라 내가 사흘 동안에 일으키리라 [20]유대인들이
이르되 이 성전은 사십육 년 동안에 지었거늘 네가 삼 일 동안에 일으키겠
느냐 하더라 [21]그러나 예수는 성전된 자기 육체를 가리켜 말씀하신 것이라
[22]죽은 자 가운데서 살아나신 후에야 제자들이 이 말씀하신 것을 기억하고
성경과 예수께서 하신 말씀을 믿었더라

(요한복음 2:13-22)

10

성전을 깨끗케 하신 예수님

예수님은 갈릴리 가나에서 물로써 포도주를 만드는 첫 번째 기적을 행하신 후에 어머니 마리아와 제자들과 함께 가버나움으로 내려 가셨습니다. 그리고 유월절이 가까워오자 그곳에 머무르지 않고 예루살렘으로 올라 가셨습니다. "유대인의 유월절이 가까운지라 예수께서 예

루살렘으로 올라 가셨더니"(13)

모든 유대인 남자들은 국내외 어디에 있든지 평생에 한 번은 유월절을 지키기 위해 예루살렘으로 올라가야만 했습니다. 물론 국내에 있는 사람들은 여러 번 올라가서 희생제물을 드렸습니다. 우리 예수님은 많은 사람들이 모인 곳에서 복음을 전하시려고 유월절에 예루살렘으로 올라 가셨습니다. 예수님은 성전에 들어가셔서 성전 본래의 사명을 잃어버린 부패한 성전을 깨끗하게 정리하셨습니다. 성전을 청결케 하신 데에는 이유가 있습니다.

1. 예배의식이 실종되었기 때문입니다

당시의 종교 상황은 완전히 부패한 상태였습니다. 그 예가 성전에서 제사드리는 예식에 잘 나타나 있습니다. 원래 성전에서 제사를 드리려면 정성으로 준비한 제물로 드려야 합니다. 집에서 정성껏 키운 것 중에서 가장 좋은 것, 즉 흠도 점도 없는 소와 양을 몰고 와서 제사장에게 보여 합격해야 성전 안에서 희생제사를 드릴 수 있었습니다.

유대인의 최대 명절이라 할 수 있는 유월절이 되면 전 세계에 흩어져 있는 1백만-2백만 명의 유대인들이 예루살렘 성전에 올라와 하나님께 제사를 드렸습니다. 그런데 성전에는 아무나 들어갈 수 없었습니다. 성전에 들어가려면 반드시 성전세를 지불해야 했습니다. 그런데 문제는 당시 로마 제국에서 사용하던 화폐인 드라크마로는 성전세를 낼 수 없었습니다. 그 이유는 화폐에 로마 황제인 가이사의 얼굴이 새겨져 있어서 신성한 성전세로 합당치 않았기 때문입니다. 그래서 드라크마와 1대 1로 교환할 수 있는 세겔이라는 화폐를 만들어 사용했습니다. 그런데 사람들이 성전에 들어가기 위해 준비해 온 드라크마를 성전화폐인 세겔로 바꾸는 과정에서 매번 몇 %씩 에누리를 했습니다. 즉 드라크마를 덤으로 더 주어야만 같은 금액의 세겔로 바꿀 수 있었던 것입니다. 그러다보니 환전해 주는 사람의 입장에서 보면 가만히 앉아서 차익을 챙길 수 있게 되었습니다. 이것이 하나님의 성전에서 버젓이 이루어지고 있었던 것입니다.

또한 당시 사람들은 하나님께 제사드릴 제물로 소나 양이나 비둘기 등을 드렸습니다. 그런데 유월절 제사를 드리려고 오는 사람들 중에는 예루살렘 성전 근처에 사는 사람들뿐만 아니라 하루나 이틀, 또는 수십 일씩 걸려서 멀리 떨어진 곳에서 오는 사람들도 있었습니다. 그러다보니 예루살렘 성전에 오기 위해 소나 양 등의 짐승을 끌고 온다는 것은 시간이 많이 걸릴 뿐만 아니라 고생도 되고 불편한 점이 한 두 가지가 아니었습니다. 또한 제사를 드릴 때에는 흠이 없는 것으로 드려야 하는데 먼 거리에서 오다보면 짐승들이 병이 들거나 죽는 경우도 많았습니다. 그런가 하면 제물들이 병이 들지 않았다 할지라도 제물을 검사하는 관리가 여러 가지 트집을 잡아 통과시키지 않고 성전 안에서 비싼 값에 파는 짐승을 사도록 유도했습니다. 기록에 의하면 어떤 경우에는 외부에서 구입할 수 있는 값의 16배나 받았을 만큼 온갖 부조리를 범했습니다.

이것을 볼 때 당시의 제사장들이 부유한 자들에게 돈을 벌수 있는 기득권을 주어서 성직자들과 장사치들 간에 서로의 실리를 취하는 관계를 형성했다고 볼 수 있습니다. 이처럼 유대 종교 지도자들이 부패할 대로 부패하여 하나님의 전인 성전이 세상의 시장 바닥처럼 더럽혀져 있었습니다. 제사를 드려야 할 거룩한 하나님의 성전에서 짐승을 팔고 돈을 바꾸는 이런 광경을 보신 예수님이 분노하셨습니다. "성전 안에서 소와 양과 비둘기 파는 사람들과 돈 바꾸는 사람들이 앉아 있는 것을 보시고"(14) 여기서의 성전은 지성소나 성소가 아닌 성전의 바깥 뜰, 정확하게 표현하면 이방인의 뜰을 말합니다.

예수님 당시의 예루살렘 성전은 헤롯이 건축한 제3의 성전이었습니다. 제3 성전은 옛날 솔로몬이 건축했던 제1 성전 터 위에 세운 것으로 세계적인 석조 건물로 화려하고 웅장한 위용을 자랑하고 있었습니다. 성전이라는 말은 대개 두 가지로 쓰이고 있었습니다. '성전'은 '히에론(ἱερόν)'이라는 말과 '나오스(ναὸς)'라는 말이 있습니다. '히에론'은 거룩한 영역이라 하여 마당을 비롯한 성전 경내를 다 포함하는 큰 성전을 말합니다. 개역성경에는 '성전'이라고 했지만 새번역에는 '성전 뜰'이라고 했습니다. 이 성전은 보다 광범위한 성전을 말합니다. 그러나 '나오스'라는 성전은 본 성전의 건물을 말합니다. 성전 건물에는 아무나 들어가는 것이 아니라 당직 제사장만이 들어갈 수 있었으며 주간에 근무하는 제사장들이 성전 앞마당에서 제사를 드렸습니다. 예루살렘 성전의 뜰은 약 6만m^2로 아주 넓었습니다. 이 뜰을 3등분하여 제사장의 뜰과 유대인 남자들이 들어가는 뜰, 그리고 제일 바깥쪽으로 이방인과 유대인 여자들이 들어가는 뜰이 있었습니다. 이방인이 들어가는 바깥뜰도 분명히 거룩한 하나님의 성전이었습니다. 하나님이 율법으로 명시하신 장소로 제사장들이 들어가는 뜰과 유대인의 뜰이 중요한 장소라고 한다면 이방인이 들어가는 장소도 그들에게 있어서는 아주 소중한 장소였습니다. 이방인이 하나님 앞에 나아가 예배할 수 있는 유일한 장소가 이방인의 뜰입니다. 그곳은 이방인에게 개방된 소중한 장소였습니다.

그런데 예수님이 유월절에 성전에 들어가셨을 때 이방인의 뜰이 시장판이 되어 있었습니다. 하나님 아버지의 아들이신 우리 주님이 보실 때에 정말 기가 막힐 노릇이었습니다. 성전 뜰에서 소와 양과 염소와 비둘기를 파는 사람들과 돈을 바꿔주는 환전상들이 앉아 있었습니다. 여기서 '앉아 있다' 는 말은 아예 눌러 앉아 있다, 머물고 있다, 상주하고 있다는 의미입니다. 성전에 들어오신 예수님이 여기에서 제사지낼 때 필요한 제물과 돈을 바꾸는 사람들을 보았습니다. 여기서 예수님이 지적하신 환전 자체는 문제가 안 됩니다. 소나 양이나 비둘기를 사고파는 일에 대해 문제 삼은 것이 아닙니다. 문제는 사고파는 일이 성전 안으로 들어왔고 점점 장사가 주목적이 되어 간다는 것입니다. 거룩한 성전을 통하여 이득을 보려는 장사치들, 그리고 그들과 결탁하여 부(富)를 노리는 제사장들을 비롯한 종교지도자들이 문제였습니다.

예수님이 성전으로 들어가셨을 때 거기에는 참된 예배자는 없고 장사하는 사람들로만 가득했습니다. 거기에는 하나님께 드릴 제물이 아닌 판매용 소와 양과 비둘기들로 우글거렸습니다. 기도하는 소리보다 돈 바꾸는 상인들의 소리로 요란했습니다. 그 모습을 보신 예수님께서 분노하신 것입니다. 예수님은 노끈으로 채찍을 만들어 그 안에 있는 모든 양들과 소들을 다 쫓아 내셨습니다. 돈 바꾸는 자들의 상을 엎어 돈을 땅바닥에 다 쏟으셨습니다. “노끈으로 채찍을 만드사 양이나 소를 다 성전에서 내쫓으시고 돈 바꾸는 사람들의 돈을 쏟으시며 상을 엎으시고 비둘기 파는 사람들에게 이르시되 이것을 여기서 가져가라”(15-16)

예수님은 돈벌이에 미친 장사꾼들을 성전에서 몰아내심으로 성전을 청결케 하셨습니다. 성전의 주인이신 예수님은 신령과 진리로 예배드려야 할 하나님의 집인 성전이 형식주의와 인본주의로 타락해버린 사실을 보시고 책망하셨습니다. 예수님은 노끈으로 채찍을 만들어 양이나 소를 다 성전에서 내쫓으시고 돈 바꾸는 사람들의 돈을 쏟으시며 상을 엎으셨습니다. 이때 예수님은 돈 바꾸는 사람들의 돈을 쏟으셨지만 그것을 뿌리지는 않으셨습니다. 그것은 그 소유자들로 하여금 돈을 잃지 않도록 하기 위해서였습니다. 만일 예수님이 그 돈을 뿌리셨다면 그 임자들이 다시 찾기 어려웠을 것입니다. 또한 비둘기 파는 사람들에게 여기서 가져가라고 하셨지만 그것을 날려 버리지는 않으셨습니다. 이것은 예수님이 남의 소유물을 소중히 여기셨다는 것을 알 수 있습니다.

여기서 우리는 예수님의 의분(義憤)을 볼 수 있습니다. 주님은 말씀하셨습니다. “내 아버지의 집으로 장사하는 집을 만들지 말라”(16) 이 말씀은 정상적인 매매행위를 정죄하는 것이 아니라 다만 거룩한 하나님의 성전에서 세상적인 매매가 이루어지고 있는 것에 대해 분노하셨습니다. 예수님은 하나님의 성전이 본래의 순수한 사명, 즉 하나님께 신령과 진정으로 예배드리는 일을 잊어버린 것에 대해 의로운 분을 발하신 것입니다. “내 아버지의 집으로 장사하는 집을 만들지 말라”는 말씀은 성전에서 장사하는 자들의 정직하지 않은 것을 꾸짖는 말씀입니다. 하나님의 집은 장사하는 집이 아닙니다. 그런데 예수님이 장사의 소굴로 만든 것을 보시자 분노가 치밀어 올랐던 것입니다. 이 분노는 하나님을 향한 열심 있는 분노요 하나님의 성전을 더럽힌 것에 대한 거룩한 분노요 의로운 분노였습니다.

예수님이 의분을 일으키시고 성전을 청결케 하신 것은 바로 성전 본래의 목적인 하나님을 향한 참된 예배가 실종되었기 때문입니다. 성전이란 본래 하나님과 만날 수 있는 이 지상에서의 유일한 장소요, 하나님을 예배하고 하나님의 말씀을 들으며 우리의 죄를 용서받을 수 있는 유일한 장소입니다. 성전이란 하나님이 거하시는 곳이라는 의미가 있습니다. 성전은 이 지상에서 하나님이 임재하시는 유일한 장소로 본 것입니다. 그래서 에스겔은 '여호와 삼마(יְהוָה שָׁמָּה', 여호와께서 거기 계신다)' 라고 했습니다. 하나님의 언약의 은총이 구현되는 장소, 하늘과 땅이 접하는 곳, 하늘의 문이라고 했습니다. 이 지상에서 유일하게 하나님을 만나 뵙고 예배하고 죄를 용서받을 수 있는 가장 거룩한 곳이 성전이었습니다.

그러나 유월절에 하나님께 예배드리려고 성전으로 올라왔던 이스라엘 백성들은 엄청난 비용에 배신감과 불편한 마음으로 돌아가야만 했습니다. 다시는 올라가고 싶지 않은 곳이 되었습니다. 이때 우리 주님이 노끈으로 채찍을 만들어 양과 소와 함께 장사하는 사람들을 다 내쫓으시고 환전상들의 돈을 쏟으시며 상을 둘러 엎으셨습니다. 비둘기 파는 이들에게 "이것을 여기서 가져가라 내 아버지의 집으로 장사하는 집을 만들지 말라"(16)고 하셨습니다. 마태복음에 보면 "내 집은 기도하는 집이라 일컬음을 받으리라 하였거늘 너희는 강도의 소굴을 만드는도다"(마 21:13)라고 하셨습니다. 예수님은 성전에서 일어나고 있는 각종 상행위로 더럽혀진 성전을 보고 분노하셨습니다. 예수님이 성전을 정결케 하신 사건은 주의 전을 사모하는 열심에서 나온 것입니다. 우리 예수님은 온유하고 겸손하시어 그처럼 화를 내신 적이 없으셨지만 이번에는 권위 있게 행동하셨습니다.

예수님이 그토록 분을 발하신 이유에 대해 성경은 이렇게 말씀하고 있습니다. "제자들이 성경 말씀에 주의 전을 사모하는 열심이 나를 삼키리라 한 것을 기억하더라"(17) 이것은 시편 69편 9절의 인용입니다. "주의 집을 위하는 열성이 나를 삼키고"(시 69:9) 이 말씀은 다윗이 하나님의 성전 건축을 사모하는 심정을 말씀합니다. 또한 이 말씀은 다윗 왕이 그 원수들 앞에서 하나님을 위하여 박해받은 사실을 가리킨 말씀이기도 합니다. 예수님이 성전을 청결케 하시는 열심을 본 제자들은 장차 유대인들에게 박해를 받으실 것을 예측하게 되었습니다. 예수님은 성전으로 비유된 하나님의 교회를 위하여 박해를 받아 죽으실 수밖에 없었습니다.

'삼키리라'는 말은 그리스어로 '카테스디오(κατεσθίω)'입니다. 이 말은 '먹어서 소모하다', '먹어치우다', '먹어버리다' 등의 뜻이 있습니다. 영어로는 consume으로 '다 써버리다', '소비하다', '다 마셔버리다', '다 태워버리다' 등의 뜻이 있습니다. 예수님이 성전을 청결케 하신 사건은 주의 전을 사모하는 열심에서 나왔습니다. 그러나 그 열심이 예수님으로 하여금 유대인들의 박해를 불러오고 마침내 십자가에 달려 죽게 될 것이라고 예측하게 되었습니다. 믿음의 사람 다윗 왕은 주의 집을 위한 열성이 특심했던 사람입니다. 그는 성전 건축에 대한 생각뿐이었으므로 다른 욕심은 다 버릴 수 있었습니다. 성전을 향한 열심이 그의 다른 모든 욕심을 삼켰다는 말씀입니다. 다윗은 성전을 향한 열심으로 유종의 미를 거둘 수 있었습니다. 다윗은 그의 전 재산을 바쳐 성전 건축을 준비했습니다. 예수님도 성전을 '내 아버지의 집'이라고 부르셨으며 어려서부터 하나님의 성전에 대한 아주 좋은 감정으로 찾으셨습니다. 예수님이 12세 때에 성전에 올라가셨을 때 성전을 떠나고 싶지 않았습니다. 그래서 아이가 없어졌다고 아버지와 어머니가 3일씩 찾아다니며 걱정하실 때에도 "내가 내 아버지 집에 있어야 될 줄을 알지 못하셨나이까"(눅 2:49) 하고 대답하셨습니다.

우리에게도 다윗과 같은 열심과 예수님에게 있는 성전에 대한 열심과 사모하는 마음이 있어야 합니다. 아들은 아버지의 집을 청결하게 할 권리와 의무가 있습니다. 우리도 예수님의 이 열정을 본받아야 합니다. 오직 하나님께만 신령과 진리로 예배드리되 산 제사가 되어야 합니다. 그리고 우리도 주의 전을 사모하는 열심을 가져야 합니다. 사람은 신앙의 열정이 식어질 때부터 생명이 시들고 신앙은 껍질만 남게 됩니다. 참 신앙이란 하나님께 대한 애정이요 사모함이요 앙망입니다. 하나님께 대한 갈급함이 없는 신앙은 죽은 것이요 관념과 지식에 불과합니다 우리도 우리의 삶 속에서 날마다 순간마다 주님을 바라는 생활을 해야 합니다.

유머 작가인 루코크가 현대판 사도행전을 엮었습니다. 그는 오순절 다락방의 성령 강림은 불가능했다는 것을 풍자를 통해 코믹하게 그렸습니다. 예루살렘 교회에서 첫 예배를 드린다고 광고를 했습니다. 그러나 최소한 120명은 모여야 할 이 예배에 참석한 수는 고작 40명이었습니다. 베드로는 직장에서 시간 외 근무를 하느라고, 요한은 골프 약속 때문에, 야고보는 시험공부 때문에 부득이 교회에 나올 수 없는 형편이었다고 합니다. 그래서 불길 같은 성령도 이 다락방에 내려오는 것을 중지하지 않을 수 없었다고 합니다.

여기서 우리에게 주시는 교훈은 주님을 향한 열심과 열정이 있어야 역사가 일어난다는 것입니다. 하나님을 사모하며 간절히 바라는 심령에게만 은혜를 베푸십니다. "나를 사랑하는 자들이 나의 사랑을 입으며 나를 간절히 찾는 자가 나를 만날 것이니라"(잠 8:17) 우리는 하나님을 향한 예배를 사모하는 열심으로 만사를 제쳐놓고 예배드릴 수 있어야 합니다. 우리는 예배드리는 일과 주의 전에서 기도하는 일에 열심을 다해야 합니다.

예수님처럼 주의 전을 향한 열심으로 하나님께 예배드리고 기도하는 거룩하고 복된 일에 정성과 힘을 다하는 하나님이 기뻐하시는 모든 성도들이 되시길 바랍니다.

2. 예수님이 참 성전이십니다

유대인들이 예수님께 물었습니다. "이에 유대인들이 대답하여 예수께 말하기를 네가 이런 일을 행하니 무슨 표적을 우리에게 보이겠느냐"(18)

이 말은 예수님께서 이런 행동을 할 수 있다는 권한을 증명하라는 말입니다. “도대체 무슨 기적을 보여 줄 것이냐, 네가 선지자냐, 하나님이 보내신 사람이라는 것을 증명하라.”는 말입니다. 이때 예수님께서 말씀하셨습니다. “너희가 이 성전을 헐라 내가 사흘 동안에 일으키리라”(19) 이 말씀은 아주 충격적이고도 놀라운 말씀입니다. 유대인들은 예수님이 “너희가 이 성전을 헐라 내가 사흘 동안에 일으키리라”고 하신 말씀의 뜻을 이해하지 못했습니다. 그러므로 이 예언을 오해한 그들은 후일에 이 말씀을 책잡아 예수님을 송사한 일도 있습니다.(마 26:61) 그들은 예수님의 이 예언의 말씀을 이해할 수 없었습니다.

“유대인들이 이르되 이 성전은 사십육 년 동안에 지었거늘 네가 삼일 동안에 일으키겠느냐”(20) 그 당시의 성전은 헤롯 왕이 유대인의 마음을 얻기 위해 건축 중에 있었습니다. 유대인 역사학자인 요세프스의 사기(史記)에 의하면 헤롯의 성전 건축은 주전 20년에 시작했다고 합니다. 그렇다면 유대인들이 말한 이때는 주후 27년 경이었을 것으로 보면 약 46년 동안 성전 공사가 계속되고 있었음을 알 수 있습니다. 이 성전은 예수님 당시에 46년이 되었지만 그 후에도 계속 증축과 단장을 하다가 완성된 것은 주후 64년이었다고 합니다. 무려 83년간이나 공사를 한 셈입니다. 그렇게 잘 지은 성전도 주후 70년에 로마 군대에 의하여 완전히 무너졌습니다. 유대인들은 예수님이 ‘너희가 이 성전을 헐라 내가 사흘 동안에 일으키리라’(19)는 말씀의 뜻을 이해하지 못했습니다. 예수님이 언급하신 성전은 지금 건축 중에 있는 성전을 말씀하시는 것이 아니라 예수님 자신을 가리킨다는 것을 몰랐습니다. 요한복음을 기록한 사도 요한은 해설까지 분명하게 기록하고 있습니다. "예수는 성전된 자기 육체를 가리켜 말씀하신 것이라"(21) 이 말씀은 성전은 사람들이 손으로 지은 성전이 아니라 예수님의 몸이란 말씀입니다. 예수님께서 자신의 육체를 성전으로 비유하신 이유는 구약의 성전이 신약의 교회와 같기 때문입니다. 신약에는 교회가 예수님의 몸으로 비유되었습니다. '너희가 이 성전을 헐라 내가 사흘 동안에 일으키리라'의 의미는 예수님께서 유대인들에게 죽임을 당하신 후 다시 살아나실 것을 예언하신 말씀입니다.

사람이 만든 성전은 다 무너지고 말았습니다. 그러나 예수님은 참된 성전으로 우리와 영원히 함께 하십니다. 예수님의 제자들조차 이 말씀을 이해하지 못했으나 세월이 지나 예수님이 부활하신 후에야 믿게 되었습니다. "죽은 자 가운데서 살아나신 후에야 제자들이 이 말씀하신 것을 기억하고 성경과 예수께서 하신 말씀을 믿었더라"(22) 여기서 이른바 '성경'이란 말은 구약에 있는 부활 예언을 가리킵니다. 예수님의 제자들은 성경과 예수님의 말씀을 깨달음에 있어서 점진적이었습니다. 그 이유는 하나님의 말씀은 깊고 오묘하기 때문에 인간의 많은 경험과 체험을 경유하기 전에는 깨닫기 어려운 법입니다.

우리가 여기서 알아야 할 중요한 사실은 눈에 보이는 성전이 참 성전이 아니라 예수 그리스도 그분만이 참 성전이 되신다는 사실입니다. 예수 그리스도는 우리를 위하여 십자가에서 자신의 몸을 희생하시어 피를 흘리며 죽어 주셨습니다. 그리고 사흘 만에 부활하셨습니다. 그분의 십자가와 부활을 믿는 성도는 누구든지 구원을 받습니다. 예수 그리스도 안에 구원이 있고 영원한 생명이 있습니다. 예수 그리스도 안에 하나님의 성령이 있습니다.

3. 예수님의 성령을 모신 우리가 성전입니다

많은 사람들이 눈에 보이는 성전이나 오늘날의 예배당을 소중히 여기지만 사실은 마음의 성전도 중요합니다. 사도 바울은 우리 각 사람의 영혼이 성령이 거하시는 전(殿)이라고 했습니다. 성경은 말씀합니다. "너희는 너희가 하나님의 성전인 것과 하나님의 성령이 너희 안에 계시는 것을 알지 못하느냐 누구든지 하나님의 성전을 더럽히면 하나님이 그 사람을 멸하시리라 하나님의 성전은 거룩하니 너희도 그러하니라"(고전 3:16-17) 성령이 우리 안에 거하시므로 우리의 몸은 하나님의 성전입니다. 하나님의 성전이 거룩하다면 하나님의 성전인 우리 몸도 거룩합니다. 그러므로 우리는 거룩한 삶을 살아야 합니다. 우리 몸이 하나님의 성전이 되었으니 우리는 하나님께 봉사해야 합니다. 우리의 몸을 하나님의 일을 하는데 사용해야 합니다. 우리의 몸은 먹고 마시기 위해 있는 것이 아니라 하나님의 뜻을 이루고 하나님의 영광을 나타내기 위해 있는 것입니다. 우리의 눈과 입과 손과 발은 하나님의 일을 하기 위한 소중한 도구들입니다. 그러므로 자신의 몸을 돌보는 것을 소홀히 하면 안 됩니다. 성령은 우리의 몸을 통해 일하시기 때문입니다.

성령이 우리 안에 거하신다는 것을 앎으로써 우리는 하나님께서 우리와 함께 계심을 알 수 있습니다. 우리는 성령을 따라 행하여야 합니다. 육체의 욕심을 따라 행하면 하나님이 우리와 함께 계심을 확신할 수 없습니다. 성령을 따라 행하여야 육체의 욕심을 이루지 않게 됩니다. 오직 우리 안에 거하시는 성령만이 우리를 죄와 사망의 법에서 해

방시키실 수 있습니다. 성령을 따라 행할 때 하나님께서 우리와 함께 계심을 깨달을 수 있습니다

찬송가 작사가 페니 크로스비는 태어난 지 6개월 만에 시각 장애인이 되었습니다. 매우 영리했던 그녀는 어릴 때부터 시를 쓰는 재능이 있었지만 그녀에게 시각 장애는 너무나 큰 벽이었습니다. 그녀는 날마다 무력함에 시달리면서 길고 긴 어둠의 세월을 보냈습니다. 그녀의 나이 30세가 되던 어느 날 뉴욕의 전도 집회에서 '웬 말인가 날 위하여 주 돌아가셨나' 라는 찬송을 반복하여 부르는 중에 갑자기 구원의 감격과 함께 어두웠던 과거로부터 자유를 얻게 되었습니다. 그녀의 눈에서는 눈물이 흘러 내렸습니다. 이제 새로운 인생이 시작된 것입니다. 그런데 그녀가 '몸 밖에 드릴 것 없어 이 몸 바칩니다' 라는 부분을 부르다가 '저도 주님을 위해 일할 수 있나요?' 라는 의문을 갖게 되었습니다. 그러자 주님은 이렇게 응답하셨습니다. "내가 너에게 시를 쓰는 재능을 주지 않았느냐?" 그때부터 그녀는 95세가 되기까지 8,000곡의 찬송시를 썼습니다.

우리는 성령을 좇아 살아야 합니다. 성령을 모신 하나님의 성전으로 살아야 합니다.

우리는 예배를 사모함으로 회복해야 합니다. 주님을 향한 열심을 가져야 합니다. 우리의 성전이신 그리스도와 함께 동행해야 합니다. 하나님의 성전이 된 우리는 성령을 좇아 살아가야 합니다. 아멘.

1그런데 바리새인 중에 니고데모라 하는 사람이 있으니 유대인의 지도자라
2그가 밤에 예수께 와서 이르되 랍비여 우리가 당신은 하나님께로부터 오신
선생인 줄 아나이다 하나님이 함께 하시지 아니하시면 당신이 행하시는 이
표적을 아무도 할 수 없음이니이다 3예수께서 대답하여 이르시되 진실로 진
실로 네게 이르노니 사람이 거듭나지 아니하면 하나님의 나라를 볼 수 없느
니라 4니고데모가 이르되 사람이 늙으면 어떻게 날 수 있사옵나이까 두 번
째 모태에 들어갔다가 날 수 있사옵나이까 5예수께서 대답하시되 진실로 진
실로 네게 이르노니 사람이 물과 성령으로 나지 아니하면 하나님의 나라에
들어갈 수 없느니라 6육으로 난 것은 육이요 영으로 난 것은 영이니 7내가
네게 거듭나야 하겠다 하는 말을 놀랍게 여기지 말라 8바람이 임의로 불매
네가 그 소리는 들어도 어디서 와서 어디로 가는지 알지 못하나니 성령으로
난 사람도 다 그러하니라 9니고데모가 대답하여 이르되 어찌 그러한 일이
있을 수 있나이까 10예수께서 그에게 대답하여 이르시되 너는 이스라엘의 선
생으로서 이러한 것들을 알지 못하느냐 11진실로 진실로 네게 이르노니 우리
는 아는 것을 말하고 본 것을 증언하노라 그러나 너희가 우리의 증언을 받
지 아니하는도다 12내가 땅의 일을 말하여도 너희가 믿지 아니하거든 하물며
하늘의 일을 말하면 어떻게 믿겠느냐 13하늘에서 내려온 자 곧 인자 외에는
하늘에 올라간 자가 없느니라 14모세가 광야에서 뱀을 든 것 같이 인자도 들
려야 하리니 15이는 그를 믿는 자마다 영생을 얻게 하려 하심이니라

(요한복음 3:1-15)

11

거듭나야 하나님 나라에 들어갑니다

위대한 복음 전도자 빌리 그래함 목사님이 이런 지적을 했습니다. "나는 오늘 날 세계에서 가장 큰 위험은 거짓된 종교 문제라고 생각한

다. 교회 안의 수많은 사람들이 입술로는 하나님을 섬긴다고 하지만 마음은 그분으로부터 멀리 떨어져 있다. 그들은 예수님을 만나지 못하였고 거듭나지 못하였고 회개도 하지 않았다."

예수님은 우리에게 사람이 거듭나야 하나님 나라에 들어간다는 아주 중요한 진리를 가르쳐 주셨습니다. 본문에 니고데모라는 사람이 예수님을 찾아 왔습니다. 그는 유대인의 지도자이기 때문에 그 당시에 나사렛 예수님을 가까이 하거나 그의 제자가 된다는 것은 아주 두려운 일이었습니다. 그래서 니고데모가 밤중에 사람의 눈을 피하여 예수님을 찾아온 것입니다. 그가 진리와 영생을 사모했기 때문에 용기를 내어 예수님을 찾아올 수 있었습니다.

예수님은 그와의 만남에서 '거듭나야 하나님 나라에 들어간다.'는 진리를 가르쳐 주셨습니다.

1. 누가 거듭나야 합니까

예수님은 니고데모에게 거듭나야 한다고 말씀하셨습니다. "바리새인 중에 니고데모라 하는 사람이 있으니 유대인의 지도자라"(1)

1) 니고데모가 누구입니까

'니고데모'의 헬라식 이름의 뜻은 백성의 정복자입니다. 이 이름이 공관복음에서는 전혀 언급되지 않았으나 본문에는 세 번에 걸쳐 나옵니다.(7:50; 19:39)

① 유대인의 관원이었습니다.

'관원(ἄρχων, 아르콘)'은 산헤드린 공회의 회원을 가리킵니다. 산헤드린은 그 당시 유대인의 최고 종교회의 기관으로 구성원 수는 71명으로 알려졌으며 고위 사제들과 율법 학자들과 원로들(다른 말로 하면 백성의 지도자들)로 구성되었습니다. 이 공회의 회원이 되기 위해서는 높은 도덕성을 요구합니다. 그는 존경받는 스승이었습니다.

② 엄격한 유대교를 신봉(信奉)하는 종파인 바리새파 사람이었습니다.

바리새인으로서의 니고데모는 하나님의 백성이 되는 자격은 아브라함을 통해 계승되는 자연적·육적 출생에 있음을 강조한데 반해 예수님은 영적 중생을 강조하셨습니다.

③ 조상들의 율법에 정통하여 모든 백성들로부터 존경받는 율법 교사들 중의 한 명이었습니다.

율법학자가 된 사람은 종교법과 의식(儀式)의 문제들에 대해 독자적인 판결을 내릴 수 있었습니다. 형사소송 때에는 재판관으로 참여할 수 있었고 민사소송 때에는 여러 재판관들과 함께 판결하거나 단독 재판으로 판결할 수도 있었습니다. 또한 율법학자는 랍비라는 칭호도 받았습니다.

④ 예수님의 시체에 바르도록 몰약과 침향 섞은 것을 백 근(19:39; 62kg) 정도나 선뜻 내놓을 수 있는 부유한 사람이었습니다.

⑤ 니고데모가 그러한 사회적 고위층에 있으면서도 친히 예수님을 방문했다는 것은 매사에 편견(偏見)이 없고 사리가 깊은 사람이었음을 알 수 있습니다.

2) 니고데모가 밤에 예수님을 찾아 온 이유가 무엇입니까

"그가 밤에 예수께 와서 이르되 랍비여 우리가 당신은 하나님께로부터 오신 선생인 줄 아나이다 하나님이 함께 하시지 아니하시면 당신이 행하시는 이 표적을 아무도 할 수 없음이니이다"(2)

① 예수님을 위대한 스승, 즉 랍비로 인정했습니다.

니고데모가 예수님을 랍비라고 부르는 것으로 대화를 시작했습니다. 서품(敍品)을 받아 율법학자단에 가입하고자 하는 사람은 수 년 동안의 정규적인 연구 과정을 마쳐야 했습니다. 이 과정을 통해서 그들은 모든 전승 자료와 할라카의 해석 방법을 통달하게 되어 종교법과 형법(刑法) 문제들에 대해 독자적으로 판결할 수 있게 됩니다. 할라카는 유대교의 두 가지 해석 방법인 할라카와 아가다 중의 하나로 이스라엘 백성들이 지켜야 할 규례인 토라와 미쉬나와 탈무드 등에 명시되어 있습니다. 그러나 예수님처럼 랍비가 되기 위한 공부를 전혀 하지 않은 사람은 서품을 받은 율법학자들이 누리는 특권을 행사할 수 없었습니다. 그런데 본문에서는 유대인의 상층 계급인 니고데모가 자연스럽게 예수님을 랍비라고 불렀습니다. 이것을 볼 때 이미 예수님은 제자들이나 일반 대중들로부터 랍비로 불리고 있었음을 알 수 있습니다.

② 예수님을 하늘로부터 오신 선생으로 알았습니다.

니고데모는 예수님을 선생 이상의 존재, 즉 하나님으로부터 보냄을 받은 모세나 예레미야나 세례 요한과 같은 선지자 중의 한 사람으로 이해하고 있었음을 알 수 있습니다. 하늘로부터 오신 선생이라는 표현은 예수님의 신적 본성까지 나타낸다고는 볼 수 없지만 하나님으로부터 보냄을 받은 이 예수가 과연 대망의 메시야인가 하는 의문을 담고 있습니다. 이 사실을 확인하는 일이 니고데모가 방문한 주목적이었는지도 모릅니다. 그리고 니고데모가 예수님을 받아들이게 된 것은 바로 표적을 통해서입니다.(2:23) 요한이 즐겨 사용한 '표적(σημειον, 세메이온)'은 신적 권위와 위엄의 증거를 보여주는 이적을 가리킵니다. 예수님은 이 표적들을 통해 우리에게 주시는 교훈들을 확증하셨습니다. 니고데모는 예수님이 이적과 기사를 행하신 것은 하나님이 함께 하시지 않고는 불가능한 일이라고 고백했습니다. 그는 예수님이 행하시는 놀라운 표적을 보고 이것이 하나님이 함께 하셔야만 가능하다는 것을 인정했습니다. 그는 이미 예수님에게 사로잡혀 있었으며 존경하고 믿었습니다. 그래서 그는 예수님을 만나기 위해 직접 밤에 찾아 온 것입니다.

그런데 니고데모가 굳이 밤에 예수님을 방문했던 이유에 대해서는 여러 가지 설이 있습니다. 타인의 이목이 두려워서나 분주한 낮 시간을 피해 예수님과 친밀한 대화를 오래도록 나누기 위해, 또는 밤이 늦도록 연구하고 논쟁하던 당시 랍비들의 관례에 따라서였다는 등 여러 가지 견해가 있으나 정확히 단정하기는 어렵습니다. 우리는 여기서 니고데모의 신중함을 볼 수 있습니다.

우리는 니고데모의 마음이 온통 예수님에게 사로잡혔음을 알 수 있습니다. 예수님이 말씀하셨습니다. "진실로 진실로 네게 이르노니 사람이 거듭나지 아니하면 하나님의 나라를 볼 수 없느니라"(3) 아주 중요한 말씀입니다. 구원론의 핵심입니다. 거듭나야 천국에 들어갈 수 있습니다. 여기서 니고데모에게 거듭나라고 하신 말씀은 오늘날의 니고데모인 우리에게 하시는 말씀이기도 합니다. 니고데모가 스스로 거듭나는 것을 몰랐듯 예수님을 믿기 전의 우리도 역시 몰랐습니다.

오늘날의 모든 사람들도 거듭나야 합니다. 우리 모두가 거듭나야 합니다. 다른 사람이 아니라 내가 거듭나야 할 사람입니다. 흔히들 자신보다도 저 사람이 은혜 받아야 한다고 생각하지만 실은 내 자신이 은혜 받는 것이 더 중요합니다. 내가 먼저 예수님을 만나야 하고 내가 먼저 거듭나야 하고 내가 먼저 은혜를 받아야 합니다.

설교가 지루하게 느껴진 어느 성도가 목사님을 찾아와 물었습니다. "목사님, 왜 계속 같은 설교만 하십니까?" 목사님이 말했습니다. "당신이 거듭나게 하기 위해서입니다." 거듭나지 않으면 하늘나라에 들어갈 수 없습니다. 내가 먼저 구원받아야 하고 내가 먼저 변화되어야 합니다.

2. 왜 거듭나야 합니까

예수님은 니고데모에게 거듭나야 한다고 하시면서 그 이유에 대해서 분명하게 말씀하십니다. "진실로 진실로 네게 이르노니 사람이 거

듭나지 아니하면 하나님의 나라를 볼 수 없느니라"(3)

여기서 '거듭(ἄνωθεν, 아노덴)'은 위에서부터, 곧 하나님께로부터로 보아야 합니다. 유대인들은 기도나 제사, 또는 세례를 통해 유대교로 개종한 이방인을 중생한 자라고 했습니다. 그러나 예수님은 선택받은 백성인 유대인들조차도 하나님 나라에 들어가려면 인간의 노력에 의해서가 아니라 하나님의 은혜와 능력에 의해 어느 한 부분이 아닌 본성 전체가 새롭게 되는 사건이 필요하다고 말씀하셨습니다. "하나님의 나라를 볼 수 없느니라"란 말씀은 거듭나지 않고는 하나님 나라에 참예할 수 없다는 말입니다. 거듭나지 않으면 하늘나라에 갈 수 없습니다. 거듭나지 않으면 구원을 받을 수 없습니다.

거듭난다는 것은 새로운 영적 생명을 받는 것을 의미합니다. 그래서 거듭난다는 것은 하나님에게로 가는 것을 의미합니다. "영접하는 자 곧 그 이름을 믿는 자들에게는 하나님의 자녀가 되는 권세를 주셨으니 이는 혈통으로나 육정으로나 사람의 뜻으로 나지 아니하고 오직 하나님께로부터 난 자들이니라"(1:12-13) 우리 속에는 하나님의 생명의 씨가 들어 있습니다. 다시 말하면 우리는 하나님의 생명을 받았습니다. 이것이 거듭나는 것입니다.

영국의 유명한 부흥사였던 휫필드는 청년 시절에 죄악 가운데 깊이 빠져 있었습니다. 죄에서 벗어나 구원받길 원했으나 어떻게 해야 할지를 몰랐습니다. 그래서 그는 죄악에 물든 모든 생활을 스스로 금했습니다. 사치를 거부하고 누더기 옷을 입었으며 최소한의 음식만 먹었으며 일주일에 두 번씩 금식했습니다. 그리고 가난한 사람들에게는 돈을 나눠주었으며 밤마다 기도로 지새곤 했습니다. 그러나 아무리 노력해도 마음에 평안이 없었습니다. 그러던 어느 날 유명한 부흥사 존 웨슬리를 만나 그에게 자신의 고통스러운 상황을 다 얘기했습니다. 그러자 존 웨슬리가 「영혼 속의 하나님 생명」이라는 책을 주었습니다. 휫필드는 그 책을 읽으면서 자신이 그리스도 예수 안에서 새로운 피조물이 되어 거듭나지 않으면 아무리 힘쓰고 애쓰고 노력해도 착한 사람이 될 수 없다는 것을 깨달았습니다. 그래서 그는 즉시 주님께 엎드려 기도했습니다. "주님, 성령으로 거듭나게 해주십시오. 죄를 회개하오니 예수님께서 내 안에 들어오셔서 나를 성령으로 거듭나게 해주십시오." 드디어 그의 마음에 성령께서 임하시자 놀라운 평안이 넘쳐 큰 변화를 받아 새 사람으로 거듭나게 되었습니다. 그는 위대한 부흥 설교자가 되었습니다. 훗날 그가 부흥사가 되어서 수많은 지역을 다니며 복음을 전할 때에 가는 곳마다 "당신은 거듭나야 한다."고 외쳤습니다.

우리가 거듭난다는 것은 죄와 허물로 죽었던 우리의 영적 생명을 새로운 피조물로 다시 살리는(고후 5:17) 성령의 역사입니다.(엡 2:5)

3. 어떻게 거듭날 수 있습니까

니고데모는 거듭나야 하나님 나라에 들어갈 수 있다는 예수님의 말씀을 이해하지 못해 이렇게 물었습니다. "사람이 늙으면 어떻게 날 수 있사옵나이까 두 번째 모태에 들어갔다가 날 수 있사옵나이까"(4)

예수님은 거듭나야 한다는 말을 이해하지 못하는 니고데모에게 거듭나는 비결을 가르쳐 주셨습니다. "진실로 진실로 네게 이르노니 사람이 물과 성령으로 나지 아니하면 하나님의 나라에 들어갈 수 없느니라"(5) 물과 성령으로 나지 않으면 결코 거듭날 수 없습니다. 여기에서 '물로 거듭난다'는 말에는 여러 가지 해석이 있습니다. 물은 세례 요한의 세례나 기독교의 세례와 관련시키기도 하고 자연적 출생으로 보기도 합니다. 그러나 본 구절의 강조점은 어디까지나 성령으로 거듭난다는 사실에 있다고 보아야 합니다.

물은 깨끗하게 하는 상징으로 유대인들에게는 희생제사에 있어서 없어서는 안 될 요소입니다. 특별히 제사장은 몸을 씻지 않고서는 언약의 피를 가지고 성소에 들어갈 수 없었습니다. 엣세네파(Essenes)에서도 개종자를 받아들일 때 물세례를 행하던 관습이 있었습니다. 또한 세례 요한은 사람들에게 죄 사함을 받기 위한 회개를 촉구할 때 그의 말을 받아들여 죄를 회개한 자에게는 물로 세례를 베풀었습니다. 한편 고넬료와 그의 친구들은 말씀을 듣고 성령을 받은 후에 물세례를 받았습니다.

중요한 것은 물과 성령으로 거듭난다는 것은 한 마디로 성령으로 거듭난다는 것입니다. 성령님이 애쓰고 힘써서 도와 주셔야 거듭날 수가 있습니다. 우리 스스로는 거듭날 수 없습니다. 성령님의 도우심이 있어야 거듭날 수 있습니다.

성령의 역사는 우리가 이해할 수 없는 신비로운 것입니다. "바람이 임의로 불매 네가 그 소리는 들어도 어디서 와서 어디로 가는지 알지 못하나니 성령으로 난 사람도 다 그러하니라"(8) 성령의 역사는 마치 바람과 같습니다.

1) 바람은 우리 눈에 보이지 않지만 소리를 통해 존재한다는 것을 알 수 있습니다

우리는 결과를 통해서 바람이 실재한다는 것을 알 수 있습니다. 다시 말하면 성령으로 거듭난 사람들의 행위는 평범한 이성으로는 이해할 수 없으며 다만 성령의 역사에 의한 결과만으로 알 수 있습니다. 실제로 그리스도를 영접하고 속사람이 변화된 사람은 이전의 죄악된 습성들을 저절로 버리게 됩니다. 성령으로 거듭난 사람은 성령의 열매를 맺습니다. "오직 성령의 열매는 사랑과 희락과 화평과 오래 참음과 자비와 양선과 충성과 온유와 절제니"(갈 5:22-23) 성령의 열매를 맺는 사람은 성령으로 변화된 사람입니다.

평생 싸움을 해본 적이 없는 수도사 두 명이 수도원에서 수도를 하고 있었습니다. 그 중에 한 수도사가 말했습니다. "우리도 싸움이 어떤 것인지 알아야 하니까 한 번 싸워 보자." 어느 날 그들은 마주 앉아서 지갑을 놓고 싸우기로 했습니다. 한 수도사가 상대방의 지갑을 빼앗으며 "이 지갑은 내 것이다." 하면 다른 수도사는 "아니야. 내 것이다." 하며 싸우기로 약속했습니다. 그런데 다른 수도사가 "그래. 그럼 네 꺼야." 하고는 지갑을 주었습니다. 이렇게 되면 싸움이 될 수가 없습니다. 이것이 거듭난 성도의 모습입니다.

거듭난 성도는 성령의 지배를 받기 때문에 성령의 열매를 맺게 됩니다. 사랑의 열매를 맺고 화평의 열매를 맺기 때문에 싸움을 할 수 없습니다. 우리도 성령으로 거듭난 성도들로서 성령의 열매인 사랑과 화평의 열매를 맺어야 합니다.

2) 현대 과학을 총동원해도 바람이 어디서 생겨나 어디로 향하는 지를 정확히 규명하지 못하고 있습니다

이와 마찬가지로 성령의 역사도 인간의 지식과 능력으로는 어디서 오는지 헤아릴 수 없습니다. "네가 그 소리는 들어도 어디서 와서 어디로 가는지 알지 못하나니"(8)

성령님이 언제 내 영 가운데로 오셨는지 우리의 사고로 정확히 기억할 수 없습니다. 내가 언제부터 예수님을 믿게 되었으며 어떤 과정이 있었는지 분명하게 모를 수 있습니다. 어쩌다가 특별한 사건에 붙들린 사람도 있을 수가 있습니다. 사도 바울처럼 길바닥에서 거꾸러진다던가 방탕하게 살다가 어느 극적인 순간에 변화를 가져오는 그런 경우도 없지는 않습니다. 그러나 대다수의 사람들은 자신이 언제 거듭났는지 기억조차 없습니다. 그러나 자신도 모르는 사이에 벌써 예수님을 믿어 하나님께 예배드리는 충실한 청지기가 되어 있음을 발견하게 됩니다. 바람이 임의로 불고 있지만 언제 어디에서 왔는지 모르는 것과 마찬가지입니다.

가끔 어떤 교파에서는 사람을 보자마자 "당신은 구원받았습니까?" 하며 당황스럽게 묻습니다. 그때 구원을 받았다고 하면 "언제 구원을 받으셨습니까? 날짜를 기억하십니까?" 하고 질문합니다. 그때 우리가 날짜를 모른다고 하면 이렇게 말합니다. "그러면 당신은 성령을 받지 못한 것입니다. 당신이 그런 교회에 나가니까 성령을 받지 못한 것이니 우리 교회로 오세요. 우리에게 오면 우리가 생일을 기억하는 것처럼 몇 년 몇 월 며칠에 성령을 받았는지 확실히 알 수 있도록 해드리겠습니다. 생일은 기억하면서 영적으로 출생한 날을 기억하지 못한다면 성령을 받은 것이 아닙니다." 이처럼 빗나간 기독교 교리를 가르치며 사람들을 현혹하는 사람들이 더러 있습니다.

성도들 가운데 그런 곳에 갔다가 다시 돌아오는 경우가 있습니다. 돌아와서는 질문합니다. "목사님, 나에게 성령을 언제 받았느냐고 질문하는 바람에 내가 정말 성령을 받지 못했나 근심이 되어 갔다가 왔습니다. 정말 성령을 받은 사람은 그 날짜를 기억합니까? 생일은 다 기억을 하잖습니까?" 그러나 자기의 생일을 기억하는 사람은 아무도 없습니다. 어느 누구도 자신이 어머니의 뱃속에서 출생한 날짜를 기억하지 못합니다. 그날이 생일이라고 말해 준 어머니의 말을 기억할 뿐입니다.

성령은 임의로 부는 바람처럼 어느 틈에 내 영 가운데 내재성을 이루어서 내가 하나님의 사람이 되고 하나님을 잘 섬기는 사람이 되도록 인도하십니다. 다만 지금 나의 고백이 분명한지 아닌지 내가 예수님을 믿고 있는지 아닌지만 잘 진단하면 됩니다. 성령의 역사는 신비로워서 우리가 정확히 알 수가 없습니다. "바람이 임의로 불매 네가 그 소리는 들어도 어디서 와서 어디로 가는지 알지 못하나니 성령으로 난 사람도 다 그러하니라"(8) 우리가 언제 거듭났는지 정확한 날짜와 시간을 알 수 없습니다. 그런데 이상한 교회들은 우리가 거듭난 날짜와 시간을 알아야 한다고 말합니다. 우리는 이것을 조심해야 합니다.

사도 바울처럼 다메섹 도상에서 거꾸러지고 소경이 되는 극적인 장면을 모든 사람이 경험할 수는 없습니다. 출생한 아기 자신은 언제 태어났는지 모르지만 그 아기는 이미 태어나 새 생명을 부여받았습니다. 세월이 흐르고 성장한 후에 어머니가 자신을 낳았다는 것을 자연스럽게 알게 됩니다. 이와 같이 우리가 거듭났지만 그때가 언제인지 정확히 모르고 지내는 사람들이 대부분입니다. 세월이 흐른 후에 알게 됩니다. 그러므로 우리가 거듭난 날짜에 대해서는 신경을 쓸 필요가 없습니다.

성령의 역사는 신비로운 것입니다. 다만 우리는 믿음으로 이해할 수밖에 없습니다. 우리 인간의 지식과 능력으로는 도저히 알 수가 없습니다. 성령의 역사는 하나님의 능력으로만 알 수 있습니다. 믿음으로 알 수 있습니다. 하나님만이 알게 해 주십니다. 우리가 할 일은 전적으로 하나님을 믿고 의지하는 것입니다.

물과 성령으로 나지 않으면 결코 거듭날 수 없습니다. 성령께서 애쓰고 힘써서 도와 주셔야 거듭날 수 있습니다. 태어나는 아기 자신은 아무 것도 할 수 없기 때문에 전혀 힘도 쓰지 않습니다. 오직 어머니의 힘으로 세상에 태어났습니다. 어머니가 죽을 힘을 다하여 아기를 낳지만 아기는 가만히 있어도 생명을 받습니다. 마찬가지로 우리가 거듭나는 것은 오직 성령의 능력과 하나님의 주권적인 능력으로 이루어집니다. 그러므로 우리는 오직 믿음으로 전적으로 하나님만 의지해야 합니다.

거듭난 한 사람의 이야기입니다. 그는 과거에 닉슨 대통령을 재선시키는 일에 결정적인 역할을 했습니다. 그는 닉슨 대통령의 집무실 바로 옆 사무실에서 무소불위의 권력을 휘둘렀습니다. 그는 피도 눈물도 없는 잔인한 정치계의 무서운 두뇌로 알려졌던 사람입니다. 그러나 소위 워터게이트 스캔들이 터졌을 때 이 사건의 책임을 져야 할 7

인 중의 한 사람으로 체포되어 수감되었습니다. 그러자 평소에 그를 위해 기도하던 사람들이 감옥에 넣어준 C.S. 루이스 교수의 「단순한 기독교」라는 책을 읽고 난 뒤 차디찬 감옥에서 한 밤중에 무릎을 꿇고 예수 그리스도를 자신의 구주와 주님으로 영접했습니다. 그는 출옥한 이듬해인 1976년에 'Born Again(거듭나다)' 이라는 책을 발간하여 충격적인 반응을 일으켰습니다. 이 책은 1978년에 영화로 만들어졌으며, 그는 감옥생활의 경험을 바탕으로 그곳에서 고생하는 수인들을 섬기는 사역을 함으로써 어둠의 인생을 벗고 빛의 인생을 시작하게 되었습니다. 그는 권력을 잃은 대신 미국 사회에서 가장 존경받는 시민이 되었고 마침내 종교 노벨상인 템플톤상을 수상했습니다. 바로 닉슨의 보좌관이었던 촬스 콜슨(Charles Colson)의 이야기입니다.

그의 거듭난 사건은 우리 모든 사람들도 성령으로 거듭날 수 있음을 보여줍니다. 그러므로 우리는 전적으로 하나님을 신뢰해야 합니다. 우리가 할 일은 하나님을 믿는 것이고 성령님이 하실 일은 그런 우리를 도와주시는 것입니다.

따라서 우리는 성령의 도우심을 구해야 합니다. 성령의 바람이 불도록 기도해야 합니다. 주님은 성령을 바람에 비유하셨습니다. 성령이 역사하시는 것은 마치 바람과 같다는 말입니다. 예수님은 말씀하셨습니다. "내가 네게 거듭나야 하겠다 하는 말을 놀랍게 여기지 말라 바람이 임의로 불매 네가 그 소리는 들어도 어디서 와서 어디로 가는지 알지 못하나니 성령으로 난 사람도 다 그러하니라"(7-8)

오순절 초대교회의 역사에서 베드로가 말씀을 증거할 때 하루 3천 명이나 주님을 믿게 되었습니다. 그 이유는 성령의 바람이 불었기 때문입니다. 베드로가 말씀을 증거할 때 성령의 바람이 불자 그 자리에 있던 3천 명이 한꺼번에 성령의 역사하심으로 회개하고 복음을 받아들여 세례를 받았습니다. 성령의 역사요 성령의 바람입니다.

영국의 유명한 설교자 J. 헨리 조웨트는 항해하는 배에 관한 이야기를 했습니다. 어느 날 그가 항해사에게 물었습니다. "바람이 부는 현상에 대해 설명해 주시겠어요?" 항해사가 대답했습니다. "무슨 말씀인지 잘 모르겠는데요." 조웨트는 거듭해서 말했습니다. "당신의 큰 배를 움직이게 하는 바람에 대해 설명해 달라는 말이오." 항해사가 다시 대답했습니다. "저는 바람에 대해 아무 것도 모릅니다. 그러나 저는 돛을 올릴 수는 있지요." 이것은 성령의 역사와 동일합니다.

우리가 성령의 역사를 정확하게 설명할 수 없을지도 모릅니다. 그러나 우리의 삶과 사역 현장에서 활동하시는 성령의 능력을 경험할 수는 있습니다. 이 성령의 바람이 영혼을 살립니다. 성령의 바람이 불어닥치기 시작하면 영혼들이 살아나기 시작합니다. 성령의 바람이 불면 용기가 없던 사람도 담대한 사람으로 변합니다. 교회에 성령의 바람이 불 때 교회가 강력해집니다. 그러므로 우리 심령과 우리 교회에 성령의 바람이 불어야 합니다. 우리의 모든 가정들과 교회가 성령으로 충만해야 합니다. 본문은 성령의 바람이 분 후에는 예수 그리스도만 바라보라고 말씀합니다.

우리에게도 성령의 바람이 강하게 불어오도록 소망해야 합니다. 우리 교회와 우리 부산에, 그리고 우리 민족에 성령의 바람이 강하게 불어오도록 기도합시다. 아멘.

[16]하나님이 세상을 이처럼 사랑하사 독생자를 주셨으니 이는 그를 믿는 자마
다 멸망하지 않고 영생을 얻게 하려 하심이라 [17]하나님이 그 아들을 세상에
보내신 것은 세상을 심판하려 하심이 아니요 그로 말미암아 세상이 구원을
받게 하려 하심이라 [18]그를 믿는 자는 심판을 받지 아니하는 것이요 믿지 아
니하는 자는 하나님의 독생자의 이름을 믿지 아니하므로 벌써 심판을 받은
것이니라 [19]그 정죄는 이것이니 곧 빛이 세상에 왔으되 사람들이 자기 행위
가 악하므로 빛보다 어둠을 더 사랑한 것이니라 [20]악을 행하는 자마다 빛을
미워하여 빛으로 오지 아니하나니 이는 그 행위가 드러날까 함이요 [21]진리를
따르는 자는 빛으로 오나니 이는 그 행위가 하나님 안에서 행한 것임을 나
타내려 함이라 하시니라

(요한복음 3:16-21)

12

하나님은 우리를 너무도 사랑하십니다

미국의 미노트라는 조그마한 항구도시에 있는 오래 된 이 등대의 항해 암호는 "하나님은 당신을 사랑합니다."였습니다. 해안 경비국에서는 이 낡고 후진 등대를 새 장비로 교체시켜 어두운 밤바다를 밝게 비춰 주었습니다. 그런데 기술상의 문제로 새로 교체된 이 장비로는 "하나님은 당신을 사랑합니다."라는 항해 암호를 보낼 수가 없었습니다. 그러자 선원들의 항해는 불안했고 바다는 언제나 공포

의 대상이 되었습니다. 그러자 선원들은 비록 낡긴 했지만 옛 장비로 옛 암호를 보내줄 것을 해안 당국에 건의하게 되었습니다. 선원들이 "하나님은 당신을 사랑합니다."라는 이 항해 암호를 바라볼 때마다 마음의 평안을 얻을 뿐만 아니라 믿음으로 안전하게 항해를 마치고 돌아올 수 있었기 때문입니다. 그리해서 지금도 미노트 항구에는 "하나님은 당신을 사랑합니다."라는 불빛이 비춰지고 있다고 합니다.

이 세상의 말 가운데서 '하나님은 당신을 사랑합니다.' 라는 말보다 더 아름다운 말은 없습니다. 하나님이 우리를 사랑하신다는 말보다 더 용기와 소망을 주는 말이 없습니다. 하나님이 우리를 사랑하신다는 말은 아무리 들어도 힘이 되고 위로가 됩니다. "하나님이 세상을 이처럼 사랑하사 독생자를 주셨으니 이는 그를 믿는 자마다 멸망하지 않고 영생을 얻게 하려 하심이라"(16)

이 말씀은 '복음서들 속에 있는 복음(the Gospel within the Gospels)', 혹은 '작은 복음서(Little Gospel)' 라고 불리기도 합니다. 요한복음 3장 16절 말씀은 구약성경과 신약성경 전체를 대표할 수 있는 요절로 복음의 진수(眞髓)입니다. 이 말씀은 복음이 담고 있는 모든 계시의 말씀을 하나님의 사랑의 개념으로 나타내고 있습니다. 요한복음 3장 16절 말씀이야말로 가장 위대한 사랑의 메시지입니다. 하나님은 우리를 사랑하십니다.

1. 하나님이 세상을 사랑하셨습니다

"하나님이 세상을 이처럼 사랑하사 독생자를 주셨으니 이는 그를 믿는 자마다 멸망하지 않고 영생을 얻게 하려 하심이라"(16)

하나님이 세상을 사랑하셨다는 것은 하나님이 사람들을 사랑하셨다는 말씀입니다. 세상은 사람입니다. 사람은 이 세상에서 가장 소중한 존재입니다. 하나님은 사람을 가장 고상한 존재로, 즉 하나님의 형상대로 창조하셨기 때문에 하나님은 사람들을 사랑하십니다. 다시 말하면 하나님은 우리를 사랑하십니다. 어거스틴은 이렇게 말했습니다. "하나님은 나를 사랑하고 너를 사랑하는데 천하 인간에 사랑할 대상이라고는 너 하나 밖에 없는 것처럼 당신을 사랑하신다." 성경은 "하나님이 세상을 이처럼 사랑하사"라고 말씀합니다. '이처럼 사랑하사'에 대해서 다양한 해석이 있습니다.

1) 요한복음 3장 16절의 앞부분을 받아서 설명하고 있습니다

"모세가 광야에서 뱀을 든 것 같이 인자도 들려야 하리니 이는 그를 믿는 자마다 영생을 얻게 하려 하심이니라"(14-15)

이 말씀은 민수기 21장에 기록된 사건입니다. 이스라엘은 하나님의 크신 은혜로 노예 생활을 하던 애굽에서 탈출하여 홍해를 건너는 기적을 체험하고 광야길로 들어섰습니다. 하나님은 그들에게 매일 하늘에서 만나를 내려주셔서 먹게 하셨습니다. 메추라기와 고기도 주셨고 반석에서는 생수가 터져나와 마시게 하셨습니다. 그러나 그들은 광야 길을 가다가 매사에 불편함을 느끼자 걸핏하면 불평과 원망을 했습니다. 이스라엘 백성들이 호르 산에서 출발하여 홍해길을 따라가다가 에돔 땅을 우회하려고 할 때 길이 험하자 백성들의 마음이 상하여 하나님과 모세를 원망하기 시작했습니다. "어찌하여 우리를 애굽에서 인도해 내어 이 광야에서 죽게 하는가 이곳에는 먹을 것도 없고 물도 없도다 우리 마음이 이 하찮은 음식을 싫어하노라"(5) 이때 뱀들이 나타났습니다. "여호와께서 불뱀들을 백성 중에 보내어 백성을 물게 하시므로 이스라엘 백성 중에 죽은 자가 많은지라"(6) 광야의 뱀은 위험합니다. 뱀이 햇볕을 받지 못하면 독이 사라지지만 이 뱀들은 사막에서 계속 장렬하게 이글거리는 햇볕을 받아 왔기 때문에 독이 오를 대로 올라 있습니다. 누구든지 물리기만 하면 그 자리에서 죽었습니다. 사정이 급하게 되자 백성들의 대표가 모세를 찾아와 잘못했으니 살려달라고 애원을 했습니다. 그리하여 모세가 하나님께 엎드려 기도했더니 하나님께서 모세의 기도에 응답해 주셨습니다. "여호와께서 모세에게 이르시되 불뱀을 만들어 장대 위에 매달아라 물린 자마다 그것을 보면 살리라"(민 21:8) 백성들은 하나님의 약속의 말씀을 믿고 몰려나와서 놋뱀을 바라보았습니다. 장대 높이 달린 그 뱀을 쳐다본 사람들은 모두 살았습니다. 그러나 놋뱀을 바라보지 않은 사람은 예외 없이 모두 죽었습니다. 이것은 예수님이 우리 죄를 짊어지시고 놋뱀처럼 십자가에 달려 돌아가실 것을 상징적으로 보여준 사건입니다.

십자가는 참으로 끔찍한 형벌이었습니다. 예수님은 십자가를 지시기 전에 이미 수없이 채찍에 맞으셨습니다. 살은 갈기갈기 찢겨 다 떨어져 나가고 뼈만 앙상하게 드러났습니다. 600m의 골고다 언덕길을 60kg의 나무토막을 짊어지고 한 걸음 한 걸음 올라가셨습니다. 피를 너무 많이 흘려 쓰러질 때마다 응고된 핏줄이 터져 다시 피가 흘러내렸습니다. 예수님은 우리의 온갖 저주를 다 담당하셨습니다. 누구든지 그분을 주님으로 영접하기만 하면 구원을 받습니다. 이것이 바로 하나님의 사랑입니다. 하나님은 우리를 이처럼 사랑하셨다는 말씀입니다.

놋뱀 자체에 능력이 있다거나 십자가 나무토막에 능력이 있는 것은 아닙니다. 하나님의 약속의 말씀에 능력이 있습니다. 예수님을 통하지 않고서는 구원의 길이 없다는 것을 보여주셨습니다. 예수님은 우리를 사랑하시되 십자가에서 고통당하며 죽으시기까지 우리를 사랑하셨습니다. 예수님께서 십자가에서 죽으시기까지 '이처럼' 우리 한 사람 한 사람을 사랑하셨습니다.

2) 요한복음 3장 16절 안에서도 '이처럼'이란 단어를 이해할 수 있습니다

"하나님이 세상을 이처럼 사랑하사"라는 말은 16절 안에서 하나님의 사랑의 높이와 너비와 깊이와 크기를 말씀하고 있습니다. 하나님의 사랑은 무한히 높기 때문에 우리가 쳐다볼 수도 이해할 수도 없습니다. 하나님의 사랑은 넓고 넓어서 우리가 다 받아들일 수 없고 깊고 깊어서 들여다 볼 수도 없습니다. 또한 하나님의 사랑은 크고도 크기 때문에 그 사랑을 안을 수도 없습니다. 바로 그런 하나님의 사랑이 '이처럼' 사랑하셨다는 말씀입니다. 한 마디로 하나님은 우리가 그 높이와 너비와 깊이와 크기를 알 수 없을 정도의 어마어마한 사랑으로 우리를 사랑하셨다는 말씀입니다. 그 사랑이 '이처럼 사랑하사' 입니다.

하나님의 사랑은 이루 말할 수 없이 커서 죄악 가운데 있는 우리를 구원하시기 위해 사랑하는 독생자 예수 그리스도를 보내어 주시기까지 우리를 사랑하셨습니다. 하나님은 나를 죽일 수가 없어서 그의 외아들을 죽이시기까지 나를 사랑하셨습니다. 우리가 지은 죄의 대가로 우리가 받아야 할 저주를 받도록 내버려 둘 수가 없어서 하나님의 외아들을 저주의 자리에 내어 주시기까지 주님은 우리 한 사람 한 사람을 사랑하셨습니다. 성경은 말씀합니다. "우리는 다 양 같아서 그릇 행하여 각기 제 길로 갔거늘 여호와께서는 우리 모두의 죄악을 그에게 담당시키셨도다"(사 53:6)

하나님의 사랑은 우리가 받아야 할 그 형벌을 예수 그리스도께서 대신 지게 하심으로 우리를 구원하신 사랑입니다. 하나님은 깊고 높고 넓고 크신 사랑으로 우리를 사랑하셨습니다. 바로 이 내용이 "하나님이 세상을 이처럼 사랑하사"란 말씀 안에 들어 있습니다.

3) 요한복음 3장 16절의 "하나님이 세상을 이처럼 사랑하사"란 말씀은 용서받을 자격이 없는 사람을 용서하는 사랑입니다

하나님의 사랑은 구원받을 자격이 없는 사람을 구원해 주시는 사랑입니다. 한 마디로 하나님은 죄인을 사랑하십니다. 모든 사람이 죄를 지었기 때문에 의인은 아무도 없습니다. 만일 전혀 죄가 없다고 말하는 사람이 있다면 그 사람은 자신이 무지하거나 자신을 속이고 있는 것입니다. 그래서 타락한 인간들은 하나님이 없다며 스스로 자신의 문제를 해결하려고 합니다.(시 14:1) 각종 선행이나 철학이나 종교 등에 의존하여 풍성한 삶을 누리려고 노력합니다. 그러나 죄로 물든 인간의 본성은 악한 일에만 더욱 민감해질 뿐 결국은 하나님을 떠나 더 많은 죄를 짓게 됩니다. 이처럼 하나님을 떠나 죄 중에 있는 인간을 기다리는 것은 오직 죽음뿐입니다. 우리 모든 인간은 하나님 앞에 배반자요 반역자입니다. 결코 사랑스럽지도 않고 귀엽지도 않은 존재입니다.

일찍이 마틴 루터는 이런 말을 했습니다. "내가 만약 하나님이라면 이 세상 사람들의 머리 위에 불을 내려서 한 사람도 남기지 않고 모조리 죽이고 말았을 것이다." 바로 그러한 존재가 저와 여러분임을 솔직히 인정해야 합니다. 그런데 "하나님은 우리를, 나를 사랑한다."고 말씀하십니다. 우리 한 사람 한 사람을 너무도 소중히 보시고 사랑한다고 말씀하십니다. 이 얼마나 놀라운 은혜요 복입니까?

하나님은 죄인들을 사랑하셨습니다. 하나님께서 동산의 모든 실과를 먹되 중앙에 있는 선악과는 따먹지 말라고 하셨지만 인류의 조상 아담은 그 명령을 어기고 따 먹음으로 죄가 세상에 들어 왔습니다. 이것이 이 세상에 죄가 최초로 들어온 사건입니다. 그러나 하나님은 하나님의 명령을 어기고 죄를 지었던 아담과 하와를 사랑하셨습니다. 벌거벗고 있는 그들에게 짐승을 잡아서 가죽옷을 만들어 입혀 주셨습니다. 이것이 하나님의 사랑입니다. 이스라엘이 수 없이 죄를 짓고 하나님을 배반하며 범죄했을 때에도 여전히 사랑해 주셨습니다. 이것이 하나님의 사랑입니다. 하나님은 어떤 죄를 지었어도 어떤 범죄자라도 사랑하십니다.

맹수의 왕인 사자는 병든 새끼를 절벽 아래로 던져버립니다. 창공을 나는 독수리는 상처 입은 새끼를 둥지에서 떨어뜨립니다. 그러나 사람의 부모는 항상 자녀와 함께 고통을 나눕니다. 오히려 자신을 희생하면서까지 자녀를 사랑합니다.

세 자녀를 훌륭하게 키운 여 성도에게 심방을 온 목사님이 물었습니다. "세 명의 자녀 중에서 누구를 가장 사랑했나요." 그러자 여인이 웃으며 대답했습니다. "막내가 병들었을 때는 막내를 가장 사랑했습니다. 둘째가 집을 나가 방황할 때는 둘째를 가장 사랑했고요. 큰 아이가 학교 성적과 이성 문제로 괴로워할 때는 큰 아이를 가장 사랑했답니다." 이것이 바로 부모의 사랑입니다. 자녀가 고통스러워할 때 그것을 피하지 않고 사랑으로 끌어안는 사람이 바로 부모입니다.

그러나 우리 하나님의 사랑은 이보다도 훨씬 높고 깊고 넓고 큽니다. 우리 하나님은 병든 자, 낙심한 자, 고통당하는 자, 방황하는 자, 비록 엄청난 큰 죄를 지은 사람이라 할지라도 버리지 않으시고 사랑으로 불러주실 뿐만 아니라 사랑으로 치유해 주십니다. 하나님은 우리를 사랑하십니다.

2. 독생자를 주신 사랑입니다

하나님은 우리를 이처럼 사랑하사 독생자 예수 그리스도를 이 땅에 보내 주셨습니다. "하나님이 세상을 이처럼 사랑하사 독생자를 주셨으니 이는 그를 믿는 자마다 멸망하지 않고 영생을 얻게 하려 하심이라"(16)

여기서 말하는 '독생자' 라는 표현은 아버지와 아들 사이의 특수한 관계를 강조하는 말입니다. '독생자(μονογενηδ, 모노게네스)'는 외아들이란 뜻 외에 그 속성과 성품에 있어서 유일무이하신 분이란 의미가 내포되어 있습니다.

종교개혁자 마틴 루터는 독생자는 예수 그리스도이신데 그분은 참 하나님이시며 영원 전부터 계셨던 하나님의 독생자라고 했습니다. 즉 영원 전부터 독생자로 존재하셨던 성자 하나님께서 성육신(成肉身)하신 사건은 전무후무한 유일무이한 일임을 뜻하는 말입니다. 그리고 '독생자를 주셨으니'란 말에서 '주셨으니(δίδωμι, 디도미)'는 '보내다(send)', '넘겨주다(hand over)', '값을 지불하다(pay)' 등의 뜻이 있습니다. 따라서 '독생자를 주셨다'는 말은 하나님께서 독생자 예수 그리스도께서 하늘나라의 영광을 다 버리시고 성육신(Incarnation)하시어 이 세상에 오셨다는 의미일 뿐만 아니라, 우리를 죄악에서 구원하시기 위하여 십자가에 달려(crucifixion) 생명까지 주신 속죄의 사건을 포함하는 말입니다. 다시 말하면 하나님은 죄인인 우리를 죄악에서 구원하시려고 그의 독생자 예수 그리스도를 갈보리 산 십자가에 달려 죽게 하심으로 우리의 모든 죄를 용서해 주셨다는 말씀입니다.

하나님께서 그의 아들을 십자가에 달려 죽기까지 우리를 사랑하신 이유를 본문은 이렇게 말씀합니다. "이는 그를 믿는 자마다 멸망하지 않고 영생을 얻게 하려 하심이라"(16) 독생자를 이 땅에 보내신 하나님의 사랑의 궁극적인 목표는 예수 그리스도를 믿는 자마다 멸망하지 않고 영생을 얻게 하려는 것입니다. 여기서 '멸망하다(ἀπόλλυμι, 아폴뤼미)'는 '잃다', '상실하다(to be lost)', '없어지다', '파괴되다(to perish, be destroyed)' 등의 뜻이 있습니다. '멸망하다'는 구원과 반대되는 개념을 나타내는 것으로 생명과 반대되는 죽음을 나타낼 때(막 3:6), 존속되는 것과 반대되는 멸망을 나타낼 때(고전 1:19), 그리고 무엇을 얻거나 받는 것과는 반대되는 상실을 나타낼 때에도(요이 1:8) 사용된 말입니다.

하나님의 사랑은 우리에게 멸망치 않고 영생을 얻게 하시려고 주신 사랑입니다. 즉 하나님의 사랑은 우리에게 영생을 주신 사랑입니다. 영생은 영원히 죽지 않고 사는 것입니다. 영원한 천국에서 하나님과 영원토록 사는 것이 영생입니다. "이는 그를 믿는 자마다 멸망하지 않고 영생을 얻게 하려 하심이라"(16) 이 영생은 하나님의 독생자 예수 그리스도를 믿는 자에게 주십니다.

죄인인 우리의 힘으로는 죄를 없앨 방법이 없습니다. 우리 스스로 우리가 지은 죄를 용서받을 수도 용서해 줄 수도 없습니다. 우리는 우리가 지은 죄악의 값을 스스로 지불할 능력도 없습니다. 우리는 모두 멸망 받아야 마땅합니다. 그래서 하나님께서 독생자 예수 그리스도를 보내 주셨습니다. 죄악의 어둠 속에 빠져 멸망 받아야 할 우리를 구원하여 영생을 주시기 위해 십자가에서 우리의 모든 죄 값을 지불하셨습니다. 이것이 예수님이 이 세상에 오신 목적입니다. 그러므로 우리를 살리는 분은 하나님의 독생자이신 예수 그리스도뿐입니다. 하나님의 사랑이 우리를 영생으로 인도하셨습니다.

아들 예수 그리스도를 믿어야 영생을 얻습니다. "하나님이 그 아들을 세상에 보내신 것은 세상을 심판하려 하심이 아니요 그로 말미암아 세상이 구원을 받게 하려 하심이라"(17) 예수님이 이 세상에 오신 것은 우리를 구원하시기 위해서입니다. 예수님은 죄악으로 멸망 받아야 할 우리를 구원하여 영생을 주시려고 이 세상에 오셨습니다. 이것이 하나님의 사랑입니다. 하나님의 사랑은 멸망시키는 것이 아니라 영원한 생명을 주시는 것입니다.

팔레스타인에 많은 양을 기르는 한 사람이 있었습니다. 어느 날 밤에 사나운 이리떼가 나타나 모든 양들을 물어뜯어 죽였습니다. 들판은 온통 피로 물들었습니다. 나머지 양들은 혼비백산하여 산으로 들로 개울로 골짜기로 달아났습니다. 날이 밝아오자 주인은 아들과 함께 달아난 양떼를 찾아 나섰습니다. 놀란 양들은 가랑잎 소리에도 후다닥 달아났습니다. 주인도 알아보지 못했습니다. 자기네 모습과 조금이라도 다른 무엇이 나타나기만 하면 달아났습니다. 어떤 양들은 가시덤불에 찔려서 "메에에– 메에에–" 소리를 질렀습니다. 어떤 양들은 허겁지겁 달아나다가 더 이상 달려갈 수 없게 되자 들판에 벌렁 드러누워 두려움에 떨었습니다. 그런가 하면 달아나다가 언덕에서 굴러 떨어져 피투성이가 되어 "메에에–" 소리지르며 죽어가는 양들도 있었습니다. 주인은 찢어지는 듯한 마음으로 양들을 찾아 이리저리 헤매었지만 한 마리도 구할 수가 없었습니다. 아버지의 안타까운 모습을 보다 못한 아들이 "아버지, 제게 맡겨 주십시오." 하더니 죽은 양의 가죽을 뒤집어쓰고 양처럼 기어가면서 "메에에– 메에에–" 하며 양을 찾아 다녔습니다. 손바닥에 생긴 물집은 터지고 허리는 끊어질 듯한 고통으로 신음해야 했습니다. 무릎은 찢겨져 피가 풀밭으로 줄줄 흘러내렸습니다. 아들은 양의 소리를 내며 언덕을 기어다니면서 잃어버린 양들을 찾아 다녔습니다. 결국 아들은 잃어버린 모든 양을 다 찾았습니다. 그러나 아들은 피투성이가 된 채 기진맥진하여 쓰러져 죽고 말았습니다.

여기에서 우리에게 주는 교훈이 있습니다. 바로 하나님의 사랑입니다. 하나님 아버지는 천국을 잃고 이 세상에서 방황하다가 사탄에게 찢겨지고 상처받은 영혼들을 찾아내어 하나님 아버지의 나라로 데리고 가시려고 독생자 예수 그리스도를 이 땅에 보내셨습니다. 그리고 십자가에서 살 찢고 피 흘려 우리의 모든 죄 값을 지불하게 하셨습니다. 예수님은 십자가 위에서 우리를 위하여 날카로운 창에 찔려 물과 피를 남김없이 쏟아 부어 주셨습니다. 우리에게 영생을 주시기 위해서였습니다. 그리고 사흘 만에 다시 살아나셨습니다. 그러므로 하나님의 독생자 예수 그리스도를 믿는 자는 멸망하지 않고 영생을 얻게 되었습니다. 이것이 하나님의 사랑입니다. 하나님은 독생자를 주시어 십자가에서 죽기까지 우리에게 영생을 주신 사랑입니다. "하나님이 세상을 이처럼 사랑하사 독생자를 주셨으니 이는 그를 믿는 자마다 멸망하지 않고 영생을 얻게 하려 하심이라"(16) 이 요한복음 3장 16절은 어른이나 어린이나 교회에 출석하는 사람이면 누구나 암송하는 말씀입니다.

하나님의 사랑은 독생자를 주신 사랑입니다. 하나님은 우리를 위하여 독생자 예수님이 십자가에 달려 죽으시기까지 우리를 사랑하셨습니다. 이 예수님을 믿으면 멸망치 않고 영생을 얻습니다. 이것이 복음입니다. 이것이 은혜입니다. 이것이 가장 큰 복이며 가장 큰 사랑입니다.

3. 믿지 않는 자에게는 심판이 있습니다

하나님은 사랑의 하나님이신 동시에 공의의 하나님이십니다. 하나님은 우리를 이처럼 사랑하시어 독생자 예수 그리스도까지 보내 주셨는데도 불구하고 우리가 믿지 않는다면 하나님의 사랑을 거부하는 큰 죄악이 됩니다. 하나님을 거역하는 것이며 하나님을 무시하고 대항하는 죄를 범하는 것입니다. 그래서 하나님께서 심판을 선포하셨습니다. 아들 예수님을 믿지 않는 사람은 심판을 받습니다. "그를 믿는 자는 심판을 받지 아니하는 것이요 믿지 아니하는 자는 하나님의 독생자의 이름을 믿지 아니하므로 벌써 심판을 받은 것이니라"(18)

하나님의 독생자 예수님을 믿지 않는다는 것은 가장 악한 행위입니다. 빛이신 예수님보다 죄악과 사탄을 더 사랑하는 큰 죄가 됩니다. "그 정죄는 이것이니 곧 빛이 세상에 왔으되 사람들이 자기 행위가 악하므로 빛보다 어둠을 더 사랑한 것이니라"(19) 죄를 짓는 사람은 계속 빛이신 하나님을 피하게 됩니다. 빛으로 나오지 않고 오히려 자신을 감추려고 합니다. "악을 행하는 자마다 빛을 미워하여 빛으로 오지 아니하나니 이는 그 행위가 드러날까 함이요"(20) 하나님은 사랑의 하나님인 동시에 공의의 하나님이십니다. 우리가 해야 할 일은 하나님의 사랑을 바로 받아들이는 것입니다. 그것은 하나님의 독생자 예수 그리스도를 믿는 것입니다. 믿으면 멸망치 않고 영생을 얻게 됩니다. 천국의 시민이 되어 영원한 천국을 소유하게 됩니다.

반면 하나님의 사랑을 거부하면 무서운 심판이 있습니다. 영원한 지옥의 심판입니다. 그러므로 우리는 아직도 하나님의 사랑을 모르는 사람들에게 이 사랑을 전해 주어야 합니다. 하나님의 사랑으로 천국으로 초청해야 합니다. 그래서 우리 교회는 해마다 천국 잔치를 열고 있습니다. 바로 '이웃초청 전도축제' 입니다. 금년에는 2,500명을 초청합니다. 하나님의 사랑을 전하여 예수님을 믿고 영생을 얻어 천국 시민이 되게 하는 참 행복으로의 초청입니다. 예수님도 초청하셨습니다. "수고하고 무거운 짐 진 자들아 다 내게로 오라 내가 너희를 쉬게 하리라"(마 11:28) 우리 예수님은 누구든지 오라고 초청하셨습니다. 천국의 문은 예수님을 믿는 모든 사람들에게 활짝 열려 있습니다. 예수님은 천국 잔치를 여시고 길거리와 산울가로 가서 누구든지 강권하여 초청하라고 하셨습니다. 우리는 하나님의 사랑으로 초청하여 영생을 전해 주어야 합니다. 이것이 전도요 선교입니다. 우리 교회 전도축제를 통해 많은 분들이 구원을 받아 믿음 안에서 행복한 삶을 살아가고 있습니다. 전도야말로 최고의 사랑 실천입니다.

지구상에는 10초 안에 45명이 태어나고 17명이 죽어가고 있습니다. 1년이면 1억 4천만 명이 새롭게 태어납니다. 1년에 대한민국 인구보다 더 많은 5천만 명이 죽어가고 있습니다. 뇌혈관 질환만으로 440만 명이 죽어가고 운전사고만으로 150만 명이 죽어가고 있습니다. 인도에서는 3천 명 이상이 들짐승들에 의해 죽어가고 독 곤충에 물려 죽는 사람도 2만 명이 넘습니다. 아시아와 아프리카에서 기아로 죽어가는 사람이 1년이면 3천만 명이 넘습니다. 그 밖에도 중국과 북한 땅에서 기아로 죽거나 얼어 죽는 사람들 또한 얼마나 많은지 모릅니다.

그런데 하나님은 우리를 사랑하십니다. 저와 여러분은 하나님의 놀라운 사랑을 받았습니다. 우리는 사랑받기 위해 태어난 사람들입니다. 이 하나님의 크신 사랑을 받은 우리가 해야 할 일은 위대하신 하나님의 사랑을 모르는 사람들에게 전하는 일입니다. 아직도 하나님의 사랑을 모르는 채 살다가 죽어가는 사람들에게 우리는 하나님의 놀라우신 그 사랑을 전해 주어야 합니다. 하나님의 사랑은 어제나 오늘이나 내일도 변함이 없습니다. 우리는 하나님의 사랑의 힘으로 살아왔고 앞으로도 그렇게 살아갈 것입니다. 우리는 하나님의 사랑을 먹고 그 사랑의 능력으로 힘차게 살아갈 수 있습니다. 동시에 하나님의 사랑을 아직도 체험하지 못한 어둠에 있는 사람들에게 이 사랑을 전해야 합니다.

하나님은 죄인인 우리를 사랑하시되 독생자 예수 그리스도께서 십자가에서 죽게 하시기까지 사랑하셨습니다. 누구든지 주 예수 그리스도를 믿으면 멸망치 않고 영생을 얻습니다. 그러나 예수 그리스도를 믿지 않으면 심판을 받을 수밖에 없습니다. 그러므로 무한하신 하나님의 사랑을 받은 우리는 이 사랑을 모든 사람들에게 전해야 합니다. 우리 모두 천국 잔치인 전도축제에 초청하여 영생을 얻는 하나님의 사랑을 전합시다. 아멘.

22그 후에 예수께서 제자들과 유대 땅으로 가서 거기 함께 유하시며 세례를
베푸시더라 23요한도 살렘 가까운 애논에서 세례를 베푸니 거기 물이 많음이
라 그러므로 사람들이 와서 세례를 받더라 24요한이 아직 옥에 갇히지 아니
하였더라 25이에 요한의 제자 중에서 한 유대인과 더불어 정결예식에 대하여
변론이 되었더니 26그들이 요한에게 가서 이르되 랍비여 선생님과 함께 요단
강 저편에 있던 이 곧 선생님이 증언하시던 이가 세례를 베풀매 사람이 다
그에게로 가더이다 27요한이 대답하여 이르되 만일 하늘에서 주신 바 아니면
사람이 아무 것도 받을 수 없느니라 28내가 말한 바 나는 그리스도가 아니요
그의 앞에 보내심을 받은 자라고 한 것을 증언할 자는 너희니라 29신부를 취
하는 자는 신랑이나 서서 신랑의 음성을 듣는 친구가 크게 기뻐하나니 나는
이러한 기쁨으로 충만하였노라 30그는 흥하여야 하겠고 나는 쇠하여야 하리
라 하니라

(요한복음 3:22-30)

13

세례 요한의 기쁨

세례 요한은 아주 위대한 선지자입니다. 예수님은 세례 요한을 가리켜 여자가 낳은 자 중에 가장 큰 자라고 말씀하셨습니다. 그런데 요한은 겸손한 사람입니다. 요한은 자신을 가리켜 "나는 그의 신발 끈을 풀기도 감당하지 못하겠노라"(1:27)고 했습니다. 세례 요한의 위대성은 그의 겸손에서 찾아 볼 수 있습니다. 그는 예수님으로 인해 기뻐했

습니다. 세례 요한은 자신의 일이 아닌 예수님 때문에 기뻐했습니다. 이 세례 요한의 기쁨이 우리 모두의 기쁨이 되어야 하겠습니다.

1. 예수님을 드러내는 기쁨이 있었습니다

요한은 유년기로부터 청년기까지 빈들에서 보냈습니다. 하나님의 음성을 기다리며 하나님의 뜻을 끊임없이 물어가면서 하나님이 보시기에 깨끗하고 경건한 삶을 살았습니다. 그에게 하나님의 성령이 임하시자 하나님으로부터 받은 말씀을 광야에서 외쳤습니다. 그의 중요한 메시지는 "회개하라 천국이 가까이 왔느니라"(마 3:2)였습니다.

본래 광야는 사람들이 없는 곳이지만 수많은 사람들이 요한의 설교를 듣고자 광야로 몰려들었습니다. 요한이 강력하게 죄를 책망하며 회개를 선포했으나 많은 사람들이 달게 받아들이고 회개를 상징하는 세례를 받았습니다. 요한의 삶이 경건했기에 어마어마한 권위와 능력이 그와 함께하여 모든 사람들로부터 존경을 받았습니다. 심지어 분봉왕 헤롯까지도 요한의 질책을 달게 받고 세례를 받았습니다.

이처럼 요한의 인기가 나날이 치솟았습니다. 그래서 사람들은 점차 요한이 오실 메시야일지도 모른다는 생각을 하게 되었습니다. 요한을 스승으로 받들며 따르는 제자들도 많아졌습니다. 그러나 세례 요한은 자신은 그리스도가 아니라고 공공연하게 선포했습니다. 그는 자신에 대해 정확히 알고 있었습니다. 요한 자신은 광야에서 외치는 자의 소리일 뿐이라고 겸손하게 스스로를 낮추었습니다. 그리고 "나는 물로 세례를 베풀거니와 내 뒤에 오시는 그분은 나보다 능력이 많으시다. 나는 그분의 신을 드는 것조차 감당할 수 없다. 그분은 성령과 물로 너희에게 세례를 베풀 것이다."라고 증거했습니다. 뿐만 아니라 예수님이 다가오시자 요한은 큰 소리로 "보라 세상 죄를 지고 가는 하나님의 어린 양이로다. 나는 이분을 이스라엘에 나타내려고 보냄을 받았다."며 외쳤습니다.

본문 말씀을 보면 예수님이 유대 땅에서 세례를 베푸실 때 요한의 제자들이 와서 말했습니다. "랍비여 선생님과 함께 요단 강 저편에 있던 이 곧 선생님이 증언하시던 이가 세례를 베풀매 사람이 다 그에게로 가더이다"(26) 세례 요한을 따르던 사람들이 예수님께서 사역을 시작하시자 많은 사람들이 예수님에게로 갔다는 말입니다. 이때의 요한의 대답입니다. "만일 하늘에서 주신 바 아니면 사람이 아무 것도 받을 수 없느니라"(27) 여기서 우리는 요한의 자세를 볼 수 있습니다.

1) 예수님뿐 아니라 세례 요한을 비롯한 우리 모두는 하나님으로부터 능력을 받지 않으면 아무 것도 할 수 없다고 말합니다

모든 사람은 하나님으로부터 능력을 받아야 한다는 말입니다. 여기서 세례 요한은 예수님의 명성이 높아지는 것에 대해 시기하는 마음을 갖기는커녕 오히려 그의 모든 사역의 기원을 바로 하나님께 두고 있다는 점을 역설하고 있습니다. 하나님께서 능력을 주셔야 합니다. 하나님은 사람들에게 각각 그에게 맞는 능력을 주셔서 일하게 하십니다. 하나님은 세례 요한에게 맞는 능력을 주시어 사명을 감당하게 하셨습니다. 많은 사람들이 세례 요한을 찾아와 말씀을 듣고 회개하고 세례를 받았습니다. 우리 예수님도 하나님 아버지께서 능력을 주시어 많은 사람들에게 세례를 베풀고 구원시키는 일을 하셨습니다. 세례 요한은 제자들로부터 예수님이 하시는 일을 보고받은 후 이 일은 하나님으로부터 온 것이 아니면 불가능하다고 말했습니다.

우리도 마찬가지입니다. 하나님으로부터 능력을 받아야 주의 일을 할 수 있습니다. 마태복음 25장에 나오는 달란트 비유를 보면 주인이 종들에게 각각 다섯 달란트와 두 달란트와 한 달란트씩을 주었습니다. 주인은 모든 종들에게 똑같이 주지 않고 차등 있게 나누어 주었습니다. 마찬가지로 하나님은 우리에게도 각자에게 맞는 달란트와 함께 그에 맞는 사명을 주셨습니다. 하나님 앞에서 달란트를 받지 못한 사람은 아무도 없습니다. 문제는 위로부터 주신 것으로 성실하게 일하는 것이 중요합니다. 다섯 달란트를 받은 사람과 두 달란트를 받은 사람은 각각 다섯 달란트와 두 달란트를 남겼습니다. 하지만 자기에게 맡겨진 것에 불만을 품고 있던 한 달란트 받은 종은 열심히 일하지 않은 결과 주인으로부터 게으른 종이라고 책망을 받았습니다.

우리도 받은 바 달란트를 잘 활용해야 합니다. 지혜의 은사를 받았으면 그 지혜로 주를 위해 사용해야 합니다. 건강을 받았으면 그 건강으로 열심히 뛰어야 합니다. 재물을 받았으면 하나님이 주신 재물로 열심히 봉사하고 헌신해야 합니다. 우리 모두 위로부터 받은 사명과 달란트를 지혜롭게 사용하는 신실한 하나님의 백성들이 되어야 합니다.

동시에 요한은 이렇게 말했습니다. "내가 말한 바 나는 그리스도가 아니요 그의 앞에 보내심을 받은 자라고 한 것을 증언할 자는 너희니라"(28)

2) 예수님만을 증거하겠다는 자세입니다

요한 자신을 가리켜 '나는 그리스도가 아니라 단지 그리스도를 증거하는 자' 라고 말했습니다. 이것이 바로 세례 요한의 자세입니다. 세례 요한은 자신의 존재 이유를 정확하게 알고 고백했습니다. "나는 나를 증거하는 사람이 아니라 예수를 증거하는 사람이다. 난 오직 예수 그리스도를 증거하는 광야에서 외치는 자의 소리에 불과할 뿐이다. 나는 예수 그리스도만을 증거하러 온 선지자이다." 역사적으로 보면 종종 예수님을 증거하는 것 같지만 자신을 증거하며 내세우는 사람들이 많았습니다. 여기서 이단이 나옵니다. 이단의 교주들을 보면 거의 자신을 내세웁니다.

신천지의 성경론을 보면 오직 이만희만이 계시록을 풀 수 있다고 하면서 그들은 원어 성경을 부인합니다. 신론을 보면 삼위일체를 부인하고 이만희를 신격화했습니다. 구원론을 보면 신천지 신자들만 구원을 받는다고 하면서 그들은 이만희의 성경해석만 믿고 순종합니다. 그런가 하면 안상홍 증인회는 성경을 안상홍 중심으로 해석합니다. 성령을 안상홍으로 대체하며 안상홍 불사를 주장했습니다. 기도 역시 안상홍의 이름으로 기도합니다. 정명석(JMS)은 자신이 하나님이라고 주장하면서 자신이 완성주라고 합니다.

이것이 바로 세례 요한의 자세였습니다. 사람은 누구나 끊임없이 자신을 드러내고 싶은 유혹을 받습니다. 자기의 지식이나 미모, 또는 자기의 능력 등 무언가를 드러내고 싶어 합니다. 심지어 교회 안에서도 자신의 믿음과 성취를 과시하고 싶은 유혹을 많이 받습니다. 그런데 우리가 자기를 드러내는데 집중하다 보면 예수님을 높이지 못하게 됩니다. 나를 드러내고 나를 자랑하고 나를 높이게 되면 예수님은 감추어지게 됩니다. 그러나 세례 요한은 자신을 감추는 대신 예수님을 자랑하고 증거했습니다. 요한은 아무리 많은 사람들이 몰려와 자신을 우러러보며 칭찬하고 떠받들어도 거기에 도취되지 않았습니다. 그것은 자기를 세상에 보내신 하나님의 뜻, 즉 자신의 사명을 정확히 알고 한 순간도 잊지 않았기 때문입니다. 그는 기회 있는 대로 예수님을 증거했습니다. 예수님을 향해서 세상 죄를 지고 가는 하나님의 어린 양이라고 증거했습니다.

세례 요한에게는 예수님을 드러내는 기쁨이 있었습니다. 우리에게도 예수님을 높이고 드러내는 기쁨이 있어야 합니다. 우리도 예수님만 나타내고 예수님만 높이는 것을 기쁨으로 여기고 살아가야 합니다.

2. 신랑의 친구로 만족하는 기쁨이 있었습니다

"신부를 취하는 자는 신랑이나 서서 신랑의 음성을 듣는 친구가 크게 기뻐하나니 나는 이러한 기쁨으로 충만하였노라"(29)

여기서 말하는 '서서 신랑의 음성을 듣는 친구'는 신랑과 신부 사이를 중매하는 역할과 신부를 신랑에게 무사히 인도하는 역할 및 결혼식에서의 신랑의 들러리 역할, 그리고 마지막으로 결혼 잔치를 주관하는 혼주(婚主) 역할까지도 담당합니다. 세례 요한은 신랑 친구의 기쁨을 알았기 때문에 흔들리지 않았습니다. 요한은 신랑이 아니지만 신랑 옆에서 신랑의 음성을 듣는 친구가 기뻐하는 것처럼 그에게도 신랑 들러리로서의 기쁨이 있다는 말입니다.

신랑의 친구는 신랑과 신부를 중매하여 결혼까지 성사시켜 예식장까지 입장시키는 기쁨이 있습니다. 친구는 결코 신랑을 시기하지 않습니다. 신랑을 도와주는 일 또한 쉽지 않습니다. 신경을 많이 써야 하고 시간과 돈을 들여가면서 신랑을 도와주어야 합니다. 그러나 돕는 그 자체를 기뻐하는 것이 신랑의 친구입니다. 신랑의 친구는 신랑신부가 행복하게 잘 살아도 시기하지 않고 오히려 그것을 보면서 기뻐하며 보람과 자부심을 느낍니다. 이 기쁨이 세례 요한의 기쁨이었습니다. 세례 요한은 주님과의 관계에서 신랑의 음성을 듣는 친구의 기쁨이 있다고 말했습니다. 요한은 예수 그리스도를 소개하는 들러리 역할을 하는 기쁨이 있다고 말했습니다.

사실 세례 요한도 훌륭한 인물입니다. 인간적인 조건으로 보면 오히려 예수님보다 더 나았습니다. 예수님은 목수 집안의 출신이었고 학문의 정도나 가족 구성원들을 보아도 세상적으로 내놓을 만한 것이 없습니다. 공생애 초기에 고향과 같은 나사렛 회당에서 설교하실 때에는 목수 주제에 무슨 말을 하느냐며 예수님을 배척하면서 낭떠러지까지 끌고 가서 떨어뜨리려고 한 적도 있습니다. "회당에 있는 자들이 이것을 듣고 다 크게 화가 나서 일어나 동네 밖으로 쫓아내어 그 동네가 건설된 산 낭떠러지까지 끌고 가서 밀쳐 떨어뜨리고자 하되"(눅 4:28-29) 그러나 세례 요한의 아버지 사가랴는 제사장이었습니다. 당시 제사장이라고 하면 사람들로부터 최고의 존경과 예우를 받던 직분이었으므로 제사장의 아들인 세례 요한은 당연히 최고의 교육을 받았을 것입니다. 세례 요한은 예수님보다 6개월 먼저 태어났으며 예수님의 어머니 마리아와 세례 요한의 어머니 엘리사벳은 서로 친척 관계였습니다. 그러니까 예수님은 외가 쪽으로 보면 세례 요한의 동생이 됩니다. 유대의 가족 제도는 서열을 아주 중요하게 여깁니다. 성경에 나오는 많은 족보들을 보면 특별한 사건이 없는 한 언제나 장자부터 기록하되 형제 간의 서열을 아주 엄격하게 구분했습니다. 그러니 세상적으로 볼 때 예수님은 세례 요한을 형으로 대우해야 할 입장이었습니다. 뿐만 아니라 사역 면에서도 세례 요한이 예수님보다 먼저 시작했습니다. 예수님은 삼십 세쯤에 사역을 시작하셨는데 세례 요한은 예수님보다 훨씬 빨리 시작했습니다. 성경학자들의 견해는 세례 요한은 예수님보다 이미 3-4년 정도 앞서 세례자로서의 사역을 해왔다고 합니다.

그리하여 세례 요한의 명성은 온 이스라엘에 퍼져 있었고 심지어 당시 정치적 권력을 쥐고 있던 헤롯 왕조차도 세례 요한의 말을 두려워할 정도였습니다. 그리고 세례 요한의 사역지였던 요단 강가에는 연일 몰려드는 사람들로 북적거렸으며, 부패의 상징이었던 세리나 군인들도 그의 설교를 들으면 감동되어 죄를 고백하고 세례를 받았습니다. 당시 세례 요한은 이스라엘 사람들에게 강력한 영향을 끼쳤습니다. 인간적으로 세례 요한은 모든 면에서 예수님에 비해 뒤떨어지기는커녕 오히려 우위에 있었지만 그는 예수님을 높이고 드러내고 자신의 주님으로 인정했습니다. 그래서 세례 요한은 예수님을 신랑으로 비유하여 자신을 신랑의 들러리라고 말했습니다. 그리고 신랑이 잘되는 것만으로 기뻐하는 신랑 친구의 역할로 만족한다고 했습니다.

우리도 세례 요한처럼 우리의 친구가 잘 되는 것을 보면 즐거워해야 합니다. 이웃이 잘 되는 것을 보고 즐거워할 줄 알아야 합니다. 이것이 신랑의 친구가 기뻐하는 기쁨입니다. 우리는 이웃 교회가 부흥하면 기뻐해야 합니다. 신앙생활을 잘 하는 사람을 보면 함께 기뻐해야 합니다. 기도도 나보다 많이 하고 응답도 많이 받는 성도들을 보면 기뻐해야 합니다. 교회 봉사도 나보다 더 잘 하는 사람이 있으면 함께 즐거워할 줄 알아야 합니다. 나보다 직분을 더 일찍 받아 더 잘 섬기는 사람을 봐도 역시 기뻐할 줄 알아야 합니다.

우리에게도 세례 요한의 기쁨이 있어야 합니다. 자신보다 예수님을 더 높이고 예수님이 드러나는 것으로 만족하고 기뻐해야 합니다. 예수님만 높이고 예수님만 자랑하는 교회는 아름다운 교회입니다. 예수님 한 분만을 최고로 아는 교회는 건강한 교회입니다. 우리는 예수님만 나타내고 예수님이 잘 되는 것만으로 기뻐하는 성도들이 되어야 합니다. 이것이 세례 요한의 기쁨입니다. 세례 요한처럼 예수님을 높이고 드러내는 것으로 기뻐하고, 우리의 이웃과 친구들이 잘 되는 것을 보고 즐거워할 줄 아는 우리 모든 성도들이 되어야 하겠습니다.

3. 주님이 잘 되는 것을 기쁨으로 여겼습니다

예수님이 나타나 세례를 베푸시자 세례 요한에게로 오던 사람들이 모두 예수님에게로 가버렸습니다. 이때 세례 요한의 제자들이 와서 이 사실을 보고했습니다. "그들이 요한에게 가서 이르되 랍비여 선생님과 함께 요단 강 저편에 있던 이 곧 선생님이 증언하시던 이가 세례를 베풀매 사람이 다 그에게로 가더이다"(26) 이때 세례 요한은 위대한 고백을 했습니다. "그는 흥하여야 하겠고 나는 쇠하여야 하리라"(30) 공동번역은 "그분은 더욱 커지셔야 하고 나는 작아져야 한다."고 번역했고, NIV성경에는 "He must become greater, I must become less.(그는 반드시 더 크게 되셔야만 하고 나는 반드시 작아져야만 한다.)"로 번역했습니다.

세례 요한은 자신의 마지막 선지자로서의 역할이 마무리되어 간다는 사실을 분명히 했습니다. 이제 예수님과 그를 따르는 무명의 어부들에 의해 복음시대가 펼쳐질 것을 내다보았습니다. 세례 요한은 구약의 그 어떤 인물이나 어떤 선지자들보다 큰 역할을 감당했습니다. 세례 요한은 구약의 모든 선지자들이 오실 것이라고 예언한 메시야, 즉 예수 그리스도를 직접 보고 예언하고 소개함으로써 위대한 선지자의 사명을 잘 수행했습니다. 그래서 예수님은 여인이 낳은 자 중에 세례 요한보다 큰 자가 없다고 하셨습니다. 그러나 하나님의 임재를 보며 살아가는 복음시대에는 지극히 작은 자도 세례 요한보다 더 큰 은혜를 누리는 큰 자로 살아갑니다.

요한복음에서 세례 요한이 "그는 흥하여야 하겠고 나는 쇠하여야 하리라"고 고백한 이 말씀은 세례 요한의 마지막 진술입니다. 이 말은 그의 선지자적 위대성을 단연 돋보이게 하는 구절로 매우 감동적인 말입니다. 그를 따르고 존경하는 수많은 사람들 앞에서 자신의 한계성을 인정하고 예수님이 그리스도이심을 주지시키는 일은 위대한 인격자가 아니면 어려운 일입니다. 처음에는 세례 요한의 추종자들이 예수님을 따르는 자들보다 더 많았으나 이제는 세태가 바뀌고 있습니다. 이때 세례 요한은 과감하고도 분명하게 자신을 내려놓으며 예수님은 흥하게 되고 자신은 쇠하여지는 사람이라고 고백했습니다. 다시 말하면 이제 요한의 시대는 끝났으니 모두 그리스도이신 예수님께로 가는 것이 옳다는 말입니다. 이 일은 과감한 결정입니다.

세상에서도 자기를 열렬히 추종하고 따르는 수많은 사람들에게 "여러분, 이제 나의 시대는 끝났습니다. 나보다 저 분이 더 위대한 사람이니 저 분에게로 가십시오."란 말을 하기가 어렵습니다. 정치인들을 보면 자신이 모든 면에서 불리하다고 판단되어도 끝까지 포기하지 않고 경쟁합니다. 더구나 상대방과 막상막하이거나 자신이 모든 면에서 유리한 고지를 선점하고 있다고 판단되면 결코 양보하지 않고 승리를 위해서 최선을 다합니다.

그러나 세례 요한은 모든 사실을 인정하고 자신은 그리스도가 아니라 그리스도를 소개하러 온 사람에 불과하다고 말했습니다. 그리고 그는 "예수님은 흥해야 하고 나는 쇠해야 한다."고 고백했습니다. 사실 세례 요한은 그의 생애를 오직 그리스도를 증거하는 일을 위해 온전히 바쳤으며, 예수님의 공생애가 본격적으로 궤도에 오르기 시작할 무렵에 헤롯의 박해로 참수형(斬首刑)을 당함으로써 '주의 길을 곧게 하는 자'로서의 그의 생애를 마감했습니다.(막 1:14; 눅 3:18-20)

"그는 흥하여야 하겠고 나는 쇠하여야 하리라"는 그의 마지막 고백은 참으로 위대한 고백이며 그의 사명과 인생을 요약한 말이기도 합니다. 세례 요한은 자신의 사명을 확실히 알았기 때문에 이제 자신이 할 일은 끝났으니 이 무대에서 사라져야 한다는 표현을 "나는 쇠하여야 하리라"는 말로 고백한 것입니다.

사람에게 중요한 것은 처음보다 마지막입니다. 마지막을 어떻게 정리하느냐에 따라 그 사람의 평가가 달라질 것입니다. 처음에는 잘 했으나 나중에 변절되었다면 그 사람에 대한 평가는 달라질 수밖에 없습니다.

인도의 개척 선교사였던 윌리엄 캐리는 죽어가면서 이런 말을 말했습니다. "내가 죽거든 윌리엄 캐리에 대해서는 말하지 마십시오. 다만 말하려면 윌리엄 캐리의 구세주에 대해서만 말하십시오." 이것은 우리 모든 성도들의 고백이 되어야 합니다.

사도 바울은 빌립보서에서 이렇게 고백했습니다. "나의 간절한 기대와 소망을 따라 아무 일에든지 부끄러워하지 아니하고 지금도 전과 같이 온전히 담대하여 살든지 죽든지 내 몸에서 그리스도가 존귀하게 되게 하려 하나니 이는 내게 사는 것이 그리스도니 죽는 것도 유익함이라"(빌 1:20-21) 사도 바울의 평생 소원이자 마지막 고백은 오직 그리스도를 존귀케 하는 것이었습니다.

우리 성도들도 세례 요한과 같은 삶을 살고 세례 요한과 같은 고백을 할 수 있어야 합니다. 예수 그리스도만을 높이고 우리 자신을 낮추는 삶을 살아야 합니다. 그런 인격자로 성장해야 합니다. 교회 안에도 예수님의 이름을 빌어 끊임없이 자신이 흥하려고 하는 사람이 있을 수 있습니다. 예수님의 이름을 빌어 복을 받고 신앙의 힘을 빌어 소원을 성취하면서 나를 높여 보겠다는 사람은 하나님 나라를 위해 사는 사람이 아니라 자신을 위해 예수님과 신앙을 이용하는 사람입니다.

반면에 세례 요한처럼 예수님을 높이며 하나님의 영광을 위해 자신을 낮추며 자신이 쇠하여지기를 주저하지 않는 사람도 있습니다. 성도들 중에는 자신과 자신의 가정을 위해서는 아무 것도 아까울 것 없이 사용하면서도 그리스도를 높이는 일과 하나님의 나라를 위해서는 전혀 투자할 줄 모르는 사람도 있습니다. 이것은 자신을 흥하게 하고 그리스도를 쇠하게 만드는 일입니다. 자신의 건강과 취미와 여가 활용 등 썩어질 몸을 위해서는 시간과 돈을 아끼지 않으면서도 그리스도를 높이고 하나님의 영광과 주님의 나라를 위해서는 그 무엇도 희생할 수 없는 사람은 자신을 흥하게 하고 그리스도를 쇠하게 만드는 사람입니다.

오늘날 시대가 혼미하고 어려운 것은 오직 자신만 흥하기를 바라는 사람들이 많기 때문입니다. 이 시대의 정치가 혼란스러운 것도 나라야 쇠하든 말든 자신과 소속한 정당만 잘 되면 된다는 정치꾼들이 많기 때문입니다. 이 시대의 경제가 어려운 것도 자신들의 이익만을 주장하면서 자신들만 흥하기를 바라는 기업가와 노동자들이 있기 때문입니다. 애국자는 바로 자신은 쇠하더라도 나라와 민족을 흥하게 하는 사람입니다. 참된 기업인은 자신은 쇠하더라도 국민 경제를 흥하게 하는 사람입니다. 존경받는 정치가 역시 자신은 쇠하더라도 역사를 흥하게 하는 사람입니다. 세계 역사를 빛낸 사람들 역시 자신은 쇠하더라도 세계와 인류를 흥하게 한 사람들입니다. 참된 신앙인, 참된 그리스도인 역시 나는 쇠하더라도 주님과 주님의 교회가 흥하도록 헌신하는 사람입니다. 이러한 정신으로 사는 사람들이 있을 때 공동체도 역사도 살아났습니다. 그러나 자신은 흥하려고 하면서도 결코 자신이 희생하거나 손해보는 일은 하지 않겠다는 사람들이 많았던 시대는 한결 같이 타락한 시대요 망국의 시대였습니다.

주님의 몸된 교회를 세우고 섬긴 사람들, 인류의 가슴에 아름다운 감동을 남긴 사람들, 하나님 나라에서 영원히 빛날 사람들은 모두 세례 요한의 정신으로 살다가 간 사람들입니다. 그들의 신앙철학과 인생철학은 한결 같이 오직 한 가지였습니다. 성경은 말씀합니다. "그는 흥하여야 하겠고 나는 쇠하여야 하리라" 우리 예수님이 이 땅에 오신 이유가 무엇입니까? "인자가 온 것은 섬김을 받으려 함이 아니라 도리어 섬기려 하고 자기 목숨을 많은 사람의 대속물로 주려 함이니라"(막 10:45) 우리는 겸손히 자신을 낮추고 섬기는 자가 되어야 합니다.

어떤 사람이 어거스틴을 찾아가 "신앙생활에서 첫째 되는 것이 무엇입니까?" 하고 묻자 그는 "겸손입니다." 하고 대답했다고 합니다. "둘째는 무엇입니까?" "겸손입니다." "그럼 셋째는 무엇입니까?" "셋째도 겸손입니다." 그리고 그는 이런 말을 덧붙였습니다. "천사를 마귀로 만든 것은 교만이며 인간을 천사로 만든 것은 겸손이다." 그는 "모든 미덕의 바구니가 겸손"이라고 했습니다. 지식도 겸손의 바구니에 담겨져야 가치가 있습니다. 능력도 돈도 아름다움도 권력도 겸손의 바구니에 담겨질 때 아름답습니다.

우리도 세례 요한처럼 고백합시다. 세례 요한의 신앙철학이 저와 여러분의 신앙 좌우명이 되어야 하겠습니다. "그는 흥하여야 하겠고 나는 쇠하여야 하리라" 아멘.

1예수께서 제자를 삼고 세례를 베푸시는 것이 요한보다 많다 하는 말을 바리
새인들이 들은 줄을 주께서 아신지라 2(예수께서 친히 세례를 베푸신 것이
아니요 제자들이 베푼 것이라) 3유대를 떠나사 다시 갈릴리로 가실 새 4사마
리아를 통과하여야 하겠는지라 5사마리아에 있는 수가라 하는 동네에 이르
시니 야곱이 그 아들 요셉에게 준 땅이 가깝고 6거기 또 야곱의 우물이 있더
라 예수께서 길 가시다가 피곤하여 우물 곁에 그대로 앉으시니 때가 여섯
시쯤 되었더라 7사마리아 여자 한 사람이 물을 길으러 왔으매 예수께서 물을
좀 달라 하시니 8이는 제자들이 먹을 것을 사러 그 동네에 들어갔음이러라
9사마리아 여자가 이르되 당신은 유대인으로서 어찌하여 사마리아 여자인
나에게 물을 달라 하나이까 하니 이는 유대인이 사마리아인과 상종하지 아
니함이러라 10예수께서 대답하여 이르시되 네가 만일 하나님의 선물과 또 네
게 물 좀 달라 하는 이가 누구인 줄 알았더라면 네가 그에게 구하였을 것이
요 그가 생수를 네게 주었으리라 11여자가 이르되 주여 물 길을 그릇도 없고
이 우물은 깊은데 어디서 당신이 그 생수를 얻겠사옵나이까 12우리 조상 야
곱이 이 우물을 우리에게 주셨고 또 여기서 자기와 자기 아들들과 짐승이
다 마셨는데 당신이 야곱보다 더 크니이까 13예수께서 대답하여 이르시되 이
물을 마시는 자마다 다시 목마르려니와 14내가 주는 물을 마시는 자는 영원
히 목마르지 아니하리니 내가 주는 물은 그 속에서 영생하도록 솟아나는 샘
물이 되리라 15여자가 이르되 주여 그런 물을 내게 주사 목마르지도 않고 또
여기 물 길으러 오지도 않게 하옵소서 16이르시되 가서 네 남편을 불러 오라
17여자가 대답하여 이르되 나는 남편이 없나이다 예수께서 이르시되 네가 남
편이 없다 하는 말이 옳도다 18너에게 남편 다섯이 있었고 지금 있는 자도
네 남편이 아니니 네 말이 참되도다 19여자가 이르되 주여 내가 보니 선지자
로소이다 20우리 조상들은 이 산에서 예배하였는데 당신들의 말은 예배할 곳
이 예루살렘에 있다 하더이다 21예수께서 이르시되 여자여 내 말을 믿으라
이 산에서도 말고 예루살렘에서도 말고 너희가 아버지께 예배할 때가 이르
리라 22너희는 알지 못하는 것을 예배하고 우리는 아는 것을 예배하노니 이
는 구원이 유대인에게서 남이라 23아버지께 참되게 예배하는 자들은 영과 진
리로 예배할 때가 오나니 곧 이 때라 아버지께서는 자기에게 이렇게 예배하
는 자들을 찾으시느니라 24하나님은 영이시니 예배하는 자가 영과 진리로 예
배할지니라 25여자가 이르되 메시야 곧 그리스도라 하는 이가 오실 줄을 내
가 아노니 그가 오시면 모든 것을 우리에게 알려 주시리이다 26예수께서 이
르시되 네게 말하는 내가 그라 하시니라

(요한복음 4:1-26)

14

우물가의 여자

우리가 살아가면서 누구를 만나느냐 하는 것은 아주 중요합니다. 본문에 한 여자가 예수님을 만남으로써 그의 인생이 완전히 변화되는 사건이 발생했습니다. 바로 사마리아 수가 성의 여자입니다. 이 여자가 우물가에서 예수님을 만났습니다. 우리도 이 우물가의 여자와 같은 사람들이었지만 예수님을 만남으로써 구원을 받았습니다.

오늘날에도 우리 주위에는 우물가의 여자들이 많습니다. 이들은 모두 예수님을 만나야 할 사람들입니다.

1. 예수님께서 사마리아에 들어 가셨습니다

"유대를 떠나사 다시 갈릴리로 가실 새 사마리아를 통과하여야 하겠는지라 사마리아에 있는 수가라 하는 동네에 이르시니"(3-5)

당시 유대인과 사마리아인은 서로 상종도 하지 않는 불편한 사이였습니다. 그 이유는 사마리아가 주전 721년에 앗수르에 멸망한 이후 앗수르의 혼합정책으로 인해 이스라엘의 정체성을 잃어버렸기 때문입니다. 종교도 변질되고 인종도 혼혈족이 많아졌습니다. 그래서 정통

성을 유지하고 있는 남쪽 유대인들은 사마리아인들을 멸시하며 멀리했습니다. 그러자 사마리아인들도 유대인들을 미워하며 가까이 하지 않게 되었습니다. 그래서 유대인들은 여행을 하는 중에도 사마리아 땅을 통과하지 않고 돌아서 다녔습니다. 그런데 예수님은 사마리아 땅으로 바로 들어 가셨습니다. 예수님은 사마리아를 버리지 않으셨습니다.

여기서 우리에게 주시는 교훈은 복음을 듣지 않아도 될 지역이나 사람은 없다는 것입니다. 사마리아도 복음을 들어야 하고 사마리아 여자도 복음을 들어야 합니다. 우리 예수님이 사마리아 땅에 들어가셔서 복음을 전하시듯 우리도 모든 사람들에게 복음을 전해야 합니다. 그래서 주님은 우리에게 명령하셨습니다. "너희는 가서 모든 민족을 제자로 삼아 아버지와 아들과 성령의 이름으로 세례를 베풀고 내가 너희에게 분부한 모든 것을 가르쳐 지키게 하라 볼지어다 내가 세상 끝 날까지 너희와 항상 함께 있으리라"(마 28:19-20), "오직 성령이 너희에게 임하시면 너희가 권능을 받고 예루살렘과 온 유대와 사마리아와 땅 끝까지 이르러 내 증인이 되리라"(행 1:8) 우리도 모든 민족에게 복음을 전해야 합니다.

지난주에 일본에 있는 목사님들이 한국에 오셔서 세미나를 개최했습니다. 우리 동부산 노회와 일본 중부 중회가 오래 전부터 기도하며 의논해 오던 중에 일본에 교회를 개척하도록 뜻을 모으고 준비 중에 있습니다. 우리는 일본에도 복음을 전해야 합니다. 예수님처럼 우리도 모든 민족에게 복음을 전해야 합니다. 그래서 우리는 멀리 남부 아프리카에 선교사를 파송하여 흑인들에게도 복음을 전하고 있습니다.

이 일을 위해서 우리는 기도하며 선교비를 보낼 뿐 아니라 선교지에 가서 말씀을 전하고 의료봉사도 하고 선교사들을 격려도 하며 함께 예배도 드립니다. 우리도 예수님처럼 모든 민족에게 복음을 전해야 합니다. 물론 북한에도 복음을 전해야 합니다.

우리는 우리의 사마리아를 늘 생각하는 가운데 복음을 필요로 하는 모든 이들에게 전해야 합니다.

2. 예수님은 사마리아 수가 성의 여자에게 복음을 전하셨습니다

사마리아 수가 성에 예수님을 꼭 만나야 할 여자가 살고 있었습니다.

1) 이 여자는 생수를 갈망하고 있었습니다

예수님께서 여행길에 목이 말라 우물가를 찾으셨을 때 한 여자가 물을 길으러 왔다가 예수님을 만났습니다. "예수께서 길 가시다가 피곤하여 우물 곁에 그대로 앉으시니 때가 여섯 시쯤 되었더라 사마리아 여자 한 사람이 물을 길으러 왔으매"(6-7)

이 말씀을 보면 예수님은 인성을 가진 분이심을 알 수 있습니다. 피곤하시고 목이 마르셨다는 것은 예수님은 인간의 성품을 가지고 이 세상에 오신 사람인 동시에 하나님이신 신인양성을 가진 분이심을 알 수 있습니다. 예수님은 인간을 구원하시기 위해서 이 세상에 인간의 몸을 입고 오셔야만 했습니다. 그래야 우리의 모든 죄를 담당하시고 십자가에서 구원의 역사를 이룰 수 있었기 때문입니다. 예수님은 인성을 가지고 오셨기 때문에 목이 말랐습니다. 그래서 사마리아 우물가의 여자에게 물을 달라는 말씀을 시작으로 대화하셨습니다. 대화의 주제는 생수였습니다. 이 여자는 매일 물을 길으러 오는 것이 귀찮았습니다. 그런데 예수님이 이런 말씀을 하셨습니다. "내가 주는 물을 마시는 자는 영원히 목마르지 아니하리니 내가 주는 물은 그 속에서 영생하도록 솟아나는 샘물이 되리라"(14)

예수님은 여기서 물질적인 생수와 영적인 생수를 구별하여 말씀하셨습니다. "내가 주는 물을 마시는 자"란 말은 유대인이나 사마리아인을 다 함께 가리키는 말씀입니다. 여기서 기독교 구원의 보편성, 곧 무차별성을 보여줍니다. 누구든지 주님의 물을 마실 수 있습니다. 누구든지 차별 없이 예수님이 주시는 생수를 마실 수 있습니다. "목마르지 아니하리니"란 말은 영적 기갈이 없다는 뜻입니다. 성경은 하나님과 성령님을 생수로 비유합니다.(사 58:11) '솟아난다' 는 말은 그 영적 생명이 무궁무진함을 뜻합니다. 예수님이 주시는 생수를 마시는 자는 더 이상 영적 갈급함이 없습니다. 더 이상 목이 마를 필요가 없습니다. 예수님을 만나면 속에서 기쁨이 솟아나고 평안이 넘칩니다. 세상 모든 사람들이 생수를 갈망합니다. 사마리아 여자도 생수를 갈망했습니다. "주여 그런 물을 내게 주사 목마르지도 않고 또 여기 물 길으러 오지도 않게 하옵소서"(15) 이 여자는 주님의 말씀을 오해했습니다. 이 여자는 육적인 물만 생각했으나 그에게 진정으로 필요한 것은 영적인 물, 즉 생수였습니다. 우리의 영혼을 만족시켜 주실 분은 오직 예수님뿐입니다.

프랑스의 어느 마을에 새로 부임한 목사님이 한 성도의 가정을 방문하게 되었습니다. 목사님이 다녀간 후에 남편이 일터에서 돌아오자마자 부인이 말했습니다. “오늘 새로 오신 목사님이 다녀가셨어요.” “목사님이 뭐라고 하셨는데?” “목사님이 ‘이 가정에 그리스도께서 함께 하십니까?’ 하시는 거예요. 전 그 말이 무슨 뜻인지 몰랐어요.” 아내의 말을 들은 남편의 얼굴은 시뻘겋게 달아오르기 시작했습니다. “그럼 당신은 우리가 점잖고 훌륭한 가문의 자손이라고 말하면 되잖아.” “저도 처음엔 그러려고 했지만 목사님이 물으신 것은 그게 아니란 말이에요.” “그러면 우리 가족은 매일 열심히 기도하고 성경을 읽고 있다고 해야지.” “그렇지만 여보, 그것도 목사님이 질문하신 것은 아니잖아요?” 남편은 점점 더 초조해지기 시작했습니다. “그럼 당신은 우리 가족은 주일마다 교회에 출석한다는 말도 하지 않았단 말이야?” “목사님은 그것도 묻지 않으신 걸 어떻게 해요. 단지 목사님은 그리스도께서 이 집에 거하시냐고만 하셨단 말이에요.” 이 부부는 여러 날 목사님이 하신 이 심상치 않은 물음의 의미가 무엇인지 고민하기 시작했습니다. 그러는 사이에 이 부부에게 조금씩 변화가 일어나기 시작했습니다. 이 부부는 그리스도를 갈망하게 되었고, 죽으신 분이 아닌 다시 사신 부활의 주님을 생각하기 시작했습니다. 마침내 그리스도의 위대하신 사랑과 신비롭고도 놀라운 체험을 통하여 그분을 알게 된 것뿐 아니라 그리스도께서 그 가정에 진정으로 거하시게 되었습니다.

오직 예수님만이 우리의 구주가 되시고 우리에게 영원한 생수를 주시며 영원한 구원자이심을 믿고 주 예수님 안에서 참 기쁨과 행복을 누리는 모든 성도들이 되시길 바랍니다.

2) 이 여자에게는 남편이 다섯 명이나 있었습니다

사마리아 수가 성의 여자는 남편이 다섯 명이나 있었던 참으로 불쌍한 여자였습니다. 이 여자에게 가장 필요한 것은 예수님이 주시는 영생수였습니다. 주님은 이 여자에게도 영생수를 주셨습니다. 예수님께서 이 여자에게 말씀하셨습니다. "가서 네 남편을 불러 오라"(16) 여자가 대답했습니다. "나는 남편이 없나이다"(17) 그러자 예수님이 다시 말씀하셨습니다. "네가 남편이 없다 하는 말이 옳도다 너에게 남편 다섯이 있었고 지금 있는 자도 네 남편이 아니니 네 말이 참되도다"(17-18) 그러자 이 여자가 깜짝 놀라며 예수님을 선지자로 보았습니다. "주여 내가 보니 선지자로소이다"(19)

이 여자는 남편이 다섯 명이나 되었습니다. 그런데 지금은 또 다른 남자와 동거하고 있으니 참으로 불쌍한 여자입니다. 그래서 이 여자는 동네 사람들로부터 인정을 받지 못하고 멸시를 받으며 살아왔습니다. 그래서 사람들이 아무도 없는 가장 뜨거운 낮 시간에 물을 길으려고 온 것입니다. 사람들의 시선을 피하여 혼자 물을 길으러 온 이 여자의 현실이 참으로 안타깝습니다. 그런데 이 여자에게도 예수님의 생수가 필요했습니다. 이 여자에게 가장 필요한 것은 예수님의 생수입니다.

우리 예수님은 이 세상에 죄인을 구원하러 오셨습니다. 가난한 자와 포로가 된 자와 눈이 먼 자와 눌린 자들을 찾아 자유와 평화를 주셨습니다. 남편이 다섯 명이나 있었던 이 불쌍한 사마리아 여자에게도 예수님의 생수가 필요했습니다. 예수님은 이 여자에게 은혜를 베풀어 주셨습니다. 이 여자는 예수님을 만남으로 인생에 놀라운 변화를 경험하게 되었습니다. 절망과 좌절과 패배의식 속에 살아가던 이 여자에게 생수가 솟아났습니다. 이 여자는 예수님을 만남으로 참된 행복을 찾게 되었습니다. 여기서 중요한 것은 예수님을 만나는 것입니다. 이 여자는 예수님을 만났기 때문에 행복을 찾을 수 있었습니다.

가가와 도요히꼬 선생은 일본이 낳은 최고의 전도자요 저술가요 자선사업가입니다. 그는 아버지의 첩인 기생의 아들로 태어나 본처의 가정으로부터 말할 수 없는 구박과 천대와 멸시 속에서 자랐기 때문에 성격이 비뚤어진데다 매우 어둡기까지 했습니다. 그가 소년 시절이었던 어느 날 양지 바른 담장 아래에 웅크리고 앉아 있을 때 머리가 아프고 속이 매스꺼워 기침을 했는데 붉은 피가 올라왔습니다. 진단 결과 폐병 3기로 치료를 해도 가망이 없다고 했습니다. 그러던 어느 겨울날 오후에 양지쪽에 앉아 햇볕을 쬐고 앉아 있을 때 누군가가 북을 치며 찬송가를 불렀습니다. 그리고는 "예수를 믿으세요. 하나님의 자녀가 되는 권세를 얻습니다."라는 문구가 기록된 전도지를 건네 주었습니다. 그는 자신도 모르게 벌떡 일어나 전도자를 붙들고 물었습니다. "나 같이 가난하고 병 들고 천한 기생의 자식도 하나님의 자녀가 될 수 있습니까?" "그럼요. 누구든지 믿기만 하면 됩니다." 그는 그 순간 예수님을 영접한 후부터 기생의 아들이 아닌 하나님의 자녀가 되었습니다. 그는 하나님의 능력을 체험하고 훌륭한 전도자가 되어 빈민들의 아버지로 많은 사람들의 존경을 받는 성자가 되었습니다.

성경은 말씀합니다. "영접하는 자 곧 그 이름을 믿는 자들에게는 하나님의 자녀가 되는 권세를 주셨으니"(1:12) 누구든지 예수님 앞에 나오면 구원을 받습니다. 그러므로 예수님을 만나야 합니다. 우리 주위에 예수님을 만나야 할 사람들이 많습니다. 누구든지 예수님을 만날 수 있습니다. 어떤 사람이라도 예수님 앞에 나오면 예수님은 우리를 외면하지 않으십니다. 우리는 우리 주위의 사마리아 여자들에게 예수님을 만나게 해주어야 합니다.

3. 참된 예배입니다

우물가의 여자는 예수님과의 대화에서 참된 예배에 대해 배웠습니다. 예수님은 이 여자에게 참된 예배를 가르쳐 주셨습니다. 우물가의 여자는 예수님으로부터 이미 생수에 대한 말씀을 들었기 때문에 예수님에 대해 관심이 있었습니다. 그런데 예수님이 여자에게 남편을 불러오라고 하시자 여자는 남편이 없다고 대답했습니다. 그때 예수님은 그 여자에게 남편이 다섯 명이나 있었지만 지금 있는 남자도 여자의 남편이 아니라고 말씀하시자 그 여자가 예수님을 향하여 선지자라고 말했습니다. 그리고는 갑자기 화제를 예배로 바꾸었습니다. "우리 조상들은 이 산에서 예배하였는데 당신들의 말은 예배할 곳이 예루살렘에 있다 하더이다"(20)

여기서 그 당시에는 예배에 대해 어떤 생각들을 가지고 있었는지를 알아야 합니다. 사마리아 여자는 예수님에게 "우리 조상들은 이 산에서 예배하였는데 당신들의 말은 예배할 곳이 예루살렘에 있다 하더이다"라고 말했습니다. 여기서 말하는 산은 그리심 산을 말합니다. 그리심 산은 이스라엘 백성들이 출애굽하여 가나안 땅에 들어와 처음으로 하나님께 예배드린 성지로 하나님의 복이 선포되었던 곳입니다. 그런데 그 산이 사마리아에 있었기 때문에 사마리아인들은 거기에서 예배를 드렸던 것입니다. 그러나 유대 사람들은 예루살렘의 시온 산을 주장합니다. 그래서 사마리아 여자가 이 문제에 대해서 예수님께 질문을 한 것입니다. 이 질문에 예수님은 예배에 관한 정의를 아주 성의껏 설명해 주셨습니다.

1) 예배의 장소는 아무런 문제가 안 된다고 말씀하셨습니다

"여자여 내 말을 믿으라 이 산에서도 말고 예루살렘에서도 말고 너희가 아버지께 예배할 때가 이르리라"(21)

"이 산에서도 말고 예루살렘에서도 말고"라고 하셨습니다. 우리 하나님은 무소부재하신 하나님, 즉 편재하신 하나님이시므로 계시지 않는 곳이 없습니다. 하나님은 어디에나 계십니다. 그러므로 우리는 어디서나 하나님께 예배드릴 수 있습니다. 반드시 정해진 한 곳에서만 예배드릴 수 있는 것이 아닙니다.

2) 예배의 대상을 말씀하셨습니다

"너희는 알지 못하는 것을 예배하고 우리는 아는 것을 예배하노니 이는 구원이 유대인에게서 남이라 아버지께 참되게 예배하는 자들은 영과 진리로 예배할 때가 오나니 곧 이 때라 아버지께서는 자기에게 이렇게 예배하는 자들을 찾으시느니라"(22-23)

우리의 예배의 대상은 오직 하나님이십니다. 오직 하나님만이 예배의 대상이 될 수 있습니다. 그래서 예수님은 그 여자에게 말씀하셨습니다. "너희는 알지 못하는 것을 예배하고 우리는 아는 것을 예배하노니" 사마리아 사람들은 그리심 산에 성전을 지어 놓고 마치 하나님은 그 성전에만 계시는 것처럼 성전 우상화에 빠져 있었습니다. 그래서 이 여자도 지금 그것을 고민하고 있는 것입니다.

오늘날에도 유럽에는 세계적인 대성전들이 있습니다. 거대한 성당에는 그 의미가 도대체 무엇인지 알 수 없는 조각품이나 장식들과 그림 등이 얼마나 많은지 분간하기가 어렵습니다. 그러다 보니 형식에 치우치게 되고 율법화되어 종교개혁이 일어나게 된 것입니다. 참 예배로 돌아가자는 운동입니다. 참 예배는 참 예배의 대상자에게만 드려야 합니다. 참 예배의 대상은 오직 하나님만이 되어야지 인간이 만들어 놓은 어떤 장식품도 예배의 대상이 되어서는 안 됩니다. 사람도 예배의 대상이 될 수가 없습니다. 예배의 대상은 언제나 하나님만이 되어야 합니다. 십자가도 우상화하지 말아야 합니다. 십자가를 걸어 놓는 것은 예수님을 생각나게 하려는 것이지 십자가 자체를 생각나게 하려는 것이 아닙니다. 천사를 숭배해서도 안 됩니다. 천사는 하나님의 심부름꾼에 불과합니다. 성자들도 예배의 대상이 될 수 없습니다. 예배의 대상은 오직 하나님 한 분밖에 없습니다.

제자들이 46년이나 걸려서 지은 성전이라고 자랑할 때 예수님은 때가 되면 돌 위에 돌 하나도 남지 않고 다 무너질 것이라고 말씀하셨습니다. 성전 자체가 예배의 대상이 될 수 없다는 말입니다. 하나님만이 예배의 대상이란 말씀입니다. 성경은 십계명의 제1,2계명에서 분명히 말씀합니다. "너는 나 외에는 다른 신들을 네게 두지 말라 너를 위하여 새긴 우상을 만들지 말고 또 위로 하늘에 있는 것이나 아래로 땅에 있는 것이나 땅 아래 물속에 있는 것의 어떤 형상도 만들지 말며 그것들에게 절하지 말며 그것들을 섬기지 말라"(출 20:3-5) 오직 하나님 한 분만 섬기라는 말씀입니다.

참된 예배는 참된 예배의 대상자이신 하나님 한 분만을 생각하고 그 분께 우리의 전 마음과 인격을 집중하여 드리는 것임을 항상 기억하여 오직 하나님께만 경배해야 합니다.

3) 참된 예배는 영과 진리로 드려야 합니다

예수님은 그 여자에게 예배드리는 방법을 설명해 주셨습니다. "아버지께 참되게 예배하는 자들은 영과 진리로 예배할 때가 오나니 곧 이때라 아버지께서는 자기에게 이렇게 예배하는 자들을 찾으시느니라 하나님은 영이시니 예배하는 자가 영과 진리로 예배할지니라"(23-24)

한 마디로 예배는 영과 진리로 드려야 한다는 말씀입니다. 사람은 영으로 만들어진 존재입니다. 그러므로 영은 우리 인간의 구성요소 중에 가장 중요하고 고귀한 부분입니다. 이 '영(in the spirit)'으로 우리는 성령님과 교통할 수 있습니다. 영의 교통이 이루어지지 않는 예배는 아무 소용이 없습니다. 그러므로 예배는 하나님과의 신령한 만남입니다. 또한 예배는 성령 안에서 드려야 합니다. 우리의 영이 성령 안에 있지 않은 사람은 하나님의 자녀가 아니므로 예배를 드려도 소용이 없습니다. 불신자들은 예배를 드릴 수 없을 뿐더러 그들의 예배를 받을 수도 없습니다. 그러므로 우리는 우리의 영으로 우리의 전 인격으로 성령 안에서 예배드려야 합니다.

동시에 우리는 '진리(in truth)'로 예배드려야 합니다. 진리는 말씀입니다. 구약에 나타난 계시, 즉 말씀은 그 구원의 예언이 예수님이 오심으로 이루어졌습니다. 그러므로 예배는 진리가 되시는 그리스도 안에서 드려야 합니다. 예수님은 말씀하셨습니다. "내가 곧 길이요 진리요 생명이니 나로 말미암지 않고는 아버지께로 올 자가 없느니라"(14:6) 우리가 예수님을 모시면 진리 안에 들어온 것입니다. 그러므로 예수님과 그 말씀을 완전히 믿는 가운데 드리는 예배가 완전한 참 예배입니다. 예수님을 믿고 하나님의 말씀을 배워서 그 말씀대로 드리는 예배가 하나님께서 받으실 만한 참된 예배입니다.

서울의 어느 교회에서 있었던 일입니다. 여전도회 헌신예배를 드리는데 총무가 예배를 인도하고 전도회장이 특송을 하기로 되어 있었습니다. 회장이 회중 앞에 나와서 평소에 하는 대로 은혜롭게 한 소절을 불렀습니다. 그런데 둘째 소절부터는 박자도 맞지 않고 가사도 횡설수설하며 찬양이 엉망이 되어 버렸습니다. 가까스로 다 마치자 목사님이 설교를 하려고 강단으로 올라가는데 특송을 했던 여전도회장이 쏜살같이 예배당 밖으로 나가버렸습니다. 다음날 목사님이 그 이유를 물었습니다. 그런데 그 대답이 참으로 어이가 없었습니다. "어휴, 죄송합니다. 특송을 하는데 별안간 비 오는 소리가 들리잖아요. 장독대를 열어 놓고 온 생각이 나서 찬송이 되겠습니까? 그래서 장독대 뚜껑을 덮으려고 갔습니다." 이것은 영과 진리로 드리는 예배자의 자세가 아닙니다.

예배는 우리의 영으로 드려야 합니다. 하나님만 향하고 하나님만 생각하며 드려야 합니다. 예배 시간에 전 세계 여행을 한다면 그것은 참된 예배가 아닙니다. 예배는 오직 하나님만 생각하고 하나님께만 드려야 합니다. 우리의 영으로 예수님을 믿는 말씀 안에서 드려야 합니다.

예수님만이 우리의 영생수가 되십니다. 누구라도 예수님을 만날 수 있습니다. 우리는 주위에 있는 우물가의 여자들을 주님 앞으로 인도해야 합니다. 우리도 영과 진리로 참된 예배를 드려야 합니다. 아멘.

27 이때에 제자들이 돌아와서 예수께서 여자와 말씀하시는 것을 이상히 여겼
으나 무엇을 구하시나이까 어찌하여 그와 말씀하시나이까 묻는 자가 없더
라 28 여자가 물동이를 버려두고 동네로 들어가서 사람들에게 이르되 29 내가
행한 모든 일을 내게 말한 사람을 와서 보라 이는 그리스도가 아니냐 하니
30 그들이 동네에서 나와 예수께로 오더라 31 그 사이에 제자들이 청하여 이르
되 랍비여 잡수소서 32 이르시되 내게는 너희가 알지 못하는 먹을 양식이 있
느니라 33 제자들이 서로 말하되 누가 잡수실 것을 갖다 드렸는가 하니 34 예
수께서 이르시되 나의 양식은 나를 보내신 이의 뜻을 행하며 그의 일을 온
전히 이루는 이것이니라 35 너희는 넉 달이 지나야 추수할 때가 이르겠다 하
지 아니하느냐 그러나 나는 너희에게 이르노니 너희 눈을 들어 밭을 보라
희어져 추수하게 되었도다 36 거두는 자가 이미 삯도 받고 영생에 이르는 열
매를 모으나니 이는 뿌리는 자와 거두는 자가 함께 즐거워하게 하려 함이
라 37 그런즉 한 사람이 심고 다른 사람이 거둔다 하는 말이 옳도다 38 내가
너희로 노력하지 아니한 것을 거두러 보내었노니 다른 사람들은 노력하였
고 너희는 그들이 노력한 것에 참여하였느니라 39 여자의 말이 내가 행한 모
든 것을 그가 내게 말하였다 증언하므로 그 동네 중에 많은 사마리아인이
예수를 믿는지라 40 사마리아인들이 예수께 와서 자기들과 함께 유하시기를
청하니 거기서 이틀을 유하시매 41 예수의 말씀으로 말미암아 믿는 자가 더
욱 많아 42 그 여자에게 말하되 이제 우리가 믿는 것은 네 말로 인함이 아니
니 이는 우리가 친히 듣고 그가 참으로 세상의 구주신 줄 앎이라 하였더라

(요한복음 4:27-42)

15

영적 추수꾼

본문에서 예수님은 영적 추수꾼에 대해 말씀하십니다. 사마리아 수가 성의 우물가의 여자는 예수님을 만남으로 영생수를 얻게 되었

습니다. 이 여자는 예수 그리스도가 생명의 구주이심을 알고 즉시 자기가 사는 동네로 들어가서 복음을 전했습니다. 그때 그 동네에는 복음을 받아들일 준비가 되어 있는 영혼들이 많았습니다. 복음을 들은 그들은 모두 주님을 영접하여 구원을 받았습니다. 예수님은 이 사건을 통해서 우리 모두가 영적 추수꾼이 되어야 한다고 가르쳐 주십니다.

1. 사마리아 여자처럼 전해야 합니다

사마리아 여자는 예수님을 만난 후 지체하지 않고 자기가 사는 동네 사람들에게로 달려가 영적 추수꾼으로서의 사명을 다했습니다. 수가 성의 여자는 예수님을 만난 즉시 복음을 전했습니다.

1) 이 여자는 무조건 갔습니다

"여자가 물동이를 버려 두고 동네로 들어가서"(28)

이 여자는 자기가 사는 동네로 곧바로 들어갔습니다. 우리는 찾아가야 합니다. 자기가 잘 아는 사람들에게로 찾아가야 합니다. 사마리아 여자는 자기에게 물을 달라고 청하신 이가 메시야이심을 알고 물동이까지 버려두고 곧장 마을로 달려가서 복음을 전했습니다. 여자가 물동이를 버렸다는 것은 인생의 진정한 해답을 찾았다는 의미입니다. 베드로와 안드레도 갈릴리 바닷가에서 '나를 따르라'는 예수님의 명령에 배와 그물을 버려두고 즉시 예수님을 좇았습니다.(마 4:19-22) 또한 예수님이 지나가시다가 알패오의 아들 레위, 즉 마태가 세관에 앉아 있는 것을 보시고 "나를 따르라" 하시자 그도 세관을 버려두고 예수님을 좇았습니다.(막 2:13-14)

우리가 그리스도를 따르려면 버려야 할 것들이 있습니다. 사마리아 수가 성의 여자나 베드로와 안드레, 그리고 요한과 야고보처럼 세상에서 가장 중요하게 여기는 것이라 할지라도 주님을 위해서라면 과감하게 버릴 수 있는 결단이 있어야 완전히 주님을 따를 수 있습니다.

2) 예수님을 전했습니다

"사람들에게 이르되 내가 행한 모든 일을 내게 말한 사람을 와서 보라 이는 그리스도가 아니냐"(28-29)

이 여자는 제일 먼저 자기가 받은 은혜를 전했습니다. 이 여자는 '내가 행한 모든 일을 내게 말한' 그 사건을 말했습니다. 즉 전도는 내가 예수님을 만난 후에 받은 은혜와 복 등을 비롯하여 내가 체험한 모든 것을 말해 주는 것입니다. 이 여자는 예수님이 자신의 과거, 즉 과거에 남편이 다섯 명이나 있었고 지금 동거하는 남자도 역시 자기의 남편이 아니라는 것을 다 알고 계신다고 증거했습니다. 사실 사마리아 여자가 간증한 내용은 자신의 부끄러운 과거이지만 그녀는 솔직하게 말했습니다. 모든 것을 사실대로 말하면 오히려 더 반감만 사게 되지 않을까도 싶습니다. 그런데도 이 여자의 솔직한 고백은 수많은 사마리아인들에게 공감을 불러 일으켰습니다. 그 여자는 '와서 보라' 고 초청했습니다. 예수님에게로 오라고 초청한 것입니다. 이 말을 들은 동네 사람들이 예수님에게로 달려왔습니다. "그들이 동네에서 나와 예수께로 오더라"(30)

이 여자가 동네 사람들을 전도해서 주님 앞으로 데리고 오자 그들에게 예수님의 말씀을 듣고 변화되는 역사가 나타났습니다. "여자의 말이 내가 행한 모든 것을 그가 내게 말하였다 증언하므로 그 동네 중에 많은 사마리아인이 예수를 믿는지라"(39) 이때 사마리아 여자의 증언을 들은 많은 사람들이 예수님을 믿었습니다. 그리고 사마리아인들은 예수님을 자기네 동네로 모시고 와서 말씀을 전파하게 했습니다. 그러자 사마리아에 하나님의 역사가 나타나기 시작했습니다. 믿는 자의 수가 더 많아지게 되었습니다. "사마리아인들이 예수께 와서 자기들과 함께 유하시기를 청하니 거기서 이틀을 유하시매 예수의 말씀으로 말미암아 믿는 자가 더욱 많아"(40-41) 사마리아인들이 말씀의 은혜를 받게 되자 예수님을 이틀 더 머물게 하여 말씀을 들었습니다. 그랬더니 믿는 사람들이 많아졌습니다. 그리고 말씀을 들은 사마리아인들이 그 여자에게 말했습니다. "이제 우리가 믿는 것은 네 말로 인함이 아니니 이는 우리가 친히 듣고 그가 참으로 세상의 구주신 줄 앎이라"(42)

놀라운 영적 추수입니다. 이 영적 추수를 한 사람은 사마리아 수가 성의 우물가의 여자입니다. 이 여자는 예수님을 영접하자마자 즉시 자기가 살고 있는 동네로 달려가서 예수님을 전했습니다. 자기의 부도덕한 생활을 손가락질하는 사람들에게 담대하게 예수 그리스도의 복음을 전했습니다. 그때 하나님의 말씀의 능력이 나타났습니다. 성령께서 그들의 마음을 감동시켜서 주님을 영접하게 되는 역사가 나타난 것입니다. 이 여자는 영적 추수꾼으로서의 사명을 아주 훌륭하게 감당해 냈습니다. 풍성한 영적 추수를 하게 된 것입니다.

서울에 있는 어느 교회의 집사님에게 대학 때부터 친하게 지낸 친구가 있었다고 합니다. 그 친구가 늘 자기에게 전도를 했지만 들은 척도 하지 않았습니다. 친한 친구의 말이었지만 예수를 믿으라는 말만은 기어이 듣지 않았습니다. 그러다가 세월이 흘러 이 집사님의 나이가 60세를 넘었을 때 그만 남편의 죽음이 눈앞에 다가왔습니다. 그때까지 아무런 준비도 되지 않은 상태에서 갑자기 남편의 죽음이 다가오자 당황이 되었습니다. 그때 대학시절부터 자신에게 전도를 해오던 그 친구가 와서 남편에게 복음을 전했습니다. 남편은 병상에서 복음을 받아들이고 예수님을 주님으로 영접하여 하나님의 품에 안기게 되었습니다. 그때 남편이 예수님을 영접하고 구원받는 것을 본 후 이 집사님도 예수님을 믿게 되었습니다.

그런데 이 집사님이 예수님을 믿게 된 지 얼마 안 되었을 때 또 다른 친구의 남편이 죽음을 앞두고 있으니 와서 복음을 전해 달라고 했습니다. 신앙생활을 시작한 지 얼마 되지도 않았고 성경에 대해서 아는 것이 많지 않은데 그런 부탁을 받게 되자 무엇을 어떻게 해야 할지 몰랐습니다. 이 집사님은 일단 병원으로 가긴 했지만 한참 동안 이런저런 이야기만 하다가 돌아왔다고 합니다. 그런데 그날 밤에 잠이 오지 않았습니다. 이 집사님의 남편은 친구의 도움으로 예수님을 영접하여 하나님의 품에 안기게 되었지만, 또 다른 친구는 남편을 위해서 복음을 전해 달라고 하지만 아는 것이 없다는 핑계로 그냥 돌아왔으니 친구의 남편이 어떻게 될 것인지를 생각하니 마음이 괴로웠다고 합니다. 그래서 그 다음날 아침 일찍이 친구의 남편이 입원해 있는 병원으로 가서 남편과 자신이 어떻게 예수님을 영접하게 되었으며 자신은 지금 어떤 삶을 살아가고 있는지, 그밖에 자신이 경험한 모든 것을 친구의 남편에게 이야기해 주었습니다. 그랬더니 친구의 남편이 예수님을 믿겠다며 주님을 영접했다고 합니다. 어설픈 전도였지만 친구의 남편은 그 집사님의 얘기를 듣고서 예수님을 믿게 되었습니다. 그런데 그날 밤에 친구로부터 남편이 세상을 떠났다는 전화를 받았습니다. 그 집사님으로부터 복음을 받아들인 후에 세상을 떠나게 된 것입니다. 전도할 줄을 몰라서 자신이 체험한 것을 그대로 이야기한 것뿐인데 예수님을 영접하고 천국에 가게 되었으니 참으로 놀라운 일이 아닐 수 없습니다. 그 집사님이 만약 전도를 하지 않았다면 그 영혼이 어떻게 되었을지 생각만 해도 끔찍한 일입니다.

우리도 영적 추수꾼이 되어야 합니다. 우리의 언변이 좋지 않고 아는 것이 많지 않아 보잘 것 없어보여도 우리가 복음을 전하면 기적이 일어난다는 사실을 믿으시기 바랍니다. 전도는 우리의 힘으로 하는 것이 아닙니다. 복음에는 능력이 있습니다. 복음을 전하면 기적이 나타납니다. 그 이유를 성경은 이렇게 말씀합니다. "하나님의 지혜에 있어서는 이 세상이 자기 지혜로 하나님을 알지 못하므로 하나님께서 전도의 미련한 것으로 믿는 자들을 구원하시기를 기뻐하셨도다"(고전 1:21)

우리가 복음을 전하는 것이 능숙하지 못해 말이 어눌하고 그 방법이 서툴더라도 일단 우리가 복음을 전할 때 역사가 나타납니다. 우리가 복음을 전하면 무엇보다 하나님께서 기뻐하십니다. 우리도 누군가가 우리에게 복음을 전해 주었기 때문에 우리가 예수님을 믿게 된 것입니다. 그러므로 우리가 복음을 전하면 우리로 말미암아 구원받는 사람들이 나타날 것입니다. 우리도 모두 사마리아 우물가의 여자처럼 영적 추수꾼들이 되어야 합니다.

2. 예수님의 양식

예수님이 수가 성 우물가에서 사마리아 여자와 대화를 하는 동안 제자들은 읍내로 가서 음식을 구해 와서 주님께 잡수시길 권했습니다. "이 때에 제자들이 돌아와서 예수께서 여자와 말씀하시는 것을 이상히 여겼으나 무엇을 구하시나이까 어찌하여 그와 말씀하시나이까 묻는 자가 없더라"(27), "그 사이에 제자들이 청하여 이르되 랍비여 잡수소서"(31) 그러자 주님이 말씀하셨습니다. "내게는 너희가 알지 못하는 먹을 양식이 있느니라"(32) 이 말씀의 의미를 깨닫지 못한 제자들은 "누가 잡수실 것을 갖다 드렸는가"(33) 하며 어리둥절해 했습니다. 이때 예수님께서 자세히 말씀하셨습니다. "나의 양식은 나를 보내신 이의 뜻을 행하며 그의 일을 온전히 이루는 이것이니라"(34)

이 말씀의 뜻을 이해하려면 예수님께서 왜 사마리아로 가셨는지를 알아야 합니다. 일반적으로 유대인들은 예루살렘에서 갈릴리로 갈 때에 해안도로를 따라 갑니다. 그런데 예수님께서 사마리아를 경유하신 이유는 예수님이 하시고자 하는 일을 보여주시기 위해서였습니다. 그곳에는 사마리아 여자가 기다리고 있었습니다. 그리고 이 여자를 통하여 주님 앞에 나와 구원받을 많은 사마리아인들이 있었습니다.

그러면 예수님이 말씀하신 양식은 무엇입니까? "나의 양식은 나를 보내신 이의 뜻을 행하며 그의 일을 온전히 이루는 이것이니라"(34) 여기서 예수님이 말씀하시는 '나를 보내신 이의 뜻' 은 바로 복음 전파입니다. 예수님은 말씀하셨습니다. "내가 하늘에서 내려온 것은 내 뜻을 행하려 함이 아니요 나를 보내신 이의 뜻을 행하려 함이니라 나를 보내신 이의 뜻은 내게 주신 자 중에 내가 하나도 잃어버리지 아니하고 마지막 날에 다시 살리는 이것이니라 내 아버지의 뜻은 아들을 보고 믿는 자마다 영생을 얻는 이것이니 마지막 날에 내가 이를 다시 살리리라"(6:38-40) 잃어버린 영혼을 다시 찾는 것, 즉 영혼 구원이 하나님의 뜻이며 예수님의 양식이란 말입니다. 예수님께는 이 일이 그 어떤 음식보다 귀하기 때문에 육신의 시장함도 잊은 채 이 일에 몰두하실 수 있었습니다. 여기서 우리에게 주시는 교훈은 주님의 삶의 우선순위는 영적인 데 있다는 것입니다.

주님은 사람은 떡으로만 살 것이 아니요 하나님의 입으로 나오는 모든 말씀으로 살아간다고 말씀하셨습니다. 제자들은 육의 양식을 말했지만 주님은 영적인 양식을 말씀하셨습니다. 육에 속한 사람은 육의 욕망을 위하여 살지만 영에 속한 사람은 영적인 양식을 갈급해 합니다.

양식은 곧 생명을 의미합니다. 우리가 양식을 먹지 않으면 살아갈 수 없습니다. 인간에게 먹고 마시는 문제는 생의 가장 절실한 과제입니다. 하나님의 뜻을 행하는 삶이 우리의 양식입니다. 하나님의 말씀을 완전히 지키는 것이 양식입니다. 예수님은 제자들이 시장해서 구해 온 양식이 아닌 주님이 사마리아 수가 성의 한 영혼을 전도하여 누리는 영적인 배부름에 대하여 말씀하셨습니다.

한 여자의 기쁨이 수가 성 온 동네 사람들의 기쁨으로 흘러 넘쳤습니다. 그 기쁨의 생수의 근원은 예수 그리스도였습니다. 수가 성의 이 여자는 예수님으로부터 복음의 씨앗을 받은 즉시 마을로 들어가 사람들에게 나누어 주었습니다. 그리고 이 씨앗을 받은 마을 사람들은 우물가로 나와 예수 그리스도를 만나 복음을 들었으며 하늘나라의 복음을 듣는 일이 너무 즐거워 자기들과 함께 머물기를 청하였습니다. 유대인을 사마리아인의 마을로 초청한다는 것은 그들로서는 상상도 할 수 없는 일이었습니다. 그러나 예수님은 그들의 요청을 기쁘게 받아들이시고 그들과 함께 이틀을 머물며 복음을 전하신 결과 그 동네에 예수님을 구주로 믿는 자의 수가 더 많아졌습니다. 이것이 주님이 즐기신 먹을 양식이었습니다. 세상을 구원하시려는 하나님의 뜻을 완수하는 일이 예수님께서 즐기신 양식이었습니다. 예수님은 곧 십자가에서 죽임을 당하실텐데도 자신을 생명의 양식으로 공급하시는 일을 계속 하셨습니다.

우리의 양식도 예수님의 양식과 같아야 합니다. 우리의 먹을 양식은 하나님이 보내신 그리스도, 즉 우리의 생명을 구원하시는 그분을 믿음으로써 하나님의 자녀가 되는 것입니다. 예수님의 관심은 잃어버린 한 영혼이며 그 한 영혼을 찾았을 때 하늘에서는 더욱 큰 기쁨이 있습니다.

영국의 종교개혁자이자 신학자요 메서디스트교회의 창시자인 존 웨슬리(John Wesley) 목사님은 이런 말을 했습니다. "당신은 영혼을 구원하는 일 외에는 아무 일도 하지 마십시오. 그러므로 이 일로 시간을 보내고 이 일을 위하여 당신이 쓰임 받도록 하십시오. 그리고 언제나 당신을 원하는 사람에게뿐 아니라 당신을 원하지 않는 사람들에게도 가십시오. 할 수 있는 대로 많은 죄인들을 데려와 회개하게 하십시오.

그리고 당신은 전력을 다해 그들을 거룩하게 하십시오. 거룩함이 없이는 그들이 주님을 볼 수 없기 때문입니다."

레일리(Dr. W. B. Riley) 목사님이 해밀턴에서 부흥회를 인도하는 중에 한 젊은이가 일어나 이런 간증을 했습니다. "타이타닉 호가 빙산에 부딪혀 침몰할 때 존 하퍼 목사님은 침몰하는 배의 레일을 붙잡고 저에게 물으셨습니다. '청년, 구원받았소?' 그래서 저는 '아니요.' 하고 대답했더니 목사님은 이렇게 말씀하셨습니다. '예수 그리스도를 믿으시오. 그러면 구원을 받을 것이오.' 그리고 잠시 후 목사님은 물속으로 가라앉고 말았습니다. 저는 하퍼 목사님의 마지막 전도로 구원받은 사람입니다."

영혼 구원이 얼마나 시급했으면 배가 물밑으로 가라앉아 죽음이 눈앞에 왔는데도 두려워하거나 당황하지 않고 복음을 전했겠습니까? 이것이 존 하퍼 목사님의 영적 양식이었습니다.

우리도 예수님처럼 영혼 구원이 우리의 양식이 되어야 합니다. 아직도 우리 주위에는 복음을 기다리는 많은 영혼들이 있습니다. 이들에게 생명되신 예수 그리스도를 전하여 그들이 구원받아 누리는 기쁨을 우리의 양식으로 삼는 복된 성도들이 되시길 바랍니다.

3. 추수할 일꾼

예수님은 영적 추수에 대해 말씀하셨습니다.

1) 추수할 때가 되었습니다

"너희는 넉 달이 지나야 추수할 때가 이르겠다 하지 아니하느냐 그러나 나는 너희에게 이르노니 너희 눈을 들어 밭을 보라 희어져 추수하게 되었도다"(35)

예수님은 사마리아를 추수할 밭으로 보셨습니다. 아직 구원의 때가 멀었다고 생각한 사마리아에 들어가보니 이미 희어져 추수할 때가 되었습니다. 제자들은 넉 달이 지나야 추수할 수 있을 것으로 생각했으나 주님은 사마리아 영혼들의 밭이 희어져 추수할 때가 되었다고 말씀하십니다. 생명샘이 되신 주님이 수가 성 여자의 목마름을 아시고 복음을 전하시자 이젠 그 여자가 사마리아 동네에 들어가 추수 때가 된 사람들을 전도해 왔습니다. 예수님은 한 사람에게 복음을 전하셨지만 그 구원받은 한 사람이 또 다른 많은 열매들을 맺었습니다.

그리스도인은 구원받지 못한 영혼들을 볼 수 있어야 합니다. 우리는 모든 이웃을 추수할 곡식으로 보아야 합니다. 그리스도인은 만나는 모든 사람들을 전도 대상자로 보아야 합니다. 우리가 보기에 예수님을 영접하는 것이 어려울 것 같다거나 전혀 예수님을 만나지 못할 것 같은 사람들도 있습니다. 그러나 의외로 복음을 아주 쉽게 받아들이는 사람들도 있습니다. 그들은 희어져 추수하게 된 영혼들입니다. 그들에게는 낫을 갖다 대기만 하면 됩니다. 주님은 사마리아의 목말라하는 한 여자의 실상을 보면서 다 익은 곡식이 추수를 기다리는 알곡으로 보았습니다. 우리는 주님의 제자들로서 무엇을 하든지 복음을 전하는 영적 추수꾼이 되어야 합니다. 주님을 믿는 사람들은 무슨 일을 하더라도 전도가 목적이 되어야 합니다.

우리 주님에게는 전도가 영적인 양식이었습니다. 우리에게는 영적 배고픔이 있어야 합니다. 그것은 영혼을 향한 사랑이 있어야 가능합니다. 구령의 열정이 있어야 합니다. 우리 모두 우리 주위에서 낫을 기다리고 있는 많은 알곡들을 주님 앞으로 인도하는 영적 추수꾼들이 다 되어야 하겠습니다.

2) 뿌리는 자와 거두는 자가 함께 기뻐합니다

"거두는 자가 이미 삯도 받고 영생에 이르는 열매를 모으나니 이는 뿌리는 자와 거두는 자가 함께 즐거워하게 하려 함이라 그런즉 한 사람이 심고 다른 사람이 거둔다 하는 말이 옳도다"(36-37)

여기서 우리는 심은 대로 거둔다는 것을 배우게 됩니다. 그런데 본문은 심기는 한 사람이 심었는데 거둘 때는 많은 사람이 거둔다고 말씀합니다. 우리가 눈물을 흘리며 씨를 뿌리면 기쁨으로 거둘 수 있습니다. 심은 사람이 거둘 수도 있지만 다른 사람이 거둘 수도 있습니다. 이런 경우는 심는 자와 거두는 자 모두에게 기쁨이 됩니다. 우리가 거두는 것은 누군가가 심었기 때문입니다. 그리고 내가 심은 것을 다른 사람이 거둘 수도 있습니다. 이렇게 되면 심은 사람과 거두는 사람 모두에게 기쁨이 됩니다. 이것이 복음 전도이며 영혼 구원의 기쁨입니다.

모라비아 교파 출신의 조지 스미스라고 하는 청년이 있었습니다. 그는 한 평생을 아프리카를 위해 바치고 그곳에서 죽으리라는 각오로 아프리카 선교사가 되기 위한 모든 준비를 마쳤습니다. 그런데 후원자를 모집하여 아프리카로 떠난 지 몇 달이 되지 않아 아프리카 정부로부터 추방을 당하게 되었습니다. 그런데 그는 그 동안에 단 한 명밖에 복음을 전하지 못했습니다. 그런 상황에서 추방을 당하게 되자 그는 아프리카를 사랑하는 마음으로 계속 기도만 해왔습니다. 그 후 그는 몇 달이 지나 안타깝게도 세상을 떠나고 말았습니다. 그런데 그로부터 몇 년 뒤에 조사해 보니 이 조지 스미스가 전도한 바로 그 사람이 거기서 훌륭한 전도인이 되어 복음 전도자로서의 사명을 잘 감당하여 정확하게 1만 3천 명이 예수님을 믿게 되었다고 합니다. 한 사람이 심어서 많은 사람이 거두게 된 것입니다.

영혼 추수는 심는 자와 거두는 자가 모두 기뻐하는 일입니다. 우리 모두 열심히 심고 열심히 거두어 심는 자와 거두는 자의 기쁨을 함께 누려야 합니다.

독일의 철학자 임마누엘 칸트는 행복한 사람의 조건을 세 가지로 말했습니다. 그것은 'Something to do.(할 일이 있어야 된다.)', 'Something to hope.(소망이 있어야 된다.)', 'Something to love.(사랑할 사람이 있어야 된다.)' 입니다. 이것이 행복의 세 가지 조건이라고 합니다.

우리의 할 일은 복음 전파입니다. 이것은 주의 일입니다. 그러므로 심어야 합니다. 그리고 거두는 소망이 있어야 합니다. 영혼을 사랑해야 합니다. 사랑하는 사람이 있으면 행복합니다. 이것은 심은 대로 거두는 것입니다.

우리 주위에는 추수할 영혼들이 많습니다. 복음을 기다리는 영혼들이 많습니다. 우리는 사마리아 여자처럼 전하고 초청해야 합니다. 우리는 심어야 하고 거두어야 합니다. 심는 기쁨과 거두는 기쁨을 함께 누려야 합니다. 우리 모두 영적 추수꾼들이 되어야 합니다. 아멘.

[43]이틀이 지나매 예수께서 거기를 떠나 갈릴리로 가시며 [44]친히 증언하시기
를 선지자가 고향에서는 높임을 받지 못한다 하시고 [45]갈릴리에 이르시매 갈
릴리인들이 그를 영접하니 이는 자기들도 명절에 갔다가 예수께서 명절 중
예루살렘에서 하신 모든 일을 보았음이더라 [46]예수께서 다시 갈릴리 가나에
이르시니 전에 물로 포도주를 만드신 곳이라 왕의 신하가 있어 그의 아들이
가버나움에서 병들었더니 [47]그가 예수께서 유대로부터 갈릴리로 오셨다는 것
을 듣고 가서 청하되 내려오셔서 내 아들의 병을 고쳐 주소서 하니 그가 거
의 죽게 되었음이라 [48]예수께서 이르시되 너희는 표적과 기사를 보지 못하면
도무지 믿지 아니하리라 [49]신하가 이르되 주여 내 아이가 죽기 전에 내려오
소서 [50]예수께서 이르시되 가라 네 아들이 살아 있다 하시니 그 사람이 예수
께서 하신 말씀을 믿고 가더니 [51]내려가는 길에서 그 종들이 오다가 만나서
아이가 살아 있다 하거늘 [52]그 낫기 시작한 때를 물은즉 어제 일곱 시에 열
기가 떨어졌나이다 하는지라 [53]그의 아버지가 예수께서 네 아들이 살아 있다
말씀하신 그때인 줄 알고 자기와 그 온 집안이 다 믿으니라 [54]이것은 예수께
서 유대에서 갈릴리로 오신 후에 행하신 두 번째 표적이니라

(요한복음 4:43-54)

16

말씀으로 병을 고치신 예수님

본문은 예수님께서 곧 죽게 된 왕의 신하의 아들을 고쳐준 사건을 기록하고 있습니다. 예수님은 이 세상에 계실 때 말씀으로 많은 기적

들을 행하셨을 뿐 아니라 병자들도 고쳐주셨습니다.

오늘날에도 예수님은 말씀을 통해 역사하십니다. 말씀을 통해 죄인이 변화되는 역사가 계속 나타나고 있습니다. 예수님은 말씀으로 심령을 고쳐주시고 말씀으로 어려운 인생들의 문제를 해결해 주시고 말씀으로 평안을 주시고 말씀으로 건강을 얻게 하시고 말씀으로 지혜를 주십니다. 우리가 하나님의 말씀을 그대로 믿고 순종할 때 말씀의 능력이 나타납니다.

1. 선지자가 고향에서 높임을 받지 못했습니다

예수님께서 사마리아에서 놀라운 복음 전도의 역사를 이루시고 고향 갈릴리로 가셨습니다. 예수님께서 고향으로 가신 이유를 성경은 이렇게 말씀합니다. "이틀이 지나매 예수께서 거기를 떠나 갈릴리로 가시며 친히 증언하시기를 선지자가 고향에서는 높임을 받지 못한다 하시고"(43-44)

고향에 대해서 여러 가지 견해가 있습니다. 먼저 여기서의 고향은 첫째, 유대(Keil)나 예루살렘을 가리킨다고 합니다. 예수님이 유대나 예루살렘에서는 환영을 받지 못할 줄 아시고 갈릴리로 가신다는 뜻이 됩니다. 둘째, 예수님께서 갈릴리로 가신다는 것은 고향 나사렛이 아닌 다른 갈릴리 지방으로 가신다는 의미라고 합니다.(Calvin, Lagrange) 예수님은 고향 나사렛에서는 환영을 받지 못할 줄 아시고 나사렛 이외의 지방으로 가셨다고 합니다. 셋째, 예수님께서 유대를 떠나 고향 갈릴리로 가셨다는 견해입니다. 예수님께서 사마리아 전도에 성공하셨음에도 불구하고 고향 갈릴리에서는 환영을 받지 못할 줄 아시면서도 초지(初志)대로 관철하시기 위하여 그리로 가셨다는 의미입니다.(Grosheide)

여기서 '선지자가 고향에서는 높임을 받지 못한다'는 말씀은 선지자들이 고향에서는 존경을 받지 못한다는 말입니다. 사실 고향 사람들은 선지자의 모든 것을 속속들이 잘 알고 있기 때문에 장점보다 단점을 더 잘 기억하게 되어 존경심이 떨어지기 마련입니다. 또한 늘 함께 생활해 온 탓에 서로 친밀한 관계라 대하기가 어려울 수도 있습니다. 그러나 우리는 말씀을 전하는 이가 비록 고향 사람일지라도 말씀을 전하는 종이기 때문에 존경하고 사랑해야 합니다.

고려신학대학교 설립자 중의 한 분인 고 주남선 목사님은 거창교회 출신입니다. 거창교회에서 신앙이 자랐고 그 교회에서 집사가 되고 목사가 되어 모교회의 담임목사로 평생을 헌신한 분입니다. 고향 모교회에서 담임목사로 평생을 섬긴 목사님도 훌륭하지만 고향 출신인 목사님을 존경하고 섬기며 따랐던 거창교회 장로님들을 비롯한 성도들이 더욱 훌륭합니다.

북한 땅에서 끝까지 기독교 민족 운동을 벌인 위대한 민족의 지도자 조만식 장로님은 마산 문창교회까지 내려와 오산학교 출신의 제자인 주기철 목사님을 평양 산정현교회 담임목사로 청빙하여 섬겼습니다. 목사님이 심방할 때면 스승인 조 장로님은 목사님의 가방을 들고 따라 다녔다고 합니다. 신사 참배 반대 운동을 하다가 감옥에 갇힌 목사님의 가족을 끝까지 보살펴 주었던 사실은 많은 사람들에게 감동을 주고 있습니다.

우리는 말씀을 전하는 종들을 귀하게 보고 존경해야 합니다. 주의 종들도 부족한 점이 많으나 하나님의 말씀을 대언하는 종이기 때문에 존경하고 협력해야 합니다. 그리고 교회는 주의 종들이 많이 배출되는 것을 복인 줄 믿어야 합니다. 비록 역사가 오래된 교회라 할지라도 주의 종을 한 명도 배출하지 못했다면 영광스럽지 못한 일입니다. 우리 교회는 말씀을 전하는 주의 종들이 계속 배출되도록 기도해야 합니다. 그리고 그들을 귀하게 여기며 기도로 후원하고 격려해야 합니다. 말씀을 전하는 종들이 많이 배출되는 교회는 분명 복을 받은 교회입니다.

우리 교회는 매년 신학을 공부하는 주의 종들이 배출되는 복을 받았습니다. 앞으로도 우리 교회에서는 하나님의 말씀을 만방에 전할 주의 종들이 많이 배출되길 바랍니다. 중요한 것은 하나님의 말씀을 소중히 여기고 그 말씀을 전하는 종들을 귀하게 여기는 것은 하나님께서 기뻐하실 일이며 하나님은 그런 교회와 성도들에게 복을 주신다는 사실입니다.

예수님이 갈릴리에 도착하셨을 때 갈릴리인들이 영접했습니다. "갈릴리에 이르시매 갈릴리인들이 그를 영접하니 이는 자기들도 명절에 갔다가 예수께서 명절 중 예루살렘에서 하신 모든 일을 보았음이더라"(45) 갈릴리인들이 예수님을 영접한 이유는 예수님께서 예루살렘에서 하신 놀라운 일들을 보았기 때문입니다. 여기서 사마리아인들과 갈릴리인들의 믿음이 비교가 됩니다. 사마리아인들은 예수님의 말씀을 듣고 믿었으나(41) 갈릴리인들은 예수님의 기적을 보고 믿었습니다. 어느 편의 믿음이 더 큰 믿음이라고 생각되십니까? 보지 못하고 주님의 말씀만 듣고도 믿는 믿음이 더욱 큰 믿음입니다.

옛날이나 지금이나 많은 사람들은 눈에 보이는 어떤 기적이나 능력, 또는 어떤 신비한 현상을 보고 신앙생활을 하려고합니다. 그래서 무언가를 직접 눈으로 보고 체험해야 믿습니다. 병 고침을 받고 귀신을 쫓아내고 방언이나 예언하는 것을 좋아 합니다. 그러나 참 믿음은 말씀을 확실하게 믿는 믿음입니다. 하나님의 말씀을 그대로 믿고 순종하는 믿음이 더 아름답고 큰 믿음입니다.

부활하신 예수님께서 제자들에게 나타나셨을 때 도마는 그 자리에 없었습니다. 그래서 제자들이 우리가 부활하신 예수님을 보았다고 말했지만 도마는 믿지 못했습니다. 그리고는 이렇게 말했습니다. "내가 그의 손의 못자국을 보며 내 손가락을 그 못자국에 넣으며 내 손을 그 옆구리에 넣어 보지 않고는 믿지 아니하겠노라"(20:25) 그는 의심이 많았기 때문에 직접 눈으로 확인하고 체험하지 않고는 믿지 못하겠다고 했습니다. 8일이 지난 후 도마가 있을 때 예수님이 다시 나타나 말씀하셨습니다. "네 손가락을 이리 내밀어 내 손을 보고 네 손을 내밀어 내 옆구리에 넣어 보라 그리하여 믿음 없는 자가 되지 말고 믿는 자가 되라"(20:27) 이때 예수님의 말씀을 들은 도마는 "나의 주님이시요 나의 하나님이시니이다"(20:28)라고 고백했습니다. 여기서 예수님은 중요한 말씀을 하셨습니다. "너는 나를 본 고로 믿느냐 보지 못하고 믿는 자들은 복되도다"(20:29)

구약 시대의 성도들은 예수님을 보지 못했지만 믿었습니다. 그들은 선지자의 예언의 말씀을 듣는 것만으로 오실 메시야를 믿고 기다렸습니다. 그들은 훌륭한 믿음의 사람들이었습니다. 예수님의 말씀은 이 육체로 오신 예수님을 보지 못하고 믿은 그들의 믿음이 복되다고 말씀하시는 것입니다. 동시에 예수님의 기적과 능력을 보지 못하고 체험하지 않았어도 말씀만으로 믿는 성도들이 복이 있다는 말씀입니다.

오늘 이 시대를 살아가는 우리도 예수님을 직접 보지 못하고 만지지 못했지만 그분의 말씀을 그대로 믿을 때 복이 있다는 말씀입니다. 우리는 하나님의 말씀을 그대로 믿으며 살아가는 복된 성도들이 되어야 합니다.

2. 예수님은 왕의 신하의 아들의 병을 고쳐주셨습니다

이스라엘의 북쪽 갈릴리 지역의 가버나움에 헤롯 안티파스 왕의 신하가 있었습니다. 그는 당당한 사회적 신분의 소유자였습니다. 높은 지위와 권력을 누리던 특권층인 그는 한 마디로 출세한 사람이었습니다. 그런데 어느 날 갑자기 아들이 병으로 거의 죽게 되었습니다. "예수께서 다시 갈릴리 가나에 이르시니 전에 물로 포도주를 만드신 곳이라 왕의 신하가 있어 그의 아들이 가버나움에서 병들었더니"(46)

이 아들은 왕의 신하의 외아들이었을 것으로 봅니다. 원문에 보면 아들 앞에 정관사가 붙어 있기 때문입니다. 신하의 귀한 외아들이 병으로 거의 죽게 되었습니다. "그가 예수께서 유대로부터 갈릴리로 오셨다는 것을 듣고 가서 청하되 내려오셔서 내 아들의 병을 고쳐 주소서 하니 그가 거의 죽게 되었음이라"(47) 이 아들의 상태를 거의 죽게 되었다고 언급한 것을 보면 당시의 의학으로 고치지 못하는 중병이었음이 분명합니다. 아버지는 외아들의 병을 고치기 위해 백방으로 수소문했을 것이며, 또 모든 노력을 아끼지 않았을 것이 분명합니다. 그는 자신의 신분을 이용하여 천하에 용하다는 모든 의사들을 찾아다녔을 것입니다. 그러나 그의 신분이나 권력이나 재산이나 그 어떠한 노력도 아들의 병을 고치는 데는 아무런 소용이 없다는 사실을 깨달았습니다. 왕의 신하는 자신이 아들의 질병 앞에서 아무런 도움이 안 된다는 사실을 실감하게 되었습니다.

그런데 절망적인 그에게 복음이 들려왔습니다. 바로 예수 그리스도께서 그 지방으로 오신다는 소식이었습니다. 우리 인생의 제일 마지막 순간에 우리를 도우실 분은 하나님밖에 없습니다. 내 힘이 소진되었을 때 내 힘으로는 아무 것도 할 수 없다는 것을 깨달을 때 우리는 주 예수 그리스도를 바라보아야 합니다. 그때 소망이 있습니다.

1) 예수님만이 유일한 소망입니다

세계적인 원자력 전문가 정근모 박사님을 우리는 잘 알고 있습니다. 원래 정근모 박사님은 1938년 서울에서 태어난 후 줄곧 엘리트 과정만 밟아 온 분입니다. 그는 1951년 제1회 국가고시에서 수석을 차지해 경기중·고등학교에 수석으로 입학했습니다. 고등학교 과정을 4개월만에 마치고 대학입학 검정고시에도 당당하게 수석으로 합격했습니다. 그리고 서울대학교 물리학과에 차석으로 합격하여 서울대를 졸업한 후에는 서울대 행정대학원에 수석으로 입학하여 1년을 공부하다가 미국의 미시간대학교로 유학을 떠났습니다. 미국 미시간대에 가서도 입학 자격 시험에서 수석을 차지한 후 석사과정도 없이 곧바로 박사과정으로 들어갔습니다. 그리고 그 박사과정도 2년 6개월 만에 마치고 24세의 어린 나이에 박사가 되었습니다. 24세의 어린 나이에 플로리다대학의 교수가 되어 수많은 매스컴으로부터 'Boy Professor(꼬마 교수)' 로 불렸습니다. 후에는 MIT 공대의 핵공학과 연구원을 거쳐 뉴욕 공과대학의 전기물리학과 부교수가 되었고, 그곳에서 핵융합 연구소를 창설하여 책임자로 연구를 하며 미국 핵융합 연구의 중요한 임무를 맡았습니다. 그러다가 미국 국제개발처의 후원과 원조를 유치하며 한국에 'KAIST' 라고 하는 한국과학원을 설립하는데 결정적인 공헌을 하면서 'KAIST' 의 부원장으로 취임하게 되었습니다. 그때 그의 나이는 겨우 32세였습니다. 32세의 젊은 나이에 한국의 과학을 선도할 'KAIST' 의 부원장이 된 것입니다.

이렇게 국내외적으로 바쁘게 활동하며 그의 명성이 세상에 알려지게 되던 어느 날 그의 가정에 큰 불행이 찾아 왔습니다. 열 살 된 장남 진후가 쓰러진 것입니다. 아들이 만성신부전증이라고 하는 만성신장염 진단을 받았습니다. 처음에는 현대의학을 전적으로 신뢰한 그였지만 결국 고칠 수 없다는 한계를 느낄 수밖에 없었습니다. 사랑하는 아들의 신장이 견딜 수 있는 기간은 길어야 5년이라는 진단을 받게 되자 그는 절망에 빠지고 말았습니다. 21세기 과학자 중의 과학자요 최첨단 과학인 원자력을 연구하는 그였지만 아들의 질병 앞에서는 어찌할 수가 없었습니다. 그는 현대과학의 한계를 실감하지 않을 수 없었습니다. 이제 그가 아들을 위해 할 수 있는 것은 자신의 신장을 나눠주는 것밖에 없었습니다. 그가 두 개인 자신의 신장 중에서 하나를 아들에게 제공하는 과정에서 비로소 하나님을 찾게 되었습니다. 그때 그는 예수 그리스도를 자신의 구세주로 영접하는 중생을 체험하게 되었고, 이를 계기로 온 가족이 그와 함께 예수님을 믿는 신실한 가정이 될 수 있었습니다.

그는 한국전력기술 주식회사 사장에 이어 국제원자력기구 의장과 한국의 과학기술처장관을 거쳐 현재는 호서대학교 총장으로 재직하고 있지만 그는 오로지 복음의 대사가 되어 세상에 복음을 증거하는 일을 최고의 영예로 여기고 있습니다. 그는 서울 모 교회의 장로로서 '사랑의 집 짓기 운동 연합' 의 이사장이 되어 세상에서 빛이 되는 삶을 살고 있습니다. 정근모 장로는 「나는 위대한 과학자보다 신실한 크리스천이고 싶다」라는 책의 마지막 장에서 이런 고백을 했습니다. "예수 그리스도, 인간의 죄를 대신 짊어지고 십자가상에서 보혈을 흘리며 절규했던 인류의 대속자 그분을 통해서 나의 삶은 새롭게 변화됐다. 과학자이기에 앞서 한 크리스천임을 더욱 자랑스럽고 감사하게 생각하는 삶을 살고 있다. 예수 그리스도, 그분은 내 삶의 전부이시며 나의 구원자이시다. 호흡이 계속되는 그날까지. 아멘."

정근모 장로님은 아들의 질병으로 인해 완전히 다른 사람으로 변화되었습니다. 그는 고난 때문에 하나님을 찾았고 결국은 그 고난으로 인하여 더 새롭고 멋지고 가치 있는 인생을 살아가게 되었습니다.

예수 그리스도만이 우리의 유일한 소망입니다. 우리도 어려운 일을 만날 때 그것이 절망이 아니라 오히려 그 일 때문에 주님을 더 의지하게 되어 하나님의 놀라운 역사를 경험하게 될 줄로 믿으시길 바랍니다.

2) 말씀을 믿을 때 병 고침을 받았습니다

왕의 신하는 예수님을 찾아가 도와 달라고 매달렸습니다. "신하가 이르되 주여 내 아이가 죽기 전에 내려오소서"(49)

이 신하는 예수님만이 아들을 살릴 수 있다는 것을 알고 전적으로 예수님께 매달렸습니다. 이 신하는 아들의 병을 통해서 예수님을 만나게 되었고 전적으로 그분을 믿게 되었습니다. 이 믿음이 우리에게 필요합니다. 우리가 전적으로 신뢰하는 믿음을 가질 때 주님이 역사하십니다. 예수님이 선포하셨습니다. "가라 네 아들이 살아 있다"(50)

이제 중요한 것은 예수님의 말씀을 믿고 순종하는 일입니다. 이 신하는 예수님의 말씀을 그대로 믿었습니다. 신하는 예수님이 직접 찾아와 주시길 부탁했으나 예수님은 말씀만 하셨습니다. 그런데 이 신하는 예수님의 말씀을 그대로 믿었습니다. 이것이 중요합니다. 말씀을 그대로 믿고 순종하는 것이 중요합니다. "그 사람이 예수께서 하신 말씀을 믿고 가더니"(50) 주님의 말씀에 전적으로 순종할 때 역사가 나타났습니다. "내려가는 길에서 그 종들이 오다가 만나서 아이가 살아 있다 하거늘 그 낫기 시작한 때를 물은즉 어제 일곱 시에 열기가 떨어졌나이다 하는지라 그의 아버지가 예수께서 네 아들이 살아 있다 말씀하신 그때인 줄 알고 자기와 그 온 집안이 다 믿으니라"(51-53) 여기서 중요한 것은 예수님은 말씀으로만 하셨다는 사실입니다.

3) 예수님은 말씀으로 병을 고치셨습니다

말씀에는 능력이 있습니다. 예수님이 말씀을 선포하시자 아들의 병이 즉시 나았습니다. 예수님은 많은 병자들을 말씀으로 고치셨습니다. 예수님은 베데스다 연못가의 38년 된 병자에게 "일어나 네 자리를 들고 걸어가라"(5:8)고 말씀하시자 병자가 벌떡 일어나 침상을 들고 걸어 갔습니다. 10명의 나환자들이 "예수 선생님이여 우리를 불쌍히 여기소서"(눅 17:13) 하고 외칠 때 주님이 "가서 제사장들에게 너희 몸을 보이라"(눅 17:14)고 말씀하셨습니다. 그때 그들이 말씀대로 순종함으로 제사장에게로 갈 때 나병이 깨끗이 나았습니다. 맹인 두 사람이 길가에 앉았다가 예수님이 지나가신다는 말을 듣고 "주여 우리를 불쌍히 여기소서 다윗의 자손이여"(마 20:31) 하고 외치자 예수님이 그들을 불러 "너희에게 무엇을 하여 주기를 원하느냐"(마 20:32)고 물으셨습니다. 그때 그들이 "우리의 눈 뜨기를 원하나이다"(마 20:33) 하고 대답하자 예수님이 말씀하셨습니다. "네 믿음대로 될지어다"(마 9:29) 그러자 즉시 그의 눈이 뜨였습니다.

우리 예수님은 모든 병을 말씀으로 고쳐주셨습니다. 말씀에 능력이 있습니다. 지금도 우리 주님은 말씀으로 모든 질병을 고쳐주십니다. 마음의 병과 육체의 병을 고쳐주십니다.

4) 우리는 말씀을 그대로 믿고 순종해야 합니다

왕의 신하는 주님의 말씀을 그대로 믿고 순종하여 집으로 갔습니다. 도중에 그의 종들을 만나 물어보니 아이가 병이 나은 때가 바로 예수님이 말씀하시던 그 시각이었습니다. 왕의 신하는 예수님의 말씀이 떨어지자마자 그대로 믿고 순종하여 집으로 돌아갔더니 이미 아들의 병이 나아 있었습니다. 그리고 온 집안이 구원을 받았습니다. "그의 아버지가 예수께서 네 아들이 살아 있다 말씀하신 그때인 줄 알고 자

기와 그 온 집안이 다 믿으니라"(53)

사도행전 16장에 보면 빌립보에 사는 루디아가 사도 바울을 통해 하나님의 말씀을 들었을 때 그대로 믿었습니다. 그러자 온 집안 식구가 모두 예수님을 믿고 세례를 받는 역사가 나타났습니다. 지금도 우리는 성경에 기록된 주님의 말씀을 그대로 믿고 순종해야 합니다. 의심하면 역사가 나타나지 않습니다.

허브 밀러가 쓴 「Connecting with God」이라는 책이 있는데 우리말로는 「하나님과의 연결」, 또는 「하나님과의 관계」로 해석됩니다. 이 책에는 이미 우리가 들어 잘 알고 있는 재미있는 이야기가 있습니다. 어느 한적하고 평화로운 작은 마을에 나이트클럽이 개업을 하게 되었습니다. 이전에는 없던 나이트클럽이 개업을 하게 되자 마을 사람들이 큰 걱정에 빠졌습니다. '이제 이 평화로운 마을이 시끄럽게 됐다. 젊은 사람들이 이 술집에 드나들면서 타락하게 될 것이다.' 이런 걱정에 휩싸이게 되자 교회에서는 철야기도까지 하게 되었습니다. 그런데 철야기도 시간에 좀 극성스러운 성도들이 이렇게 기도했습니다. "하나님, 우리 마을에서 저 나이트클럽을 없애 주십시오. 이 죄악으로부터 우리 마을을 건지기 위해 저 나이트클럽을 불태워 주십시오." 열심이 있는 성도들은 나이트틀럽에 불이 나서 사라지게 해달라고 아주 구체적으로 기도했습니다. 그런데 얼마 후에 정말 그 나이트클럽이 낙뢰로 불타고 말았습니다. 이 사실을 알게 된 나이트클럽 주인이 교회를 상대로 고소를 했습니다. 그런데 교회에서는 그 화재에 대한 책임을 질 수 없다고 주장했습니다. "우리가 기도를 한 것은 사실이지만 그 기도 때문에 나이트클럽에 불이 났다는 것은 말도 안 된다."며 책임을 회피했습니다. 여러분의 생각은 어떻습니까? 교회가 방화를 한 것도 아닌데 교회에서 책임을 지라는 것이 무리라고 생각되십니까? 그런데 이 사건을 맡은 판사는 양쪽 이야기를 다 듣고 난 후에 이런 결론을 내렸습니다. "어느 쪽이 잘못했던지 간에 분명한 것이 하나 있습니다. 나이트클럽의 주인은 기도의 능력을 믿고 있는데 교회의 성도들은 기도의 능력을 부정하고 있습니다. 제가 보기에는 나이트클럽 주인의 믿음이 훨씬 더 좋습니다." 이것은 우스개 소리이지만 하나님의 말씀을 온전히 믿지 못하는 기독교인들의 신앙을 풍자한 이야기입니다.

우리는 우리 앞에 나타나는 어떤 능력이나 기적보다 말씀을 믿어야 합니다. 우리 주님은 말씀으로 병을 고치셨습니다. 우리는 하나님의 말씀을 의심하지 말고 그대로 믿어야 합니다. 그때 하나님의 말씀의 능력이 나타나게 됩니다. 믿고 순종할 때 말씀의 역사가 나타날 줄로 믿으시길 바랍니다. 아멘.

[1]그 후에 유대인의 명절이 되어 예수께서 예루살렘에 올라가시니라 [2]예루살
렘에 있는 양문 곁에 히브리말로 베데스다라 하는 못이 있는데 거기 행각
다섯이 있고 [3]그 안에 많은 병자 맹인 다리 저는 사람 혈기 마른 사람들이
누워(물의 움직임을 기다리니 [4]이는 천사가 가끔 못에 내려와 물을 움직이게
하는데 움직인 후에 먼저 들어가는 자는 어떤 병에 걸렸던지 낫게 됨이러라)
[5]거기 서른여덟 해 된 병자가 있더라 [6]예수께서 그 누운 것을 보시고 병이
벌써 오래 된 줄 아시고 이르시되 네가 낫고자 하느냐 [7]병자가 대답하되 주
여 물이 움직일 때에 나를 못에 넣어 주는 사람이 없어 내가 가는 동안에
다른 사람이 먼저 내려가나이다 [8]예수께서 이르시되 일어나 네 자리를 들고
걸어가라 하시니 [9]그 사람이 곧 나아서 자리를 들고 걸어가니라 이 날은 안
식일이니 [10]유대인들이 병 나은 사람에게 이르되 안식일인데 네가 자리를 들
고 가는 것이 옳지 아니하니라 [11]대답하되 나를 낫게 한 그가 자리를 들고
걸어가라 하더라 하니 [12]그들이 묻되 너에게 자리를 들고 걸어가라 한 사람
이 누구냐 하되 [13]고침을 받은 사람은 그가 누구인지 알지 못하니 이는 거기
사람이 많으므로 예수께서 이미 피하셨음이라 [14]그 후에 예수께서 성전에서
그 사람을 만나 이르시되 보라 네가 나았으니 더 심한 것이 생기지 않게 다
시는 죄를 범하지 말라 하시니 [15]그 사람이 유대인들에게 가서 자기를 고친
이는 예수라 하니라

(요한복음 5:1-15)

17

베데스다 못가의 병자를 고쳐주신 예수님

베데스다 못가에 많은 병자들이 모였습니다. 베데스다는 히브리어

로 '자비의 집(House of Mercy)'이라는 뜻입니다. 예루살렘의 동쪽 성문 중의 하나인 스데반 문(일명 사자문)에서 성 내부 쪽으로 가까운 곳에 위치한 이 못은 예수님 당시에는 성의 북쪽 벽 밖 가까운 곳, 성전으로 들어가는 양문(Sheep Gate, 느 3:1, 5:2) 곁에 위치했습니다.

이 못은 본래 기원전 2세기에 시몬이 대제사장으로 있을 때 세워진 것으로 길이 100-110m, 너비 62-80m, 깊이 7-8m의 두 개의 쌍둥이 못입니다. 이 못은 성전에 물을 공급하는 것 외에 종교적·의학적 치료를 목적으로 건설되었습니다. 이 못은 다섯 개의 행각이 있는데 중앙에 1개와 가장자리에 4개가 설치되어 있습니다. 이 베데스다 못은 질병 치료에 효과가 있다 하여 환자들이 늘 모이는 장소였습니다.

예수님이 명절을 맞아 예루살렘으로 올라가셨습니다. 예루살렘 성전 양문 곁에 베데스다라는 연못이 있었고 그 연못가에는 행각이 다섯 개 있었는데 그 안에는 많은 병자들이 모여서 연못의 물이 움직이기를 기다리고 있었습니다. 베데스다 연못은 지하에 있던 물이 가끔씩 솟구쳐 올라오는 간헐천으로 만들어졌습니다. 그래서 연못의 물이 움직일 때 제일 먼저 들어가는 사람은 병이 낫는다는 전설을 믿고 많은 환자들이 연못을 바라보며 물이 움직이기만을 기다리고 있었습니다. 이 베데스다가 우리의 관심을 끄는 것은 예수님이 병자를 고쳐 주셨기 때문입니다.

우리 예수님은 오늘날에도 베데스다 연못가의 영적·육적으로 병든 자들을 고쳐주십니다.

1. 전혀 소망이 없는 인생이었습니다

베데스다 못에는 여러 종류의 많은 환자들이 몰려들었습니다. "그 안에 많은 병자 맹인 다리 저는 사람 혈기 마른 사람들이 누워"(3)

이들이 모인 이유는 오직 한 가지 병을 고치기 위해서입니다. "그 안에 많은 병자 맹인 다리 저는 사람 혈기 마른 사람들이 누워(물의 움직임을 기다리니 이는 천사가 가끔 못에 내려와 물을 움직이게 하는데 움직인 후에 먼저 들어가는 자는 어떤 병에 걸렸던지 낫게 됨이러라)"(3-4) 천사가 내려와서 물을 움직이게 한다고 했습니다. 주석가들은 이 못에서 병을 고치는 것을 전설이라고 말하는 사람도 있지만 일반적으로 이 못에 어떤 초자연적인 힘이 있다는 것에 동의합니다. 물이 움직이는 것은 천사가 내려올 것이란 징조였습니다. 천사가 못으로 내려와서 물을 움직이게 한다고 했는데 천사는 하나님의 종입니다. 하나님의 종인 천사는 하나님의 명을 받아 우리를 위해 일합니다. 물이 움직이기 시작하면 병자들은 일제히 물에 들어갔습니다. 천사가 물을 움직이려고 내려오는 일은 자주 있는 것이 아니라 가끔씩 있었을 것입니다. 누구든지 제일 먼저 물에 들어가는 사람이 낫는다고 했습니다. 물을 움직인다는 것은 하나님께서 자기의 기쁘신 뜻대로 물질을 자유로이 사용하신다는 증표입니다. 다시 말하면 물이 움직일 때 먼저 들어가 병을 고치게 되는 것은 하나님께서 은혜를 베푸신 것이며 병자들을 치료하실 수 있는 분은 오직 하나님뿐임을 가르쳐 주는 증표이기도 합니다.

그런데 베데스다 못가에 38년 된 병자가 있었습니다. "거기 서른여

덟 해 된 병자가 있더라"(5) 이 말은 아주 절망적입니다. 38년 된 병자라는 말 자체가 절망적입니다. 이 말은 자기 힘으로는 아무 것도 할 수 없다는 의미입니다. 그는 38년이란 세월을 병으로 고생했습니다. 그것도 꼼짝하지 못하고 누워만 있어야 하는 병이었으니 소망이 없을 수밖에 없습니다. 잠시 후에 그가 예수님을 만났을 때 했던 고백으로 보아 그가 얼마나 절망적인 삶을 살아 왔는지 짐작할 수 있습니다. "주여 물이 움직일 때에 나를 못에 넣어 주는 사람이 없어 내가 가는 동안에 다른 사람이 먼저 내려가나이다"(7) 그는 외로운 사람이었습니다. 그에게는 아무도 도와주는 사람이 없었습니다.

오늘날 우리 주위에도 이런 사람들이 많습니다. 아무도 도와줄 수 없는 고독감과 절망에 빠져 인생을 포기하는 사람들이 있습니다. 그러나 어느 누구도 자기 스스로 삶을 포기해도 될 사람은 아무도 없습니다. 아무리 절망 가운데 빠진 인생이라 해도 스스로 자신을 망가뜨려도 될 사람은 아무도 없다는 말입니다. 절망적인 사람에게도 기회는 오기 마련입니다. 38년 된 베데스다 못가의 절망적인 병자에게도 기회가 왔습니다. 누군가가 도와주는 사람이 없이는 움직일 수 없는 이 병자에게도 기회가 찾아 왔습니다. 바로 예수 그리스도께서 그를 찾아오신 것입니다.

2. 예수 그리스도를 만남으로 병 고침을 받았습니다

예수님은 이 병자의 모든 사정을 다 알고 계셨습니다. 예수님은 이 병자의 마음을 읽고 물으셨습니다. “예수께서 그 누운 것을 보시고 병이 벌써 오래 된 줄 아시고 이르시되 네가 낫고자 하느냐”(6)

예수님은 우리의 모든 형편을 다 알고 계실 뿐 아니라 우리의 마음까지도 다 읽고 계십니다. 그리고 때가 되면 찾아오시어 문제를 해결해 주십니다. 예수님은 이 병자의 모든 사정을 다 아시고 때가 되어 찾아와 물으셨습니다. “네가 낫고자 하느냐” 그때 그 병자는 분명하게 대답했습니다. “주여 물이 움직일 때에 나를 못에 넣어 주는 사람이 없어 내가 가는 동안에 다른 사람이 먼저 내려가나이다”(7) 이 사람은 꼼짝 없이 누워서만 생활했으나 삶만은 포기하지 않았습니다. 지금까지 자신도 못에 들어가고 싶었고 낫기를 원했지만 아무도 도와주는 사람이 없었습니다. 그 병자는 자신도 낫고 싶다는 분명한 의지를 보였습니다. 그는 절망할 수밖에 없는 상황에서도 결코 포기하지 않았습니다. 그는 예수님을 만나자마자 자신도 낫고 싶으나 아무도 도와주지 않는다고 말했습니다. 이때 예수님께서 말씀하셨습니다. “일어나 네 자리를 들고 걸어가라 하시니 그 사람이 곧 나아서 자리를 들고 걸어가니라”(8-9) 이 38년 된 병자는 예수님을 만남으로써 병 고침을 받는 기적을 체험했습니다. 예수 그리스도께서 절망 가운데 살아가는 그를 고쳐주셨습니다.

우리는 어떤 상황이 와도 절망하거나 포기하면 안 됩니다. 예수 그리스도를 믿니면 모든 문제가 해결됩니다. 예수님이 해결해 주시고 인생을 바꾸어 주십니다.

우리에게는 예수 그리스도가 계십니다. 예수님은 우리의 소망입니다. 그러므로 예수님을 모시고 사는 사람은 결코 절말하거나 인생을 쉽게 포기하지 않습니다.

키에르 케고르는 「죽음에 이르는 병」이라는 책에서 사람을 죽음으로 몰고 가는 병은 '절대 절망' 이라고 했습니다. 세상을 살다 보면 항상 좋은 일만 있는 것이 아닙니다. 문제를 만나게 될 때 가장 중요한 것은 문제를 대하는 사람의 태도입니다.

정약전은 신유박해 때 16년 동안 흑산도에 유배되어 있었습니다. 그는 그곳에서 흑산도 근해의 생물을 직접 채집하고 관찰해 「자산어보」라는 책을 썼습니다. 그 내용이 얼마나 정확하고 세밀한지 오늘날에도 중요한 자료가 되고 있습니다. 그는 16년간의 고독한 세월을 '절대 희망' 의 기회로 바꾸었습니다. 행복한 사람은 모든 것을 가진 사람이 아니라 상황을 새롭게 만드는 사람입니다. 주 예수 그리스도를 영접한 우리 그리스도인은 어떤 상황에서도 희망을 만드는 사람입니다. 그것은 우리의 소망을 주 예수 그리스도에게 뿌리를 내렸기 때문입니다.

우리가 보기에는 절망적인 상황이라도 하나님께는 결코 절망이란 있을 수 없습니다. 절망적인 순간에도 하나님을 만나게 되면 우리의 삶이 완전히 바뀌게 됩니다. 베데스다 못가의 38년 된 병자는 포기할 수밖에 없는 상황이었지만 예수 그리스도를 만남으로 그의 인생이 완전히 바뀌었습니다. 그는 이제 더 이상 누워 있을 필요가 없습니다. 베데스다 못가에 있을 필요도 없게 되었습니다. 그는 예수님을 통해서 깨끗이 고침을 받았기 때문입니다.

박민스터 풀러라는 대학생이 있었습니다. 그는 계속 힘겨운 일에 부딪혔습니다. 대학에 다니다가 퇴학을 당해 사업을 시작했지만 매번 실패했습니다. 절망에 빠진 그가 32세가 되던 해에는 스스로 인생을 포기하려고 결심을 했습니다. 매서운 바람이 부는 어느 겨울밤에 그는 미시간 호수에 몸을 던지려고 나갔습니다. 그리고 그가 마지막으로 하늘을 쳐다보는 순간 찬란하게 빛나는 밤하늘의 별들을 보면서 그는 하나님의 창조의 신비에 강한 경외감을 느꼈습니다. 그때 그의 마음에 '자연의 존재가 스스로 사라지지 않는 것처럼 나에게는 내 생명을 스스로 포기할 권리가 없다'는 생각이 지배하게 되었습니다. 그는 마지막 절망의 늪에 빠져 자살하려던 순간 그 호수에서 하나님을 만났습니다. 그는 그때부터 새로운 삶을 시작했습니다. 그러자 그의 인생이 점점 변화되기 시작했습니다. 결국 그는 새로운 목표와 열정으로 열심히 노력한 결과 발명가와 기술자와 수학자, 그리고 건축가와 시인 및 천문학자로 명성을 떨치게 되었습니다. 또한 12개 분야에서 명예박사 학위를 받았습니다. 그는 지구를 57회나 돌면서 수백만 명에게 강연을 했습니나. 풀러는 자살하려던 그날 밤 그 절망의 순간에 하나님을 발견한 후 삶의 참 의미를 찾아 성공적인 삶을 살게 되었습니다.

절망 가운데 있던 베데스다 못가의 38년 된 병자는 예수 그리스도를 만남으로 병 고침을 받아 새로운 인생을 살게 되었습니다. 그는 이제 절망 가운데 누워만 있는 사람이 아니라 일어나 걸어가는 사람으로 바뀌었습니다. "그 사람이 곧 나아서 자리를 들고 걸어가니라 이 날은 안식일이니"(9) 그리스도 안에는 결코 절망이 있을 수 없습니다. 그리스도 안에는 새로운 희망만이 있을 뿐입니다. 예수 그리스도는 우리의 소망이요 우리의 삶을 밝혀 주시는 분입니다. 시편 138편 7절입니다. "내가 환난 중에 다닐지라도 주께서 나를 살아나게 하시고 주의 손을 펴사 내 원수들의 분노를 막으시며 주의 오른손이 나를 구원하시리이다"

우리도 예수 그리스도 안에서 병 고침을 받을 수 있습니다. 우리 마음의 병과 육신의 병도 고칠 수 있습니다. 절망도 희망으로 바꿀 수 있습니다. 오직 예수 그리스도만이 우리의 치료자이시며 우리의 소망이 되십니다.

3. 그는 병을 고쳐주신 예수님을 증거했습니다

은혜를 받은 사람은 그 은혜를 증거해야 합니다. 예수님을 만나 놀라운 은혜와 복을 받은 사람은 그것을 증거해야 합니다. 만나는 사람들에게 당당하게 예수님의 사랑과 능력을 전해 주어야 합니다. 38년 된 병자는 예수님이 자신을 고쳐주신 것을 증거했습니다.

1) 유대인들이 안식일 문제로 시비를 했습니다

"그 사람이 곧 나아서 자리를 들고 걸어가니라 이날은 안식일이니 유대인들이 병 나은 사람에게 이르되 안식일인데 네가 자리를 들고 가는 것이 옳지 아니하니라"(9-10)

유대인들은 안식일을 철저히 지켰습니다. 그러나 그들은 안식일 원래의 정신을 잊어버리고 너무 형식에 치우치다 보니 오류를 범하게 되어 급기야 위선적으로 변하고 말았습니다. 우리는 안식일을 거룩하게 지켜야 합니다. 안식일에는 하나님께 예배드리는 종교적인 행위는 당연히 해야 합니다. 기도하고 전도하고 성경을 공부하는 일은 종교적인 행위입니다. 10개의 계명 중에 네 번째 계명이 안식일에 관한 것입니다. "엿새 동안은 힘써 네 모든 일을 행할 것이나 일곱 째 날은 네 하나님 여호와의 안식일인즉 너나 네 아들이나 네 딸이나 네 남종이나 네 여종이나 네 가축이나 네 문 안에 머무는 객이라도 아무 일도 하지 말라"(출 20:9-10) 또한 오락을 금하라고 말씀합니다. "만일 안식일에 네 발을 금하여 내 성일에 오락을 행하지 아니하고 안식일을 일컬어 즐거운 날이라 여호와의 성일을 존귀한 날이라 하여 이를 존귀하게 여기고 네 길로 행하지 아니하며 네 오락을 구하지 아니하며 사사로운 말을 하지 아니하면 네가 여호와 안에서 즐거움을 얻을 것이라 내가 너를 땅의 높은 곳에 올리고 네 조상 야곱의 기업으로 기르리라 여호와의 입의 말씀이니라"(사 58:13-14)

오늘날에는 안식일에 대한 개념이 사라져가고 있습니다. 거룩하게 지킨다는 것을 잘 모르는 시대입니다. 우리는 안식일을 거룩하게 지켜야 합니다. 그렇다고 안식일에는 아무 것도 하지 말라는 것이 아닙니다. 예수님은 안식일에 선을 행하는 것이 옳다고 하셨습니다. 예수님은 안식일에도 병자를 고치셨습니다. "너희 중에 어떤 사람이 양 한 마리가 있어 안식일에 구덩이에 빠졌으면 끌어내지 않겠느냐 사람이 양보다 얼마나 더 귀하냐 그러므로 안식일에 선을 행하는 것이 옳으니라 하시고 이에 그 사람에게 이르시되 손을 내밀라 하시니 그가 내밀매 다른 손과 같이 회복되어 성하더라"(마 12:11-13)

안식일에 생명을 살리는 일과 병을 치료하는 일과 선한 일은 당연히 해야 합니다. 그런데 유대인들은 예수님이 38년 된 병자를 고쳐주신 것에 대해 시비를 했습니다. 이것은 안식일의 참 정신을 모르는 무지에서 나온 아집일 뿐입니다. 그래서 그들은 병 고침을 받은 사람에게 집요하게 물었습니다.

2) 병 고침을 받은 사람은 당당하게 예수님을 증거했습니다

그는 처음에는 예수님이 자기의 병을 고쳐주셨다는 것을 몰랐습니다. 그것은 예수님이 그 자리를 피하셨기 때문입니다. "나를 낫게 한 그가 자리를 들고 걸어가라 하더라 하니 그들이 묻되 너에게 자리를 들고 걸어가라 한 사람이 누구냐 하되 고침을 받은 사람은 그가 누구인지 알지 못하니 이는 거기 사람이 많으므로 예수께서 이미 피하셨음이라"(11-13)

그러나 그가 예수님을 만난 후에는 예수님이 자기의 병을 고쳐주셨다고 당당하게 말했습니다. "그 후에 예수께서 성전에서 그 사람을 만나 이르시되 보라 네가 나았으니 더 심한 것이 생기지 않게 다시는 죄를 범하지 말라 하시니 그 사람이 유대인들에게 가서 자기를 고친 이는 예수라 하니라"(14-15) 38년 된 병자가 예수님을 만나 놀라운 은혜를 받은 후에는 당당하게 예수님을 증거했습니다. 은혜를 입은 사람은 당연히 은혜를 베푸신 분에게 감사를 표해야 합니다. 예수님 때문에 구원을 받은 사람은 반드시 예수님을 전해야 합니다. 우리도 예수님의 은혜를 입은 한 사람으로서 당당하게 예수님을 증거하는 삶을 살아야 합니다. 내 삶 속에 역사하시고 내게 큰 은혜를 주신 예수님을 전해야 합니다. 나의 삶을 변화시키시고 내게 참 소망을 주신 예수님을 당당하게 증거하는 것이 은혜받은 자의 자세입니다.

세계의 문호 톨스토이는 그리스 정교를 믿는 가정에서 태어나 신앙 교육을 받으며 성장했습니다. 러시아 부호의 아들이었던 그는 너무나 많은 것을 가지고 있었습니다. 부와 귀족의 권위와 명성과 타고난 천재적인 재능까지 있던 그는 일찍이 작가로서의 명성을 떨쳤습니다. 솔로몬처럼 모든 것을 누리던 그였지만 허탈감에 빠져 점점 더 불안감이 더해 갔습니다. 그는 많은 자살의 유혹을 받았습니다. 줄로 목을 매는 일이 생길까 해서 줄이 눈에 띄면 즉시 버릴 정도였습니다. 그리고 당시 세계적인 추세였던 합리주의와 인본주의 물결에 휘말려 하나님을 완전히 떠나고 말았습니다. 그는 인간이 노력하면 완전한 존재가 될 수 있다고 믿었으며 세계와 인류 역시 무한히 발전해 지상천국을 이룰 수 있다고 생각했습니다. 그러나 그의 마음은 점점 허무해져 갔습니다. 그가 당시를 회상하며 기록한 글에는 이런 내용이 있습니다. "내가 예수를 떠난 후 나의 생활은 공포심과 혐오감과 심적 고통으로 꽉 차 있었다. 나는 전쟁터에서 많은 살인을 했고 결투를 벌여 사람을 죽이기도 했고 도박을 하고 농노들을 희롱하며 착취했다. 나는 간통과 사기와 도둑질과 폭행과 살인을 했다. 내가 범하지 않은 죄는 하나도 없다. 나는 흉악한 죄인이다."

인간의 이성과 과학으로 무한정 발전하여 유토피아를 만들 수 있다고 믿었던 그가 처참하게 일그러진 자화상에 대한 고백을 했습니다. 그의 삶은 공허하고 혼돈하고 흑암이 깊음 위에 있었습니다. 그러나 톨스토이는 갑작스런 형의 죽음과 많은 사형수들의 죽음을 본 후 인간 존재의 근원에 대해 진지하게 생각하기에 이르렀습니다. 자신이 배우고 신봉했던 철학과 과학을 통해서 답을 얻으려고 했지만 만족할 만한 해답을 찾을 수가 없었습니다. 그러던 중 러시아에서 구전으로 전해지는 문학을 모아 자신의 특유의 천재적인 필치로 재구성하여 글을 썼습니다. 그것은 바로 「사람은 무엇으로 사는가?」라는 작품입니다.

그는 참회록에서 글을 쓰던 중 유년 시절의 신앙을 회복하게 되었고, 마침내 예수 그리스도께로 돌아와 십자가 아래서 자신을 발견하고 자화상을 새롭게 하여 구원을 받았다고 기록하고 있습니다. 그는 "인간은 하나님이 없이는 존재할 수 없다."고 고백했습니다. 예수님을 영접한 후의 그의 삶은 예수 그리스도를 증거하는 삶이었습니다. 예수님을 만난 후의 그의 모든 작품에는 그리스도를 증거하는 신앙의 글을 실었습니다. 그 후에도 톨스토이는 어려운 농촌을 돌아보며 집필활동에 최선을 다했습니다.

38년 된 병자가 예수 그리스도를 만남으로 병 고침을 받았습니다. 포기와 절망 가운데 있던 그가 예수 그리스도를 만남으로 새로운 삶을 살게 되었습니다. 예수 그리스도는 우리의 소망이십니다. 그리스도는 우리의 삶의 모든 문제를 해결해 주십니다. 예수님을 통해서 은혜받은 우리 성도들은 당당하게 그리스도를 전해야 합니다. 아멘.

16그러므로 안식일에 이러한 일을 행하신다 하여 유대인들이 예수를 박해하게
된지라 17예수께서 그들에게 이르시되 내 아버지께서 이제까지 일하시니 나도
일한다 하시매 18유대인들이 이로 말미암아 더욱 예수를 죽이고자 하니 이는
안식일을 범할 뿐만 아니라 하나님을 자기의 친 아버지라 하여 자기를 하나님
과 동등으로 삼으심이러라 19그러므로 예수께서 그들에게 이르시되 내가 진실
로 진실로 너희에게 이르노니 아들이 아버지께서 하시는 일을 보지 않고는 아
무 것도 스스로 할 수 없나니 아버지께서 행하시는 그것을 아들도 그와 같이
행하느니라 20아버지께서 아들을 사랑하사 자기가 행하시는 것을 다 아들에게
보이시고 또 그보다 더 큰 일을 보이사 너희로 놀랍게 여기게 하시리라 21아버
지께서 죽은 자들을 일으켜 살리심 같이 아들도 자기가 원하는 자들을 살리느
니라 22아버지께서 아무도 심판하지 아니하시고 심판을 다 아들에게 맡기셨으
니 23이는 모든 사람으로 아버지를 공경하는 것 같이 아들을 공경하게 하려
하심이라 아들을 공경하지 아니하는 자는 그를 보내신 아버지도 공경하지 아
니하느니라 24내가 진실로 진실로 너희에게 이르노니 내 말을 듣고 또 나 보
내신 이를 믿는 자는 영생을 얻었고 심판에이르지 아니하나니 사망에서 생명
으로 옮겼느니라 25진실로 진실로 너희에게 이르노니 죽은 자들이 하나님의
아들의 음성을 들을 때가 오나니 곧 이 때라 듣는 자는 살아나리라 26아버지
께서 자기 속에 생명이 있음 같이 아들에게도 생명을 주어 그 속에 있게 하셨
고 27또 인자됨으로 말미암아 심판하는 권한을 주셨느니라 28이를 놀랍게 여기
지 말라 무덤 속에 있는 자가 다 그의 음성을 들을 때가 오나니 29선한 일을
행한 자는 생명의 부활로 악한 일을 행한 자는 심판의 부활로 나오리라 30내
가 아무 것도 스스로 할 수 없노라 듣는 대로 심판하노니 나는 나의 뜻대로
하려 하지 않고 나를 보내신 이의 뜻대로 하려 하므로 내 심판은 의로우니라

(요한복음 5:16-30)

18

생명을 살리는 일은 계속해야 합니다

우리 예수님은 이 세상에 계실 때 많은 사역을 하셨는데 이 모든 사

역들이 사람의 생명을 구하는데 그 초점이 맞추어져 있었습니다. 안식일에 병자를 고치시는 것 역시 생명을 사랑하셨기 때문에 행하신 일입니다.

1. 안식일 문제

유대인들은 예수님이 안식일에 베데스다 연못가에 누워 있던 38년 된 병자를 고치신 것을 두고 안식일을 범했다고 하여 예수님을 박해하였습니다. "안식일에 이러한 일을 행하신다 하여 유대인들이 예수를 박해하게 된지라"(16)

유대인의 율법에 의하면 안식일에는 일을 할 수 없게 되어 있습니다. 이 규정은 출애굽기 20장 7절 이하에 나오는 말씀을 근거로 해서 만들어졌을 것입니다. 하나님께서 천지를 창조하실 때에 엿새 동안 모든 것을 만들고 제7일에는 쉬셨으므로 이 날은 여호와 하나님의 날이라는 이유 때문일 것입니다. 그래서 이날에는 어떤 일도 하면 안 되는 날이었습니다. 예수님 당시에 안식일에 일을 해서는 안 된다는 이 규정은 유대 사람들에게 가장 중요한 규정이었습니다. 그러나 안식일에도 긴급한 일이나 예상치 않은 일이 생길 수도 있습니다. 그럼에도 불구하고 유대인들은 이 모든 불편함을 참아내어야 율법을 지키는 것으로 생각했습니다.

안식일을 거룩하게 지키는 것은 성경적입니다. 그러나 그들은 안식일 원래의 정신을 오해하여 형식적인 것에만 매여 있었습니다. 안식일에는 아무 것도 하지 말라는 것이 아닙니다. 예수님은 안식일에 선을 행하는 것은 옳다고 하셨습니다. 예수님은 안식일에도 병자를 고치셨습니다. 안식일에도 생명을 살리는 일과 병을 고치는 일과 선한 일은 당연히 해야 합니다.

성경에 보면 이 안식일을 지키는 문제로 예수님과 유대인들 사이에 많은 논쟁(論爭)이 있었습니다. 그런데 공교롭게도 예수님은 안식일에 많은 병자들을 고쳐 주셨습니다. 반대자들의 눈에는 예수님께서 안식일 규정을 지키지 않는 것으로 보였을 것입니다. 정통 유대인들은 "당신의 제자들이 안식일에 하지 못할 일을 하나이다"(마 12:2), "안식일에 병 고치는 것이 옳으니이까"(마 12:10) 하며 안식일 문제로 예수님께 시비를 했습니다. 그러자 예수님은 안식일에 일을 한다고 비난하는 사람들에게 이렇게 말씀하셨습니다. "내 아버지께서 이제까지 일하시니 나도 일한다"(17) 이 말씀은 "아들이 아버지의 하시는 일을 보지 않고는 아무 것도 스스로 할 수 없다. 아버지께서 하시는 그 일을 아들도 하는 것이다. 아버지께서 죽은 자들을 일으켜 살리시는 것 같이 아들도 자기가 원하는 자들을 살리는 것이다."란 의미입니다. 다시 말하면 "너희가 일을 해서는 안 된다는 이 시간에도 하나님은 계속 일을 하고 계신다."는 말입니다. 하나님이 하시는 일은 죽은 자를 살리는 일입니다. 그러므로 하나님 아버지께서 그 일을 하시기 때문에 예수님도 그 일을 한다는 말씀입니다.

결국 사람을 살리는 일이 안식일 규정보다 중요하다는 것을 말씀합니다. 즉 사람의 생명보다 더 중요한 것은 없다는 말이 됩니다. 예수님의 이 말씀을 좀 더 깊이 묵상해 보면 하나님은 사람을 살리는 일을 중단하신 적이 없었다는 말입니다. 하나님은 안식일에도 이 일을 계속 하시므로 안식일 규정을 들어 핑계하지 말고 사람을 살리는 일을 계속 하라는 권면입니다. 하나님의 아들인 예수님이 아버지께서 하시는 일을 하는 것처럼 하나님의 자녀들도 사람을 살리는 이 일을 해야 한다는 말입니다.

예수님은 하나님 아버지의 뜻을 행하기 위해 이 세상에 오셨기 때문에 열심히 일하셨습니다. "아들이 아버지께서 하시는 일을 보지 않고는 아무 것도 스스로 할 수 없나니 아버지께서 행하시는 그것을 아들도 그와 같이 행하느니라"(19) 예수님의 지상 사역은 쉴 틈 없이 전개되었습니다. 초기 30년 동안은 나사렛 동네에 있는 사가(史家)에서 가족을 부양하는 등 인간적인 일들로 이루어졌습니다.(눅 2:51) 그리고 공생애 3년 동안은 하나님께로부터 받은 사명 때문에 제한된 시간과 환경의 틀 안에서 하실 일들을 계획대로 진행해 나가셨습니다. 그 일들은 주로 가르치고 전파하고 고쳐주는 일이었습니다.(마 9:35) 이와 같은 주님의 사역은 바닷가에서나(마 13:1) 산에서나(눅 6:12) 회당에서나(눅 4:16) 빈들에서나(막 6:35) 집에서나(마 13:36) 사람이 있는 곳이면 어디서나 이루어졌고, 그런 일들로 인하여 예수님은 식사할 겨를도 없으셨습니다.(막 3:20)

우리도 예수님처럼 열심히 일해야 합니다. 하나님의 자녀된 사람들에게는 하나님께서 부여하신 사명이 있습니다. 어느 시대에나 하나님의 백성들에게는 하나님께 받은 사명이 있습니다. 하나님께서 사람을 세상에 보내실 때는 반드시 그가 수행해야 할 사명을 맡기십니다. 따라서 하나님이 주신 사명은 그 사람에게 있어서 존재 가치요 목적이 됩니다. 성경은 말씀합니다. "우리 중에 누구든지 자기를 위하여 사는 자가 없고 자기를 위하여 죽는 자도 없도다 우리가 살아도 주를 위하여 살고 죽어도 주를 위하여 죽나니 그러므로 사나 죽으나 우리가 주의 것이로다"(롬 14:7-8)

사명은 하나님께서 각 개인에게 주신 것입니다. 그러므로 개인에게 맡기신 사명을 다른 사람에게 맡긴다거나 남이 대신해 줄 수 있는 것이 아닙니다. 베드로는 부활하신 예수님이 갈릴리 바닷가에 찾아 오셔서 "내 어린 양을 치라"고 명령하실 때 친구 요한을 두고 "이 사람은 어떻게 되겠사옵나이까"(21:21) 하고 물었습니다. 그때 예수님은 "내가 올 때까지 그를 머물게 하고자 할지라도 네게 무슨 상관이냐 너는 나를 따르라"(21:22)고 대답하셨습니다. 베드로에게는 베드로의 사명이 있고 요한에게는 요한의 사명이 있습니다.

우리 성도들도 각각 하나님으로부터 받은 사명이 있습니다. 모두 똑같은 사명을 받은 것이 아닙니다. 우리는 하나님께서 내게 주신 그 사명에만 충성하면 됩니다. 성경은 말씀합니다. "그가 우리를 대신하여 자신을 주심은 모든 불법에서 우리를 속량하시고 우리를 깨끗하게 하사 선한 일을 열심히 하는 자기 백성이 되게 하려 하심이라"(딛 2:14) 하나님이 우리를 구원하시어 그의 자녀로 삼으신 목적이 바로 선한 일에 열심을 다하는 친 백성이 되게 하시기 위해서입니다. 여기서 말하는 '친 백성(λαὸν περιούσιον, 라온 페리오시온)'은 개인이 소유한 특별한 보물(peculiar treasure)을 의미합니다.(Hervey, Guthrie) 그리스도께서는 자신을 속전으로 지불하시고 그의 백성들을 자신의 소유로 삼으셨습니다. 이처럼 그리스도께서 그의 백성들을 소유하셔서 자기 백성으로 삼으신 목적은 선한 일에 열심을 내게 하기 위해서입니다. 그리스도의 소유된 백성들은 하나님의 뜻과 교훈에 맞는 행위에 열심을 내어 열광적으로 그분을 따르는 삶을 살아야 합니다.

우리는 예수님으로부터 구원받은 하나님의 귀한 소유가 된 친 백성들입니다. 따라서 우리는 하나님의 나라를 위하여 열심을 내어야 합니다. 하나님의 뜻을 이루고 하나님의 목적을 달성하기 위해 열정적으로 섬겨야 합니다.

주님이 열심히 일하신 것처럼 우리도 주님을 본받아 주님의 뜻을 이루기 위해, 그리고 하나님의 영광과 하나님의 나라를 위해 우리에게 주신 사명에 열심을 다하여 열정적으로 섬겨야 합니다.

2. 주님이 하신 사역 중에서 가장 위대한 일은 생명을 살리는 일이었습니다

"아버지께서 죽은 자들을 일으켜 살리심 같이 아들도 자기가 원하는 자들을 살리느니라"(21)

예수님이 이 땅에 오신 목적은 생명을 살리기 위해서입니다. 죽은 영혼들을 살려 구원받게 하시는 것, 즉 영생을 주시는 것이 주님의 가장 중요한 사명이었습니다. 주님은 이 일을 십자가에서 이루셨습니다. 주님은 우리의 모든 죄를 대신하여 갈보리 산 십자가에서 죽으심으로 그 모든 죄 값을 다 치르셨습니다. 누구든지 그리스도를 믿으면 구원받아 영원한 생명을 얻게 하셨습니다. 주님이 하신 사역 중에서 가장 위대한 일은 바로 생명을 살리는 일이었습니다. 성경은 말씀합니다. "내가 진실로 진실로 너희에게 이르노니 내 말을 듣고 또 나 보내신 이를 믿는 자는 영생을 얻었고 심판에 이르지 아니하나니 사망에서 생명으로 옮겼느니라"(24)

이 놀라운 생명의 말씀이 바로 복음입니다. 누구든지 어떤 죄인이라도 예수님을 믿으면 영생을 얻고 심판에 이르지 않게 됩니다. 죽음에서 생명으로 옮겨졌기 때문입니다. 이것이 하나님의 은혜요 복입니다. 여기에 복음이 있습니다. 누구든지 예수님만 믿으면 생명을 얻습니다. 이 생명은 지옥에서 천국으로 사망에서 영생으로 바뀌는 위대한 생명입니다. 인생의 성공이 여기에 있습니다. 참 성공자는 예수님을 믿음으로 구원받아 영생을 얻은 사람입니다. 예수님을 믿음으로 사망에서 생명으로 옮겨진 사람입니다. 우리 예수님에게는 생명을 주시는 권세를 있으십니다. "아버지께서 아무도 심판하지 아니하시고 심판을 다 아들에게 맡기셨으니"(22), "아버지께서 자기 속에 생명이 있음 같이 아들에게도 생명을 주어 그 속에 있게 하셨고 또 인자됨으로 말미암아 심판하는 권한을 주셨느니라"(26-27) 예수님을 믿는 자는 영원한 생명을 얻습니다. 이 권세가 우리 주 예수 그리스도께 있습니다.

예수님은 우리에게 생명을 주시기 위해 이 세상에 오시어 위대한 일을 성취하셨습니다. 그리고 이 생명 얻는 일을 우리에게 맡기셨습니다. 예수님께서 제자들을 부르신 것도 이 중요한 사역을 맡기기 위해서입니다. 갈릴리 바닷가에서 베드로와 그의 형제 안드레가 바다에 그물 던지는 것을 보시고 "나를 따라오라 내가 너희를 사람을 낚는 어부가 되게 하리라"(마 4:19)고 말씀하셨습니다. '사람 낚는 어부'는 죄악의 바다에서 죽어가는 생명들에게 예수 그리스도에게로 나와서 구원받게 하는 일로 곧 전도자의 사명을 말합니다. 예수님은 이런 전도자의 사명을 감당할 일꾼이 부족하다고 하셨습니다. 예수님은 마태복음 9장 37-38절에서 할 일은 많으나 일꾼이 적다고 하셨습니다. "이에 제자들에게 이르시되 추수할 것은 많되 일꾼이 적으니 그러므로 추수하는 주인에게 청하여 추수할 일꾼들을 보내 주소서 하라"

사도 바울은 성도들이 주님께 받은 이 사명을 수행함에 있어서 때를 얻든지 못 얻든지 항상 힘쓰라고 권면합니다.(딤후 4:2) 그는 또 "너는 모든 일에 신중하여 고난을 받으며 전도자의 일을 하며 네 직무를 다 하라"(딤후 4:5)고 덧붙였습니다. 우리는 이 생명을 구하는 일을 위해 보냄을 받은 자들임을 한시도 잊으면 안 됩니다.

선교를 뜻하는 '미션(mission)'이라는 말은 라틴어 '미시오(missio)'에서 왔습니다. 그리고 이 말은 '보낸다(미테레, mittere)'란 동사에서 온 말입니다. 선교는 하나님의 마음을 품고 세상으로 보냄을 받는 것입니다. 생명을 구원하는 일은 사람이 가야 합니다. 복음을 들고 가서 전해야 합니다. 무엇보다 복음을 전파하는 일꾼이 중요합니다. 복음을 들고 가는 사람, 즉 보냄을 받는 사람이 있어야 합니다. 주님은 우리에게 이 일을 맡기셨습니다. "누구든지 주의 이름을 부르는 자는 구원을 받으리라 그런즉 그들이 믿지 아니하는 이를 어찌 부르리요 듣지도 못한 이를 어찌 믿으리요 전파하는 자가 없이 어찌 들으리요 보내심을 받지 아니하였으면 어찌 전파하리요 기록된 바 아름답도다 좋은 소식을 전하는 자들의 발이여 함과 같으니라"(롬 10:13-15)

우리도 예수님처럼 생명을 구하는 이 일에 열심히 참여해야 합니다. 우리도 복음을 전하여 생명을 구하는 아름다운 발이 되어야 합니다. 우리도 예수님처럼 이 일에 열심을 내어야 합니다.

3. 미래에 심판이 있기 때문입니다

예수님은 말씀하십니다. "죽은 자들이 하나님의 아들의 음성을 들을 때가 오나니 곧 이때라 듣는 자는 살아나리라"(25), "이를 놀랍게 여기지 말라 무덤 속에 있는 자가 다 그의 음성을 들을 때가 오나니 선한 일을 행한 자는 생명의 부활로 악한 일을 행한 자는 심판의 부활로 나오리라"(28-29)

"듣는 자는 살아나리라"에서 '듣는다'는 것은 귀로 듣는다는 말이 아닙니다. 이 말은 듣고 행한다, 듣고 순종한다는 의미입니다. 우리가 저 편에 있는 사람을 불렀을 때 대답만 하고 오지 않는다면 그것은 들은 것이 아닙니다. 아무리 잘 들어도 행하지 않는다면 들었다고 할 수 없습니다. 듣는 자는 믿는 자요 행하는 자입니다. 행하는 자가 듣는 자요 믿는 자입니다. 듣는 자, 즉 믿고 행하는 자는 살아나 영생을 얻을 것입니다.

영생은 영원한 생명, 즉 구원을 가리킵니다. 요한복음에는 구원이라는 단어보다 생명이나 영생이라는 단어가 더 많이 나옵니다. 성경이 말씀하는 생명은 세 가지입니다. 육체적 생명과 영적인 생명, 그리고 영원한 생명이 있습니다. 육체적 생명은 우리가 현재 몸으로 누리는 생명입니다. 숨을 쉬고 먹고 마시고 일을 하는 것은 인간이면 누구나 가지고 있는 육체적 생명의 모습입니다. 영적인 생명은 우리 영혼이 가지고 있는 생명입니다. 예수님을 믿어 거듭난 생명으로 성령께서 거하시는 그릇으로서의 생명입니다. 하나님을 예배하고 하나님의 말씀을 양식으로 삼아 믿음 안에서 누리는 생명이 영적인 생명입니다. 즉 사망에서 생명으로 옮겨진 생명이 바로 영적인 생명입니다. 이 생명은 믿는 자만이 가지고 있는 생명입니다. 거듭남으로써 얻어지는 생명입니다. 믿지 않는 자들에게는 육체의 생명은 있으나 영적인 생명은 없습니다. 믿지 않는 자들은 아직 사망에서 생명으로 옮겨지지 못했기 때문입니다. 영적인 생명이 있어도 육체의 생명을 마감할 때가 옵니다. 육체의 죽음은 아무도 피할 수 없습니다. 그러나 영적인 생명을 가진 사람은 영원한 생명을 약속받은 사람입니다. 영원한 생명은 영원한 나라에서 누리는 생명입니다. 성경은 이것을 영생이라고 말씀합니다. 영원한 생명을 약속받은 사람은 심판에 이르지 않습니다.

주 예수 그리스도를 믿지 않는 사람은 심판을 받을 수밖에 없지만 주님을 믿는 사람은 영생을 얻게 됩니다. "이를 놀랍게 여기지 말라 무덤 속에 있는 자가 다 그의 음성을 들을 때가 오나니 선한 일을 행한 자는 생명의 부활로 악한 일을 행한 자는 심판의 부활로 나오리라"(28-29) 여기서 '선한 일' 이란 도덕적인 선을 말하는 것이 아니라 예수님을 믿음으로 인해 나타나는 선한 열매를 가리킵니다.(3:19-21) 그러나 '악한 일을 행한' 이란 말은 상습적으로 행한 것이나 일생의 행습(行習)을 말합니다.

그리스도께서 재림하실 때에는 두 가지 부활이 있을 것입니다. 이 말씀은 명백하게 세계의 종말에 있을 심판에 관한 말씀입니다. 주 예수 그리스도를 믿는 사람은 이 세상에서 이미 구원을 받았지만 예수님의 재림 때에는 부활하여 영생을 받게 됩니다. 지금 중간 상태에 있는 사람들은 완전한 구원을 받은 것이 아닙니다. 예수님을 믿고 구원받은 백성이 세상을 떠나면 그의 영혼은 하나님 나라에서 안식을 취하게 되나 육체는 아직 이 땅에 남아 있습니다. 장차 예수 그리스도께서 재림하실 때에는 하늘에 있는 영혼과 이 땅에 있는 육체가 연합하여 영화로운 몸으로 부활하게 될 것입니다. 이때 완전한 구원을 받게 됩니다.

그러나 이 땅에 살면서 주 예수 그리스도를 구주로 영접한 성도는 이미 영생을 받은 자들입니다. 우리는 영원한 생명을 받아 재림의 소망을 가지고 살아가는 하나님의 백성들입니다. 이 영생을 빼앗을 자는 아무도 없습니다. "내가 그들에게 영생을 주노니 영원히 멸망하지 아니할 것이요 또 그들을 내 손에서 빼앗을 자가 없느니라"(10:28) 그러나 주 예수 그리스도를 끝까지 믿지 않으면 심판을 면할 수가 없습니다. "이를 놀랍게 여기지 말라 무덤 속에 있는 자가 다 그의 음성을 들을 때가 오나니 선한 일을 행한 자는 생명의 부활로 악한 일을 행한 자는 심판의 부활로 나오리라"(28-29)

세상에는 두 종류의 사람이 있습니다. 생명을 품고 사는 사람이 있는가 하면 죽음을 품고 사는 사람도 있습니다. 예수님을 품은 사람은 생명을 품은 사람이요 세상을 품은 사람은 죽음을 품은 사람입니다. 예수님을 영접하지 못한 사람은 심판을 받아야 합니다. "또 내가 보니 죽은 자들이 큰 자나 작은 자나 그 보좌 앞에 서 있는데 책들이 펴 있고 또 다른 책이 펴졌으니 곧 생명책이라 죽은 자들이 자기 행위를 따라 책들에 기록된 대로 심판을 받으니"(계 20:12), "누구든지 생명책에 기록되지 못한 자는 불 못에 던져지더라"(계 20:15) 예수님 안에 생명이 있습니다. 그러므로 예수님을 영접한 자 속에도 생명이 있습니다. 그러나 예수님을 믿지 않는 자는 심판을 면할 수 없습니다.

그러나 주 예수 그리스도를 믿는 하나님의 백성인 우리는 복을 받은 사람들입니다. 영생을 확신하고 부활의 소망을 가지고 사는 우리는 영광스런 백성이요 아름다운 사람들입니다. 그러므로 이 영생을 가진 하나님의 백성들이 해야 할 일은 바로 아직도 영생을 모른 사람들에게 이 아름답고 놀라운 복음의 소식을 전파하는 일입니다.

그런데 우리가 복음을 전하며 주의 일을 할 수 있는 기간이 정해져 있다는 것을 알아야 합니다. 예수님은 제자들에게 일할 수 있는 시간이 제한되어 있다고 말씀하셨습니다. "때가 아직 낮이매 나를 보내신 이의 일을 우리가 하여야 하리라 밤이 오리니 그때는 아무도 일할 수 없느니라"(9:4)

우리가 무엇보다도 우선적으로 해야 할 가장 중요한 일은 바로 영혼을 구원하는 일임을 잊지 말아야 합니다. 오늘날 많은 사람들은 나름대로 열심히 살아간다고 하지만 삶의 뚜렷한 목적도 없이 방황하고 있습니다. 삶의 의미를 상실한 채 이리저리 헤매고 있습니다. 그러나 하나님의 자녀인 우리 성도들은 삶의 목적이 분명합니다. 그것은 바로 복음을 위한 삶입니다. 복음 전도, 즉 생명을 살리는 일은 이 세상의 모든 일 가운데 가장 귀하고 영광스러운 일입니다. 우리의 삶의 보람과 가치와 영광은 복음을 전하는데 있습니다. 그러므로 우리는 복음을 전해야 합니다. 이것이 하나님께서 우리에게 주신 사명이자 가장 귀한 복이며 영광임을 잊지 말아야 할 것입니다.

생명을 살리는 일은 하나님의 상급이 약속되어 있습니다. 복음으로 인하여 살다가 고생을 하고 고난과 박해를 받는다면 하나님께서 금생과 내생에 그 무엇으로도 비교할 수 없는 영광스러운 복과 위로로 함께 해 주십니다. "지혜 있는 자는 궁창의 빛과 같이 빛날 것이요 많은 사람을 옳은 데로 돌아오게 한 자는 별과 같이 영원토록 빛나리라"(단 12:3) 이렇게 주님은 복음 전파를 위해 수고한 이들을 큰 기쁨과 영광으로 맞이해 주실 것입니다. 그러므로 복음을 전하는 일은 귀하고 영광스러운 일입니다.

1900년대 초에 인도에서 사역했던 존 하이드(John Hyde)라는 선교사는 인도를 위해 이렇게 기도했습니다. "제게 영혼들을 주시거나 아니면 죽음을 주십시오." 특별히 하이드 선교사는 기도를 많이 한 분이었습니다. 사람들은 그를 '기도하는 하이드' 라고 불렀으며 후에 전기 작가들은 그를 일컬어 '기도의 사도' 라고 불렀습니다. 그는 매일 하나님 앞에서 오랜 시간을 보냈고 밤마다 서너 번씩 깨어 기도했으며 종종 얼굴을 바닥에 댄 채로 밤을 새워가며 중보기도를 했습니다.

그러나 그에게는 성공적으로 선교할 만한 은사가 그다지 없었습니다. 그는 청각 장애가 있었기 때문에 인도어를 배우는 일에 어려움이 많았습니다. 외향적인 성격이 아니라 수줍음도 많았습니다. 그래서 그는 거리에서 복음을 전하는 것보다 성경을 연구하는 일에 더 관심이 많았습니다. 그러던 어느 해 하이드는 하루에 최소한 1명의 회심자를 얻게 해달라고 기도하는 담대함을 갖게 되었습니다. 그는 또 400

명의 영혼을 구원시켜 달라고 기도했습니다. 동료들은 불가능하다고 여겼지만 그해 말까지 400명을 그리스도께로 인도했습니다. 그는 거기에 만족하지 않고 이듬해에는 자신의 요구를 두 배로 늘여 하루에 2명의 영혼을 얻게 해달라고 기도했습니다. 그리고 그해 말에는 800명 이상을 그리스도께로 인도했습니다. 나중에는 그 요구를 다시 두 배로 늘인 결과 한 해에 1,600명 이상을 그리스도께로 인도했습니다. 존 하이드가 위대한 기도를 한 결과 수천 명의 인도인이 그의 사역을 통해 구원을 받았습니다.

우리 예수님은 생명을 살리려고 이 세상에 오셨습니다. 생명을 살리는 길은 예수님 외에는 없습니다. 우리를 위하여 십자가를 지시고 구원을 이루신 그리스도의 복음 외에는 없습니다. 예수 그리스도를 믿을 때 우리가 구원을 받고 영생을 소유하게 됩니다. 그러므로 우리는 이 복음을 전해야 합니다. 생명을 살리는 일은 가장 영광스럽고 귀한 일입니다. 여기에는 하나님께서 약속하신 상급이 있습니다. 우리는 생명을 살리는 이 일을 계속해 나가야 합니다. 아멘.

[31]내가 만일 나를 위하여 증언하면 내 증언은 참되지 아니하되 [32]나를 위하여
증언하시는 이가 따로 있으니 나를 위하여 증언하시는 그 증언이 참인 줄 아
노라 [33]너희가 요한에게 사람을 보내매 요한이 진리에 대하여 증언하였느니라
[34]그러나 나는 사람에게서 증언을 취하지 아니하노라 다만 이 말을 하는 것은
너희로 구원을 받게 하려 함이니라 [35]요한은 켜서 비추이는 등불이라 너희가
한때 그 빛에 즐거이 있기를 원하였거니와 [36]내게는 요한의 증거보다 더 큰 증
거가 있으니 아버지께서 내게 주사 이루게 하시는 역사 곧 내가 하는 그 역사
가 아버지께서 나를 보내신 것을 나를 위하여 증언하는 것이요 [37]또한 나를 보
내신 아버지께서 친히 나를 위하여 증언하셨느니라 너희는 아무 때에도 그 음
성을 듣지 못하였고 그 형상을 보지 못하였으며 [38]그 말씀이 너희 속에 거하지
아니하니 이는 그가 보내신 이를 믿지 아니함이라 [39]너희가 성경에서 영생을
얻는 줄 생각하고 성경을 연구하거니와 이 성경이 곧 내게 대하여 증언하는
것이니라 [40]그러나 너희가 영생을 얻기 위하여 내게 오기를 원하지 아니하는도
다 [41]나는 사람에게서 영광을 취하지 아니하노라 [42]다만 하나님을 사랑하는 것
이 너희 속에 없음을 알았노라 [43]나는 내 아버지의 이름으로 왔으매 너희가 영
접하지 아니하나 만일 다른 사람이 자기 이름으로 오면 영접하리라 [44]너희가
서로 영광을 취하고 유일하신 하나님께로부터 오는 영광은 구하지 아니하니
어찌 나를 믿을 수 있느냐 [45]내가 너희를 아버지께 고발할까 생각하지 말라 너
희를 고발하는 이가 있으니 곧 너희가 바라는 자 모세니라 [46]모세를 믿었더라
면 또 나를 믿었으리니 이는 그가 내게 대하여 기록하였음이라 [47]그러나 그의
글도 믿지 아니하거든 어찌 내 말을 믿겠느냐 하시니라

(요한복음 5:31-47)

19

예수님에 대한 증언

이스라엘 사람들은 애굽에서 노예로 살다가 하나님의 특별한 은혜로 모세와 아론을 통해 구원을 받았습니다. 출애굽을 한 그들이 홍해를

건너고 광야 40년 생활을 거쳐 드디어 가나안 땅에 정착했습니다. 그러나 그들은 가나안 땅에 들어가서 하나님의 말씀에 불순종한 결과 바벨론에 의해 멸망당하여 이방으로 포로가 되어 끌려갔습니다. 그러나 하나님은 그들을 버리지 않으시고 그들에게 소망을 주셨습니다. 선지자들은 계속적으로 그 소망을 예언했습니다. 바로 한 구원자, 즉 메시야를 보내 주실 것이라는 예언이었습니다. 그래서 그들은 수백 년 동안 그 구원자를 간절히 기다려 왔습니다. 그러던 중에 드디어 세례 요한이 나타나자 그를 메시야로 오해하게 되었습니다.

그러나 요한은 자신은 메시야가 아니라 뒤에 오시는 예수님이 바로 메시야라고 말했습니다. 그러나 유대인들은 예수 그리스도를 배척했습니다. 그들은 정치적인 메시야, 즉 로마의 압제에서 해방시켜 줄 메시야를 원했지만 예수 그리스도는 하나님의 복음을 전파하여 죄악에서 구원받기를 원하는 메시지를 선포하셨기 때문입니다. 그래서 그들은 예수 그리스도를 메시야로 받아들이지 않았던 것입니다.

본문은 이스라엘 사람들이 예수님을 하나님이 보내신 구주로 믿지 않고 배척하는 안타까운 현실을 책망하면서 예수님은 하나님이 보내신 분임을 증거하는 내용입니다. 예수님은 하나님이 보내신 인류의 구주, 메시야이심을 증거하고 있습니다.

1. 예수님 자신의 증거

예수님은 하나님이 일하시기 때문에 자신도 일한다고 말씀하신 데다가 자칭 하나님이라고 한다 해서 유대인들로부터 박해를 받게 되었습니다. 또한 유대인들은 예수님이 하나님을 친아버지라고 하신 데다가 하나님과 동등하다고 했다 하여 죽이려고 하면서 예수님의 증거를 받아들이지 않았습니다. 그래서 주님은 이렇게 설명하셨습니다. “내가 만일 나를 위하여 증언하면 내 증언은 참되지 아니하되 나를 위하여 증언하시는 이가 따로 있으니 나를 위하여 증언하시는 그 증언이 참인 줄 아노라”(31-32)

당시의 유대인들은 예수님의 말씀을 그대로 믿지 않았습니다. 그래서 예수님의 증언을 믿지 못하는 그들을 위해 예수님께서 증인을 세우시겠다는 말씀입니다. 예수님 자신을 위하여 증거하는 것을 믿지 못한다 할지라도 예수님을 증거해 줄 이가 따로 있다는 말씀입니다. 그 증언하시는 이가 누구냐에 대해서는 예수 그리스도를 보내신 하나님 아버지, 또는 예수님을 메시야로 증언한 세례 요한이라는 주장이 있습니다. 하나님 아버지도 증인이 되시고 세례 요한 또한 증인이 됩니다. 그러나 그보다 더 중요한 것은 예수 그리스도 자신의 증언입니다. 예수 그리스도는 바로 하나님이시기 때문입니다. 8장에서는 예수님 자신의 증거도 참되다고 말씀하셨습니다. “내가 나를 위하여 증언하여도 내 증언이 참되니 나는 내가 어디서 오며 어디로 가는 것을 알거니와 너희는 내가 어디서 오며 어디로 가는 것을 알지 못하느니라(8:14) 스스로를 참되다고 말하기는 침 어려운 일입니다. 사실 예수님은 자신을 위하여 아무런 증거도 필요로 하지 않습니다. 예수님 자신이 하나님의 본체이시며 하나님의 뜻대로 역사하셨기 때문에 어떤 인간의 증언도 불필요합니다.

예수 그리스도는 하나님으로 이 세상에 오셨습니다. 그러므로 예수님의 증거는 바로 하나님의 증거이기 때문에 믿을 수 있습니다. 예수님은 하나님으로서 이 세상에서 많은 증거를 보여 주셨습니다. 예수 그리스도는 가나 혼인 잔치에서 물로 포도주를 만드셨으며 풍랑 이는 갈릴리 바다를 말씀으로 잠잠케 하셨습니다. 38년 동안 누워 움직이지 못하는 병자를 일어나 걸어가게 하셨으며 나병환자도 고쳐주셨고 죽은 지 나흘 된 나사로도 무덤에서 일으켜 주셨습니다.

그리고 예수님이 하나님이시란 증거가 바로 안식일에 병자를 고치신 사건입니다. 예수님이 유대인들로부터 외면을 당하게 된 결정적인 계기는 38년 된 병자를 고치신 사건이었습니다. 안식일에 병자를 고쳤다는 것이 예수님이 배척받으신 이유입니다. 그들에게 있어서 안식일은 어느 누구도 어떠한 일도 하면 안 되는 날이었습니다. 그런데 예수님은 안식일에도 생명을 살리고 병자를 고치는 일을 하셨습니다. 하나님은 사람들처럼 쉴 수 있는 분이 아닙니다. 안식일에도 우주를 돌아가게 하시고 인간의 생사를 주관하시며 불쌍한 사람들을 도우시는 분입니다. 그래서 하나님으로 이 세상에 오신 예수 그리스도는 안식일에도 질병의 고통에 매여 있는 사람들을 풀어주셨습니다. 바로 그런 행동은 그분이 인간이 아니라 하나님이시란 증거였습니다. 예수님께서 안식일에도 병자를 고쳐주신 사건은 그분이 하나님이시며 하나님이 보내신 분이라는 증거가 됩니다.

성경은 예수님이 하나님이신 것을 증거해 주고 있습니다. 의심이 많은 제자 도마가 물었습니다. "주여 주께서 어디로 가시는지 우리가 알지 못하거늘 그 길을 어찌 알겠사옵나이까"(14:5) 그러자 예수님이 대답하셨습니다. "내가 곧 길이요 진리요 생명이니 나로 말미암지 않고는 아버지께로 올 자가 없느니라 너희가 나를 알았더라면 내 아버지도 알았으리로다 이제부터는 너희가 그를 알았고 또 보았느니라"(14:6-7) 이번에는 빌립이 질문했습니다. "주여 아버지를 우리에게 보여 주옵소서 그리하면 족하겠나이다"(14:8) 예수님의 대답입니다. "빌립아 내가 이렇게 오래 너희와 함께 있으되 네가 나를 알지 못하느냐 나를 본 자는 아버지를 보았거늘 어찌하여 아버지를 보이라 하느냐 내가 아버지 안에 거하고 아버지는 내 안에 계신 것을 네가 믿지 아니하느냐 내가 너희에게 이르는 말은 스스로 하는 것이 아니라 아버지께서 내 안에 계셔서 그의 일을 하시는 것이라 내가 아버지 안에 거하고 아버지께서 내 안에 계심을 믿으라 그렇지 못하겠거든 행하는 그 일로 말미암아 나를 믿으라"(14:9-11)

예수 그리스도가 하나님이심을 예수님 자신이 증언하고 계십니다. 우리는 예수님의 증언이 참되다는 것을 믿습니다. 왜냐하면 예수 그리스도는 이 세상에 인간의 몸을 입고 오시어 우리를 위하여 십자가에서 죽으셨다가 부활하심으로 우리의 구원을 이루시고 승천하신 우리의 하나님이시기 때문입니다.

예수님의 말씀은 진리입니다. 예수님의 말씀은 바로 하나님의 말씀입니다. 그러므로 하나님의 말씀을 믿어야 구원을 받습니다. 예수님은 참 증인이십니다. 예수님은 우리의 구원자이시며 참 하나님이십니다.

2. 요한의 증언

예수님은 다른 사람들의 증언이 불필요합니다. 그러나 예수님이 증인을 세우시는 것은 의심하는 자들에게 믿음을 주시기 위해서입니다. 예수님을 진리라고 증거한 사람이 있었는데 그는 하나님이 준비하여 보내신 세례 요한이었습니다. 세례 요한이 나타나기 전까지 400년 동안은 이스라엘 사람들에게 하나님의 말씀을 전할 선지자가 없었기 때문에 그들의 마음이 하나님의 말씀으로 갈급해 있었습니다. 그런데 그때 세례 요한이 나타나 곧 메시야가 오실 것이니 회개하라고 외쳤습니다. 그토록 메시야를 고대하던 중에 그가 오실 것이라 하자 그때부터 세례 요한에 대해 관심을 보이며 몰려들기 시작했습니다. 그러나 요한은 자신은 메시야가 아니며 뒤에 오시는 분이 메시야라고 예수님을 증거했습니다. "너희가 요한에게 사람을 보내매 요한이 진리에 대하여 증언하였느니라 그러나 나는 사람에게서 증언을 취하지 아니하노라 다만 이 말을 하는 것은 너희로 구원을 받게 하려 함이니라" (33-34)

요한이 요단 강에서 회개하라고 외치며 세례를 베풀자 수많은 사람들이 그곳으로 가서 죄를 회개하고 세례를 받았습니다. 그때 유대인들이 요한에게 사람을 보내어 물었습니다. "네가 그 선지자냐"(1:21) 그러자 요한은 자신은 다만 진리이신 그분에 대하여 증거하러 왔다고 대답했습니다. 그러던 어느 날 예수님이 그에게 세례를 받으러 오시는 것을 본 요한이 수많은 사람들 앞에서 증언했습니다. "이튿날 요한이 예수께서 자기에게 나아오심을 보고 이르되 보라 세상 죄를 지고 가는 하나님의 어린 양이로다 내가 전에 말하기를 내 뒤에 오는 사람이 있는데 나보다 앞선 것은 그가 나보다 먼저 계심이라 한 것이 이 사람을 가리킴이라"(1:29-30) 요한은 예수님이 구주이심을 분명하게 증거했습니다.

"요한은 켜서 비추이는 등불이라 너희가 한때 그 빛에 즐거이 있기를 원하였거니와"(35) 여기서 '비취는 등불' 은 좁은 법위에 일시적으로 빛을 비추는 것을 의미합니다. 그것은 세례 요한의 증거에 대한 적절한 비유입니다. 세례 요한은 잠깐 빛을 비추다가 곧 사라졌습니다. 그러나 빛 자체이신 예수님은 온 세상을 비추십니다. 세례 요한은 빛으로 오신 예수 그리스도를 증거했습니다. 세례 요한의 증거를 듣고 유대인들은 세례 요한이 소개한 메시야를 맞이하기로 마음을 먹었습니다. 그러나 막상 예수님이 사역을 시작하시자 자기들의 기준에 맞지 않다 하여 예수님을 배척하고 말았습니다.

선지자 세례 요한의 말은 진실이었습니다. 그의 증거도 진실했습니다. 그러나 그들은 믿지 않았습니다. 이것이 문제입니다. 세례 요한이 메시야로 오신 예수님을 증거해도 믿지 않은 결과 결국 그들은 구원을 받지 못했습니다.

오늘날에도 예수 그리스도에 대한 증언을 믿지 않는 사람들이 많습니다. 아무리 하나님의 말씀을 외치고 예수 그리스도를 전해도 믿지 않는 사람들이 있습니다. 그러나 우리는 하나님의 신리의 말씀을 그대로 믿어야 합니다. 하나님의 말씀을 그대로 믿을 때 구원 역사가 나타납니다. 하나님의 말씀을 그대로 믿고 순종할 때 은혜가 있고 기적이 나타납니다. 우리가 신앙생활을 할 때 말씀을 전적으로 믿을 때 역사가 나타납니다. 예를 들어서 우리가 수영을 하려고 할 때 발을 바닥에 딛고 있으면 절대 수영을 할 수 없습니다. 발을 바닥에서 떼고 온몸을 물에 맡겨야 합니다. 그때 물이 우리 몸을 받쳐주게 됩니다.

우리의 신앙생활도 마찬가지입니다. 신앙생활은 우리의 지식이나 경험에 발을 딛고 있으면 안 됩니다. 말씀에 나를 완전히 맡길 때 말씀이 나를 받쳐주고 인도하여 놀라운 은혜를 누릴 수 있게 됩니다. 말씀을 전적으로 믿을 때 역사가 나타납니다.

요단강을 건널 때 제사장들이 하나님의 말씀을 전적으로 믿었기 때문에 언약궤를 짊어지고 넘쳐흐르는 요단강으로 들어갈 수 있었습니다. 믿음으로 자기의 몸을 물에 맡길 때 강물이 멈추었고 모든 백성들도 마른 땅이 된 요단강을 걸어갈 수 있었습니다. 우리가 하나님의 말씀을 그대로 믿을 때 역사가 나타납니다.

마태복음 8장 5-13절에 예수님께서 가버나움에 들어 가셨을 때 로마의 한 백부장이 나와서 하인의 병을 고쳐줄 것을 간구했습니다. "주여 내 하인이 중풍병으로 집에 누워 몹시 괴로워하나이다"(마 8:6) 백부장은 유대인도 유대교를 믿는 사람도 아니었으며 단지 유대에 주둔하고 있던 로마 군인이었습니다. 그가 예수님께 간청한 것을 보면 그동안 예수 그리스도에 대한 소문과 행적을 통해 믿음이 있었던 것으로 보입니다. 누가복음 7장 2-10절에 보면 그가 비록 로마 사람이기는 하나 유대 민족을 사랑했으며 유대인을 위해 회당을 지었다는 기록이 있습니다. 백부장의 말을 들으신 예수님께서 "내가 가서 고쳐 주리라"(마 8:7) 하시며 백부장의 집으로 향하자 백부장이 말했습니다. "주여 내 집에 들어오심을 나는 감당하지 못하겠사오니 다만 말씀으로만 하옵소서 그러면 내 하인이 낫겠사옵나이다 나도 남의 수하에 있는 사람이요 내 아래에도 군사가 있으니 이더러 가라 하면 가고 저더러 오라 하면 오고 내 종더러 이것을 하라 하면 하나이다"(마 8:8-9) 예수님께서 이 말을 들으시고 기이히 여겨 좇는 무리에게 말씀하셨습니다. "내가 진실로 너희에게 이르노니 이스라엘 중 아무에게서도 이만한 믿음을 보지 못하였노라"(마 8:10) 그리고 백부장에게도 말씀하셨습니다. "가라 네 믿은 대로 될지어다"(마 8:13) 그러자 즉시 하인이 나았다고 성경은 증거합니다. 예수님은 백부장만한 믿음을 보지 못했다고 칭찬하셨습니다. 여기서 우리에게 믿음이 무엇인가를 잘 가르쳐 주고 있습니다. 믿음은 하나님의 말씀을 그대로 믿고 순종하는 것입니다.

우리도 하나님의 말씀을 그대로 믿고 순종하는 믿음을 가져야 합니다. 그리고 우리는 이 말씀을 알지도 못하고 믿지도 못하는 사람들에게 전해야 합니다. 우리는 세례 요한처럼 예수 그리스도를 전해야 합니다. 우리 주위에는 예수 그리스도를 모르는 사람들이 너무나 많습니다. 예수 그리스도를 믿어야 구원받는다는 것을 모르는 사람들이 많습니다. 예수님이 하나님이신 줄도 모르고 천국도 모르고 영생도 모르는 사람들이 너무나 많습니다. 우리는 이들에게 예수님을 소개하고 증언해야 합니다. 예수님을 믿어야 구원받아 천국에 갈 수 있다는 것을 전해야 합니다. 예수 그리스도는 우리를 구원하러 오신 하나님이시기 때문입니다.

우리는 예수 그리스도의 말씀을 전적으로 믿고 순종하면서 예수 그리스도를 모르는 사람들에게 복음을 전해야 합니다.

3. 아버지의 증언

예수님은 유대인들의 강력한 반대에 부딪혔지만 전혀 당황하거나 두려워하지 않으셨습니다. 예수님은 당황하거나 두려워하실 필요가 없다고 하셨습니다. 예수님께서 증거하지 않으셔도 모든 것을 증거해 주실 분이 계시기 때문입니다. "내가 만일 나를 위하여 증언하면 내 증언은 참되지 아니하되 나를 위하여 증언하시는 이가 따로 있으니 나를 위하여 증언하시는 그 증언이 참인 줄 아노라"(31-32)

여기서 증언하시는 분은 바로 하나님 아버지이십니다. 예수 그리스도를 보내신 하나님 아버지가 증거해 주신다는 말입니다. 예수님은 분명히 하나님의 뜻을 따라 오셨기 때문에 보내신 이의 뜻을 따라 일하실 뿐 구태여 누구로부터 보냄을 받았는지를 설명할 필요가 없다는 말입니다. "내게는 요한의 증거보다 더 큰 증거가 있으니 아버지께서 내게 주사 이루게 하시는 역사 곧 내가 하는 그 역사가 아버지께서 나를 보내신 것을 나를 위하여 증언하는 것이요 또한 나를 보내신 아버지께서 친히 나를 위하여 증언하셨느니라 너희는 아무 때에도 그 음성을 듣지 못하였고 그 형상을 보지 못하였으며 그 말씀이 너희 속에 거하지 아니하니 이는 그가 보내신 이를 믿지 아니함이라"(36-38) 예수 그리스도는 하나님 아버지께서 보내신 메시야이십니다. 하나님 아버지께서 증거해 주시면 아무런 문제가 안 됩니다. 이보다 더 확실한 증언은 없기 때문입니다.

예수님도 마태복음 10장 19절에서 제자들에게 말씀하셨습니다. "너희를 넘겨 줄 때에 어떻게 또는 무엇을 말할까 염려하지 말라 그때에 너희에게 할 말을 주시리니" 이 말씀은 제자들이 법정에 서게 된 것이 예수님 때문이라면 성령께서 입증해 주실 것이란 약속입니다. 예수님이 보내신 제자에 대한 증거는 예수님이 하시듯 예수님에 대한 증거는 예수님을 보내신 하나님 아버지께서 하실 것으로 확신하셨습니다.

그러면 예수님을 보내신 하나님은 예수님을 어떻게 증거하셨습니까? 예수님이 묵묵히 아버지의 뜻을 따라 십자가에 못 박혀 죽으시고 무덤에 묻히셨을 때 죽음에서 다시 살려 주심으로 분명하게 증거해 주셨습니다. 몇 마디의 말이 아니라 단번에 완전하게 증거하셨습니다. 예수 그리스도는 하나님 아버지의 뜻을 이루시기 위해 이 땅에 오시어 십자가에서 죽기까지 순종하는 일에만 몰두하셨습니다. 사람들이 알아주지 않는다고 염려한다거나 사람들에게 무엇으로 입증할 것인지도 걱정하지 않으셨습니다. 하나님 아버지는 예수 그리스도를 죽음에서 부활시키심으로 그리스도가 우리를 죄악에서 구원하시기 위해 이 땅에 오신 구세주이심을 증거해 주셨습니다.

예수 그리스도는 우리의 구주가 되십니다. 우리를 구원하시기 위해 이 땅에 오신 예수 그리스도는 우리의 구원자이십니다.

4. 성경의 증언

성경은 예수 그리스도가 구주이심을 증언해 주십니다. "너희가 성경에서 영생을 얻는 줄 생각하고 성경을 연구하거니와 이 성경이 곧 내게 대하여 증언하는 것이니라"(39)

이 말씀은 유대인들이 성경을 읽고 연구하는 것은 성경에서 영생을 얻는 줄 알기 때문인데 이 성경이 바로 예수 그리스도에 대하여 증언해 주고 있다는 말씀입니다. 그러므로 성경을 바로 연구하면 영생을 모를 리가 없습니다. 따라서 성경을 깊이 상고해 보면 예수 그리스도가 우리의 구원자이심을 알 수 있습니다. 성경은 예수 그리스도에 대해 아주 분명하게 증언해 주고 있기 때문입니다. 성경은 예수 그리스도께서 이 땅에 오시어 우리를 대신하여 고난을 받아 죽임을 당하는 종의 모습으로 오신 하나님의 아들이심을 가르쳐 주고 있습니다.

성경의 핵심은 오직 하나 예수 그리스도입니다. 예수님은 우리의 구주가 되시려고 인간의 몸을 입고 이 땅에 오시어 고난을 받으시고 십자가에 달려 죽으셨다가 사흘 만에 부활하심으로 우리를 위한 구원 사역을 이루셨다는 말씀입니다. 성경은 예수 그리스도에 대한 모든 것을 예언하셨지만 유대인들은 그 성경을 읽으면서도 습관적으로만 읽었기 때문에 예수 그리스도를 발견하지 못했습니다. 그래서 유대인들은 예수 그리스도를 믿기는커녕 오히려 십자가에 못 박아 죽이는 죄를 범하고 말았습니다.

여기에 유대인들의 문제가 있습니다. 유대인들이 예수님을 믿지 못하는 근본적인 원인은 그들이 평생 성경을 읽으면서도 피상적으로만 읽고 배운다는 것입니다. 그들은 랍비가 가르쳐 주는 것에 대해 깊이 생각해 본다거나 의문을 갖지도 않았습니다. 혹 유대인들 가운데는 성경을 깊이 묵상하고 연구하다가 예수 그리스도를 발견하고 돌아오는 사람들도 있습니다. 그러나 많은 사람들은 이사야 53장에 나오는 고난당하는 메시야의 모습을 읽으면서 도대체 이런 고난을 받으며 도

수장으로 끌려가는 양과 같은 분은 누구이며, 왜 메시야가 고난을 받아야 하는지에 대해서는 해답을 얻지 못하고 있습니다.

고난의 메시야에 대해서 한 번 생각해 보십시오. "그는 멸시를 받아 사람들에게 버림 받았으며 간고를 많이 겪었으며 질고를 아는 자라 마치 사람들이 그에게서 얼굴을 가리는 것 같이 멸시를 당하였고 우리도 그를 귀히 여기지 아니하였도다 그는 실로 우리의 질고를 지고 우리의 슬픔을 당하였거늘 우리는 생각하기를 그는 징벌을 받아 하나님께 맞으며 고난을 당한다 하였노라 그가 찔림은 우리의 허물 때문이요 그가 상함은 우리의 죄악 때문이라 그가 징계를 받으므로 우리는 평화를 누리고 그가 채찍에 맞으므로 우리는 나음을 받았도다 우리는 다 양 같아서 그릇 행하여 각기 제 길로 갔거늘 여호와께서는 우리 모두의 죄악을 그에게 담당시키셨도다"(사 53:3-6) 바로 이 말씀은 이 땅에 오신 예수 그리스도께서 고난 받으시는 장면을 너무도 정확하게 표현해 주고 있습니다. 이 말씀이 믿어지는 것은 하나님의 은혜인 줄 믿습니다.

그런데 이 성경을 읽어도 믿지 못하는 유대인들과 같은 사람들이 이 세상에는 너무 많습니다. 그러나 성경은 예수 그리스도가 우리의 구주이심을 분명하게 말씀하고 있습니다. 성경이 예수 그리스도에 대해 증언하고 있습니다. 구약 성경에 예언한 예수 그리스도에 관한 예언 중에 중요한 것만 간단하게 소개합니다.

1. 그리스도는 이스라엘로부터 오실 것이다.(민 24:17-19)
2. 그리스도는 아브라함과 이삭과 야곱의 자손이 될 것이다.(창 12:3, 17:19; 민 24:17)

3. 그리스도는 베들레헴에서 태어나실 것이다.(미 5:2)
4. 그리스도는 처녀에게서 태어나실 것이다.(사 7:14)
5. 그리스도께서 태어나실 때가 상세히 예언되어 있다.(단 9:25)
6. 그리스도의 오심은 그의 선두주자에 의해서 선포될 것이다.(사 4:3-4)
7. 메시야는 육신으로 나타나신 하나님이시다.(사 9:6)
8. 그는 어린 시절을 애굽에서 보내실 것이다.(호 11:1)
9. 그는 고난을 받고 속죄를 이루실 것이다.(사 53장)
10. 그는 나귀 새끼를 타고 예루살렘으로 입성하실 것이다.(슥 9:9)
11. 그가 고통 중에 있을 때 쓸개즙과 식초가 주어질 것이다.(시 69:21)
12. 그의 뼈는 부러지지 않을 것이다.(시 43:20)
13. 사람들은 그의 옷을 나눠 갖기 위하여 제비를 뽑을 것이다.(시 22:18)
14. 그는 죽음의 고통 가운데서 그가 태어나기도 전에 기록된 어떤 말들을 할 것이다.(시 22:1)
15. 그는 죽은 자들로부터 일으켜질 것이다.(시 16:10)
16. 그리스도는 친구에 의해 배반당할 것이다.(시 41:9)
17. 그는 은 삼십에 팔릴 것이다.(슥 11:12)
18. 그는 거짓 증인에 의해 모함을 받을 것이다.(시 35:11)
19. 그는 침 뱉음을 당하고 사람들에게 맞을 것이다.(사 50:6)
20. 그는 이유도 없이 미움을 받을 것이다.(시 35:19)
21. 그는 멸시와 조롱을 당할 것이다.(시 22:7-8)

그러므로 우리는 하나님의 말씀 속에서 예수 그리스도를 찾아야 하고 만나야 합니다. 말씀 속에서 하나님의 진리를 발견함으로 믿어야 합니다. 따라서 우리는 늘 하나님의 말씀을 깊이 묵상함으로 믿어야 합니다. 이때 우리에게 은혜와 복이 따르게 됩니다. “복 있는 사람은 악인들의 꾀를 따르지 아니하며 죄인들의 길에 서지 아니하며 오만한 자들의 자리에 앉지 아니하고 오직 여호와의 율법을 즐거워하여 그의 율법을 주야로 묵상하는도다”(시 1:1-2)

우리는 성경 구절을 묵상하는 시간을 가져야 합니다. 묵상한다는 것은 말씀을 그냥 대충 읽거나 듣고 넘어가는 것이 아닙니다. 말씀을 읽고 깊은 부분까지 탐색해서 이 말씀의 핵심이 무엇이며 이 말씀이 오늘 나에게 무엇이라고 말씀하며 내가 무엇을 어떻게 하기를 바라는가를 생각하는 것입니다. 이것이 묵상이며 적용입니다. 이 묵상과 적용이 우리의 삶을 변화시킵니다. 하나님의 능력은 말씀을 우리의 생활에 적용할 때 나타납니다. 말씀을 적용하고 순종하는 것이 신자의 능력입니다. 그리스도인의 힘은 다른데 있는 것이 아닙니다. 우리가 말씀을 깨닫고 그 깨달은 말씀대로 순종할 때 하나님이 나를 통하여 커다란 일들을 이루어 가시게 됩니다.

우리는 예수 그리스도가 우리의 구주이심을 믿습니다. 우리는 예수 그리스도의 증언과 세례 요한의 증언과 하나님 아버지의 증언, 그리고 성경의 증언을 믿습니다. 예수 그리스도는 우리를 구원하시려고 이 세상에 오신 우리의 구주이심을 믿습니다. 우리는 주 예수 그리스도의 말씀을 믿고 순종해야 합니다. 그리고 예수 그리스도를 모르는 사람들에게 구원의 복음을 전해야 합니다. 아멘.

[1]그 후에 예수께서 디베랴의 갈릴리 바다 건너편으로 가시매 [2]큰 무리가 따
르니 이는 병자들에게 행하시는 표적을 보았음이러라 [3]예수께서 산에 오르
사 제자들과 함께 거기 앉으시니 [4]마침 유대인의 명절인 유월절이 가까운지
라 [5]예수께서 눈을 들어 큰 무리가 자기에게로 오는 것을 보시고 빌립에게
이르시되 우리가 어디서 떡을 사서 이 사람들을 먹이겠느냐 하시니 [6]이렇게
말씀하심은 친히 어떻게 하실지를 아시고 빌립을 시험하고자 하심이라 [7]빌
립이 대답하되 각 사람으로 조금씩 받게 할지라도 이백 데나리온의 떡이
부족하리이다 [8]제자 중 하나 곧 시몬 베드로의 형제 안드레가 예수께 여짜
오되 [9]여기 한 아이가 있어 보리떡 다섯 개와 물고기 두 마리를 가지고 있
나이다 그러나 그것이 이 많은 사람에게 얼마나 되겠사옵나이까 [10]예수께서
이르시되 이 사람들로 앉게 하라 하시니 그곳에 잔디가 많은지라 사람들이
앉으니 수가 오천 명쯤 되더라 [11]예수께서 떡을 가져 축사하신 후에 앉아 있
는 자들에게 나눠 주시고 물고기도 그렇게 그들의 원대로 주시니라 [12]그들
이 배부른 후에 예수께서 제자들에게 이르시되 남은 조각을 거두고 버리는
것이 없게 하라 하시므로 [13]이에 거두니 보리떡 다섯 개로 먹고 남은 조각이
열두 바구니에 찼더라 [14]그 사람들이 예수께서 행하신 이 표적을 보고 말하
되 이는 참으로 세상에 오실 그 선지자라 하더라 [15]그러므로 예수께서 그들
이 와서 자기를 억지로 붙들어 임금으로 삼으려는 줄 아시고 다시 혼자 산
으로 떠나 가시니라

(요한복음 6:1-15)

20

오병이어의 역사

예수님께서 38년 된 베데스다 연못가의 병자를 고치시는 것을 본 사람들이 모두 놀랐습니다. 그 후에 예수님이 디베랴 바다로 건너가

시자 큰 무리가 예수님을 따랐습니다. 예수님이 그들에게 말씀을 전하신 후 오병이어로 기적을 베풀어 주셔서 모두 배불리 먹고도 남은 부스러기가 열두 광주리에 가득 차는 역사가 나타났습니다.

우리는 오병이어의 기적을 통해 우리에게 가르쳐 주시는 교훈이 무엇인지를 살펴 보겠습니다.

1. 큰 무리가 예수님을 따랐습니다

"그 후에 예수께서 디베랴의 갈릴리 바다 건너편으로 가시매 큰 무리가 따르니 이는 병자들에게 행하시는 표적을 보았음이러라"(1-2)

병자들에게 행하시는 표적을 본 큰 무리가 예수님을 따랐습니다. 한마디로 그들은 병을 고치기 위해 따른 것입니다. 그들은 말씀을 듣기 위해서가 아니라 오직 표적과 기사만 보고 따랐습니다. 이것은 올바른 신앙행위가 아닙니다.

오늘날에도 하나님의 말씀을 사모하기보다 이상한 체험이나 신비로운 것을 추구하는 사람들이 있습니다. 기적이나 병을 고치려는 것만 바라는 신앙은 진실한 신앙이 아닙니다. 물론 예수님을 믿으면 기적이 나타납니다. 병도 고칠 수 있고 능력도 체험하게 됩니다. 그러나 그보다 더 중요한 것은 우리의 영혼이 구원받는 것입니다. 우리의 심령이 회개하고 변화되는 것이 무엇보다 중요합니다. 아무리 기적을 체험한다 해도 예수님을 모르면 구원을 받을 수 없기 때문입니다. 우리는 말씀을 사모함으로 예수님을 따라야 합니다.

2. 예수님은 무리에게 먹이시길 원하셨습니다

예수님은 몰려 온 무리에게 하나님의 말씀을 가르치셨습니다. 그때가 마침 유대인의 명절인 유월절이 가까웠기 때문에 국내뿐 아니라 외국에서도 많은 사람들이 예루살렘을 찾았습니다. 바로 그 무리가 예수님의 말씀을 들으려고 몰려 온 것입니다. "예수께서 산에 오르사 제자들과 함께 거기 앉으시니 마침 유대인의 명절인 유월절이 가까운지라 예수께서 눈을 들어 큰 무리가 자기에게로 오는 것을 보시고 빌립에게 이르시되 우리가 어디서 떡을 사서 이 사람들을 먹이겠느냐" (3-5)

예수님의 말씀을 듣다가 많은 시간이 흘렀습니다. 마가복음에 보면 때가 저물어 갈 때까지 말씀을 전파하셨다고 했습니다. 그러니 모인 사람들 모두가 배가 고팠을 것입니다. 예수님은 이들에게 먹을 것을 주시려고 "우리가 어디서 떡을 사서 이 사람들을 먹이겠느냐"(5)고 물으셨습니다. 예수님께서 이미 모든 것을 계획해 두시고도 제자들에게 물으신 것은 그들의 믿음을 점검하기 위해서였습니다. 예수님은 배고픈 무리에게 먹이시려고 하셨습니다. 구약 시대 광야 교회에서 그의 백성들에게 매일 만나로 배불리 먹이신 하나님께서 이 때도 배고프고 가난한 자들에게 먹을 것을 주시길 원하셨습니다.

예수님은 그의 백성들에게 먹일 양식을 이미 다 준비해 두셨지만 제자들의 믿음을 시험하시려고 물으신 것입니다. "예수께서 눈을 들어 큰 무리가 자기에게로 오는 것을 보시고 빌립에게 이르시되 우리가 어디서 떡을 사서 이 사람들을 먹이겠느냐 하시니 이렇게 말씀하심은 친히 어떻게 하실지를 아시고 빌립을 시험하고자 하심이라"(5-6) 우리 예수님은 이미 오병이어로 기적을 베푸실 것을 작정하셨지만 제자들에게 물으심으로써 그들의 신앙을 점검하셨습니다. 이때 두 가지 반응이 나타났습니다.

1) 빌립의 대답입니다

"빌립이 대답하되 각 사람으로 조금씩 받게 할지라도 이백 데나리온의 떡이 부족하리이다"(7)

빌립은 정확한 계산을 했습니다. 그의 생각은 합리적이고 논리적이었습니다. 그곳에 모인 사람들의 수를 미리 파악한 빌립은 2백 데나리온의 떡이 있어도 모자란다는 정확한 계산을 했습니다. 당시 1데나리온은 노동자의 하루 품삯이었습니다. 그렇다면 일당이 5만 원이라면 약 1천만 원, 일당이 10만 원이라면 약 2천만 원이 있어도 모자란다는 계산입니다. 빌립의 계산은 정확했고 결국 그만한 돈도 없고 빵도 없으니 이들에게 먹일 수 없다는 것이 빌립의 생각이었습니다. 그러나 이것은 신앙인의 자세가 아닙니다. 하나님 나라의 일은 계산이나 논리로 되는 것이 아닙니다. 하나님의 일은 하나님을 의지하는 믿음으로 하는 것입니다.

교회 안에도 종종 이런 일들이 발생합니다. 하나님의 교회의 일을 할 때도 계산만으로 하는 것이 아닙니다. 결코 논리적이고 합리적인 계산만으로 될 수 없습니다. 우리의 연약함을 인정하면서도 하나님의 능력을 전적으로 믿는 믿음으로 해야 합니다.

2) 안드레의 반응입니다

안드레는 빌립과 대조적인 반응을 보였습니다. 빌립은 논리적이며 정확한 계산을 근거로 불가능하다고 말했지만 안드레는 예수님의 말씀이 떨어지자 즉시 순종했습니다. 그는 행동하는 신앙인이었습니다. "제자 중 하나 곧 시몬 베드로의 형제 안드레가 예수께 여짜오되 여기 한 아이가 있어 보리떡 다섯 개와 물고기 두 마리를 가지고 있나이다 그러나 그것이 이 많은 사람에게 얼마나 되겠사옵나이까"(8-9) 안드레는 빌립이 계산하는 동안에 이미 알고 있던 아이로부터 보리떡과 물고기를 얻어서 주님께 가지고 왔습니다. 그는 자신이 할 수 있는 일에 최선을 다한 후 나머지는 주님께 맡겼습니다. 주님께 의지하는 신앙입니다.

우리가 할 수 있는 일은 우리가 해야 합니다. 보리떡을 구하는 일은 우리도 할 수 있습니다. 그 다음에는 주님께 맡겨야 합니다. 그때 주님이 역사하십니다. 우리 주님은 빌립의 계산보다 안드레의 믿음을 받아 주셨습니다. 주님은 모든 것을 주님께 맡기고 순종하는 믿음을 가진 안드레를 귀하게 보셨습니다. 그리고 그가 가지고 나온 오병이어로 기적을 일으키셨습니다.

우리에게도 이 안드레의 믿음이 있어야 합니다. 주님의 말씀이 떨어지자마자 즉시 순종하여 어린 아이에게서 보리떡 다섯 개와 물고기 두 마리를 얻어 와서 주님께 바치는 믿음입니다. 우리는 빌립처럼 계산부터 앞세워 할 수 없다는 부정적인 신앙인이 되면 안 됩니다. 우리는 안드레처럼 적극적으로 주님의 말씀에 순종하여 주께서 역사하시도록 모든 것을 주께 맡기는 믿음의 성도들이 되어야 합니다.

3. 예수님은 기적을 행하셨습니다

예수님은 안드레가 가지고 온 보리떡 다섯 개와 물고기 두 마리로 놀라운 기적을 일으키셨습니다.

1) 질서 있게 앉히셨습니다

"예수께서 이르시되 이 사람들로 앉게 하라 하시니 그곳에 잔디가 많은지라 사람들이 앉으니 수가 오천 명쯤 되더라"(10)

주님은 남자 장정만 해도 5천 명이나 되는 큰 무리를 질서정연하게 앉히셨습니다. 우리 하나님은 질서의 하나님이십니다. 큰 무리가 혼란스럽게 행동하지 않도록 질서 있게 앉히셨습니다. 구역을 정하고 대표를 선정해서 모두가 편하게 먹을 수 있도록 자리를 정리하셨습니다. 하나님의 일에도 질서가 필요합니다. 규율과 법을 지키며 순리대로 해야 합니다. 질서를 어기면 혼란스럽고 복잡해져 일이 더 어려워집니다.

2) 축사하셨습니다

"예수께서 떡을 가져 축사하신 후에 앉아 있는 자들에게 나눠 주시고 물고기도 그렇게 그들의 원대로 주시니라"(11)

예수님이 축사하셨다는 말은 감사하셨다는 뜻입니다. 예수님은 적은 것을 가지고도 하나님께 감사하셨습니다. 감사하는 자리에 더 큰 복이 임했습니다. 이 벳새다 들판의 기적은 감사의 역사입니다. 감사함으로 기적이 나타났습니다. 예수님이 감사기도를 하신 후에 떡을 나눠주실 때 거기에 앉은 모든 사람들이 배불리 먹었습니다. 남자 장정 5천 명과 여자들, 그리고 어린 아이들까지 모두 1만 명은 족히 넘었을 것입니다. 대 군중이 떡과 물고기를 배불리 먹고 남은 부스러기가 열두 바구니에 가득 찼습니다.

우리 주님이 하시는 일에는 부족함이 없습니다. 광야 교회에서 만나를 주실 때에도 모두 배불리 먹었습니다. 모자라지 않았습니다. 매일 일용할 양식을 풍족히 내려 주셨습니다. 그것도 40년 동안이나 주셨습니다. 안식일을 제외한 6일 동안에 하늘에서 만나가 내려 왔습니다. 안식일 하루 전 날에는 안식일에 먹을 양까지 이틀 분을 주셨습니다.

우리 하나님은 날마다 우리에게도 일용할 양식을 주십니다. 부족함이 없도록 풍성하게 주십니다. 여기서 우리가 배워야 할 것은 감사할 때 역사가 나타났다는 사실입니다. 기독교는 감사의 종교입니다. 우리는 감사의 생활을 해야 합니다. "항상 기뻐하라 쉬지 말고 기도하라 범사에 감사하라 이것이 그리스도 예수 안에서 너희를 향하신 하나님의 뜻이니라"(살전 5:16-18)

감사는 하나님의 뜻입니다. 범사에 감사하라는 것은 모든 환경에서 감사하라는 말입니다. 어떤 경우에도 감사하라는 말입니다. 좋은 일뿐 아니라 나쁜 일에도 감사하고 성공하거나 실패할 때에도 감사해야 합니다. 수입이 많을 때나 적을 때나 한결같이 감사해야 합니다. 어떤 일을 당해도 감사해야 합니다.

① 적은 일에도 감사해야 합니다.

보리떡 다섯 개와 물고기 두 마리는 적은 것입니다. 보잘 것 없는 것입니다. 그러나 예수님이 이것을 들고 감사하실 때 기적이 나타났습니다. 우리도 적은 일에 감사해야 합니다. 적은 것에 감사할 때 기적이 나타납니다. 우리도 매일의 일용할 양식에 감사해야 합니다.

② 범사에 감사해야 합니다.

건강할 때 뿐 아니라 병이 들어도 감사해야 합니다. 위대한 하나님의 일을 감당한 사람들은 모두 감사의 사람들로 그들은 기적을 만드는 사람들이 되었습니다. 다니엘은 왕 외에 다른 신을 경배하거나 기도하면 사자굴속에 넣는다는 조서를 보고도 하나님께 감사했습니다. 적들이 자기를 잡기 위한 계책인 줄 알면서도 늘 해오던 대로 예루살렘을 향하여 문을 열어 놓고 하나님께 감사하며 기도했습니다. 그때 놀라운 역사가 나타났습니다. 하나님께서 사자의 입을 막으시고 사자굴에서 구원해 주셨습니다. 왕은 오히려 모든 원수들을 사자굴 속에 넣어 버렸고 하나님은 다니엘을 더욱 귀하게 높여 사용하셨습니다. 이것이 감사의 역사입니다.

세브란스병원의 암센터 소장 이희대 박사님이 암을 치유하게 된 간증입니다. 그는 2003년 1월에 사형언도와 같은 대장암 3기라는 진단을 받았습니다. 생각지도 못한 청천벽력과 같은 일이었습니다. 그는 그때부터 병마와의 긴 싸움을 시작했습니다. 암세포 발견 후 시작된 수술을 어느덧 다섯 번이나 했으며 간과 골반으로 전이된 암세포를 박멸하기 위한 네 번의 방사선 치료와 세 번의 항암 치료는 자신의 몸을 너무 비참하게 만들었습니다. 하지만 무엇보다 자신을 무너지게 만드는 것은 몇 번의 수술과 치료에도 불구하고 죽음을 준비해야 한다는 사실이었습니다. '왜 나에게 이런 병이 생겼을까? 왜 꼭 나일까? 내 손을 거쳐 암을 치료받은 환자가 몇 명인데…아직도 할 일이 많은데….' 수없이 많은 이유를 찾아 가며 자신에게 닥친 현실을 부정하고 싶었지만 자신에게 찾아 온 병마를 거부할 수는 없었습니다. 그는 그런 투병 과정에서 어느 교회에 출석하게 되었습니다. 그때부터 그 교회에서 은혜를 받게 되자 이전에는 원망스럽기만 하던 일들이 오히려 감사의 제목으로 바뀌는 마음의 변화를 경험하게 되었습니다. 이렇게 4년 동안 투병하는 가운데 유방암 전문의였던 그가 어느 날부턴가 환자들을 모아 성경 공부도 인도하고 예배도 드리게 되었습니다. 그가 하나님을 찬양하면서 계속 감사의 생활을 하던 어느 날 CT촬영을 했는데 몸속에 있던 암세포들이 깨끗이 사라진 것을 발견하고 감격하여 기쁨의 눈물을 흘렸다고 합니다.

③ 감사를 표현해야 합니다.

우리는 작은 일에도 감사해야 합니다. 범사에 감사해야 합니다. 감사할 때 복과 기적이 찾아 옵니다. 감사는 표현할 때 감사가 됩니다. 행함이 없는 믿음이 죽은 믿음이라면 표현이 없는 감사는 감사라 할 수 없습니다. 우리는 이 감사를 하나님뿐 아니라 사람에게도 표현할 줄 알아야 합니다. 우리는 항상 감사하는 마음을 가져야 합니다. 우리는 말과 글과 기도와 찬송과 물질로 표현할 줄 알아야 합니다. 감사는 감사할 일이 있을 때 신속히 해야 합니다.

하나님이 주신 은혜를 잊어버리고 감사하지 못하면 교만의 죄를 범하게 될 뿐 아니라 하나님의 영광을 도둑질하게 됩니다. 하나님은 감사하는 자에게 끊임없이 은혜를 베풀어 주십니다. 우리 모두 감사함으로 하나님의 역사를 체험하는 성도들이 됩시다.

4. 어린 아이의 헌신으로 일어난 역사입니다

"여기 한 아이가 있어 보리떡 다섯 개와 물고기 두 마리를 가지고 있나이다"(9)

한 어린 아이가 자기가 먹어야 할 음식을 예수님께 바쳤습니다. 그 결과 예수님께서 남자 장정만 해도 5천 명을 먹이는 큰 기적을 만드셨습니다. 이 어린 아이도 무척 배가 고팠을 텐데도 해가 질 때까지 먹지 않고 자기의 몫을 간직하고 있었습니다. 그 도시락은 혼자 먹을 수 있는 양이었지만 혼자 먹지 않고 예수님께 드렸습니다. 그 결과 본인뿐만 아니라 거기에 모인 모든 사람들이 배불리 먹는 기적이 나타났습니다.

여기서 중요한 것은 어린 아이의 헌신입니다. 이 어린 아이는 자신의 것을 바쳤습니다. 적은 것이지만 주님께 바칠 때 기적이 나타났습니다. 도시락은 다른 사람들에게도 있었을 것입니다. 그런데 도시락을 바친 사람은 이 어린 아이 혼자였습니다. 이 어린 아이는 적은 양이었지만 주님께 바쳤습니다. 다른 사람들은 너무 적어서 바치지 않았을 수도 있습니다. 그러나 적은 것이라도 주님께 바쳐야 기적이 나타납니다. 보리떡 다섯 개와 물고기 두 마리는 아주 적은 양이지만 주님께 바칠 때 기적이 나타났습니다.

1) 어린 아이는 믿음으로 드렸습니다

보리떡 다섯 개와 물고기 두 마리는 가장 가난한 사람들이 먹는 보잘 것 없는 한 끼의 식사 분량입니다. 그러나 그 이름도 없는 아이는 그것을 주님께 드리고자 했습니다. 아마 그 아이가 그 것으로 오천 명이 먹게 되리라고는 꿈에도 생각하지 못했을 것입니다. 자기가 먹으려고 가지고 왔던 보잘 것 없는 음식이지만 이 가난한 아이는 그것을 주님을 사랑하는 마음으로 드렸습니다. 예수님은 이 어린 아이의 사랑과 믿음을 받으시고 이를 통하여 기적을 나타내셨습니다. 기적은 주님이 행하셨지만 기적이 이루어지게 한 것은 기쁨으로 드린 어린 아이의 믿음입니다. 내가 믿음으로 헌신했을 때에 열두 바구니라는 복으로 갚아 주시는 것이 하나님이 우리에게 베푸시는 은혜입니다. 믿음으로 드릴 때 역사가 나타났습니다.

2) 많은 사람을 배부르게 했습니다

이 어린 아이는 자신이 가지고 있는 보잘 것 없는 것을 주님께 아낌없이 드렸을 때에 자신은 물론 거기에 모인 모든 사람들이 배부르게 먹고도 열두 바구니가 남는 복을 받았습니다. 부스러기만 해도 열두 바구니에 가득 차는 기적이 나타났습니다. 혼자 먹지 않고 주님께 드렸기 때문에 오천 명이 배불리 먹을 수 있었습니다. 우리도 혼자만 먹는 사람이 아니라 오천 명을 배불리 먹이는 사람들이 되어야 합니다. 그것은 바칠 때 가능합니다. 어린 아이가 주님께 바침으로 기적이 나타났습니다. 바치면 나도 복을 받지만 다른 사람들도 더불어 복을 받게 됩니다.

외국에서 실제 있었던 일입니다. 어느 가난한 가정에 어린 아들이 뇌종양으로 죽어가고 있었습니다. "여보, 우리 앤드류는 이제 죽은 것이나 다름이 없소. 수술비가 이 집을 팔아도 모자라니 이를 어쩌면 좋을까요. 오직 기적만이 앤드류를 살릴 수 있을 것 같소." 부모의 대화를 엿듣게 된 어린 누나는 자기가 끔찍이도 사랑하는 남동생을 살릴 수 있는 길은 오직 기적뿐이라는 아빠의 말을 되새기며 자기 방으로 들어갔습니다. 그리고 깊숙한 곳에 숨겨 놓았던 유리병 하나를 꺼냈습니다. 그 유리병에 있는 동전을 방바닥에 쏟아 놓고 이 여자 아이는 세고 또 세었습니다. 그러더니 다시 동전을 유리병에 담은 후 옷깃 속에 감추고는 살짝 집을 빠져 나왔습니다. 여섯 블록쯤 걷자 자그마한 약국이 나타났습니다. 그 아이는 조제실 앞 유리문 곁에 서서 약사가 자기를 쳐다보기를 기다렸습니다. 그러나 약사는 누군가와 대화를 하느라고 바빠서 그 아이를 쳐다보지 못했습니다. 할 수 없이 그 아이는 동전 한 닢을 유리병에서 꺼내어 유리창을 두들겼습니다. 낮은 유리창 너머로 목을 내민 약사는 귀찮다는 어조로 대꾸했습니다. "넌 뭘 원하니? 나는 지금 오랜만에 형님과 이야기를 하고 있는 거야." "제 동생이 많이 아파요. 전 기적을 사러 왔어요." "뭐라고?" 약사가 다시 물었습니다. "제 어린 남동생의 이름은 앤드류인데요, 머리 안에서 뭔가 나쁜 것이 자라고 있대요. 아빠가 그러시는데 제 동생을 살릴 수 있는 것은 기적뿐이래요. 그런데 기적은 얼만가요?" "우리 약국에서는 기적을 팔지 않는단다. 안 됐지만 나는 너를 도울 수가 없겠구나." 약사는 약간 부드러워진 목소리로 대답을 했습니다. "아저씨, 전 기적 값을 갖고 왔어요. 만일 모자라면 더 가지고 올게요. 기적 값이 얼마에요?" 그 여자 아이는 계속해서 물었습니다. 그때 옆에서 모든 이야기를 듣고 있던 신사가 그 아이에게 다가 왔습니다. 바로 약사의 형이었습니다. "얘야, 네 남동생은 어떤 기적을 필요로 하지?" "저도 모르겠어요. 제 남동생은 머리가 많이 아파요. 수술을 해야 하는데 수술비용이 없다고 했어요. 그래서 제 돈을 쓰려고 해요." "너는 돈을 얼마나 가지고 있는데?" "1달러 11센트요. 그렇지만 모자라면 더 가지고 올게요." "이것은 참으로 우연의 일치구나. 네 동생을 위한 기적 값이 바로 그 돈이랑 꼭 맞구나." 그 신사는 한 손에는 그 아이의 동전을 쥐고 다른 손으로는 그 아이의 손을 잡으며 말했습니다. "나를 너의 집까지 데려다 주겠니? 내가 네 어린 남동생과 가족을 만나보고 싶구나. 아마도 네가 원하는 기적을 내가 줄 수 있을 것 같다." 그 신사는 다름 아닌 세계적으로 명성이 높은 뇌수술 전문의 칼 암스트롱 박사였습니다. 시카고에서부터 동생을 만나러 왔던 그는 앤드류의 병이 자신의 전공분야인 것을 알고 그 가족을 위해 기꺼이 자신의 재능을 발휘했습니다. 그 후 수술은 성공적으로 시행되었으며 수술비는 전액 무료였습니다. 물론 가장 기뻐한 것은 앤드류의 부모였습니다. "아! 하나님, 감사합니다. 이것은 정말 기적입니다. 우리가 도대체 얼마나 비싼 수술비를 면제받은 것인지?" 그런 이야기를 들을 때마다 여자 아이는 미소를 지었습니다. 왜냐하면 그 아이는 기적의 값을 알고 있었기 때문입니다. 그 기적의 값은 정확히 1달러 11센트였습니다. 물론 거기에는 그 여자 아이의 사랑과 믿음도 가산되었습니다.

오늘날에도 이처럼 우리가 믿음 위에 자신을 희생하는 헌신이 있을 때 주님은 그것을 받으시고 놀라운 기적을 행하십니다.

오늘날에도 하나님의 역사는 계속되고 있습니다. 오병이어의 역사는 앞으로도 계속될 것입니다. 우리가 그 주인공들이 되어야 합니다. 범사에 감사하면 역사가 나타납니다. 그리고 적은 것이지만 주님께 바칠 때 기적이 나타납니다. 우리 모두 오병이어의 기적을 체험함으로 주님께 영광 돌립시다. 아멘.

16저물매 제자들이 바다에 내려가서 17배를 타고 바다를 건너 가버나움으로
가는데 이미 어두웠고 예수는 아직 그들에게 오시지 아니하셨더니 18큰 바
람이 불어 파도가 일어나더라 19제자들이 노를 저어 십여 리쯤 가다가 예수
께서 바다 위로 걸어 배에 가까이 오심을 보고 두려워하거늘 20이르시되 내
니 두려워하지 말라 하신대 21이에 기뻐서 배로 영접하니 배는 곧 그들이
가려던 땅에 이르렀더라 22이튿날 바다 건너편에 서 있던 무리가 배 한 척
외에 다른 배가 거기 없는 것과 또 어제 예수께서 제자들과 함께 그 배에
오르지 아니하시고 제자들만 가는 것을 보았더니 23(그러나 디베랴에서 배
들이 주께서 축사하신 후 여럿이 떡 먹던 그곳에 가까이 왔더라) 24무리가
거기에 예수도 안 계시고 제자들도 없음을 보고 곧 배들을 타고 예수를 찾
으러 가버나움으로 가서 25바다 건너편에서 만나 랍비여 언제 여기 오셨나
이까 하니 26예수께서 대답하여 이르시되 내가 진실로 진실로 너희에게 이
르노니 너희가 나를 찾는 것은 표적을 본 까닭이 아니요 떡을 먹고 배부른
까닭이로다 27썩을 양식을 위하여 일하지 말고 영생하도록 있는 양식을 위
하여 하라 이 양식은 인자가 너희에게 주리니 인자는 아버지 하나님께서
인치신 자니라 28그들이 묻되 우리가 어떻게 하여야 하나님의 일을 하오리
이까 29예수께서 대답하여 이르시되 하나님께서 보내신 이를 믿는 것이 하
나님의 일이니라 하시니 30그들이 묻되 그러면 우리가 보고 당신을 믿도록
행하시는 표적이 무엇이니이까 하시는 일이 무엇이니이까 31기록된 바 하늘
에서 그들에게 떡을 주어 먹게 하였다 함과 같이 우리 조상들은 광야에서
만나를 먹었나이다 32예수께서 이르시되 내가 진실로 진실로 너희에게 이르
노니 모세가 너희에게 하늘로부터 떡을 준 것이 아니라 내 아버지께서 너
희에게 하늘로부터 참 떡을 주시나니 33하나님의 떡은 하늘에서 내려 세상
에 생명을 주는 것이니라 34그들이 이르되 주여 이 떡을 항상 우리에게 주
소서 35예수께서 이르시되 나는 생명의 떡이니 내게 오는 자는 결코 주리지
아니할 터이요 나를 믿는 자는 영원히 목마르지 아니하리라 36그러나 내가
너희에게 이르기를 너희는 나를 보고도 믿지 아니하는도다 하였느니라 37아
버지께서 내게 주시는 자는 다 내게로 올 것이요 내게 오는 자는 내가 결
코 내쫓지 아니하리라 38내가 하늘에서 내려온 것은 내 뜻을 행하려 함이
아니요 나를 보내신 이의 뜻을 행하려 함이니라 39나를 보내신 이의 뜻은
내게 주신 자 중에 내가 하나도 잃어버리지 아니하고 마지막 날에 다시 살
리는 이것이니라 40내 아버지의 뜻은 아들을 보고 믿는 자마다 영생을 얻는
이것이니 마지막 날에 내가 이를 다시 살리리라 하시니라

(요한복음 6:16-40)

21

생명의 떡이 되시는 예수 그리스도 1

보리떡 다섯 개와 물고기 두 마리로 굶주린 오천 명을 배불리 먹이고도 열두 광주리가 남게 하신 예수님의 기적을 본 사람들은 입소문을 내기 시작했습니다. 그러자 소문을 들은 많은 사람들이 예수님께로 몰려왔습니다. 그러자 예수님과 제자들은 그 자리를 피했습니다. 기적을 베푸시는 예수님을 본 사람들은 예수님이 로마 정권을 뒤엎고 오병이어의 기적과 같은 은혜를 계속 베풀어 줄 정치적인 왕이 되어 주시길 기대하면서 몰려왔습니다. 그러나 예수님은 우리를 구원하시되 정치적인 권력이나 군사적인 무력, 또는 물질적인 재력 등이 아닌 죄악으로부터 구원하시려고 오셨습니다. 그런데 사람들은 이런 사실을 깨닫지 못하고 자신들의 욕심에만 사로잡혀 예수님을 정치적·경제적인 구세주로 삼으려는 그릇된 목적으로 예수님께 몰려온 것입니다. 그래서 예수님은 어쩔 수 없이 그들을 떠나실 수밖에 없었습니다. 제자들은 바다를 건너 가버나움으로 갔습니다. 예수님도 뒤따라 가시어 생명의 떡에 대해 말씀해 주셨습니다.

1. 예수님은 기도하려고 산으로 가셨습니다

예수님은 무리를 뿌리치고 홀로 산으로 가셨습니다. 그 이유를 6장 15절에서 말씀합니다. “예수께서 그들이 와서 자기를 억지로 붙들어 임금으로 삼으려는 줄 아시고 다시 혼자 산으로 떠나 가시니라”(15)

예수님께서 오병이어의 기적을 행하신 후 군중들로부터 정치적·경제적 구세주로서의 유혹을 받으셨을 때 홀로 하나님을 찾으신 것은 하나님께만 영광을 돌리며 기도하시기 위해서였습니다. “무리를 보내신 후에 기도하러 따로 산에 올라 가시니라 저물매 거기 혼자 계시더니”(마 14:23) 예수님은 기도로 사역을 준비하셨습니다. 하나님으로 이 세상에 오신 예수 그리스도께서 성부 하나님의 도우심을 구한 것은 결코 능력이 없다거나 부족해서가 아닙니다. 다만 하나님이 늘 주님과 함께 하시며 지속적인 교제를 누리게 하는 통로임을 보여 주시기 위해서입니다.

우리도 어려움이 있을 때에는 기도로 주님의 도우심을 구해야 합니다. 우리가 하나님께 구하면 하나님은 언제나 우리의 기도를 들으시고 도와 주십니다. 우리는 매일 하나님과 교제하는 시간을 가질 수 있도록 기도해야 합니다. 우리의 삶을 인도해 주시고 지혜를 주시도록, 그리고 성령께서 늘 함께 하시도록 기도해야 합니다. 우리의 기도생활도 계속 달라고만 하지 말고 주님과 더 깊은 교제를 나누는 한 단계 높은 기도생활을 해야 합니다.

주님과 지속적인 교제의 시간을 갖기 위해서는 규칙적인 기도생활을 해야 합니다. 규칙적인 기도생활을 하기에는 하루의 첫 시간인 새벽기도 시간이 제일 좋습니다. 노력하면 누구나 할 수 있습니다. 규칙적인 24시간 중보기도 역시 주님과 좋은 교제를 유지할 수 있는 방편이 됩니다. 금요일 밤 기도회 시간을 통해서도 주님과 교제의 시간을 가질 수 있습니다. 우리도 예수님처럼 규칙적으로 기도하는 시간을 가져야 하겠습니다.

2. 예수님이 바다 위로 걸어 오셨습니다

갈릴리 바다를 항해하던 제자들이 큰 바람이 불어 파도가 일어나자 두려워 했습니다. 이때 예수님이 바다 위로 걸어 오셨습니다. "큰 바람이 불어 파도가 일어나더라"(18)

여기서 '큰' 이라는 말은 큰 것 중에서도 최상급을 뜻하며 '불더라' 는 동사는 현재진행형으로 계속적으로 부는 상태를 가리킵니다. 이로 미루어 보아 제자들이 지금 어떤 상태에 빠졌는지를 짐작할 수 있습니다. 예수님의 제자들이 갈릴리 바다에 대한 정보와 경험이 아무리 많다 할지라도 큰 바람으로 인한 풍랑 앞에서는 모두 속수무책이었습니다. 이것이 바로 인간의 한계입니다.

오늘날에도 아무리 과학이 발달하고 인간의 지식이 발전해도 우리가 할 수 없는 일들이 많습니다. 세계 도처에서 일어나고 있는 홍수나 지진이나 가뭄이나 대형 사고들은 우리 힘으로 어찌할 수 없습니다. 그렇기 때문에 우리 인생살이에서 풍랑을 맞을 수도 있다는 말입니다. 가정이나 직장이나 사업에 우리 힘으로는 도저히 극복하기 어려운 풍랑이 올 수도 있습니다. 예수님의 제자들도 바람으로 인하여 고통을 당했습니다. 그렇다면 우리도 당할 수 있다는 말입니다. 이때의 해결책은 예수 그리스도께서 우리와 함께 하시는 것입니다. 예수님은 제자들이 고생하고 있는 바다로 찾아 오셨습니다. "제자들이 노를 저어 십여 리쯤 가다가 예수께서 바다 위로 걸어 배에 가까이 오심을 보고 두려워하거늘 이르시되 내니 두려워하지 말라 하신대 이에 기뻐서 배로 영접하니 배는 곧 그들이 가려던 땅에 이르렀더라"(19-21)

예수님은 고생하는 제자들을 외면하지 않으시고 직접 찾아 오셨습니다. 예수님은 산에서 기도하시는 중에 제자들이 고난당하는 것을 환히 내다 보셨습니다. 그래서 예수님은 제자들을 구하시려고 기도 중에 어둠을 헤치고 산에서 내려 오셨으나 배가 없어 바다 위로 걸어 오신 것입니다. 지금까지 한 번도 행하신 적이 없는 기적으로 바다 위로 걸어서 오셨습니다. 예수님은 위기에 빠진 제자들을 구하시기 위해 이처럼 놀라운 기적을 행하셨습니다.

우리 예수님은 지금도 세계 곳곳에서 사랑하는 제자들을 위해서 기적을 행하십니다. 그의 백성들을 구원하시기 위해 우리의 상상을 초월하는 기적을 행하고 계십니다. 우리에게도 필요하다면 언제라도 기적을 행하실 수 있는 전능하신 주님이심을 믿으시길 바랍니다.

그런데 제자들은 바다 위로 걸어 오시는 예수님을 보고 두려워했습니다. "예수께서 바다 위로 걸어 배에 가까이 오심을 보고 두려워하거늘"(19) 마태복음에서는 예수님이 바다 위로 걸어 오시는 것을 보고 놀란 제자들이 유령이라 하며 무서워 소리를 질렀다고 했습니다.(마 14:26) 이 말씀은 예수님의 제자들이 어제 낮에 오병이어의 기적의 떡을 먹었지만 예수님을 전능자로 믿지 못하고 있다는 것을 보여 줍니다. 제자들은 예수님을 유령으로 알고 두려워 떨었습니다. 이것이 연약한 인생의 모습입니다.

예수님은 제자들에게 말씀하셨습니다. "내니 두려워하지 말라"(20)는 말씀은 예수님 자신이 하나님으로 현림(現臨)하셨음을 증명하는 동시에 구원하시는 하나님이심을 계시(啓示)하시는 말씀입니다. 바다를 창조하신 하나님께서 바다 위로 걸어 오셨으니 염려하지 말라는 말씀입니다. 예수 그리스도는 하나님으로 제자들을 찾아 오시어 그들을 안심시키고 계십니다. '내니 두려워하지 말라' 는 말씀은 이 시대에 살아가는 우리에게도 필요한 말씀입니다. 풍랑으로 두려워하는 주의 제자들에게 주님이 두려워하지 말라고 말씀하셨듯 이 말씀은 우리에게 큰 힘이 됩니다. 전능하신 하나님께서 주의 백성들이 어려움을 당할 때 직접 찾아 오시어 '내니 두려워하지 말라' 고 말씀하셨습니다. 그러므로 우리가 풍랑을 당하더라도 두려워 할 필요가 없습니다. 우리가 어려울 때면 주님은 어김없이 우리를 찾아 오시기 때문입니다.

우리가 어려운 일을 당해 힘이 들 때마다 주님이 우리를 도우시기 위해 찾아 오시면 언제라도 기쁨으로 영접해야 합니다. "이에 기뻐서 배로 영접하니 배는 곧 그들이 가려던 땅에 이르렀더라"(21) 제자들은 기뻐하며 주님을 배 안으로 영접했습니다. 주님을 모신 배는 무사히 목적지에 안착했습니다. 예수님을 모시자 풍랑도 잔잠해졌습니다. 예수님을 모시면 두려움이 사라져 안전하게 항해할 수 있습니다.

우리가 예수님을 모시면 천국에도 안전하게 들어갈 수 있습니다. 예수님을 우리 인생의 배에 모시면 평안을 찾게 됩니다. 예수님의 제자들이 주님을 모셨을 때 거센 풍랑이 잠잠해져 안전한 항해를 할 수 있었습니다. 우리의 삶도 안전한 항해가 되려면 주님을 영접해야 합니다. 우리 주님은 우리의 어려움을 결코 외면하지 않으십니다. 우리가 어려울 때면 언제라도 우리를 찾아 오시어 도우시는 전능하신 하나님이심을 믿고 우리의 삶 가운데 주님을 모셔야 합니다.

3. 예수님은 자신이 생명의 떡이라는 것을 가르쳐 주셨습니다

이튿날에 예수님과 제자들이 보이지 않자 무리가 예수님을 찾아 왔습니다. "무리가 거기에 예수도 안 계시고 제자들도 없음을 보고 곧 배들을 타고 예수를 찾으러 가버나움으로 가서 바다 건너편에서 만나랍비여 언제 여기 오셨나이까 하니"(24-25)

무리가 예수님을 찾아 온 것은 떡을 얻기 위해서입니다.(26) 그들은 하나님의 능력을 믿은 것이 아니라 오직 떡을 먹어 배부를 것만 생각했습니다. 이들은 말씀이 아닌 떡을 찾아 왔습니다. 이것은 잘못된 신앙입니다. "예수께서 대답하여 이르시되 내가 진실로 진실로 너희에게 이르노니 너희가 나를 찾는 것은 표적을 본 까닭이 아니요 떡을 먹고 배부른 까닭이로다"(26) 세상 사람들은 썩어 없어질 양식만을 구합니다. 그러나 예수님은 영생의 떡, 즉 생명의 떡을 구하라고 하십니다.

1) 우리가 구할 것은 영생의 양식입니다

이 양식은 예수님만이 주실 수 있습니다. "썩을 양식을 위하여 일하지 말고 영생하도록 있는 양식을 위하여 하라 이 양식은 인자가 너희에게 주리니 인자는 아버지 하나님께서 인치신 자니라"(27)

2) 이 양식을 얻는 길은 예수 그리스도를 믿는 것입니다

이 떡은 하나님께서 주시는 떡입니다. "하나님의 떡은 하늘에서 내려 세상에 생명을 주는 것이니라"(33)

3) 생명의 떡은 예수 그리스도이십니다

여기서 '생명' 이라는 단어가 중요합니다. 성경에 기록된 생명이란 말에는 두 가지 의미가 있습니다. 육체의 생명을 '비오스(βίος)' 라고 합니다. 그러나 우리 인생에게는 영원한 생명이 있습니다. '조에(ζωή)' 는 영적인 생명을 의미합니다. 이 단어는 이중적인 의미를 가지고 있습니다. 하나는 생명의 근원이 되시는 하나님과 이 땅에서 교제하며 사는 것을 말합니다. 주님과 교제하며 사는 삶 자체가 '조에(ζωή)', 즉 생명입니다. 또 다른 의미는 이 땅을 떠나 하나님 나라에 들어가 하나님과 더불어 영원히 사는 것을 생명(ζωή, 조에)이라고 합니다. 이것은 미래의 약속입니다. 54절의 "마지막 날에 내가 그를 다시 살리리니"와 58절의 "이 떡을 먹는 자는 영원히 살리라"는 말씀에 언급되어 있습니다. 우리는 하늘에서 내려 온 이 떡을 먹어야 합니다. 예수님만이 생명의 떡입니다. 이 떡을 먹으면 결코 주리지도 않고 영원히 목마르지도 않습니다.

4) 생명의 떡을 먹으면 영원히 목마르지 않는 풍성한 교제를 누릴 수 있습니다

"나는 생명의 떡이니 내게 오는 자는 결코 주리지 아니할 터이요 나를 믿는 자는 영원히 목 마르지 아니하리라"(35)

결코 주리지도 않고 영원히 목이 마르지도 않을 것이라고 말씀합니다. 모세 시대의 광야의 만나는 매일 거두어야 했습니다. 아무리 먹어도 끝이 없었습니다. 물질도 명예도 쾌락도 지식도 권력도 마찬가지입니다. 아무리 채워도 끝이 없습니다. 그러나 생명의 떡은 단 한 번으로 만족하게 됩니다. 그것은 참된 양식과 참된 음료, 즉 생수의 근원이 내 안에 계시기 때문입니다.(56) 그리고 이제는 주님으로 인하여 살기 때문입니다.(57) 그런데 이미 생명의 떡을 먹었는데도 불구하고 참 만족을 누리지 못해 늘 불평과 불만 가운데 사는 신앙인들을 가끔 보게 됩니다.

본래 독실한 기독교 배경에서 성장한 무신론 철학자 니체는 "내가 예수를 믿을 필요성을 느끼지 않는 이유는 그들의 생활에서 기쁨을 찾지 못했기 때문이다."라고 비판했습니다. '상상 빈곤'이라는 말이 있습니다. 이 말은 하나님으로부터 고귀한 것들을 받았지만 그것을 누리지 못하고 거지처럼 사는 사람들을 일컫는 말입니다.

5) 우리 인생은 매일 먹어야 합니다

우리 인생은 밥을 먹어야 합니다. 음식을 먹지 않으면 누구라도 죽을 수밖에 없습니다. 밥은 필수품입니다. 먹어도 되고 안 먹어도 되는 것이 아니라 먹지 않으면 안 되는 것입니다.

요즈음 균형잡힌 몸매를 만들기 위해 밥을 먹지 않는 사람들이 혹 있습니다. 그런데 얼마 전에 멋진 몸매를 만들려고 굶다가 영양실조로 죽은 여중생이 있습니다. 올바른 다이어트는 굶으면서 하는 것이 아니라 먹되 음식의 양과 질을 조절하면서 하는 것입니다. 우리가 생명을 유지하려면 음식을 먹어야 합니다. 아무리 건강한 육체라도 밥을 먹지 않으면 견뎌낼 장사가 없습니다. 사람은 밥을 먹어야 살아갈 수 있습니다. 그런데 이 육체의 떡, 즉 밥은 날마다 먹어야 합니다.

그런데 우리가 알아야 할 것은 육적인 생명보다 영적인 생명이 더 중요하다는 사실입니다. 우리에게 가장 중요한 것은 '비오스(βίος)' 가 아니라 '조에(ζωή)' 입니다. 영원한 생명보다 더 중요한 것은 없습니다. 그리고 이 육체의 떡은 우리를 영원히 살게 할 수는 없습니다. 이 육체의 떡을 먹는 우리는 언젠가는 이 세상을 떠나게 됩니다. 이 세상의 떡을 먹은 우리 인생은 결국 썩어지고 맙니다. 그러므로 우리는 우리의 영혼을 살리는 생명의 떡을 먹어야 합니다. 우리 인생이 영적인 생명을 유지하기 위해서는 생명의 떡이신 예수님이 반드시 필요합니다. 예수님은 우리를 살리는데 꼭 필요한 생명의 떡이십니다. 그러므로 우리는 생명의 떡이신 예수님을 믿어야 하고 영접해야만 합니다. 그래야 예수님께서 날마다 우리에게 생명을 주시고 새 힘을 주십니다. 뿐만 아니라 우리의 삶을 풍성하게 해주십니다.

세계적인 팝가수 고 마이클 잭슨은 전 세계의 젊은이들에게 우상이었습니다. 그는 지난 20년 동안 모든 인기와 부귀와 권세와 영광을 누리며 살았습니다. 그런데 그는 삶에 대한 애착이 지나칠 정도였다고 합니다. 그는 스스로 150세까지 살아야 한다고 공공연하게 말하면서 지나칠 정도로 위생에 신경을 썼다고 합니다. 심지어 세균에 감염될까봐 마스크를 쓰고 다니는가 하면 담배를 피우다가 재가 카페트에 떨어져도 카페트에 있던 세균이 옮을까봐 담배꽁초도 줍지 않았다고 합니다. 또한 결벽증 환자처럼 실내외에서 지나치게 손을 자주 씻었다고 합니다. 그리고 스스로 젊어지기 위해 항상 어린 아이들과 함께 장난치며 놀았습니다. 또한 매일 100% 농축 산소가 들어 있는 튜브 속에 하루에도 몇 번씩이나 들어갔다 나오는 일을 반복했다고 합니다. 이것은 그가 육체적인 생명(βίος, 비오스)에 그의 모든 것을 걸었기 때문입니다. 그러나 그런 그도 결국 죽음을 맞이하고 말았습니다. 2009년 6월 25일 캘리포니아 주에 있는 그의 저택에서 타인에 의한 정맥주사 투입으로 급성 프로포폴 중독으로 인한 심장마비로 죽고 말았습니다. 밤 12시 22분에 911을 부르자 의료진과 구급대원들이 3분 만에 잭슨의 맨션으로 출동했습니다. 그러나 그가 발견된 당시에는 이미 숨이 멎은 상태라 심폐소생술을 시도했으나 아무런 반응이 없었습니다. 그는 다시 1시 13분에 인근에 있는 'Ronald Reagan UCLA Medical Center'로 이송되었지만 병원 관계자는 2시 26분에 그의 죽음을 발표했습니다. 그의 장례식은 7월 7일 로스앤젤레스에 있는 스테이플스센터에서 치러졌습니다.

우리 인생에 있어서 가장 중요한 것은 생명입니다. 생명도 육체의 생명(βίος, 비오스)이 아니라 영원한 생명인 '조에(ζωή)'입니다. 우리 인생은 영원히 죽지 않고 영원히 사는 생명(ζωή, 조에)을 얻어야 합니다. 영원한 생명인 '조에(ζωή)'는 생명의 떡이신 예수님을 통해서만 얻을 수 있습니다. "예수께서 이르시되 나는 생명의 떡이니 내게 오는

자는 결코 주리지 아니할 터이요 나를 믿는 자는 영원히 목마르지 아니하리라"(35)

우리는 참 떡이신 예수님을 먹어야 합니다. 예수님은 하늘에서 내려온 떡입니다. 예수님만이 생명의 떡이 될 수 있습니다. 예수님께 나오는 자는 결코 주리지도 않고 영원히 목이 마르지도 않습니다. 유대인들의 조상은 모세 시대에 광야에서 매일 만나를 거두어 먹었지만 그들은 다 죽고 말았습니다. 우리가 육체를 위하여 먹는 것은 매일 거두는 만나와 같습니다. 아무리 먹어도 끝이 없습니다. 이 세상의 물질도 명예도 쾌락도 지식도 권력도 마찬가지입니다. 아무리 채워도 채워지지 않습니다. 그러나 생명의 떡은 단 한 번으로 만족할 수 있습니다. 생명의 떡은 영원히 배가 고프지도 않고 목이 마르지도 않습니다. 그러므로 우리는 이 생명의 떡을 먹어야 합니다.

우리가 생명의 떡을 먹는다는 것은 생명의 떡이신 예수님을 믿는 것을 의미합니다.(35,36,40) 본문 36절입니다. "그러나 내가 너희에게 이르기를 너희는 나를 보고도 믿지 아니하는도다" 예수님을 믿어야 합니다. 우리를 영원히 살게 하시려고 이 땅에 오신 예수 그리스도를 생명의 떡으로 믿어야 합니다. 그러나 이 땅의 떡을 찾는 유대인들은 생명의 떡이신 예수님을 믿지 않았습니다. 그들은 육신의 떡만 먹다가 세상을 떠나고 말았습니다. 오히려 생명의 떡이신 예수 그리스도를 배척하고 십자가에 달려 죽게 했습니다. 그러나 예수님을 믿으면 영생을 얻습니다. 예수님을 믿으면 영원히 살게 됩니다. 생명의 떡이신 예수 그리스도를 믿는다는 것은 생명의 떡을 먹는 것이 됩니다. 생명의 떡은 육신의 떡처럼 계속 먹는 것이 아니라 단 한 번으로 족합니다. 즉 우리가 예수 그리스도를 영접하는 그 순간부터 영생을 얻게 됩니다. 우리 인생이 죄와 죽음으로부터 구원받는 길은 생명의 떡이신 예수님을 영접하는 것 외에는 없습니다. 우리가 예수님을 영접하면 영원히 살게 됩니다. 40절에서 말씀합니다. "내 아버지의 뜻은 아들을 보고 믿는 자마다 영생을 얻는 이것이니 마지막 날에 내가 이를 다시 살리리라" 주님은 우리가 예수님을 영접하면 마지막 날에 다시 살리리라고 약속하셨습니다.(39,40,44,54,58)

생명의 떡을 먹은 사람들에게 나타나는 효력은 영원합니다. 생명의 떡을 먹으면 영원히 살게 됩니다. 이 땅에서의 장수 정도가 아니라 영원히 살 수 있습니다. 육신의 수명은 정해져 있습니다. 그 수명은 일반적으로 70이요 강건하면 80입니다. 특별히 90년을 살기도 하고 간혹 100년을 사는 사람도 있습니다. 그러나 우리 인생은 짧습니다. 이 땅에서 살 수 있는 기간이 제한되어 있습니다. 언젠가는 다 죽어 썩어집니다. 그러므로 우리는 영원히 살 수 있는 생명의 떡을 먹어야 합니다. 즉 생명의 떡이신 예수 그리스도를 영접하고 그분을 믿어야 우리가 영원한 생명을 얻어 영생을 하게 됩니다.

그런데 이 세상의 많은 사람들은 육체의 생명만 의지할 뿐 생명의 떡이신 예수님을 영접하지 않은 결과 영생을 얻지 못한 채 인생을 끝내고 맙니다. 그들에게 필요한 것은 바로 생명의 떡이신 예수 그리스도를 믿는 것입니다.

1778년에 죽은 계몽주의 철학자요 무신론자인 볼테르(Voltaire)는 자신이 50년 안에 기독교를 완전히 파괴해 버리겠다고 하면서 100년 안에 모든 성경이 사라질 것이라고 큰 소리를 쳤습니다. 그러나 그가 죽을 때에는 이렇게 말했다고 합니다. "나는 하나님과 사람에게 버림을 받았다. 나는 지옥으로 떨어지게 되었다. 오! 주님. 의사여, 나의 생명을 6개월만 연장시켜 준다면 나의 재산 중에서 절반을 주겠습니다." 그리고는 흉측한 모습으로 자신은 지옥으로 간다고 말했다고 합니다. 그리고 자기를 살리지 못한 의사에게도 "나는 지옥으로 가는데 당신도 나와 함께 지옥으로 갑시다." 하면서 숨을 거두었다고 합니다. 그가 호언장담하며 100년 안에 없애겠다던 성경은 전 세계의 언어로 번역되어 지금도 수많은 사람들을 영생으로 인도하는 생명의 말씀으로 읽혀지고 있습니다. 그리고 그의 집은 지금 성경을 만드는 성서공회로 바뀌었습니다.

1679년에 죽은 무신론자 홉스(Hobbes)는 임종 때에 이런 말을 했습니다. "나의 생명을 단 하루만이라도 연장시켜 주는 자에게는 나의 전 재산을 주겠다. 나는 지금 어둠 속에서 사라져 가고 있다." 이들은 모두 생명의 떡이신 예수님을 믿지 않아 영생을 소유하지 못한 사람들입니다. 그들의 특징은 불안하고 확신이 없습니다. 그리고 그들에게 있어 이 세상은 전부이기 때문에 그들에게는 더 이상 소망이 없습니다.

「이성의 시대(The age of Reason)」란 책을 쓴 유명한 무신론자 토마스 페인은 죽어 가면서 이런 말을 했다고 합니다. "「이성의 시대」가 출판되지 않았더라면, 그 책을 다 거두어들일 수만 있다면 나의 모든 것을 바치겠습니다. 오! 주님, 나를 도와주옵소서. 그리스도시여, 나를 구원하옵소서. 나와 함께 있어 주옵소서. 홀로 있으면 지옥처럼 무섭습니다." 세상의 떡은 그 어떤 떡을 먹더라도 언젠가는 죽게 됩니다.

그러나 예수님을 믿을 때 주시는 생명의 떡은 한 번만 먹어도 영원히 살게 됩니다.

프랑스의 수학자요 물리학자요 철학자인 파스칼은 이런 말을 했습니다. "인간의 마음속에는 커다란 구멍이 뚫려 있다. 그 구멍은 세상적인 쾌락이나 물질이나 명예나 권세로는 결코 채울 수 없다. 채우려고 노력하면 할수록 오히려 실망과 불만족과 허무만이 남게 된다. 오직 그 구멍을 채울 수 있는 것은 끝없이 부어 주시는 그리스도의 사랑밖에는 없다. 그래서 인간은 그리스도를 마음에 모실 때에만 진실한 만족을 느낄 수 있다."

사람은 육신의 떡으로는 만족을 누릴 수가 없습니다. 그리스도의 사랑이 우리 마음에 충만할 때 비로소 만족한 삶을 살 수 있게 됩니다. 생명의 떡이신 예수 그리스도를 믿는 자는 참 만족과 행복을 누리며 살 수 있습니다. 예수님은 말씀하셨습니다. "나는 생명의 떡이니 내게 오는 자는 결코 주리지 아니할 터이요 나를 믿는 자는 영원히 목마르지 아니하리라"(35) 예수 그리스도 안에 있는 사람은 생명의 떡을 먹었기 때문에 그 어떤 경우에도 만족한 삶을 살 수 있습니다.

생명의 떡을 먹으면 영원히 보호를 받습니다. "아버지께서 내게 주시는 자는 다 내게로 올 것이요 내게 오는 자는 내가 결코 내쫓지 아니하리라"(37) 우리 주님은 생명의 떡을 먹은 우리를 결코 내쫓지 않으십니다. 우리는 영원히 주님의 품 안에서 보호를 받게 됩니다. 사단의 세력은 우는 사자처럼 삼킬 자를 찾아 다닙니다. 광명의 천사로 유혹합니다. 그러나 예수님은 그의 백성들을 끝까지 지켜 주십니다. 우리의 힘으로는 사단의 세력을 이길 수가 없습니다. 그러나 오직 주님의 능력으로 이길 수 있습니다. 우리가 우리 주 예수 그리스도 안에 있으면 그 어떤 것도 우리를 넘어뜨릴 수 없습니다. 성경은 말씀합니다. "내가 확신하노니 사망이나 생명이나 천사들이나 권세자들이나 현재 일이나 장래 일이나 능력이나 높음이나 깊음이나 다른 어떤 피조물이라도 우리를 우리 주 그리스도 예수 안에 있는 하나님의 사랑에서 끊을 수 없으리라"(롬 8:38-39)

우리가 아무리 실수를 해도 생명의 떡이신 예수님을 믿어 그 안에 있으면 우리는 끝까지 보호받을 수 있습니다. 주님이 세상 끝 날까지 지켜 주시기 때문입니다. 예수님의 제자 베드로가 예수님을 세 번이나 부인했지만 생명의 떡이신 예수 그리스도를 믿어 그리스도 안에 있을 때 주님은 그를 끝까지 지켜 주셨습니다. 이 시대를 살아가는 우리도 생명의 떡이신 예수님을 믿어 그리스도 안에 있으면 끝까지 우리를 보호해 주십니다. 생명의 떡이신 예수님은 말씀하셨습니다. "볼지이다 내가 세상 끝 날까지 너희와 항상 함께 있으리라"(마 28:19)

우리도 지속적인 기도를 통하여 주님과 깊은 교제의 시간을 가집시다. 예수님은 우리에게 영생을 주시는 생명의 떡이 되십니다. 우리 모두 생명의 떡이신 예수님 안에서 배부름을 얻고 영생을 누리며 살아갑시다. 그리고 생명의 떡이신 예수님을 모르는 사람들에게 이 떡을 나누어 줍시다. 우리 모두 생명의 떡이신 주님과 항상 동행함으로 주님의 보호를 받는 삶을 살아갑시다. 아멘.

41자기가 하늘에서 내려 온 떡이라 하시므로 유대인들이 예수에 대하여 수군거
려 42이르되 이는 요셉의 아들 예수가 아니냐 그 부모를 우리가 아는데 자기가
지금 어찌하여 하늘에서 내려 왔다 하느냐 43예수께서 대답하여 이르시되 너희
는 서로 수군거리지 말라 44나를 보내신 아버지께서 이끌지 아니하시면 아무도
내게 올 수 없으니 오는 그를 내가 마지막 날에 다시 살리리라 45선지자의 글에
그들이 다 하나님의 가르치심을 받으리라 기록되었은즉 아버지께 듣고 배운 사
람마다 내게로 오느니라 46이는 아버지를 본 자가 있다는 것이 아니니라 오직
하나님에게서 온 자만 아버지를 보았느니라 47진실로 진실로 너희에게 이르노니
믿는 자는 영생을 가졌나니 48내가 곧 생명의 떡이니라 49너희 조상들은 광야에
서 만나를 먹었어도 죽었거니와 50이는 하늘에서 내려 오는 떡이니 사람으로 하
여금 먹고 죽지 아니하게 하는 것이니라 51나는 하늘에서 내려 온 살아 있는 떡
이니 사람이 이 떡을 먹으면 영생하리라 내가 줄 떡은 곧 세상의 생명을 위한
내 살이니라 하시니라 52그러므로 유대인들이 서로 다투어 이르되 이 사람이 어
찌 능히 자기 살을 우리에게 주어 먹게 하겠느냐 53예수께서 이르시되 내가 진
실로 진실로 너희에게 이르노니 인자의 살을 먹지 아니하고 인자의 피를 마시
지 아니하면 너희 속에 생명이 없느니라 54내 살을 먹고 내 피를 마시는 자는
영생을 가졌고 마지막 날에 내가 그를 다시 살리리니 55내 살은 참된 양식이요
내 피는 참된 음료로다 56내 살을 먹고 내 피를 마시는 자는 내 안에 거하고 나
도 그의 안에 거하나니 57살아 계신 아버지께서 나를 보내시매 내가 아버지로
말미암아 사는 것 같이 나를 먹는 그 사람도 나로 말미암아 살리라 58이것은 하
늘에서 내려 온 떡이니 조상들이 먹고도 죽은 그것과 같지 아니하여 이 떡을
먹는 자는 영원히 살리라 59이 말씀은 예수께서 가버나움 회당에서 가르치실 때
에 하셨느니라 60제자 중 여럿이 듣고 말하되 이 말씀은 어렵도다 누가 들을 수
있느냐 한대 61예수께서 스스로 제자들이 이 말씀에 대하여 수군거리는 줄 아시
고 이르시되 이 말이 너희에게 걸림이 되느냐 62그러면 너희는 인자가 이전에
있던 곳으로 올라 가는 것을 본다면 어떻게 하겠느냐 63살리는 것은 영이니 육
은 무익하니라 내가 너희에게 이른 말은 영이요 생명이라 64그러나 너희 중에
믿지 아니하는 자들이 있느니라 하시니 이는 예수께서 믿지 아니하는 자들이
누구며 자기를 팔 자가 누구인지 처음부터 아심이러라 65또 이르시되 그러므로
전에 너희에게 말하기를 내 아버지께서 오게 하여 주지 아니하시면 누구든지
내게 올 수 없다 하였노라 하시니라 66그때부터 그의 제자 중에서 많은 사람이
떠나가고 다시 그와 함께 다니지 아니하더라 67예수께서 열두 제자에게 이르시
되 너희도 가려느냐 68시몬 베드로가 대답하되 주여 영생의 말씀이 주께 있사오
니 우리가 누구에게로 가오리이까 69우리가 주는 하나님의 거룩하신 자이신 줄
믿고 알았사옵나이다 70예수께서 대답하시되 내가 너희 열둘을 택하지 아니하였
느냐 그러나 너희 중의 한 사람은 마귀니라 하시니 71이 말씀은 가룟 시몬의 아
들 유다를 가리키심이라 그는 열둘 중의 하나로 예수를 팔 자러라

(요한복음 6:41-71)

22

생명의 떡이 되시는 예수 그리스도 2

예수님은 생명의 떡이 되십니다. 우리가 생명을 유지하려면 생명의 떡을 먹어야 합니다. 생명의 떡으로 오신 예수님을 믿어야 영생을 얻습니다. 그러나 예수님은 자신이 하늘에서 내려 온 생명의 떡이라고 말씀하실 때 유대인들은 그 말씀을 믿지 못했습니다.

1. 유대인들의 불신

유대인들은 예수 그리스도가 생명의 떡이 되신다는 사실을 믿지 못했습니다. "자기가 하늘에서 내려 온 떡이라 하시므로 유대인들이 예수에 대하여 수군거려 이르되 이는 요셉의 아들 예수가 아니냐 그 부모를 우리가 아는데 자기가 지금 어찌하여 하늘에서 내려 왔다 하느냐"(41-42)

유대인들은 예수님이 갈릴리 나사렛 출신이며 목수 요셉의 아들이란 것을 아는데 어찌 하늘에서 내려 온 떡이라고 하느냐며 예수님의 말씀을 믿지 않았습니다. 유대인들은 예수님을 인간으로만 알았기 때문에 예수님이 자신을 가리켜 '하늘에서 내려 온 떡' 이라고 말씀하시자 서로 수군거렸습니다. 유대인들은 예수님을 사람의 아들로만 보았기 때문에 그들이 예수님의 아버지 요셉과 어머니 마리아를 아는데 왜 하늘에서 내려 왔다고 하느냐며 믿을 수 없다고 말했습니다. 그들이 예수님의 부모를 잘 알고 있는데 어찌 사람으로서 자신을 하늘에서 내려 온 떡이라고 하는지 믿을 수 없다는 말입니다. 그들은 예수님의 위대하심을 몰랐기 때문에 믿지 못해 수군거린 것입니다.

유대인들은 오늘날에도 예수님을 믿지 않습니다. 그들은 예수님을 하늘에서 내려 오신 생명의 떡으로 보지 않고 한낱 선지자로만 알고 있기 때문에 그들은 지금도 메시야를 기다리고 있습니다. 우리 주위에도 예수님을 생명의 떡으로 믿지 못하는 사람들이 많습니다. 예수님을 모르는 사람들도 많고 평가 절하하는 사람들도 많고 심지어 무시하는 사람들도 많습니다. 그런가 하면 예수님을 비평하거나 조롱하는 사람들도 많습니다. 그들은 생명의 떡이신 예수 그리스도를 믿지 못하기 때문입니다.

미국의 프린스톤 대학은 세계에서 가장 우수한 대학 중에 하나입니다. 그 대학에는 '잭 윌슨' 이라는 유명한 구약 신학자가 있었습니다. 어느 날 프린스턴 대학의 우수한 학생들이 윌슨 박사를 찾아 와서 말했습니다. "우리는 구약의 이런 저런 것들을 믿을 수 없어서 박사님과 토론을 하려고 왔습니다." 이 노 교수는 그들의 말을 듣자 웃으며 물었습니다. "성경을 토론하는 것은 좋은 데 성경을 몇 번이나 읽어 보았습니까?" "예. 한 번도 다 읽어보지 못했습니다." 그러자 이 노 교수는 "나는 적어도 40년 동안 밤잠을 설치면서까지 몇 백 번을 읽고 연구했어도 믿지 못할 것이 없습니다. 우선 몇 번 읽고 오십시오." 하고는 돌려 보냈다고 합니다.

하나님의 말씀을 읽어도 믿지 못하는 사람이 있는가 하면 반면 말씀을 읽을수록 더 믿어지는 사람도 있습니다. 우리가 하나님의 말씀이 믿어지는 것은 하나님의 은혜인 줄 알고 감사해야 합니다. 그리고 우리는 아직도 예수님을 믿지 못하는 사람들에게 예수님께로 돌아오도록 기도해야 합니다.

2. 믿는 자는 영생을 얻습니다

예수님은 생명의 떡이신 예수님을 믿지 못하고 수군거리는 유대인들에게 말씀하셨습니다. "진실로 진실로 너희에게 이르노니 믿는 자는 영생을 가졌나니"(47-48)

예수님은 자신이 생명의 떡이라고 하시면서 생녕의 떡이신 예수님을 믿는 자는 영생이 얻었다고 말씀하셨습니다. 그러면 어떤 사람이 영생을 얻을 수 있습니까?

1) 아버지 하나님이 이끌어 주셔야 합니다

"나를 보내신 아버지께서 이끌지 아니하시면 아무도 내게 올 수 없으니 오는 그를 내가 마지마 날에 다시 살리리라"(44)

유대인이 그리스도를 믿지 못하는 이유는 그리스도께서 하늘에서 오신 분이라는 증표가 없어서가 아닙니다. 하나님이 그리스도께로 이끌지 않으셨기 때문입니다. 하나님은 그리스도를 세상에 보내신 동시에 그의 백성들도 이끌어 그리스도께로 모으십니다.(호 11:4) '이끈다'는 것은 성령으로 말미암은 중생의 역사를 가리킵니다.(롬 8:9; 고전 3:16, 6:19, 12:3; 요일 3:24) 성령의 인도하심을 받지 않으면 주님을 영접할 수도 믿을 수도 없습니다. 우리가 주 예수 그리스도를 믿는 것은 우리의 힘이나 우리 스스로의 노력으로 되는 것이 아니라 성령의 감동을 받아야만 됩니다. 성령께서 우리 마음에 믿음을 주셔야만 됩니다. 그래서 어떤 사람은 아무리 노력해도 예수님을 믿지 못하는 것입니다.

반면 도저히 예수님을 믿지 않을 것만 같은 사람도 예수님을 영접하여 변화되는 경우가 있습니다. 이것은 성령께서 하시는 일입니다. 우리가 예수님을 영접하는 것은 하나님 아버지께서 인도해 주셔야만 가능합니다. 우리가 생명의 떡이신 예수님을 믿고 주님 앞에 나온 것은 오직 주님의 은혜입니다. 그러므로 우리는 성령의 역사로 부르심을 받은 줄 믿고 감사해야 합니다.

"이는 아버지를 본 자가 있다는 것이 아니니라 오직 하나님에게서 온 자만 아버지를 보았느니라"(46) 이 말씀은 사람이 직접 하나님을 볼 수 있다는 말이 아닙니다. 사람은 하나님을 직접 볼 수 없습니다. 사람이 하나님 아버지를 보았다는 것은 인간의 몸을 입고 이 세상에 오신 하나님이신 예수님을 보았다는 말입니다. 그리고 예수님의 제자들은 하나님이 보내신 사자들에 의해서 전도의 말씀을 듣고 하나님께로 오게 되는 것을 말합니다.

'하나님에게서 온 자'는 오직 하나님과 함께 계시다가 이 세상에 오신 자, 곧 예수님뿐입니다. '보았느니라(ὁράω, 호라오)'는 보았고, 또 그 본 결과를 계속해서 보존하고 있음을 의미합니다. 다시 말하면 예수님은 세상에 오시기 전에 하나님을 보셨고, 또 그 보신 사실이 그에게 계속되고 있음을 가리킵니다. 그러므로 예수님으로 말미암지 않고는 하나님을 알 자가 없습니다.(1:18, 14:9; 마 11:27) 따라서 하나님은 그리스도로 말미암아 하나님의 말씀을 전하셨습니다. 그 이유는 예수님만이 하나님 아버지를 보셨고, 또 하나님의 말씀을 들으셨기 때문입니다.

2) 생명의 떡이신 예수님을 믿어야 합니다

"진실로 진실로 너희에게 이르노니 믿는 자는 영생을 가졌나니 내가 곧 생명의 떡이니라"(47-48)

여기서 '믿는 자'란 말은 예수님을 믿는 자란 뜻입니다. 예수님을 믿는 자는 영생을 얻습니다. 왜냐하면 예수님만이 하늘에서 내려 온 유일한 생명의 떡이시기 때문입니다. 그 증거로 이스라엘 백성들은 광야에서 만나를 먹었지만 다 죽었습니다. "너희 조상들은 광야에서 만나를 먹었어도 죽었거니와 이는 하늘에서 내려 오는 떡이니 사람으로 하여금 먹고 죽지 아니하게 하는 것이니라"(49-50) 유대인의 조상들은 광야 40년 생활 가운데 물질적인 만나를 먹었지만 다 죽고 말았습니다. 물질적인 떡을 먹는 사람은 죽고 맙니다. 그러나 생명의 떡으로 오신 예수님을 믿는 사람은 영원히 살게 됩니다. "나는 하늘에서 내려 온 살아 있는 떡이니 사람이 이 떡을 먹으면 영생하리라 내가 줄 떡은 곧 세상의 생명을 위한 내 살이니라"(51)

예수님은 하늘에서 내려 온 산 떡입니다. 세상의 떡은 아무리 먹어도 영생을 주지 못하고 결국 죽게 됩니다. 그러나 예수님은 하늘에서 내려 온 살아 있는 떡, 즉 생명의 떡이므로 이 떡을 먹으면 영생을 얻습니다. 생명의 떡이신 예수님을 믿으면 죽지 않고 영생을 얻게 됩니다.

'내 살' 이란 말은 그리스도의 속죄의 죽음을 가리킵니다. 예수님은 우리를 대신하여 십자가 위에서 죽어주심으로 그를 믿는 자들은 영생을 얻게 하셨습니다. 유대인들은 이 사실을 믿지 못했습니다. 그들은 예수님의 십자가의 죽음을 이해할 수가 없었습니다. 그들은 우리를 위하여 이 세상에 오시어 자신의 생명을 주신 예수님의 구속 역사를 믿지 않았습니다. 그래서 그들은 이 예수라는 사람이 어찌 자기 살을 우리에게 주어서 먹게 하겠느냐며 서로 다투었습니다. "유대인들이 서로 다투어 이르되 이 사람이 어찌 능히 자기 살을 우리에게 주어 먹게 하겠느냐"(52)

유대인들이 다툰 원인은 그들의 의견이 서로 달랐기 때문입니다. 그들 중 어떤 자들은 예수님의 속죄 교훈을 믿었으나 어떤 자들은 믿지 않았습니다. 믿지 않은 자들은 예수님의 살이 세상 사람들의 생명이 된다는 말씀을 믿지 못했습니다. 즉 예수 그리스도께서 우리를 죄악에서 구원하시기 위해서 십자가에서 자신의 살을 찢고 피를 흘려가며 죽으신 대속 사건을 믿지 못한 것입니다. 그래서 예수님은 그들에게 선포하셨습니다. "내가 진실로 진실로 너희에게 이르노니 인자의 살을 먹지 아니하고 인자의 피를 마시지 아니하면 너희 속에 생명이 없느니라"(53)

여기서는 '인자의 살' 이란 말에 '인자의 피' 란 말을 더하여 말씀하십니다. 살과 피는 모든 인간성을 가리키는 말입니다. 따라서 예수님은 우리를 위하여 살과 피를 다 주심으로 속죄 제물이 되었습니다. 피는 특별히 생명을 의미합니다.(창 9:4; 레 17:11,14) 예수님은 피를 흘리셔서 속죄 제물을 성립시키셨습니다.(출 12:7-8; 레 1:5; 히 9:12-20) 따라서 살을 먹으며 피를 마신다는 말씀은 믿음으로 그리스도와 연합하는 것을 의미합니다. 예수 그리스도의 속죄를 믿는 것은 곧 그의 살과 피를 먹고 마시는 행위와 같습니다. 예수님을 영접하여 나 자신의 분깃으로 만드는 실제적 행위입니다. 이것으로 미루어 보아 우리가 성찬식을 행하는 것은 예수님의 살과 피를 먹고 마시는 것임을 알 수 있습니다.

요한복음 6장에서 예수님의 살을 먹으며 피를 마실 필요성에 대하여 말씀하실 때가 바로 유월절이 가까운 시기였습니다.(4) 유월절 잔치의 영적 의미는 성찬식과 같습니다.

첫째, 출애굽 때 어린 양의 피를 흘려 그 살을 먹는 유월절 잔치를 통해 이스라엘에게 구속의 은혜가 주어졌습니다.(출 12:13) 오늘날에는 우리가 성찬을 할 때에 예수님의 살과 피를 기념하는 떡과 잔을 먹고 마십니다.

둘째, 유월절의 만찬이 애굽을 떠나 먼 길을 가는 이스라엘에게 양식이 된 것처럼 성찬은 천국을 향하여 가는 우리 성도들에게 영적 양식이 됩니다. 예수님은 말씀하십니다. "내 살을 먹고 내 피를 마시는 자는 영생을 가졌고 마지막 날에 내가 그를 다시 살리리니 내 살은 참된 양식이요 내 피는 참된 음료로다"(54-55) 여기서 '참된' 이란 말이 사용된 목적은 만나와 같은 물질적 양식은 먹어도 죽지만 예수님의 살과 피, 즉 속죄의 은혜는 참되다는 것을 말해 줍니다. 즉 만나와 물질적 양식은 그림자와 같고 불완전하지만 예수님의 속죄의 은혜는 실물이요 영원히 살리는 효과가 있습니다. 그러므로 예수님이야말로 하늘에서 내려 온 생명의 떡이요 참된 살이요 참된 음료입니다.

예수님은 말씀하십니다. "내 살을 먹고 내 피를 마시는 자는 내 안에 거하고 나도 그의 안에 거하나니"(56) 예수님의 살을 먹고 예수님의 피를 마시는 성도는 영생을 가졌으되 이 세상에서부터 영생을 얻고 내세에는 몸의 부활까지 받는 구원의 복락 전부를 가리킵니다. "내 안에 거하고 나도 그의 안에 거하나니"란 말씀은 그리스도로부터 속죄를 받은 자가 주님과 연합하게 됨을 가리킵니다. 예수님과의 연합은 우리 안에 주님을 모시고 나는 주님 안에 주님은 내 안에 계시는 연합과 하나 됨을 경험하는 것입니다.

사람에게 먹는 즐거움만큼 큰 것이 없습니다. 우리가 교제할 때 음식이 있으면 분위기가 훨씬 좋아져서 대화에 많은 도움이 됩니다. 우리가 음식을 먹어야 살아갈 수 있는 것처럼, 예수님을 먹고 마시듯이 예수님 안에 거하면서 그분을 묵상하며 감사하며 교제하며 말씀에 순종하는 우리의 남은 생애가 되어야 하겠습니다.

예수님은 말씀하십니다. "살아 계신 아버지께서 나를 보내시매 내가 아버지로 말미암아 사는 것 같이 나를 먹는 그 사람도 나로 말미암아 살리라"(57) 여기서 '아버지로 말미암아 산다'는 말씀은 예수님에게는 영원 자존의 생명이 없다는 의미가 아닙니다. 이 말씀은 다만 중보자(中保者) 성자 예수님으로서 아버지로 말미암아 산다는 뜻입니다. 예수님의 위치가 하나님의 아들인 만큼 그의 생명을 주시는 역사는 아버지로 말미암는다는 말씀입니다. 그러나 아버지께서 영원 자존하신 것만큼 예수 그리스도 역시 그러하십니다. 하나님의 자녀인 우리는 그리스도를 먹는 것처럼 실제적으로 믿어야 그의 생명을 받아 누릴 수 있습니다. 그리스도는 우리에게 생명의 떡이십니다. 우리가 떡을 먹어야 생명이 유지되는 것처럼 생명의 떡으로 오신 예수님을 믿어야 우리가 영생할 수 있습니다. “이것은 하늘에서 내려 온 떡이니 조상들이 먹고도 죽은 그것과 같지 아니하여 이 떡을 먹는 자는 영원히 살리라”(58) 예수님은 생명의 떡이십니다. 생명의 떡을 먹는 자는 영원히 살게 됩니다. 예수님을 믿는 사람은 죽지 않고 영생을 하게 됩니다. 오직 예수님을 믿는 자만이 영생합니다.

이 말씀은 예수님과의 연합을 의미합니다. 56절의 말씀과 같이 우리 안에 주님을 모시고 나는 주님 안에 주님은 내 안에 계시는 연합과 하나 됨을 경험하는 것입니다. 사람이 먹는 즐거움만큼 큰 것이 없습니다. 사람들이 교제할 때에 식탁의 교제만큼 좋은 교제는 없을 것입니다. 우리가 하루 세끼의 식사를 하면서 살아가는 것처럼 예수님을 먹고 마시듯이 예수님 안에 거하면서 그분을 묵상하며 감사하며 주님과 의논하여 결정하며 우리의 남은 생애를 그의 말씀대로 살아가야 합니다. 그런 사람이 구원받은 감격으로 살아가는 사람이요, 주님으로 인한 감격과 분명한 가치관과 능력을 가진 사람입니다.

이제 우리는 언제든지 주님의 성찬에서 먹고 마실 수 있는 은총을 받았으니 영원한 생명을 소유한 것입니다. 예수님의 살과 피는 생명의 양식입니다. 주님의 찢어진 살과 흘리신 피를 먹고 마심으로 우리에게 새 생명이 주어졌습니다. 주님이 우리를 위해 희생하신 그 사랑

안에서 우리는 구원을 확신하며 평화를 누립니다.

3. 두 가지 반응이 나타났습니다

예수님의 말씀을 들은 사람들 중에 두 가지 반응이 나타났습니다.

1) 믿지 못하고 떠나는 무리가 있었습니다

예수님의 설교를 들은 사람들의 반응입니다. "이 말씀은 어렵도다 누가 들을 수 있느냐"(67)

그들은 예수님의 살을 먹고 피를 마시는 자는 영생한다는 말씀을 이해할 수 없었습니다. 예수님은 말씀하십니다. "그러므로 전에 너희에게 말하기를 내 아버지께서 오게 하여 주지 아니하시면 누구든지 내게 올 수 없다 하였노라 하시니라 그때부터 그의 제자 중에서 많은 사람이 떠나가고 다시 그와 함께 다니지 아니하더라"(65-66) 예수님의 탁월하신 설교를 듣고도 믿지 않는 사람들은 하나님 아버지께서 그들을 불러주시지 않았기 때문이라고 말씀합니다. 예수님의 말씀은 전혀 의심이 없는 진리의 말씀이지만 그들은 믿지 않았습니다. 그 이유는 하나님께서 그들을 불러주시지 않았기 때문입니다. 우리가 구원받는 것은 하나님의 선택과 작정이 있어야 합니다.

오늘날에도 말씀을 듣고도 믿지 않는 사람들이 많습니다. 그것은 그들이 하나님의 부르심을 받지 못했기 때문입니다. 만세 전에 우리를 선택하시고 불러주셔야 가능합니다. 이것은 하나님의 주권입니다. 불러주시는 은혜가 있어야 합니다. 이 은혜를 우리가 받았다는 것에 감사해야 합니다. 많은 사람들은 예수님의 설교를 듣고도 믿지 않고 물러갔습니다.

2) 선택받은 자는 믿었기 때문에 남았습니다

예수님은 많은 사람들이 생명의 떡에 대한 말씀을 듣고도 믿지 않고 떠나가는 것을 보시고 제자들에게 물으셨습니다. "예수께서 열두 제자에게 이르시되 너희도 가려느냐"(67) 이때 제자들을 대표해서 시몬 베드로가 대답했습니다. "시몬 베드로가 대답하되 주여 영생의 말씀이 주께 있사오니 우리가 누구에게로 가오리이까 우리가 주는 하나님의 거룩하신 자이신 줄 믿고 알았사옵나이다"(68-69)

여기서 예수님을 '하나님의 거룩하신 자' 라고 표현한 것은 메시야의 성역을 위하여 성별하여 보내심을 받은 자란 뜻입니다. 예수님은 생명의 떡이시며 우리에게 영생을 주시는 메시야이심을 고백하는 말입니다. 이때 예수님께서 말씀하셨습니다. "내가 너희 열둘을 택하지 아니하였느냐 그러나 너희 중의 한 사람은 마귀니라 하시니 이 말씀은 가룟 시몬의 아들 유다를 가리키심이라 그는 열둘 중의 하나로 예수를 팔 자러라"(70-71) 이 말씀은 제자들이 신앙생활을 너무 자신 있게 장담하지 말 것을 암시하는 동시에 열두 제자 중에 넘어질 자가 있다는 경고의 말씀이기도 합니다. 바로 은 30에 예수를 배반한 가룟 유다를 가리키는 말씀입니다. 그를 '마귀' 라고 하신 것은 그가 마귀의 도구로 사용될 것이란 의미입니다. 예수님을 배반하는 일은 마귀의 일입니다.

우리는 예수 그리스도를 끝까지 믿고 따라야 합니다. 어떤 일이 있더라도 예수님을 떠나면 안 됩니다. 왜냐하면 예수님은 우리에게 영생을 주시는 생명의 떡이시기 때문입니다. 제자들은 끝까지 주님을 따랐습니다. 고난이 와도 순교를 당하는 자리까지 주님을 배반하지 않고 따랐습니다. 그들은 영생을 얻었습니다. 승리했습니다. 우리도 끝까지 주님을 따라야 합니다.

유명한 수학자요 과학자요 철학자였던 파스칼은 이런 말을 했습니다. "천국, 그것은 포기하기에는 너무나 엄청난 도박이다. 그냥 우리가 포기하기에는 너무나 어마어마한 도박이다." 유명한 수학자로 계산을 정확하게 하는 능력자 파스칼의 말입니다. "천국이 없어도 천국을 믿고 살았던 나에게는 그다지 손해될 것이 없다. 그러나 천국이 정말 존재한다면 준비만 했으면 갈 수 있는 천국인데 그 천국을 내가 놓치게 된다면 그것이야말로 큰일이다. 천국을 놓치기에는, 그대로 지나치기에는 너무나 어마어마한 도박이다." 만약 우리가 이 세상을 떠날 때 천국도 지옥도 없다면 그보다 억울한 일도 없을 것입니다. 그러나 생명의 떡이신 예수 그리스도를 믿는 우리 성도들에게는 영원한 천국이 마련되어 있습니다.

예수님은 생명의 떡이십니다. 우리는 생명의 떡을 먹어야 영원히 살게 됩니다. 예수님을 믿어야 영생을 얻습니다. 예수님 안에 참 생명, 영원한 생명이 있습니다. 아멘.

1그 후에 예수께서 갈릴리에서 다니시고 유대에서 다니려 아니하심은 유대
인들이 죽이려 함이러라 2유대인의 명절인 초막절이 가까운지라 3그 형제들
이 예수께 이르되 당신이 행하는 일을 제자들도 보게 여기를 떠나 유대로
가소서 4스스로 나타나기를 구하면서 묻혀서 일하는 사람이 없나니 이 일을
행하려 하거든 자신을 세상에 나타내소서 하니 5이는 그 형제들까지도 예수
를 믿지 아니함이러라 6예수께서 이르시되 내 때는 아직 이르지 아니하였거
니와 너희 때는 늘 준비되어 있느니라 7세상이 너희를 미워하지 아니하되 나
를 미워하나니 이는 내가 세상의 일들을 악하다고 증언함이라 8너희는 명절
에 올라가라 내 때가 아직 차지 못하였으니 나는 이 명절에 아직 올라가지
아니하노라 9이 말씀을 하시고 갈릴리에 머물러 계시니라 10그 형제들이 명
절에 올라간 후에 자기도 올라가시되 나타내지 않고 은밀히 가시니라 11명절
중에 유대인들이 예수를 찾으면서 그가 어디 있느냐 하고 12예수에 대하여
무리 중에서 수군거림이 많아 어떤 사람은 좋은 사람이라 하며 어떤 사람은
아니라 무리를 미혹한다 하나 13그러나 유대인들을 두려워하므로 드러나게
그에 대하여 말하는 자가 없더라 14이미 명절의 중간이 되어 예수께서 성전
에 올라가사 가르치시니 15유대인들이 놀랍게 여겨 이르되 이 사람은 배우지
아니하였거늘 어떻게 글을 아느냐 하니 16예수께서 대답하여 이르시되 내 교
훈은 내 것이 아니요 나를 보내신 이의 것이니라 17사람이 하나님의 뜻을 행
하려 하면 이 교훈이 하나님께로부터 왔는지 내가 스스로 말함인지 알리라
18스스로 말하는 자는 자기 영광만 구하되 보내신 이의 영광을 구하는 자는
참되니 그 속에 불의가 없느니라 19모세가 너희에게 율법을 주지 아니하였느
냐 너희 중에 율법을 지키는 자가 없도다 너희가 어찌하여 나를 죽이려 하
느냐 20무리가 대답하되 당신은 귀신이 들렸도다 누가 당신을 죽이려 하나이
까 21예수께서 대답하여 이르시되 내가 한 가지 일을 행하매 너희가 다 이로
말미암아 이상히 여기는도다 22모세가 너희에게 할례를 행했으니(그러나 할
례는 모세에게서 난 것이 아니요 조상들에게서 난 것이라) 그러므로 너희가
안식일에도 사람에게 할례를 행하느니라 23모세의 율법을 범하지 아니하려고
사람이 안식일에도 할례를 받는 일이 있거든 내가 안식일에 사람의 전신을
건전하게 한 것으로 너희가 내게 노여워하느냐 24외모로 판단하지 말고 공의
롭게 판단하라 하시니라

(요한복음 7:1–24)

23

초막절에 성전에서 가르치신 예수님

초막절이 다가오자 예수님께서 예루살렘으로 올라가 성전에서 하나님의 말씀을 가르치셨습니다. 초막절은 추수절의 끝 절기이며 일 년 중 마지막 절기로 유대력으로 에다님월(7월) 15일에서 22일까지입니다. 이스라엘의 지도자 모세가 십계명을 두 번째로 받아서 내려오던 날부터 모든 백성들에게 언약의 말씀과 성막을 지을 문제에 대해 설명했습니다.(출 34:8-38) 그 후 그달 15일부터 7일간 자원하는 마음으로 금과 은과 포목과 목재 등을 드려 성막을 짓도록 했습니다.(출 35:4-29, 출 36:5-7) 그리고 여호와의 뜻을 따라 성막을 지을 재료를 준비하여 바친 그 7일간을 기념하고, 또한 이스라엘 백성들로 하여금 대대로 이날을 기억하게 하시려고 초막절을 정하여 지키게 하셨습니다. 이 초막절을 장막절이라고도 합니다.

예수님도 초막절을 지키려고 예루살렘으로 올라가 성전에서 무리에게 말씀을 가르치셨습니다. 그러나 처음에는 유대인들이 예수님을 죽이려고 했기 때문에 유대로 가지 않으셨습니다. "그 후에 예수께서 갈릴리에서 다니시고 유대에서 다니려 아니하심은 유대인들이 죽이려 함이러라 유대인의 명절인 초막절이 가까운지라"(1-2) 그러나 이때 제자들은 예수님이 유다로 올라가시어 세상에 알리실 것을 요구했습니다.

1. 세상에 알리시라는 제자들의 요구

제자들은 예수님이 자신을 세상에 알리실 것을 요구했습니다. "그 형제들이 예수께 이르되 당신이 행하는 일을 제자들도 보게 여기를 떠나 유대로 가소서 스스로 나타나기를 구하면서 묻혀서 일하는 사람이 없나니 이 일을 행하려 하거든 자신을 세상에 나타내소서 하니"(3-4)

제자들은 세상적인 관점에서 말했습니다. 무슨 일을 하려면 많은 사람들이 있는 무대에서 해야 한다는 말입니다. 사람이 무슨 일을 하려면 큰 무대에서 인정을 받아야 한다는 것은 옳은 말입니다. 예루살렘 인구가 평소에는 3-4만 정도이지만 유월절이나 초막절 등 명절이 되면 국내뿐 아니라 온 세계에 흩어져 살던 유대인들이 모두 모이기 때문에 2백만 명 이상으로 늘어났다고 합니다. 이때에는 누구라도 예루살렘에 모인 그 사람들로부터 인정을 받게 되면 자연스럽게 유명세를 타게 됩니다. 초막절이 디가오자 전 세계에 흩어져 살던 모든 유대인들이 속속 예루살렘으로 모여들었습니다.

그런데 그 중요한 명절에 예수님은 예루살렘이 아닌 갈릴리에서 활동하셨습니다. 갈릴리는 예루살렘에서 아주 먼 북쪽의 변방에 위치한 주목을 받지 못하는 시골이라 인구도 적었습니다. 이곳에서의 소식은 예루살렘까지 알려지기 어렵습니다. 그런데도 예수님은 그 뛰어난 능력과 말씀을 그런 곳에서만 행하셨으니 제자들이 보기에 안타까울 수밖에 없었습니다. 예수님의 탁월한 설교와 능력을 예루살렘의 수많은 사람들이 모인 곳에서 행하신다면 모두가 인정할 텐데 이 시골에서 행하시니 답답하기도 하고 안타깝기도 해서 큰 무대인 예루살렘으로 가시라고 말씀드리는 것입니다. 마침 초막절이 다가왔으니 많은 사람들이 모인 곳에서 한 번 능력을 발휘하신다면 갈릴리에서 백 번 행하시는 것보다 낫지 않겠느냐는 말입니다.

예수님의 동생들의 생각도 똑같았습니다. 예수님의 어머니 마리아는 성령으로 잉태하신 예수님을 낳은 후에 요셉과 결혼하여 아들들을 낳았습니다. 그래서 육신으로 하면 예수님에게 동생들이 있었습니다. 그런데 그 형제들마저 예수님더러 갈릴리에 계시지 말고 예루살렘으로 올라가시라고 권했습니다. 그런데 사도 요한은 그 형제들의 말을 이렇게 평가했습니다. "이는 그 형제들까지도 예수를 믿지 아니함이러라"(5) 예수님의 동생들도 아직 예수님을 메시야로 믿지 않았기 때문에 예루살렘으로 올라가서 이름을 알리시라고 했습니다. 예수님의 동생들도 예수님을 볼 때 제자들과 똑같이 세상적인 관점에서만 보았습니다. 예수님께는 놀라운 말씀과 능력이 있으시니 이런 시골이 아닌 좀 더 넓은 곳으로 가셔서 세인들로부터 인정을 받으며 더 유능한 제자들을 양성하시라는 말입니다. 세상적인 입장에서 보면 타당한 말입니다. 그러나 그들은 늘 옆에서 예수님을 보아 왔으면서도 예수님에 대해 몰랐습니다. 예수님의 말씀을 늘 들었지만 예수님의 가르침을 깨닫지 못하고 항상 세상적인 관점으로만 보았습니다.

우리도 예수님의 말씀을 늘 듣고 배웁니다. 그러면서도 예수님의 말씀을 그대로 믿지 못하고 순종하지 못합니다. 우리는 예수님을 바로 보아야 합니다. 예수님을 세상적인 관점으로 보면 안 됩니다. 하나님의 말씀을 영적으로 바로 이해하고 그대로 믿어야 합니다. 그리고 순종해야 합니다.

2. 때를 기다렸습니다

제자들의 요구에 예수님은 아직 때가 되지 않았다고 대답하셨습니다. "내 때는 아직 이르지 아니하였거니와 너희 때는 늘 준비되어 있느니라 세상이 너희를 미워하지 아니하되 나를 미워하나니 이는 내가 세상의 일들을 악하다고 증언함이라 너희는 명절에 올라가라 내 때가 아직 차지 못하였으니 나는 이 명절에 아직 올라가지 아니하노라 이 말씀을 하시고 갈릴리에 머물러 계시니라"(6-9)

예수님은 아직 자신의 때가 아니라고 말씀하셨습니다. 제자들은 언제라도 무엇이든지 하고 싶은 대로 할 수 있지만 예수님에게는 때가 있다는 말씀입니다. 동생들과 제자들은 예수님이 명절에 예루살렘에 올라가지 않겠다고 하시자 예수님은 많은 사람들과 함께 하는 것이 싫어서 갈릴리에서 은둔하시려는 것으로 생각했을 것입니다. 그러나 예수님은 은둔주의자가 아닙니다. 세상과 담을 쌓고 사시는 분이 아닙니다. 사실 예수님은 명절 때마다 예루살렘으로 올라가셨지만 이번에도 역시 올라가셨습니다.

예수님께서 이번 명절에는 끝내 올라가시지 않겠다는 말씀이 아닙니다. "나는 이 명절에 아직 올라가지 아니하노라"는 말씀은 이번 명절에 올라가시되 조금 후에 가실 것이란 말씀입니다. 그리고 10절에서는 이렇게 말씀하십니다. "그 형제들이 명절에 올라간 후에 자기도 올라가시되 나타내지 않고 은밀히 가시니라" 만일 예수님이 제자들과 동행하셨다면 수많은 갈릴리 사람들도 따라갔을 것입니다. 그렇다면 분명히 사람들의 주목을 받으실 것입니다. 그래서 주님은 아직은 주목을 받을 때가 아니라고 말씀하시는 것입니다. 그래서 그들을 먼저 보낸 후에 조용히 혼자 올라가신 것입니다. 동생들이나 제자들은 예수님이 명절에 예루살렘에 올라가시지 않겠다던 그 중심을 이해하지 못했습니다. 예수님은 은둔주의자가 아니었습니다. 예수님은 명절 때마다 예루살렘으로 가셨고 이번에도 올라가셨습니다. 예수님은 다만 자신의 때를 기다리신 것입니다. 예수님은 가장 적당한 때에 자신을 나타내심으로 이 땅에 오신 목적을 이루시고자 하셨습니다. 예수님은 때가 되어 많은 사람들이 모인 예루살렘을 찾아 성전에서 가르치기도 하셨습니다. 예수님은 세상과 담을 쌓고 한적한 곳에서 혼자 명상이나 하러 오신 분이 아닙니다.

예수님도 세상에 관심이 많으셨습니다. 그러나 예수님이 이 세상에 관심을 가지시는 것은 이 세상을 변화시켜야 하기 때문입니다. 죄인들의 영혼을 구원하시기 위해서였습니다. 예수님은 유대인들을 사랑하셨습니다. 그러나 그들을 사랑하신 이유는 그들을 변화시켜 하나님의 자녀로 세우시기 위해서였습니다. 구원받게 하는 것이 그 목적이었습니다. 그들에게서 어떤 인기나 무엇을 얻으려 한다거나 인정을 받으려는 것이 아니었습니다. 당시 예루살렘에서 지키던 명절은 예배의 형식만 있을 뿐 인간 중심적이었으며 마치 세상의 시장바닥과 다름이 없었습니다. 예수님이 그 초막절에 예루살렘으로 가신 것은 인간 중심의 초막절을 하나님 중심으로 바꾸시기 위해서입니다.

그런데 사람들은 예전이나 지금이나 변화를 좋아하지 않습니다. 자기들의 기득권을 내놓으려고 하지 않습니다. 예수님의 가르치심은 그들의 보기에는 가히 혁명적이었습니다. 그러니 예수님이 그들을 변화시키려고 하시자 그들은 적대감을 가지고 저항했습니다. 그들은 하나님을 섬기는 예배마저도 자기들의 이익을 위한 장사와 출세의 방편으로 삼았기 때문입니다. 그래서 예수님이 그것을 바꾸신다면 그들의 이권을 빼앗기게 되므로 강한 적대감을 가지고 예수님을 저항한 것입니다. 예수님은 유대인들이 완강하게 저항하는 이유를 이미 아셨습니다. 그러므로 먼저 예수님의 사역을 제대로 이해하고 자신이 이루신 결과를 온 세상에 전파할 제자들이 준비되어야 했습니다. 그런 관점에서 볼 때 아직은 예수님의 때가 아니었습니다. 그래서 이번에는 드러내어 요란하게 올라갈 수 없다고 하셨던 것입니다. 그러면 언제까지 그때를 기다려야 합니까?

예수님이 기다리시는 때는 하나님이 허락하시는 때입니다. 예수님은 본래 하나님이시지만 지금은 인간의 몸을 입고 이 세상에 오셨기 때문입니다. 예수님이 이 세상에 인간의 몸을 입고 오신 것은 성부 아버지의 뜻을 이 땅에서 이루시기 위해서입니다. 사람들의 삶의 방향을 바꾸는 성부 아버지의 뜻은 성자 예수님 혼자 할 수 있는 일이 아니었습니다. 주님은 언제나 하나님께서 그 일을 하라고 하시는 그때가 언제인가를 찾으며 기다렸습니다. 그때가 되면 예수님은 단호하게 예루살렘으로 가셔서 백성들에게 말씀을 전파하시고 그들의 죄를 책망하시고 바른 길을 가르쳐 주시고 십자가에서 죽으실 것입니다. 그러면 성령께서 사람들을 회개하게 하시는 역사를 시작하실 것이며, 제자들에게도 성령이 임하여 확신과 용기를 가지고 온 세상에 복음을 전파할 것을 아셨기 때문에 그때를 기다리신 것입니다. 예수님은 하나님이 허락하실 그때를 기다리셨습니다.

우리도 하나님의 때를 기다릴 줄 알아야 합니다. 너무 서둘러도 안 됩니다. 하나님 아버지께서 정해 놓으신 때를 기다려야 합니다.

그런데 수많은 그리스도인들은 때를 기다리지 못해 힘들어 합니다. 하나님의 약속은 어떤 이들의 생각처럼 그리 더디지 않습니다. 하나님은 모든 일을 속히 이루시며 계획하신 대로 1초도 차질이 없이 진행하고 계십니다. 다만 우리가 생각하기에 더디게 느껴질 뿐입니다. 어떤 사람들은 스스로 하나님이 되어 굳이 기다릴 필요성이 없다며 무엇인가를 해버립니다. 사울 왕은 사무엘이 길갈로 돌아오는 시간을 기다리지 못해 번제와 화목제를 드리는 월권을 했습니다. 제사를 다 마친 후에 돌아온 사무엘이 사울 왕을 책망했습니다.

우리는 하나님의 때를 기다릴 줄 알아야 합니다. 열심히 기도하며 최선을 다해 살았다면 하나님의 때가 되면 반드시 응답하실 것이므로 그때를 기다릴 줄 알아야 합니다. 기다리게 하는데도 하나님의 선하신 뜻과 숨은 계획이 있습니다. 그 하나님을 신뢰하며 넉넉한 마음으로 인내하십시오. 인내는 복을 받는 필수요소입니다. 잠잠히 하나님의 때를 기다리십시오.

어떤 분이 감자를 심었습니다. 그런데 심은 지 얼마 안 되어서부터 감자가 맺혔나 확인하려고 수시로 호미로 땅을 팠습니다. 그러자 나중에는 감자는커녕 잎사귀까지 말라버렸습니다. 그처럼 조급하게 복을 구하면 의심이 생기고 결국 복이라는 열매가 말라버립니다. 묵묵히 인내하며 기도할 뿐 응답이 늦다고 초조해하지 마십시오. 하나님은 반드시 응답해 주시지만 언제나 하나님의 때에 주십니다.

한 여자 청년이 인도 선교사로 가려고 신학공부와 언어 훈련을 마쳤습니다. 그런데 갑자기 언니네 가정에 큰 어려움이 닥쳤습니다. 아들 셋과 한 명의 딸을 둔 언니가 그만 병으로 세상을 떠나더니 곧 형부마저 떠나고 말았습니다. 갑자기 네 명의 조카들을 떠맡게 된 그녀는 도저히 어린 그들만 남기고 떠날 수가 없었습니다. 결국 선교본부에 편지를 보냈습니다. "총무 목사님, 저는 인도 선교사가 되기를 원했지만 하나님의 뜻이 아닌가 봅니다. 선교사로 가지 못하게 되어 죄송합니다." 그리고 선교사의 꿈을 포기하고 아이들을 믿음으로 정성껏 키웠습니다. 25년 후 4명의 조카들 중에 3명이 인도 선교사로 자원했습니다. 그때 그녀는 다시 선교본부에 편지를 띄웠습니다. "총무 목사님, 하나님이 저의 기도를 25년 만에 세 배로 이루어 주셨습니다. 이제 저희 세 자녀를 인도로 파송해 주세요." 하나님의 뜻은 내 뜻과 다를 수 있고 하나님의 시간은 내 시간과 다를 수 있습니다. 하나님의 뜻은 언제나 우리의 뜻을 초월합니다.

요즈음 시대에 사명을 따라 산다는 것은 힘이 듭니다. 사명이라는 말은 좋지만 사명을 따라 살면 일상 생활에 염려가 되기도 합니다. 그러나 오늘까지 우리를 인도하신 주님은 장래에도 우리를 인도하실 것입니다. 성경은 말씀합니다. "그러므로 하나님의 능하신 손 아래에서 겸손하라 때가 되면 너희를 높이시리라"(벧전 5:6) '하나님의 능하신 손 아래에서'라는 말을 달리 표현하면 전능하신 하나님 앞에 엎드려 자기를 낮추라는 말입니다. '때가 되면'이란 말은 1초도 늦지 않은 정확한 때, 곧 하나님의 때를 말합니다. 하나님의 때가 되면 우리를 높여 주실 것입니다. 그러므로 우리는 믿음으로 조용히 기다려야 합니다. 하나님의 때가 되면 반드시 응답해 주실 것이기 때문입니다.

3. 예수님에 대한 평가

예수님의 형제들은 예수님이 초막절에 예루살렘으로 함께 올라가시길 청했으나 예수님은 그의 형제들만 먼저 올라가게 하셨습니다. 그렇다고 해서 예수님이 초막절을 지키지 않으신 것이 아닙니다. 다만 예수님을 바로 알지 못하는 형제들과 동행하지 않으셨을 뿐입니다. 후에 예수님 혼자 은밀하게 예루살렘으로 올라가셨습니다. 예루살렘에는 전국 각지에서 수많은 사람들이 모여들었습니다. 그러나 그 모인 사람들의 최대 관심사는 초막절이 아니라 오병이어의 기적을 행하신 예수님에 대한 화두였습니다. 그들은 그들 나름대로 예수님을 평가했습니다. 어떤 사람들은 호의적이었는가 하면 정반대로 적대적인 사람들도 있었습니다.

1) 좋은 사람이라는 긍정적인 평가를 하는 사람들도 있었습니다

"예수에 대하여 무리 중에서 수군거림이 많아 어떤 사람은 좋은 사람이라 하며"(12)

초막절에 예루살렘에 모인 사람들 가운데 상당수는 이전에 예수님을 따르던 무리였습니다. 그들은 과거에 예수님을 따르면서 예수님의 가르치심과 행하신 이적들을 목격한 사람들입니다. 그들은 예수님께서 가난하고 병들고 귀신들린 자들을 외면하지 않고 일일이 치료하시는 것을 보았습니다. 뿐만 아니라 그 무리 가운데는 오병이어의 기적으로 굶주린 오천 명을 배부르게 하고도 열두 광주리가 남았던 기적을 직접 목격하고, 또 그것을 먹었던 사람들도 많았습니다. 예수님의 그러한 행적을 목격한 사람들이 예수님에 대해 긍정적인 평가를 하는 것은 당연한 일입니다. 그러나 문제는 예수님은 정말 좋은 사람이라고만 알았을 뿐 좋으신 구세주라는 사실을 몰랐습니다. 예수님을 그저 좋으신 분으로 위대한 스승으로만 평가하고 인정한다면 그것으로는 부족합니다. 예수님은 우리를 죄악에서 구원하시기 위해 오신 우리의 구주로 믿는 것이 중요합니다.

2) 무리를 미혹하는 사람으로 부정적인 평가를 하는 사람들도 있었습니다

"어떤 사람은 아니라 무리를 미혹한다 하나 그러나 유대인들을 두려워하므로 드러나게 그에 대하여 말하는 자가 없더라"(12-13)

여기서 '미혹한다'는 말은 죄를 짓게 하거나 넋을 잃게 해서 안전과 진리와 도덕으로부터 벗어나게 하는 사람이란 뜻입니다. 이것은 잘못된 평가입니다. 예수님은 동서사방으로 나니시며 사람들을 미혹하는 일을 하신 적이 없습니다. 오히려 잘못된 종교와 잘못된 사상과 잘못된 영에 미혹되어 방황하는 사람들을 구원하는 일을 하셨습니다. 당시 지도자들은 만일 예수님이 하신 모든 기사를 하나님이 하신 것으로 인정할 경우에 무리가 자신들을 떠나 예수님에게 돌아갈 것이 두려웠던 것입니다. 그래서 예수님이 귀신의 왕 바알세불인 사단의 사주를 받아 병든 자를 고치고 귀신을 쫓아내는 일을 했다고 예수님을 모함하며 악평을 했던 것입니다. 중요한 것은 그들은 예수님의 기적을 보면서도 예수님을 바로 인식하지 못했다는 사실입니다. 그들은 예수님이 우리의 구주라는 사실을 몰랐기 때문에 예수님을 비방하며 부정적으로 평가했습니다.

우리는 예수님을 바로 인정해야 합니다. 예수님은 위대한 스승 중의 한 분이 아닙니다. 기적을 행하시는 능력 있는 선지자도 아닙니다. 예수님은 우리를 죄악에서 구원하시기 위해 이 땅에 오신 우리의 구주이심을 인정하고 확신 있게 믿어야 합니다.

4. 예수님의 가르치심

주님은 명절이 중반을 지날 즈음에 예루살렘 성전에 들어가셔서 사람들에게 가르치기 시작하셨습니다. 그러자 많은 사람들이 당연히 예수님께로 몰려들었습니다. 예수님은 자신이 누구인지 궁금해 하는 사람들에게 무엇을 가르치려고 오셨는가를 말씀해 주셨습니다. 사람들은 예수님의 능력 있고 확실한 말씀을 즐겁게 들으며 따라 다녔습니다. 그러나 바리새인들은 사람들의 눈이 너무 많아서 예수님을 체포할 수 없게 되자 예수님은 무식한 사람이므로 그의 말은 들을 것도 없다며 예수님에게 관심을 갖지 못하도록 방해를 했습니다. 그래서 유대인들이 놀라며 물었습니다. "유대인들이 놀랍게 여겨 이르되 이 사람은 배우지 아니하였거늘 어떻게 글을 아느냐"(15)

여기서 글을 모른다고 한 말은 글자를 모른다는 말이 아니라 랍비교육을 정식으로 받지 않았는데 어떻게 성경을 알겠느냐는 말입니다. 그들은 랍비학교에서 배우지 않으면 성경을 알 수 없다고 생각했으며, 또 그 당시에는 랍비학교를 졸업한 사람들만이 유대인들의 선생으로 군림할 수 있었기 때문입니다. 하지만 그들이 성경을 아는 것은 성령의 깨닫게 하심을 통해서가 아니라 랍비로부터 생각해 낸 것을 듣고 배운 것이기 때문에 그들에게는 확신도 없고 힘도 없었습니다.

그러나 주님의 말씀에는 그들의 교훈과는 비교할 수 없는 권위와 명쾌함과 힘이 있었습니다. 그리고 주님의 가르침을 받은 사람들은 모두 변했습니다. 바리새인들은 자신들이 성경을 가르치고 있지만 그런 반응을 본 적이 없었기 때문에 매우 놀랐습니다. 이때 예수님께서 말씀하셨습니다. "내 교훈은 내 것이 아니요 나를 보내신 이의 것이니라 사람이 하나님의 뜻을 행하려 하면 이 교훈이 하나님께로부터 왔는지 내가 스스로 말함인지 알리라 스스로 말하는 자는 자기 영광만 구하되 보내신 이의 영광을 구하는 자는 참되니 그 속에 불의가 없느니라" (16-18)

유대인 지도자들은 모두 랍비학교 출신으로 아주 오랫동안 성경을 연구해 왔기 때문에 많은 논문과 저서가 있었습니다. 그래서 그들은 항상 자기들의 견해를 과시하며 "나는 이렇게 생각한다."고 말했습니다. 하지만 그것은 하나님의 진리가 아니라 본인들이 연구한 것이거나 랍비들에게서 들은 것들입니다. 그러니 그들의 말은 하나님의 진리와 무관했으며 힘과 권위가 있을 리 없었습니다.

예수님은 그렇게 가르치는 그들에 대하여 '스스로 말하는 자'라고 규정하셨습니다. 그들은 제 멋대로 말하는 거짓교사란 말입니다. 그들은 하나님에 대하여 말하기는 하지만 하나님을 체험한 적이 없었으며 구원을 이야기하지만 구원받지 못했습니다. 그들은 성경을 가르치는 선생이지만 성경을 기록하신 성령을 체험하지 못한 사람들입니다.

하나님을 모르는 사람들이 준 교사 자격증만을 자랑하며 하나님을 가르치고 있는 것입니다. 그들을 따라다니며 배운다고 해서 결코 구원받을 수 없습니다. 예수님은 자신의 가르침의 특징이 무엇인가를 분명하게 말씀해 주셨습니다.

1) 예수님은 하나님의 말씀만 가르치셨습니다

예수님은 자신의 말씀을 한 것이 아닙니다. "내 교훈은 내 것이 아니요 나를 보내신 이의 것이니라"(16)

당시 유대인들은 진리는 누군가로부터 전승받는다고 믿었습니다. 그들이 가르치는 것은 누군가가 한 말을 모아서 나름대로 정리하여 가르치는 것이었습니다. 그래서 그들은 누구에게서 얼마나 배웠으며 어떤 선생이 주장했느냐 하는 것을 자신들의 권위로 삼았습니다. 그러나 예수님은 오직 하나님의 말씀에만 권위가 있다고 하셨습니다. 예수님은 하늘에서 세워진 하나님의 뜻을 땅 위에서 이루시기 위해 하나님으로부터 보냄을 받은 분입니다. 예수님은 땅 위에서 인간의 몸을 입고 계실 동안에는 하나님의 뜻을 이루시기 위한 종이 되어 하나님의 뜻만 성취하고자 하셨기 때문에 자신의 말씀이 아닌 오직 하나님의 말씀만 전하셨습니다. 예수님은 오직 하나님의 말씀만 전했습니다. 하나님의 말씀은 사람의 삶과 영혼을 살립니다.

우리도 예수님처럼 하나님의 말씀만 가르치되 올바르게 가르쳐야 합니다. 그리고 하나님의 말씀을 바로 배워야 합니다.

2) 예수님은 하나님의 영광만 추구하셨습니다

"스스로 말하는 자는 자기 영광만 구하되 보내신 이의 영광을 구하는 자는 참되니 그 속에 불의가 없느니라"(18)

예수님은 자신의 인기나 유익을 추구하지 않으셨습니다. 오직 하나님의 뜻이 성취되어 하나님의 은혜와 능력과 영광이 드러나는 것만을 목표로 하셨습니다. 참된 스승은 사람들의 관심이나 인기를 자기에게 집중하도록 하지 않습니다. 참된 교사는 오직 하나님의 말씀만을 전합니다. 하나님의 말씀만 전할 때 하나님의 뜻이 드러나게 됩니다. 그래서 죄인이 회개하여 새 사람이 되고 연약한 사람이 낙심한 자리에서 일어나 용기를 얻어 새 출발을 하게 되고 하나님이 자신을 사랑하시는 줄 깨달아 하나님을 찬송하며 영광을 돌리게 됩니다. 예수님은 자신이 먼저 철저하게 하나님께 순종하셨으며, 또 순종하도록 가르치셨습니다. 예수님은 하나님의 말씀에 철저하게 순종하셨습니다.

우리도 말씀을 배운대로 행함이 뒤따라야 합니다. 하나님의 말씀을 그대로 믿고 실천해야 합니다.

예수님은 유대인들에게 "모세가 너희에게 율법을 주지 아니하였느냐 너희 중에 율법을 지키는 자가 없도다 너희가 어찌하여 나를 죽이려 하느냐"(19)고 말씀하셨습니다. 유대인들은 모세를 공경했습니다. 그러나 그들은 모세를 통해 준 율법은 지키지 않고 안식일에 병을 고쳤다는 것 때문에 예수님을 죽이려고 했습니다. 예수님이 베데스다 못가에 있던 38년 된 병자를 불쌍히 여겨 고쳐주신 날이 바로 안식일이었습니다. 그런데 유대인들은 안식일에 병을 고치신 일과 하나님을 자기의 친아버지라 하여 하나님과 동일시 한다는 이유 때문에 예수님을 죽이려고 했습니다.

그러자 예수님께서 그들에게 "모세가 너희에게 율법을 주지 아니하였느냐 너희 중에 율법을 지키는 자가 없도다 너희가 어찌하여 나를 죽이려 하느냐"(19)고 역습을 하셨습니다. 즉 "너희는 내가 안식일에 병을 고친 것 때문에 안식일을 범했다고 하지만 너희는 안식일에 나를 죽이려고 하지 않았느냐"며, 예수님을 죽이려고 한 것은 이미 정신적으로 안식일을 범한 것이라고 지적하시는 것입니다. 그러자 무리가 입을 모아 말했습니다. "당신은 귀신이 들렸도다 누가 당신을 죽이려 하나이까"(20) 이 말을 들으신 예수님은 이런 무리에게 차분히 논리적으로 말씀하셨습니다. "모세의 율법을 범하지 아니하려고 사람이 안식일에도 할례를 받는 일이 있거든 내가 안식일에 사람의 전신을 건전하게 한 것으로 너희가 내게 노여워하느냐"(23)

모세의 율법에는 태어난 지 8일 만에 이스라엘 남자의 양피를 자르는 할례 예식이 있었습니다.(레 12:3) 그런데 그날이 안식일이더라도 할례를 시행했습니다. 이처럼 모세의 율법에 있는 할례에 대한 조문을 폐하지 않으려고 안식일에도 할례를 행하였거든 하물며 죽어가는 사람의 전신을 고쳐서 건전케 한 것을 부당하다며 노하느냐는 말씀입니다.

그러면서 결론적인 말씀을 하셨습니다. "외모로 판단하지 말고 공의롭게 판단하라"(24) 여기서 '외모로 판단하지 말고'란 말은 유대인들의 입장에서 외모로만 본다면 안식일에 병을 고치는 것이 죄가 될 수도 있었기 때문입니다. 그렇다면 안식일에 할례를 받는 것도 같은 원리입니다. 하나님은 외모를 보지 않고 중심을 보십니다. 외모로 판단하는 것은 세상적인 방법입니다. 세상적인 방법으로 판단한다면 결코 우리에게는 만족함이 있을 수 없습니다. 우리의 심령이 채워지지 않습니다. 하나님께서 우리의 중심을 보시듯 우리도 우리의 중심으로 하나님을 바라보아야 합니다. 하나님과 우리는 중심과 중심으로 통해야 합니다. 우리는 외모로만 보지 말고 하나님의 공의로 판단해야 합니다.

미국의 명문대학인 하버드대학 정문에 '사람을 외모로 판단하지 말라' 는 글귀가 있다고 합니다. 대학 정문에 이런 글귀가 새겨진 데에는 그럴만한 사연이 있습니다. 19세기 말에 허름한 양복차림을 한 60세 가량의 한 신사 부부가 하버드대학 학장실에 들어섰습니다. 학장 비서는 이들 부부를 보자 시골뜨기라 생각하여 아주 불친절하게 대했습니다. 학장님을 만나 뵈러 왔다고 하자 비서는 학장님은 하루 종일 바빠 만날 수 없다고 말했습니다. 그냥 돌아가라는 뜻이었지만 그들 부부는 장시간 비서실에 앉아 기다렸습니다. 비서는 그냥은 돌아가지 않을 것 같아 그 부부를 학장님에게로 안내했습니다. 학장님 역시 하찮아 보이는 이들 부부에게 퉁명스럽게 대했습니다. 부부는 학장님께 찾아온 경위를 설명했습니다. "우리 부부에게 결혼한 지 18년 만에 태어난 아들이 있었는데 16세가 되던 해에 그만 병으로 세상을 떠나고 말았습니다. 그 아이를 위해 뭔가 이 학교에 기념할 만한 것을 남기고 싶어 찾아 왔습니다." 학장님은 이들 부부가 무엇을 얼마나 할 수 있겠나 싶어 퉁명스럽게 거절했습니다. 그러나 이들 부부는 엄청난 부자였습니다. 미 대륙 횡단철도 건설에 성공하여 큰 부자가 된 이 노 신사는 오랜 기간 이 일에 너무 과중하게 몰두하는 바람에 건강이 매우 악화되었습니다. 의사는 그에게 건강을 회복하기 위해서는 모든 사업을 내려놓고 유럽 여행을 다녀올 것을 권했습니다. 그래서 이들 부부는 아들과 함께 유럽으로 가족여행을 떠나게 되었습니다. 그런데 아들은 여행 중에 병이 들어 열여섯 번째 생일을 며칠 앞둔 1884년 3월 13일에 세상을 떠나고 말았습니다. 결혼한 지 18년 만에 태어난 사랑스런 아들을 여행 중에 잃게 된 것입니다. 그래서 이들 부부는 아들이 대학에 갈 나이에 세상을 떠났으니 지금까지 모은 돈을 대학을 위해 사용할 생각으로 하버드대학장을 찾아간 것입니다. 그런데 하버드대학장은 그들의 남루한 외모만 보고 귀찮게 여겼던 것입니다. 하버드대학에서 나온 노 부부가 '그러면 우리가 대학을 세우자.' 고 마음을 먹고 세운 대학이 지금의 미국에서 명문대학 가운데 하나인 스탠포드대학입니다. 이들 부부는 남편 리랜드 스탠포드(Leland Stanford, 1824-1893)와 부인 제인 스탠포드(Jane Stanford)입니다. 하버드대학은 허름한 옷을 입고 왔다는 이유로 문전박대를 당하다시피 쫓겨난 그들 부부가 하버드대학에 버금가는 스탠포드대학을 세우자 '사람을 외모로 판단해서는 안 된다' 는 귀중한 교훈을 얻게 된 것입니다.

우리도 예수님처럼 하나님의 때를 기다릴 줄 알아야 합니다. 하나님의 때에 반드시 이루어 주실 것을 믿고 기다려야 합니다. 예수님은 우리를 죄악에서 구원하시기 위해 이 땅에 오신 우리의 구주이십니다. 우리 하나님은 사람을 외모를 보지 않고 중심을 보십니다. 우리는 하나님의 말씀을 그대로 믿고 실천해야 합니다. 아멘.

25예루살렘 사람 중에서 어떤 사람이 말하되 이는 그들이 죽이고자 하는 그
사람이 아니냐 26보라 드러나게 말하되 그들이 아무 말도 아니하는도다 당국
자들은 이 사람을 참으로 그리스도인 줄 알았는가 27그러나 우리는 이 사람
이 어디서 왔는지 아노라 그리스도께서 오실 때에는 어디서 오시는지 아는
자가 없으리라 하는지라 28예수께서 성전에서 가르치시며 외쳐 이르시되 너
희가 나를 알고 내가 어디서 온 것도 알거니와 내가 스스로 온 것이 아니니
라 나를 보내신 이는 참되시니 너희는 그를 알지 못하나 29나는 아노니 이는
내가 그에게서 났고 그가 나를 보내셨음이라 하시니 30그들이 예수를 잡고자
하나 손을 대는 자가 없으니 이는 그의 때가 아직 이르지 아니하였음이러라
31무리 중의 많은 사람이 예수를 믿고 말하되 그리스도께서 오실지라도 그
행하실 표적이 이 사람이 행한 것보다 더 많으랴 하니 32예수에 대하여 무리
가 수군거리는 것이 바리새인들에게 들린지라 대제사장들과 바리새인들이
그를 잡으려고 아랫사람들을 보내니 33예수께서 이르시되 내가 너희와 함께
조금 더 있다가 나를 보내신 이에게로 돌아가겠노라 34너희가 나를 찾아도
만나지 못할 터이요 나 있는 곳에 오지도 못하리라 하시니 35이에 유대인들
이 서로 묻되 이 사람이 어디로 가기에 우리가 그를 만나지 못하리요 헬라
인 중에 흩어져 사는 자들에게로 가서 헬라인을 가르칠 터인가 36나를 찾아
도 만나지 못할 터이요 나 있는 곳에 오지도 못하리라 한 이 말이 무슨 말
이냐 하니라 37명절 끝 날 곧 큰 날에 예수께서 서서 외쳐 이르시되 누구든
지 목마르거든 내게로 와서 마시라 38나를 믿는 자는 성경에 이름과 같이 그
배에서 생수의 강이 흘러나오리라 하시니 39이는 그를 믿는 자들이 받을 성
령을 가리켜 말씀하신 것이라(예수께서 아직 영광을 받지 않으셨으므로 성
령이 아직 그들에게 계시지 아니하시더라) 40이 말씀을 들은 무리 중에서 어
떤 사람은 이 사람이 참으로 그 선지자라 하며 41어떤 사람은 그리스도라 하
며 어떤 이들은 그리스도가 어찌 갈릴리에서 나오겠느냐 42성경에 이르기를
그리스도는 다윗의 씨로 또 다윗이 살던 마을 베들레헴에서 나오리라 하지
아니하였느냐 하며 43예수로 말미암아 무리 중에서 쟁론이 되니 44그 중에는
그를 잡고자 하는 자들도 있으나 손을 대는 자가 없었더라 45아랫사람들이
대제사장들과 바리새인들에게로 오니 그들이 묻되 어찌하여 잡아오지 아니
하였느냐 46아랫사람들이 대답하되 그 사람이 말하는 것처럼 말한 사람은 이
때까지 없었나이다 하니 47바리새인들이 대답하되 너희도 미혹되었느냐 48당
국자들이나 바리새인 중에 그를 믿는 자가 있느냐 49율법을 알지 못하는 이
무리는 저주를 받은 자로다 50그 중의 한 사람 곧 전에 예수께 왔던 니고데
모가 그들에게 말하되 51우리 율법은 사람의 말을 듣고 그 행한 것을 알기
전에 심판하느냐 52그들이 대답하여 이르되 너도 갈릴리에서 왔느냐 찾아보
라 갈릴리에서는 선지자가 나지 못하느니라 하였더라 53(다 각각 집으로 돌
아가고)

(요한복음 7:25-53)

24

생수의 강

초막절은 하나님의 은혜로 이스라엘 민족이 애굽으로부터 해방되어 광야에서 40년 동안을 지낼 때 장막생활을 했던 것을 기념하기 위하여 지키는 명절입니다. 그래서 초막절이 되면 유대 전역과 전 세계에 흩어져 있던 유대인들이 많게는 200만 명 정도가 예루살렘으로 모였습니다. 이때 예루살렘 일대에서는 그 옛날 광야에서의 장막생활을 상기하면서 초막을 만들어 거기에서 7일간 지내는 풍습이 있었습니다. 그들은 초막에서 며칠을 지내는 동안 하나님이 애굽에서 해방시켜 주신 것을 감사했습니다. 또한 일시적인 초막생활을 통해 그 옛날의 조상들이 고생하던 것을 생각하며 지금의 안정된 생활을 감사했습니다. 그리고 초막생활을 하는 동안에 이 세상은 임시로 머물다 가는 장막과 같은 집이므로 하늘에 있는 영원한 집을 바라보며 살아야 한다는 영적인 교훈도 얻을 수 있습니다.

이때 예수님은 예루살렘 성전에서 생명수에 대한 말씀을 외치셨습니다.

1. 유대인들은 그리스도를 믿지 못했습니다

예루살렘 사람들 중에는 그들의 지도자들이 예수님을 죽이려고 하는 것을 알고 있었습니다. "예루살렘 사람 중에서 어떤 사람이 말하되 이는 그들이 죽이고자 하는 그 사람이 아니냐"(25)

그런데 초막절에 예수님께서 예루살렘 성전에서 하나님의 말씀을 가르치시는 것을 보면서도 지도자들이 예수님을 체포하지도 않고 죽이지도 않는 것을 보자 이렇게 말했습니다. "보라 드러나게 말하되 그들이 아무 말도 아니하는도다 당국자들은 이 사람을 참으로 그리스도인 줄 알았는가"(26) 그들도 역시 예수님을 죽이려는 자들과 같은 무리입니다. 그들은 예수님을 죽이지 않는다고 "당국자들은 이 사람을 참으로 그리스도인 줄 알았는가" 하며 불평했습니다. "그러나 우리는 이 사람이 어디서 왔는지 아노라 그리스도께서 오실 때에는 어디서 오시는지 아는 자가 없으리라"(27) 그들은 예수님을 믿지 않았습니다. 그들은 예수님이 나사렛에서 오셨다는 것을 알고 메시야가 아니라고 말했습니다.

그리고 "그리스도께서 오실 때에는 어디서 오시는지 아는 자가 없으리라"는 말씀은 예수님이 나시기 전 중간시대, 즉 구약과 신약 사이의 중간시대에 나온 계시 문학에 있는 사상에서 온 것으로 볼 수 있습니다. 그 계시 문학에는 그리스도께서는 갑자기 구름에서 나타난다, 또는 해에서 나타난다고 기록되어 있습니다.(제4에스라 7:28, 13:32) 그런데 예수님은 갈릴리 나사렛에서 오셨다는 것을 알기 때문에 그분은 그리스도가 될 수 없다는 말입니다. 그래서 유대인들은 예수님을 단순히 나사렛 시골 동네 출신으로만 알았기 때문에 그들이 기다리는 그리스도가 아니라고 생각했습니다.

2. 예수님의 증거

예수님은 그들에게 증거하셨습니다. 예수님은 세상의 다른 스승들에게서 배워서 가르치는 전수된 지식이 아니라 하나님으로부터 보냄을 받은 메시야이심을 증거하셨습니다. 하나님으로부터 보냄을 받은 예수님은 자신이 모든 가르침의 근본인 진리요 사랑이요 선(善) 자체이시기 때문에 유대 랍비의 가르침을 받을 필요가 없었습니다. 그들과는 가르침 자체가 다릅니다. "너희가 나를 알고 내가 어디서 온 것도 알거니와 내가 스스로 온 것이 아니니라 나를 보내신 이는 참되시니 너희는 그를 알지 못하나 나는 아노니 이는 내가 그에게서 났고 그가 나를 보내셨음이라"(28-29)

당시 유대인의 스승인 랍비들과 하늘에서 오신 예수님과는 가르침이나 권세와 능력 면에서 다를 수밖에 없었습니다. 유대인들은 예수님을 하나의 인간으로만 보았습니다. 그들은 예수님의 인성, 즉 그분이 나사렛 출신이라는 것과 그의 역사와 가족들에 관한 것만 알고 있었습니다. 그래서 예수님은 그들이 모르고 있는 예수님의 신성(神性)에 대해서 말씀하시는 것입니다. "나를 보내신 이는 참되시니"란 말씀은 유대인들이 하나님을 안다고 하면서도 그리스도를 배척하는 그들의 아는 것은 참되지 않다는 것을 지적하신 말씀입니다. 그리스도를 보내신 하나님을 참으로 아는 지식은 그리스도를 아는 지식입니다. 왜냐하면 그리스도를 세상에 보내신 이가 바로 하나님이시기 때문입니다. 그러므로 이 말씀은 예수님이 메시야의 자격으로 세상에 보냄을 받은 사실도 참되다는 것을 뜻하는 말입니다. 그러므로 우리는 예수님은 참 메시야이신만큼 그를 절대적으로 믿어야 된다는 말씀입니다.

예수님은 말씀하십니다. "나는 아노니 이는 내가 그에게서 났고 그가 나를 보내셨음이라"(29) '내가 그에게서 났고(ὅτι παρ' αὐτοῦ εἰμι, 호티 파르 아우투 에이미)'는 '내가 그에게서 왔고'로 번역되어야 합니다. 예수님은 하나님으로부터 오셨기 때문에 예수님 자신이 바로 신성을 가지신 하나님이시라고 증거합니다. 예수님은 하나님으로부터 오신 메시야이십니다. 하나님으로 인간의 몸을 입고 오신 예수님은 자신이 바로 하나님이시라고 증거합니다. 그러므로 그의 증거는 참된 증거입니다. 예수님의 증거가 바로 하나님의 증거이기 때문입니다. 그러므로 예수님의 증거는 진실합니다.

지금은 우리가 예수님을 직접 눈으로 볼 수도 없고 그의 가르침을 직접 귀로 듣지도 못하지만 우리는 성경을 통해서 배울 수 있습니다. 성경 말씀은 바로 하나님의 말씀입니다. 그러므로 우리는 성경 말씀을 듣고 배울 때 마치 예수님 앞에서 듣고 배운다는 자세로 대하면 예수님 당시와 동일한 은혜와 능력을 경험하며 변화를 체험하게 될 것입니다. 이 성경 말씀을 통해서 수많은 사람들이 회개하고 예수님을 영접하여 구원받아 변화되는 역사가 나타나고 있습니다. "모든 성경은 하나님의 감동으로 된 것으로 교훈과 책망과 바르게 함과 의로 교육하기에 유익하니 이는 하나님의 사람으로 온전하게 하며 모든 선한 일을 행할 능력을 갖추게 하려 함이라"(딤후 3:16-17) 예수님의 말씀은 진리입니다. 회개하게 하고 구원에 이르게 하며 사람을 온전케 합니다.

3. 예수님의 말씀에 대한 반응이 다르게 나타났습니다

"예수께서 이르시되 내가 너희와 함께 조금 더 있다가 나를 보내신 이에게로 돌아가겠노라 너희가 나를 찾아도 만나지 못할 터이요 나 있는 곳에 오지도 못하리라 하시니 이에 유대인들이 서로 묻되 이 사람이 어디로 가기에 우리가 그를 만나지 못하리요 헬라인 중에 흩어져 사는 자들에게로 가서 헬라인을 가르칠 터인가 나를 찾아도 만나지 못할 터이요 나 있는 곳에 오지도 못하리라 한 이 말이 무슨 말이냐 하니라"(33-36)

1) 긍정적인 반응을 나타내는 사람들이 있었습니다

"무리 중의 많은 사람이 예수를 믿고 말하되 그리스도께서 오실지라도 그 행하실 표적이 이 사람이 행한 것보다 더 많으랴"(31)

예수님의 가르치심을 듣고 긍정적인 반응을 나타낸 사람들은 예수님이 바로 오시기로 약속하신 그리스도이심을 믿었습니다. 예수님을 죽이려고 하는 어두운 무리 중에도 예수님을 믿고 진리의 편에 선 사람들이 있었습니다.

오늘날에도 예수님의 말씀을 듣는 즉시 믿는 사람들이 있습니다.

2) 부정적인 반응을 나타내는 사람들이 있었습니다

예수님이 자기들보다 더 인기가 높아지는 것을 시기하여 심지어 죽이려고 하는 사람들도 있었습니다. "예수에 대하여 무리가 수군거리는 것이 바리새인들에게 들린지라 대제사장들과 바리새인들이 그를

잡으려고 아랫사람들을 보내니"(32)

예수님의 인기가 계속 치솟게 되자 대제사장들과 바리새인들은 시기하는 마음으로 그를 잡으려고 했습니다. 동일한 예수님의 말씀을 듣고도 긍정적인 반응을 보이는 사람들이 있는가 하면 부정적인 반응을 보이는 사람들도 있었습니다. 그 이유는 그들의 마음이 굳어 있었기 때문입니다.

예수님의 씨 뿌리 비유에서 보듯 좋은 밭을 가진 사람은 그 마음이 말씀을 받아들일 수 있는 옥토, 즉 겸손함으로 준비되어 있었습니다. 반면 길가나 돌짝밭, 또는 가시밭은 불신과 오만과 죄로 닫혀 있어서 아무리 좋은 말씀을 들어도 싹이 나지 않아 열매를 맺을 수 없는 밭이었습니다. 하나님의 말씀을 듣고도 깨닫지 못하고 믿지 못하는 것은 악한 자가 와서 그 마음에 뿌린 것을 빼앗아 갔기 때문입니다. 그래서 잠시 견디다가 환난이나 핍박이 오면 곧 넘어집니다. 이들은 말씀을 들으나 세상의 염려와 재리의 유혹 때문에 말씀이 막혀 결실을 할 수 없습니다.(마 13:31-32)

예수님은 자신의 말을 믿지 못하는 유대인들에게 말씀하셨습니다. "내가 너희와 함께 조금 더 있다가 나를 보내신 이에게로 돌아가겠노라 너희가 나를 찾아도 만나지 못할 터이요 나 있는 곳에 오지도 못하리라"(33-34) 이 말씀은 예수님이 땅 위에서 역사하실 기간이 길지 않다는 것을 의미합니다. 예수님은 머잖은 장래에 승천하실 예정이었으므로 예수님을 박해하던 유대인들은 예수님이 가실 하늘나라에 갈 수 없다는 말씀입니다. 이 말씀은 예수님을 해하려는 자들의 종국(終局)이 어떻게 될 것인가를 시사한 말씀입니다.

이때의 유대인들의 반응입니다. "이에 유대인들이 서로 묻되 이 사람이 어디로 가기에 우리가 그를 만나지 못하리요 헬라인 중에 흩어져 사는 자들에게로 가서 헬라인을 가르칠 터인가"(35) 유대인들은 예수님의 말씀에 의문을 품었습니다. 그들은 예수님께서 가신다는 곳이 어디인지 몰라 "헬라인 중에 흩어져 사는 자들에게로 가서 헬라인을 가르칠 터인가"라고 말했습니다. 여기에서 헬라인은 당시 유대인들의 '디아스포라' 를 말합니다. 즉 헬라와 기타 외국에 분산되어 사는 유대인들을 말합니다. 당시 유대인들은 외국에 흩어져 사는 동포들을 천하게 보았는데 특히 이방인(헬라인)들을 더 멸시했습니다. 그러므로 예수님을 향해서 "헬라인 중에 흩어져 사는 자들에게로 가서 헬라인을 가르칠 터인가"란 말은 예수님의 권위를 업신여긴 말입니다. 그들은 "나를 찾아도 만나지 못할 터이요 나 있는 곳에 오지도 못하리라 한 이 말이 무슨 말이냐"(36)고 하신 무서운 말씀 앞에서도 회개할 줄 모르고 오만한 태도로 그저 한 번 의문만 남기고 지나가는 실수를 범하고 말았습니다. 불신앙은 내세(來世)에 당할 일에 대하여 둔감(鈍感)하게 할 만큼 무서운 것입니다.

우리는 하나님의 말씀을 들을 때 그대로 믿고 순종해야 합니다. 예수님의 가르치심을 들을 때 마음을 열고 겸손히 그 말씀을 받는 심령은 마치 좋은 땅에 뿌린 씨처럼 말씀을 듣고 깨닫는 자가 되어 백 배나 육십 배, 혹은 삼십 배의 결실을 하게 됩니다. 우리는 하나님의 말씀을 받을 때 믿음으로 기쁨으로 받아야 열매를 맺을 수 있습니다.

우리 모두 믿음으로 겸손하게 받아들여 열매를 맺는 성도들이 되어야 합니다.

4. 예수님이 주시는 생명수를 마셔야 합니다

예수님은 유대인의 명절인 초막절에 많은 사람들이 모인 곳에서 말씀을 전파하셨습니다. 유대인들은 초막절은 한 주간이지만 하루를 더하여 8일 동안 지켰습니다.(레 23:36; 민 29:35)

유대인들은 이 초막절 기간에 매일 실로암 못에서 물을 길어 와서 행렬을 지어 성전 문에 붓는 행사가 있었습니다. 그것은 그들의 선조들이 광야 생활을 할 때 바위에서 이적으로 솟아난 물을 기념하는 뜻이라고 합니다. 예수님은 이와 같은 초막절 행사와 관련하여 영적 생수에 관한 설교를 하셨습니다. 예수님은 여기서 사람들의 가장 본질적인 욕구인 목마름의 문제에 호소했습니다. '목이 마르다'는 것은 인간의 가장 절실하고도 지속적인 갈증을 의미하는 말입니다. 목마름을 경험해 본 사람들은 물의 소중함에 대해 잘 알 것입니다.

저도 군 시절에 유격훈련을 받을 때면 뙤약볕에서 수십 리를 행군했습니다. 한 번은 훈련 중에 물통의 물이 다 떨어진 적이 있었습니다. 그래서 할 수 없이 시냇물도 마시고 나중에는 논에 있는 물도 마셨습니다. 그날 밤에 배탈이 난 것이 다음 날까지 이어져 많은 고생을 했습니다. 사람은 물을 마셔야 살 수 있습니다. 그런데 유대 나라는 비가 잘 오지 않습니다. 그래서 성경에는 봄과 가을에 내리는 비를 이른 비와 늦은 비라고 표현할 정도로 일 년 내내 비가 오는 날이라곤 며칠 안 되는 메마른 땅입니다.

구약 성경에 보면 아브라함과 이삭과 야곱이 우물을 찾으려고 가축을 이끌고 여기 저기 헤매며 다닌 것을 볼 수 있습니다. 그들은 우물 때문에 서로 다투기도 했습니다. 따라서 유대인들에게 있어 물은 생존과 직결되는 문제입니다. 이것을 잘 아시는 예수님께서 유대인들에게 목마름을 해결해 주는 물을 예로 들어서 교훈하셨습니다. "명절 끝날 곧 큰 날에 예수께서 서서 외쳐 이르시되 누구든지 목마르거든 내게로 와서 마시라"(37) 예수님은 "누구든지 목마르거든 내게로 와서 마시라"고 말씀하셨습니다. 이 말은 아무나 할 수 있는 말이 아닙니다. 보통 사람으로는 할 수 없는 말입니다. 우리를 구원하실 메시야만이 할 수 있는 말입니다. 예수님만이 인류의 갈증을 해소시켜 주실 수 있습니다. 예수님은 말씀하셨습니다. "수고하고 무거운 짐 진 자들아 다 내게로 오라 내가 너희를 쉬게 하리라"(마 11:28) 예수님은 우리 인생의 갈증을 해결해 주실 수 있는 유일한 분이십니다.

예수님은 말씀하십니다. "나를 믿는 자는 성경에 이름과 같이 그 배에서 생수의 강이 흘러나오리라 하시니 이는 그를 믿는 자들이 받을 성령을 가리켜 말씀하신 것이라"(38-39) 여기서 '나를 믿는 자', 즉 예수님을 믿는 자는 '그 배에서 생수의 강이 흘러나오리라'는 말씀은 예수님을 믿는 사람에게는 그의 가장 깊은 심령 속에서 성령께서 역사하실 것이란 의미입니다. 다시 말하면 예수 그리스도를 믿는 사람에게는 성령께서 임하시게 되는데 그 성령께서 그 사람의 가장 깊은 욕구를 만족시켜 근본적인 문제를 해결해 주신다는 말씀입니다. 성령님은 예수님의 영이십니다. 예수님께 나오는 사람에게는 하나님의 영이 임하시기 때문에 신령한 은혜로 충만하게 됩니다. 성령께서 그들의 영혼을 은혜로 적셔주시기 때문입니다. 그러므로 주님을 영접한 사람에게는 신령한 은혜가 강물처럼 풍성하게 됩니다.

오순절에 주의 제자들이 모여 간절히 기도할 때 성령께서 그들에게 임하시어 모인 모두에게 성령의 은혜가 충만했습니다. 그들에게서 두려움은 사라지고 담대하게 예수 그리스도의 복음을 전파하는 역사가 나타났습니다. 베드로가 성령으로 충만하여 말씀을 증거할 때 하루에 3천 명에서 5천 명씩 예수님께로 돌아올 뿐 아니라 병자들이 낫게 되는 하나님의 기적들이 나타났습니다.

우리 예수님이 주시는 물은 그 속에서 영원히 솟아나는 샘물이 됩니다. 예수님을 믿으면 자신의 깊은 영적인 갈증이 해소되고 참 만족을 얻을 뿐 아니라 그로부터 생수의 강물이 솟아나 다른 사람에게로 흘러갑니다. 그러므로 성령의 생수를 마신 성도를 통해 주위에 있는 다른 사람들까지도 생수를 맛보아 갈증이 해소되어 만족을 얻게 됩니다.

예수 그리스도를 우리의 심령에 모실 때 참 기쁨과 만족과 평화와 영원한 노래가 있습니다. 마음 속에 이 생수의 강이 흐르기 때문입니다. 주 예수님을 영접한 성도는 마음에 감사가 있고 기쁨과 소망이 넘칩니다. 힘과 용기가 생깁니다. 예수님이 주시는 생명의 강물이 흐르기 때문입니다. 주님은 "누구든지 목마르거든 내게로 와서 마시라"고 말씀하십니다. 주님의 초청에는 제한이 없습니다. 누구든지 오라고 하십니다. 주님은 어떤 죄를 지은 사람이라도 환영합니다. 목이 마른 사람이면 누구나 오라고 하십니다. 주님의 초청에는 어떤 종류의 기갈이라도 다 해소됩니다.

사람은 본래 하나님의 형상대로 지음을 받았기 때문에 세상의 것으로는 영혼의 갈증이 해갈될 수가 없습니다. 우리의 목마름을 해갈시켜 주실 분은 오직 우리 주님밖에 없습니다. 예수님은 말씀하십니다. "나를 믿는 자는 영원히 목마르지 아니하리라"(6:35)

요한복음 4장에 나오는 사마리아 여자는 영적으로 목마른 사람이었습니다. 과거에 남편이 다섯 명이나 있었지만 목이 말랐던 그 여자는 대낮에 다른 사람들의 눈을 피하여 물을 길으러 나왔다가 예수님을 만났습니다. 예수님께서 그 여자에게 말씀하셨습니다. "내가 주는 물을 마시는 자는 영원히 목마르지 아니하리니 내가 주는 물은 그 속에서 영생하도록 솟아나는 샘물이 되리라"(4:14) 이 목마른 사마리아 여자가 생수의 근원이신 메시야를 만나자 배에서 생수가 솟는 감격을 느꼈습니다. 그래서 그녀는 그 자리에 그냥 있을 수가 없어 수가 동네로 들어가서 메시야를 만났다고 소리치며 기뻐했습니다. 이 여자는 예수님을 영접함으로써 생수를 마시게 되었습니다.

누구든지 예수님께 와서 마시기만 하면 됩니다. 주님은 말씀하십니다. "오호라 너희 모든 목마른 자들아 물로 나아오라 돈 없는 자도 오라 너희는 와서 사 먹되 돈 없이 값 없이 와서 포도주와 젖을 사라"(사 55:1) 하나님의 은혜는 인종의 차별이 없습니다. 유식하거나 무식하거나 상관이 없습니다. 빈부를 가리지도 않습니다. 누구든지 돈 없이 값 없이 주님께로 나오면 됩니다. 누구든지 하나님께 나와 하나님과 바른 관계를 회복하기만 하면 만족을 누릴 수가 있습니다. 예수님은 말씀하십니다. "나를 믿는 자는 성경에 이름과 같이 그 배에서 생수의 강이 흘러나오리라"(38) 오직 주 예수 그리스도만이 우리에게 영원한 생수가 되십니다.

예수님의 말씀을 듣고 믿는 사람들이 있는가 하면 믿지 않는 사람들도 있었습니다. 예수님의 말씀을 듣고 서로 논쟁이 일어났습니다. "이 말씀을 들은 무리 중에서 어떤 사람은 이 사람이 참으로 그 선지자라 하며 어떤 사람은 그리스도라 하며 어떤 이들은 그리스도가 어찌 갈릴리에서 나오겠느냐 성경에 이르기를 그리스도는 다윗의 씨로 또 다윗이 살던 마을 베들레헴에서 나오리라 하지 아니하였느냐 하며 예수로 말미암아 무리 중에서 쟁론이 되니 그 중에는 그를 잡고자 하는 자들도 있으나 손을 대는 자가 없었더라"(40-44) 그리고 예수님을 시기하는 당국자들의 명령대로 예수님을 잡으려고 성전으로 갔지만 예수님으로부터 생수의 말씀을 듣고는 감동을 받아 예수님을 잡기는커녕 빈손으로 돌아와 자기들이 본 예수님에 대해 사실대로 증거했습니다. "아랫사람들이 대제사장들과 바리새인들에게로 오니 그들이 묻되 어찌하여 잡아오지 아니하였느냐 아랫사람들이 대답하되 그 사람이 말하는 것처럼 말한 사람은 이때까지 없었나이다"(45-46) 이들은 정직하고 용감했습니다. 자기들의 주인을 흥분시키는 일이며 결과적으로 자신들에게 불이익이 돌아간다는 사실을 누구보다 잘 알면서도 그들은 거짓말을 한다거나 숨기려 하지 않고 사실대로 보고했습니다.

우리는 이들의 용기를 본받아야 합니다. 진리에 대해서 용감해야 합니다. 누구 앞에서라도 용감하고 정직하게 진리를 말할 수 있어야 합니다. 진리는 예수 그리스도이십니다. 우리는 어디서든지 용감하게 예수 그리스도에 대한 진리를 증거할 수 있어야 합니다.

그러나 예수님을 체포하러 갔던 사람들이 그냥 돌아와 사실대로 보고하자 바리새인들은 그들을 책망했습니다. "너희도 미혹되었느냐 당국자들이나 바리새인 중에 그를 믿는 자가 있느냐 율법을 알지 못하는 이 무리는 저주를 받은 자로다"(47-49) 바리새인들은 오로지 예수님이 하시는 모든 일이 잘못되었으며 반율법적인 것으로 저주를 받아야 한다는 전제 아래 사는 사람들이었습니다. 그 결과 그들의 잘못된 선입견과 시기심과 질투심은 그들의 판단력과 양심을 흐리게 했을 뿐 아니라 오로지 증오심만 가득한 사람들로 만들고 말았습니다. 그러나 니고데모는 그들을 향해 용감하게 말했습니다. "그 중의 한 사람 곧 전에 예수께 왔던 니고데모가 그들에게 말하되 우리 율법은 사람의 말을 듣고 그 행한 것을 알기 전에 심판하느냐"(50-51) 니고데모는 그들과 함께 살면서도 생각과 가치관이 그들과 달랐으므로 예수님을 다르게 보았습니다.

요한복음 3장에 보면 그가 밤중에 예수님을 찾아와 신앙상담을 한 적이 있습니다. 그는 사회적인 지위와 부와 권세를 가진 사람이었습니다. 그들이 예수님에 대해 어떤 악평을 할지라도 조용히 침묵만 하고 있으면 손해볼 것이 없었지만 그는 용기를 내어 사실대로 말했습니다. 니고데모가 사람들이 까닭 없이 예수님을 비난하는 현장에서 그들과 야합하거나 침묵하지 않고 오히려 예수님을 변호한 이유는 그가 예수님의 말씀을 진실로 믿었기 때문입니다. 그는 예수님의 말씀을 귀나 머리가 아닌 마음 깊이 영혼으로 받아들였습니다.

우리도 니고데모의 용기를 본받아야 합니다. 주님의 말씀을 건성으로 듣지 말고 영혼으로 받아들이는 믿음의 사람들이 되어야 합니다. 그러자 바리새인들이 그를 비난했습니다. "너도 갈릴리에서 왔느냐 찾아보라 갈릴리에서는 선지자가 나지 못하느니라"(52) 바리새인들은 구약에 예언된 그리스도는 다윗의 후손으로 그의 고향인 베들레헴에서 태어나실 것이라고 믿고 있었습니다. 그런데 나사렛 동네의 목수의 아들인 예수님은 그들과 똑같은 사람인데 자신들이 고대하는 메시야가 될 수 있느냐며 니고데모에게 반박을 했습니다.

옛날이나 지금이나 예수님을 메시야로 믿는 사람들이 있는가 하면 믿지 못하는 사람들도 있습니다. 그 이유는 잘못된 선입견으로 성경을 피상적으로 보기 때문입니다. 성경은 분명히 일점일획도 틀림이 없는 하나님의 말씀입니다. 바리새인들은 베들레헴에서 태어나신 예수님은 보지 못하고 나사렛에서 성장하신 예수님만 보았습니다. 예수님이 미가 선지자의 예언대로 베들레헴 마구간에서 태어나신 분임을 몰랐기 때문에 믿지 못하는 것입니다. 예수님의 말씀과 하시는 일들을 보고 믿는 사람들이 있는가 하면 비판적인 생각을 가지고 갈릴리 출신이라 하여 믿지 못하는 사람들도 있었습니다. 우리는 하나님의 말씀을 정확하게 그대로 믿어야 합니다.

고대의 한 수도원에서 내려오는 이야기입니다. 어느 노 수도사가 젊은 사업가에게 말했습니다. "물고기가 마른 땅에서는 살아갈 수 없듯이 자네도 세상에 뒤엉키면 파멸하게 되네. 물고기는 물로 돌아가야 하고 자네는 성령께로 돌아가야 해." 그러자 그 사업가는 아연실색하며 말했습니다. "그럼 당신은 내가 사업을 그만 두고 수도원으로 들어가란 말이오? 내가 사업을 통해 성취한 것을 다 포기해야 한단 말이오?" 그 수도사가 다시 말했습니다. "그런 것은 아니네. 내가 한 말의 뜻은 사업은 그대로 붙들고 있더라도 당신의 마음이 성령께로 돌아가야 한단 말일세." 우리는 주님께로 돌아가는 것이 중요합니다.

예수님을 믿는 사람에게는 생수의 강이 흐릅니다. 예수님만이 영원한 생수를 주실 수 있습니다. 예수님의 말씀을 온전히 믿는 자는 영원한 생수를 받습니다. 예수님을 모신 심령에는 평안과 기쁨과 은혜의 강물이 솟아납니다. 우리 모두 성령의 지배를 받아야 합니다. 그러기 위해 사모함으로 기도해야 합니다. 그리하여 우리의 심령에 우리의 삶 속에 예수님이 주시는 성령으로 충만하여 생수의 강이 흘러넘치기를 기원합니다. 아멘.

(1예수는 감람산으로 가시니라 2아침에 다시 성전으로 들어오시니 백성이 다
나아오는지라 앉으사 그들을 가르치시더니 3서기관들과 바리새인들이 음행
중에 잡힌 여자를 끌고 와서 가운데 세우고 4예수께 말하되 선생이여 이 여
자가 간음하다가 현장에서 잡혔나이다 5모세는 율법에 이러한 여자를 돌로
치라 명하였거니와 선생은 어떻게 말하겠나이까 6그들이 이렇게 말함은 고
발할 조건을 얻고자 하여 예수를 시험함이러라 예수께서 몸을 굽히사 손가
락으로 땅에 쓰시니 7그들이 묻기를 마지아니하는지라 이에 일어나 이르시
되 너희 중에 죄 없는 자가 먼저 돌로 치라 하시고 8다시 몸을 굽혀 손가락
으로 땅에 쓰시니 9그들이 이 말씀을 듣고 양심에 가책을 느껴 어른으로 시
작하여 젊은이까지 하나씩 하나씩 나가고 오직 예수와 그 가운데 섰는 여자
만 남았더라 10예수께서 일어나사 여자 외에 아무도 없는 것을 보시고 이르
시되 여자여 너를 고발하던 그들이 어디 있느냐 너를 정죄한 자가 없느냐
11대답하되 주여 없나이다 예수께서 이르시되 나도 너를 정죄하지 아니하노
니 가서 다시는 죄를 범하지 말라 하시니라)

(요한복음 8:1–11)

25

죄 없는 자가 먼저 치라

요즈음 돌을 던지는 사람들이 너무 많습니다. 우리가 살아가는 이 세상은 상대방을 비난하고 정죄하며 공격하는 돌들이 난무하는 세상입니다. 우리 역시 돌을 던질 수도 있고 맞을 수도 있습니다.

본문 말씀도 서기관과 바리새인들이 한 여자를 예수님께로 끌고 와서 돌을 던져야 하지 않겠느냐며 예수님을 압박하는 내용입니다. 예수님이 초막절에 성전에서 생수의 강에 대한 설교를 하신 후 기도하시려고 감람산으로 가셨습니다. 그리고 기도를 마친 예수님께서 백성들에게 진리를 가르치시려고 아침에 다시 성전으로 들어오셨습니다. 그러자 많은 백성들이 예수님께로 몰려왔습니다. 이때 서기관과 바리새인들이 한 여자를 예수님 앞으로 끌고 왔습니다. 그리고는 간음 중에 붙잡힌 경우 모세의 율법에는 돌로 치라고 했는데 예수님은 어떻게 하시겠느냐며 공격적으로 물었습니다. 이때 예수님이 그들을 향해 말씀하셨습니다. "너희 중에 죄 없는 자가 먼저 돌로 치라"(7)

오늘날에도 돌을 맞을 사람도 많지만 던지고 싶어 하는 사람들도 많습니다. 그러면 그들이 이 여자를 예수님께로 끌고 온 이유가 무엇입니까?

1. 예수님을 시험하기 위해서입니다

1) 현행범을 끌고 왔습니다

"서기관들과 바리새인들이 음행 중에 잡힌 여자를 끌고 와서 가운데 세우고 예수께 말하되 선생이여 이 여자가 간음하다가 현장에서 잡혔나이다"(3-4)

서기관과 바리새인들이 사건 현장에서 이 여자를 끌고 왔습니다. 간음 현장에서 여자만 데리고 온 것은 여자의 인권을 무시한 행위입니다. 당시에는 남성 우월주의로 여자만 무시당하고 박해를 받았습니다. 아마 그 남자는 그들의 동료이거나 뜻을 같이 하는 사람이었을 것으로 추정됩니다. 이 여자를 끌고 온 사람들이 누구인지를 알면 쉽게 이해할 수 있습니다. 서기관과 바리새인들은 언제나 예수님의 흠을 잡으려고 애쓰는 자들입니다. 그들은 범죄한 여자를 끌고 예수님 앞에 나오는 잔인한 월권행위를 감행했습니다.

죄인은 법정에서 취급해야 합니다. 그러니까 법관도 아닌 그들에게는 죄인을 끌고 다닐 권리가 없다는 말입니다. 그들의 목적은 오직 예수님을 고소하고 정죄하는데 있었기 때문에 이런 일을 거리낌 없이 자행할 수 있었습니다.

2) 모세의 율법을 인용하며 예수님을 압박했습니다

"모세는 율법에 이러한 여자를 돌로 치라 명하였거니와 선생은 어떻게 말하겠나이까"(5)

모세의 율법은 간음을 금지하고 있습니다. 십계명 중 제7계명에도 간음을 금지하고 있습니다. 간음하다가 잡히면 둘 다 죽이라고 했습니다. "누구든지 남의 아내와 간음하는 자 곧 그의 이웃의 아내와 간음하는 자는 그 간부와 음부를 반드시 죽일지니라"(레 20:10), "어떤 남자가 유부녀와 동침한 것이 드러나거든 그 동침한 남자와 그 여자를 둘 다 죽여 이스라엘 중에 악을 제할지니라"(레 22:22) 이때 만일 예수님이 그 여자에게 돌로 치라고 하셨다면 로마의 정권을 거스르게 됩니다. 그때에는 로마의 정권이 유대 민간에게 사형 집행권을 허락하지 않았기 때문입니다. 그리고 예수님이 그 여자에게 돌로 치지 말라고 하셨다면 모세의 율법을 거스른 자라 하여 죄인 취급을 받을 수 밖에 없었습니다. 서기관과 바리새인들은 교묘하게 예수님을 궁지에 빠뜨리려고 시험했습니다. 그들이 이런 문제를 가지고 온 목적은 오직 하나 예수님의 대답에서 꼬투리를 잡기 위해서였습니다.

본문은 이렇게 말씀합니다. "그들이 이렇게 말함은 고발할 조건을 얻고자 하여 예수를 시험함이러라"(6) 로마법에는 간음한 여자를 돌로 치라는 법이 없었기 때문에 만일 예수님께서 모세의 법대로 돌로 치라고 하신다면 로마법을 위반하게 되고 돌로 치지 말라고 하신다면 산헤드린 공의회에 위반이 됩니다. 서기관과 바리새인들이 이 여자를 끌고 온 것은 이 여자에게 돌을 던지기 위해서가 아닙니다. 이들의 숨은 목적은 단지 예수님에게 돌을 던지기 위해서였습니다.

오늘날에도 예수님을 잡으려는 사람들이 많습니다. 예수님을 박해하며 교회를 향하여 돌을 던지려는 사람들이 많습니다. 우리 사회는 돌을 던지려는 사람들이 너무 많습니다. 정치인들이나 경제인들뿐 아니라 심지어 스승과 제자들 사이에도 돌을 던집니다. 하나님의 백성들 사이에도 서로 돌을 던집니다. 그런가 하면 돌을 던지려고 찾아다니는 사람들도 있습니다. 다른 사람의 허물을 들추며 사사건건 문제를 일으켜 정죄하며 돌을 던져 죽이려는 사람들이 우리 주위에 너무 많습니다.

인간의 타락한 성품 안에는 두 가지의 본능이 존재하고 있습니다. 공격 본능과 방어 본능입니다. 그래서 자신이 지은 죄는 대수롭지 않게 여기면서도 다른 사람이 지은 죄에 대해서는 죽어 마땅한 중죄로 만들어 버립니다.

우리는 늘 조심해야 합니다. 누구에게도 함부로 돌을 던져서는 안 됩니다. 다른 사람을 정죄하는 일을 삼가야 합니다. 다른 사람의 잘못을 볼 때 우리는 늘 우리 자신을 먼저 돌아보는 겸손과 지혜가 있어야 합니다.

2. 예수님의 판결은 무엇입니까

그들이 계속 재촉하자 예수님께서 대답하셨습니다. "너희 중에 죄 없는 자가 먼저 돌로 치라"(7)

1) 죄는 돌로 치라고 하셨습니다

예수님의 이 말씀은 율법을 이루는 것입니다. 죄를 지은 이 여자는 돌에 맞아야 합니다. 성경은 결코 죄를 비화하거나 부인하지 않습니다. 예수님은 이 여자의 죄가 돌을 맞아 마땅하다는 사실을 부인하지 않습니다. 죄는 심판을 받아야 하고 죄를 지은 사람은 반드시 그 대가를 치러야 합니다.

구약 성경에도 보면 죄를 지은 사람은 반드시 그 죄의 값을 치러야 했습니다. 소나 양이 아니면 비둘기라도 잡아서 그 피를 흘려 속죄해야만 했습니다. 예수님의 판결은 죄에서 자유로운 인간은 아무도 없다는 말씀입니다. 성경은 말씀합니다. "기록된 바 의인은 없나니 하나도 없으며"(롬 3:10), "모든 사람이 죄를 범하였으매 하나님의 영광에 이르지 못하더니"(롬 3:23) 이 말씀들은 모든 인간은 죄인이란 말입니다.

예수님은 말씀하셨습니다. "또 간음하지 말라 하였다는 것을 너희가 들었으나 나는 너희에게 이르노니 음욕을 품고 여자를 보는 자마다 마음에 이미 간음하였느니라"(마 5:27-28) 성경은 마음에 음욕을 품은 자는 이미 간음했다고 말씀합니다. 이 말씀에서 자유로울 수 있는 사람은 아무도 없습니다. 그러므로 우리 모두는 간음한 경험이 있다고 볼 수 있습니다. 그러므로 주님이 요구하시는 율법대로 한다면 우리는 모두 돌에 맞아 마땅한 죄인들입니다. 돌에 맞아야 할 사람은 바로 우리 자신들입니다. 우리는 돌에 맞아야 할 사람들입니다. 그래서 예수님은 "너희 중에 죄 없는 자가 먼저 돌로 치라"(7)고 말씀하신 것입니다. 이 말씀은 죄를 지은 여자는 돌에 맞아야 마땅하다는 말씀인 동시에 돌을 던질 수 있는 사람의 자격을 요구하시는 말씀이기도 합니다.

2) 죄가 없는 자만이 칠 수 있었습니다

"너희 중에 죄 없는 자가 먼저 돌로 치라 하시고 다시 몸을 굽혀 손가락으로 땅에 쓰시니"(7-8)

죄를 지은 사람은 돌에 맞아야 합니다. 그래야 하나님의 공의를 이루게 됩니다. 그런데 예수님이 요구하신 조건은 죄가 없는 자였습니다. 그래서 우리는 모두 죄인이기 때문에 이 여자에게 돌을 던질 자격이 있는 사람은 아무도 없다는 말입니다. 예수님의 이 말씀은 누구든지 이 여자에게 돌을 던지되 죄가 없는 자만 던지라고 하셨습니다. 예수님이 "너희 중에 죄 없는 자가 먼저 돌로 치라"고 하신 말씀은 이 여자보다 먼저 자기 자신들부터 심판하라는 말씀입니다.

또 이 말씀은 이 여자를 정죄하며 돌을 던지려는 그들은 의로운지 자신을 먼저 살펴본 후에 죄가 없다면 이 여자에게 돌을 던져도 좋다는 말씀입니다. 예수님은 산상 설교에서 이미 말씀하신 바 있습니다. "외식하는 자여 먼저 네 눈 속에서 들보를 빼어라 그 후에야 밝히 보고 형제의 눈 속에서 티를 빼리라"(마 7:5) 이 말씀은 자신들의 잘못은 보지 못하거나 미화시키며 합리화하면서도 다른 사람들의 죄는 너무도 쉽게 정죄하는 사람들에 대한 경고입니다. 예수님은 먼저 자신을 살펴보라고 말씀하십니다. 다른 사람의 죄와 허물을 정죄하기 전에 자신의 허물과 죄를 먼저 해결해야 한다는 말씀입니다. 예수님은 우리에게 "너희도 서로 사랑하라"(13:34)는 새 계명을 주셨습니다.

죄는 돌에 맞아야 합니다. 죄인도 돌에 맞아야 합니다. 그러나 우리는 다른 사람을 정죄하기 전에 우리 자신이 먼저 돌에 맞아야 할 존재임을 알아야 합니다. 그리고 우리 자신을 살펴본 후에 자신에게 먼저 냉철하게 돌을 던질 수 있어야 합니다. 그래서 예수님은 죄가 없는 자가 먼저 돌로 치라고 하신 것입니다. 그렇다면 이 여자에게 돌을 던질 수 있는 사람은 아무도 없다는 말이 됩니다. 그러므로 우리는 함부로 다른 사람을 정죄하거나 비난하면 안 됩니다. 먼저 자신을 냉철하게 살펴보는 신중함과 자신을 낮추는 겸손함이 있어야 합니다. 이 여자를 향해서 돌을 던질 수 있는 사람은 아무도 없습니다.

여기서 관심을 끄는 부분은 이 긴장된 순간에 예수님은 몸을 굽혀 땅에 글을 쓰셨습니다. 예수님께서 어떤 내용의 글을 쓰셨는지 정확히 알 수는 없습니다. 어떤 사람은 거기에 왔던 서기관과 바리새인들의 이름이었을 것이라고 합니다. 그들의 이름을 땅에 쓰신 목적은 그 이름의 주인공들이 생명책에는 기록되지 않았다는 것을 증명하기 위해서라고 추측을 합니다. 또 다른 학자들은 아마도 예수님께서 돌을 들고 있는 자들의 죄목을 쓰셨을 것이라고 추측하기도 합니다. 그러나 다 추측일 뿐 정확한 것은 알 수 없습니다.

"너희 중에 죄 없는 자가 먼저 돌로 치라"는 예수님의 말씀을 들은 그들의 반응은 어떻게 나타났습니까?

3) 양심에 가책을 느껴 다 물러갔습니다

"그들이 이 말씀을 듣고 양심에 가책을 느껴 어른으로 시작하여 젊은이까지 하나씩 하나씩 나가고 오직 예수와 그 가운데 섰는 여자만 남았더라"(9)

거기에 모인 모두가 양심에 가책을 느꼈습니다. 자신들이 죄인임을 알았기 때문입니다. 우리는 모두 죄인임을 인정합니다. 이 무리가 물러가게 된 원인은 예수님께서 하신 말씀뿐만 아니라 땅에 기록하신 글에도 있을 것으로 보는 사람도 있습니다. 그들은 예수님이 땅에 기록하신 말씀을 읽었으나 항복하지 못하고 부끄러워 그 자리를 떠날 수밖에 없었다고 합니다. 그러나 성경은 양심에 가책을 느껴 그 자리를 떠났다고 말씀합니다. 그들은 양심에 가책을 느껴 한 명씩 그 자리를 떠났습니다. 그들은 예수님의 말씀에 감동을 받아 물러간 것이 아니라 마지못해 양심에 가책을 느껴 슬며시 그 자리를 빠져 나갔다는 것을 알 수 있습니다. 그들은 머뭇거리다가 예수님의 말씀에 도저히 책잡을 수가 없어서 어정쩡하게 그 자리를 떠났음을 알 수 있습니다.

분명한 것은 자신들의 양심을 찌른 주님의 말씀의 권위 앞에서 그들은 아무 저항도 하지 못하고 모두 그 자리를 떠났다는 사실입니다.

죄가 없는 자는 아무도 없습니다. 그러므로 우리에게는 다른 사람을 정죄할 자격이 없습니다. 먼저 우리 자신을 살펴본다면 다른 사람을 정죄하기 전에 나 자신이 떳떳하지 못해 양심에 가책을 느낄 수밖에 없습니다.

3. 예수님은 용서하셨습니다

예수님의 판결은 용서와 권면이었습니다.

1) 죄인을 용서하셨습니다

"예수께서 일어나사 여자 외에 아무도 없는 것을 보시고 이르시되 여자여 너를 고발하던 그들이 어디 있느냐 너를 정죄한 자가 없느냐 대답하되 주여 없나이다 예수께서 이르시되 나도 너를 정죄하지 아니하노니 가서 다시는 죄를 범하지 말라 하시니라"(10-11)

예수님의 이 말씀은 그 여자의 죄과를 가볍게 보신다는 의미가 아닙니다. 스스로 재판장이 되어 다른 사람을 정죄하는 인간들의 월권행위를 지적하시는 동시에 먼저 자신을 돌아보라는 말씀입니다. 그리고 이 여자에게는 용서를 선포하셨습니다. 이 여자를 고발한 사람들이 다 떠난 후에 예수님은 "나도 너를 정죄하지 아니하노라"고 선포하셨습니다. 예수님도 그 여자를 용서하신다는 말씀입니다.

그러면 도대체 예수님은 누구이시기에 이런 선언을 하실 수 있습니까? 마가복음 2장에 보면 네 명의 친구에 의해 들것에 실리어 예수님 앞에 나온 중풍병자에게 예수님께서 "네 죄 사함을 받았느니라"(막 2:9)고 선언하실 때 거기에 있던 서기관들의 반응이 어떠했습니까? "이 사람이 어찌 이렇게 말하는가 신성모독이로다 오직 하나님 한 분 외에는 누가 능히 죄를 사하겠느냐"(막 2:7) 그들의 말이 틀린 것이 아닙니다. 그러나 그들이 몰랐던 것이 하나 있습니다. 그들은 예수님이 바로 하나님이시라는 사실을 몰랐습니다. 사실 사도 요한이 요한복음에서 증언하려고 하는 핵심 선언이 바로 예수님의 신성, 곧 예수님이 하나님이라는 사실입니다.

요한복음에 보면 예수님은 유달리 '내가' 라는 말을 자주 사용하셨습니다. 성경학자들은 이 표현은 바로 하나님이신 예수님의 자기 계시 선언이었다고 말합니다. 예수님은 지금 하나님으로서 이 여자에게 용서를 선언하시는 것입니다. 예수님은 하나님이시므로 우리의 죄를 용서해 주실 수 있는 권위와 권세가 있으십니다. 예수님은 우리의 모든 죄를 다 용서해 주시려고 이 땅에 오셨습니다. 크리스마스는 우리의 죄를 용서해 주시기 위해서 예수님이 인간의 몸을 입고 이 땅에 오신 날입니다. 예수님은 십자가에서 우리의 모든 죄 값을 다 지불하셨습니다. 갈보리 산 십자가에서 우리의 모든 죄를 담당하시고 피를 흘려주셨습니다. 그리고 마지막 순간에 '다 이루었다' 고 말씀하셨습니다. 이 말씀은 우리의 모든 죄 값을 다 치르셨다는 말입니다. 그러므로 주 예수님을 믿는 자는 모든 죄를 용서받습니다. 예수님은 우리의 죄를 용서해 주시려고 이 땅에 오셨습니다. 예수님은 우리의 모든 죄를 용서해 주셨습니다. 어떤 죄를 지어도 예수님 앞에 나와 회개하면 용서받을 수 있습니다. 예수님은 우리에게도 형제의 잘못을 일흔 번의 일곱 번이라도 용서해 주라고 하셨습니다. 예수님을 믿는 자는 모든 죄를 용서받습니다.

아르헨티나 출신의 후안 카를로스 오르티즈 목사님의 「율법의 정신」이란 책에 나오는 이야기입니다. 어느 도시에 매우 가난한 한 아주머니가 슈퍼마켓에서 빵과 우유 값을 계산하고 슈퍼마켓 문을 나서려고 하는데 계산하던 점원이 "아줌마, 그 가방 좀 열어 보세요." 하고 말했습니다. 아주머니는 한사코 그 가방을 열지 않겠다고 우겼으나 경찰 앞에서는 어쩔 수 없었습니다. 아주머니의 가방에서 몇 Kg의 고기가 나왔습니다. 결국 그 아주머니는 경찰서로 후송되어 재판을 받게 되었습니다. 재판관은 그 아주머니를 심문했습니다. "돈을 지불하지 않고 고기를 가져가는 것은 위법인 줄 아시죠? 왜 고기를 훔치게 되었습니까?" 아주머니는 어렵게 입을 열었습니다. "재판관님, 잘못했습니다. 실은 제가 남편에게 버림을 받았습니다. 그리고 저는 집도 없이 다섯 명의 아이를 키우고 있습니다. 우리 아이들이 몇 달 동안 기름진 음식이라곤 한 번도 먹어 보지 못해 고기를 보는 순간 저도 모르게 가방에 넣고 말았습니다. 죄송합니다." 아주머니의 말을 듣고 난 재판관은 한참 동안을 생각하더니 이윽고 입을 열었습니다. "정부는 이 아주머니를 감옥에 보내는 대신 가족이 살기에 적당한 주택을 제공해 주고 연금을 지급해 주십시오."

우리가 여기서 분명히 기억할 것은 고기를 훔친 아주머니가 결코 잘했다는 것이 아닙니다. 고기를 훔친 것은 분명히 범죄행위입니다. 어떠한 상황에서도 남의 것을 훔치는 행위는 정당화될 수 없습니다. 그러나 여기에서 우리가 알아야 할 것은 법보다 위대한 원리가 있다는 것입니다. 그것은 용서와 사랑의 원리입니다. 재판관은 슈퍼마켓 주인이나 경찰관과는 달랐습니다. 슈퍼마켓 주인이나 경찰관은 법조문을 중요시 했습니다. 도둑질한 사람은 벌을 받아야 한다는 법조문을 앞세워 그 아주머니를 재판정에 세웠습니다. 그러나 재판관은 법조문보다 법의 정신을 더 중요하게 여겼습니다. 법에 의하면 도둑질을 한 아주머니를 엄벌에 처해야 하지만 오히려 사랑으로 용서해 주었습니다.

예수님은 서기관과 바리새인들이 이 여자에게 돌을 던지려는 것을 아셨습니다. 물론 죄를 지었으니 돌에 맞아야 합니다. 그러나 예수님은 이 여자에게 율법보다 더 큰 위대한 원리, 즉 용서와 사랑을 선포하셨습니다. 법대로 하면 이 여자는 돌에 맞아 죽어 마땅하지만 예수님은 사랑으로 용서하셨습니다.

누구든지 예수님 앞에 나오면 용서받을 수 있습니다. 주님은 어떤 죄인이라도 용서해 주십니다. 우리도 항상 주님 앞에 나아가 회개하여 용서받아야 합니다. 예수님 앞에 나오면 모든 죄를 용서해 주십니다. 예수님은 모든 사람이 주님 앞에 나와 용서받기를 원하십니다.

2) 다시는 죄를 짓지 말라고 하셨습니다

예수님은 이 여자를 용서하시는 동시에 권면하셨습니다. "다시는 죄를 범하지 말라"(11)

예수님은 용서받은 증거로 새로운 삶을 살도록 격려하셨습니다. 죄

사함을 받은 영혼은 새로운 은총의 삶을 살아야 합니다. 새 삶은 빛이 되시는 예수 그리스도를 따르는 것입니다. 이제 그분만 바라보고 그분만 따라가면 됩니다. 빛이신 주님에게서 시선을 떼지 말고 주님만 바라보아야 합니다.

우리는 날마다 주님을 바라보아야 합니다. 그리고 그 빛 안에 머물러야 합니다. 주님 안에 참 기쁨과 은혜가 있습니다.

유명한 화가 렘브란트가 그린 「간음하다 잡혀온 여자」를 보면 한 가운데 엎드린 그 여자에게 밝고 따뜻해 보이는 빛이 둘러 비추고 있습니다. 그 빛은 매우 환하고 따뜻해 보이는 빛입니다. 바로 이 빛 안에서 그녀는 용서를 경험하고 새 인생을 출발할 수 있었습니다. 그리고 이 여자의 삶을 지켜보는 또 다른 용서받은 사람들의 따뜻한 시선과 함께 새 인생의 길을 걸어가게 되었습니다.

우리는 예수님과 동행하는 삶을 살아야 합니다. 예수님 안에 빛이 있고 새로운 삶이 있고 희망이 있습니다. 그러므로 우리는 늘 예수님과 함께 살아야 합니다.

누가복음 15장에 탕자의 비유가 나옵니다. 집을 나갔던 탕자가 다시 집으로 돌아왔을 때의 아버지의 태도가 어떠했습니까? 아버지는 아들의 과거를 일절 묻지 않았습니다. 이 아버지는 집을 나갔다가 다시 돌아온 아들을 아무 말도 하지 않고 받아 주셨습니다. 그리고 사랑으로 품어 주셨습니다.

이 아버지의 모습이 바로 우리 하나님의 모습입니다. 하나님은 정죄의 원리가 아닌 사랑으로 우리를 대해 주십니다. 법대로 하면 모든 인류는 멸망당할 수밖에 없지만 하나님은 법의 원리가 아닌 사랑의 원리로 죄인인 우리를 대해 주셨습니다. 그래서 예수 그리스도를 우리에게 보내어 주셨습니다. 우리 죄를 위하여 십자가를 지신 예수님 안에서 용서받은 우리는 그 사랑에 힘입어 예배드리고 찬양하고 기도할 수 있게 되었습니다.

예수님은 우리의 모든 죄를 용서하셨습니다. 그러므로 죄를 용서받은 우리는 예수님만 바라보고 예수님과 동행하는 삶을 살아야 합니다.

1990년대 초에 한 일본 사람이 사업에 실패를 하자 미국으로 건너가 샌프란시스코의 교외에서 장미농장을 하게 되었습니다. 그런데 바로 그 옆집에는 스위스에서 이민을 온 사람이 있었는데 그 사람도 역시 장미농장을 하고 있었습니다. 두 가정은 매우 가까워졌습니다. 스위스에서 온 이 사람은 그리스도인이었습니다. 이들은 서로 가까이에 살면서 자주 대화하는 가운데 전도를 했습니다. 그때마다 일본 사람은 조용히 미소만 지었습니다. 그러나 이 두 가정은 아주 절친하여 일주일에 두세 차례씩 함께 샌프란시스코 시내에 가서 장미를 팔곤 했습니다. 농장 일은 아주 잘 되었습니다. 그런데 1941년 12월 7일, 일본이 진주만을 공격하면서 문제가 발생했습니다. 미국 정부는 국내에 거주하면서 미국인으로 귀화하지 않은 일본인들을 수용소에 수용하는 정책을 발표했습니다. 이 일본인은 아직 미국인으로 귀화하지 않은 상태였기 때문에 결국 콜로라도에 있는 수용소로 갈 수밖에 없었습니다. 일본에서 사업에 실패한 후 미국으로 와서 고생한 끝에 모처럼 성공한 이 농장을 두고 떠나게 되었으니 마음이 이루 말할 수 없이 아팠습니다. 이때 이웃에 살던 스위스 사람이 이렇게 말했습니다. "당신이 떠나 있을 동안 내가 농장을 잘 돌봐 줄테니 걱정하지 말아요." 참으로 감사한 일이었습니다. 그러나 일본 사람은 겉으로는 "감사합니다. 감사합니다." 하면서도 속으로는 "내가 가면 정말 도와줄까?" 하고 의심을 했습니다. 스위스 사람이 그 마음을 알았는지 "걱정하지 마세요. 나를 믿을 수 없다면 내가 믿는 하나님을 믿으세요. 그러니 안심하고 떠나세요." 하고 말했습니다. 그가 수용소에서 2년 남짓 보내는 동안에 전쟁이 끝나 드디어 그리던 집으로 돌아오게 되었습니다. 그는 기차를 타고 샌프란시스코 역에 도착했습니다. 그런데 이웃에 살던 그 스위스 사람이 큰 플래카드를 들고 환영을 나왔습니다. "Welcome back home!" 그리고 집에 와서 보니 농장은 자신이 가꿀 때보다 더 아름답고 깨끗하게 잘 관리되어 있었고 아름다운 장미꽃들은 화사하게 피어 반기고 있었습니다. 이 놀라운 광경을 보면서 자신의 눈을 믿을 수가 없었습니다. 부엌으로 들어가 보니 그곳에는 장미 한 송이가 놓여 있었고 그 옆에 무엇인가가 있었습니다. 농장에서 나온 수익금을 예금해 놓은 통장과 그 옆에 조그마한 카드 하나가 놓여 있었는데 거기에는 이런 글이 적혀 있었습니다. "God loves you.(하나님은 당신을 사랑하십니다.)", "You could start again.(당신은 다시 시작할 수 있습니다.)" 그 글을 읽는 순간 그는 무릎을 꿇고 고백했습니다. "당신의 하나님을 나의 하나님으로 믿고 싶습니다." 마침내 그는 주님께로 돌아와 새로운 인생을 살게 되었습니다.

예수님은 죄 없는 자가 먼저 돌로 치라고 말씀하셨습니다. 예수님은 죄를 미워하시기 때문입니다. 그러나 우리 주님은 누구라도 어떤 죄를 지었더라도 예수님 앞에 나오면 모든 죄를 용서해 주십니다. 우리는 죄인들을 향해 돌을 너무 잘 던집니다. 우리 모두는 날마다 죄를 용서받아야 합니다. 그리고 우리도 예수님 안에서 서로 용서하며 사랑하며 살아야 합니다. 아멘.

12예수께서 또 말씀하여 이르시되 나는 세상의 빛이니 나를 따르는 자는 어
둠에 다니지 아니하고 생명의 빛을 얻으리라 13바리새인들이 이르되 네가 너
를 위하여 증언하니 네 증언은 참되지 아니하도다 14예수께서 대답하여 이르
시되 내가 나를 위하여 증언하여도 내 증언이 참되니 나는 내가 어디서 오
며 어디로 가는 것을 알거니와 너희는 내가 어디서 오며 어디로 가는 것을
알지 못하느니라 15너희는 육체를 따라 판단하나 나는 아무도 판단하지 아니
하노라 16만일 내가 판단하여도 내 판단이 참되니 이는 내가 혼자 있는 것이
아니요 나를 보내신 이가 나와 함께 계심이라 17너희 율법에도 두 사람의 증
언이 참되다 기록되었으니 18내가 나를 위하여 증언하는 자가 되고 나를 보
내신 아버지도 나를 위하여 증언하시느니라 19이에 그들이 묻되 네 아버지가
어디 있느냐 예수께서 대답하시되 너희는 나를 알지 못하고 내 아버지도 알
지 못하는도다 나를 알았더라면 내 아버지도 알았으리라 20이 말씀은 성전에
서 가르치실 때에 헌금함 앞에서 하셨으나 잡는 사람이 없으니 이는 그의
때가 아직 이르지 아니하였음이러라

(요한복음 8:12-20)

26

세상의 빛이신 예수 그리스도

영국 왕실에 종사하며 경축시(慶祝詩) 등을 지어 특별한 대우를 받는 명예 시인을 계관시인(桂冠詩人)이라고 합니다. 알프레드 테니슨(Alfred Tennyson, 1st Baron Tennyson)은 빅토리아 시대에 영국의

계관시인이었습니다. 어느 날 계관시인의 작위를 받은 초대 테니슨 남작이 친구와 함께 정원을 거닐며 대화를 하게 되었습니다. 친구가 테니슨에게 진지하게 물었습니다. "자네는 예수 그리스도를 어떻게 생각하나?" 시인이었던 테니슨은 한참을 말없이 걷다가 아름다운 꽃 앞에 서더니 마침내 입을 열었습니다. "이보게, 나에게 예수 그리스도는 이 꽃과 저 태양과의 관계라고 생각하네. 이 꽃은 태양 빛이 없으면 시들어 죽고 말 것이네. 태양의 빛과 따스함이 없다면 이 꽃은 살 수도 없고 꽃을 피울 수도 없는 것처럼 나는 의의 태양이신 예수 그리스도 그분이 없으면 영원히 죽고 말 것일세."

예수님은 세상의 빛으로 오셨습니다. 참 빛이신 예수 그리스도는 우리에게 풍성한 생명을 주십니다. 정죄와 심판 대신에 사랑과 구원을 주십니다. 그래서 성경은 말씀합니다. "하나님이 세상을 이처럼 사랑하사 독생자를 주셨으니 이는 그를 믿는 자마다 멸망하지 않고 영생을 얻게 하려 하심이라"(3:16)

예수님은 참 빛이십니다. 예수님은 의의 태양이십니다. 그리고 참 빛이신 예수 그리스도를 믿으면 멸망치 않고 참 생명을 얻게 됩니다. 의의 태양이신 예수 그리스도를 믿으면 사도 바울처럼 새롭고 풍성한 삶을 살게 될 것입니다.

1. 예수님을 따르는 자는 생명의 빛을 얻습니다

예수 그리스도는 세상의 빛이십니다. "나는 세상의 빛이니 나를 따

르는 자는 어둠에 다니지 아니하고 생명의 빛을 얻으리라"(12)

1) 생명의 빛이십니다

지구상의 모든 생명체들이 생명을 유지하는 데 필요한 에너지원은 태양입니다. 태양 때문에 이 지구상에 그 무수한 생명들이 살아가고 있다는 말입니다. 태양은 매 초마다 500만 톤의 수소 핵들이 헬륨으로 바뀌는 핵융합반응 과정을 통해서 엄청난 에너지를 만들어내고 있습니다. 그 중에 극히 일부분인 170조 Kw의 에너지가 우리가 살고 있는 지구로 전달된다고 합니다. 이 에너지가 식물의 광합성작용을 통해서 모든 생명체의 생명을 유지·보존하는데 필요한 에너지로 쓰이고 있습니다. 그런데 지구상의 모든 생명의 원천이 되는 태양이 그 에너지를 지구로 전달할 때 사용되는 것이 바로 빛입니다. 빛이 그 소중한 태양 에너지를 지구까지 전달해 줍니다. 그러니까 빛이 없다면 태양 에너지를 이 지구까지 전달할 수 없어 이 지구상에는 어떤 생명체도 생존할 수 없다는 말입니다. 그래서 우리는 빛을 '생명의 빛' 이라고 하는 것입니다.

그런데 성경은 예수님을 빛이라고 말씀하셨습니다. 예수 그리스도는 우리에게 생명을 주시는 분이기 때문입니다. "여호와 하나님이 땅의 흙으로 사람을 지으시고 생기를 그 코에 불어넣으시니 사람이 생령이 되니라"(창 2:7) 예수 그리스도는 우리에게 생물학적 생명을 주신 빛이십니다.

우리는 하나님의 도우심이 없이는 이 세상을 살아갈 수 없습니다. 우리에게 생명을 주신 생명의 빛이신 예수 그리스도의 도움이 없이는 아무 것도 할 수 없습니다. 동시에 예수님은 우리의 영을 살리는 빛이 되십니다. 예수님은 말씀하십니다. "나는 부활이요 생명이니 나를 믿는 자는 죽어도 살겠고 무릇 살아서 나를 믿는 자는 영원히 죽지 아니하리니"(11:25-26)

우리 인생의 생물학적 생명은 죽음으로 끝이 납니다. 그러나 영적인 생명은 죽음 이후에도 부활로 이어져 영생하게 됩니다. 마치 빛이 태양 에너지를 이 세상 만물에게 전달해 주는 것처럼 예수 그리스도는 하나님께로부터 임하는 영적인 에너지를 우리에게로 전달해 주십니다. 빛이 없이는 에너지가 공급되지 않아 세상에 생명체가 존재할 수 없는 것처럼 빛이신 예수 그리스도가 계시지 않는다면 우리의 영적 생명은 더 이상 유지될 수 없습니다. 그러므로 예수님은 우리의 생명줄이 되십니다. 예수님을 영접한 사람마다 영적 생명이 살아나 풍성하게 됩니다. 예수님은 말씀하셨습니다. "하나님이 세상을 이처럼 사랑하사 독생자를 주셨으니 이는 그를 믿는 자마다 멸망하지 않고 영생을 얻게 하려 하심이라"(3:16)

예수님을 믿으면 영생을 얻게 됩니다. 다시 살아난 이 영적 생명이 영원토록 이어지는 영생이 됩니다. 그러므로 우리는 늘 생명의 빛이신 예수님을 바라보고 그 예수님을 전적으로 믿고 따르며 순종해야 합니다.

2) 빛이신 예수님을 따라야 어둠에 다니지 않습니다

예수님은 말씀하셨습니다. "나를 따르는 자는 어둠에 다니지 아니하고 생명의 빛을 얻으리라"(12)

이 세상은 어둠이 지배하는 세상입니다. 많은 사람들이 어둠의 세상에서 살아가고 있습니다. 죄악의 어둠의 세력이 너무 강하여 어둠 속에서 빛을 찾지 못하고 살아갑니다. 그러나 빛이신 예수 그리스도를 따르면 더 이상 어둠에 다니지 않고 빛이신 예수님과 함께 살아갈 수 있습니다. 그러므로 우리는 빛이신 예수 그리스도를 바라보며 빛 가운데로 걸어가는 삶을 살아야 합니다.

우리가 이 세상의 사물을 보려면 빛이 있어야 합니다. 빛이 없는 어둠 속에서는 사물을 제대로 볼 수가 없습니다. 빛이 없는 캄캄한 밤에는 아무 것도 볼 수 없습니다. 그러나 불을 켜면 모든 것이 눈에 들어옵니다. 마찬가지로 예수 그리스도를 영접하여 우리 마음에 그분이 들어오시면 모든 것이 깨달아집니다. 하나님께서 나를 창조하셨다는 것과 죽음 후에는 천국이 있다는 것과 어떤 삶이 바른 삶인지를 깨닫게 됩니다. 그러므로 진리를 보려면 우리 마음에 빛이 비춰져야 합니다. 이 빛이 없으면 우리 마음의 눈이 결코 진리를 볼 수 없기 때문입니다. 그러므로 빛이신 예수 그리스도께서 우리 마음에 들어오시면 우리가 진리를 볼 수 있는 눈이 뜨이게 됩니다.

예수 그리스도는 생명의 빛이 되시고 진리의 빛이 되십니다. 그러므로 예수 그리스도를 영접하면 그분이 우리에게 진리에 대해 눈을 뜨게 만들어 주십니다. 그 진리가 우리로 하여금 참 자유를 누리게 합니다. 그때 우리는 능력 있는 풍성한 삶을 살아갈 수 있습니다. 예수님은 말씀하셨습니다. "나는 생명의 떡이니 내게 오는 자는 결코 주리지 아니할 터이요 나를 믿는 자는 영원히 목마르지 아니하리라"(6:35)

예수님을 잘 믿는 사람은 영적 생명을 풍성하게 누리게 됩니다. 예수님을 온전히 바라보지 않으면 생명의 빛이신 예수님으로부터 충분한 에너지를 공급받을 수 없습니다. 그러면 힘이 없어 능력 있는 삶을 살 수가 없습니다. 그러므로 우리는 빛이신 예수 그리스도를 늘 바라보고 늘 의지해야 합니다. 그분의 말씀을 늘 받아먹어야 합니다. 그때 생명의 빛이신 예수 그리스도로부터 에너지를 공급받아 힘을 얻어 능력 있는 삶을 살아갈 수 있습니다.

우리는 생명의 빛이신 예수 그리스도를 늘 바라보고 믿고 의지함으로써 예수님이 주시는 능력과 에너지로 힘차게 살아가야 합니다.

2. 예수님의 증언은 참됩니다

바리새인들은 예수님의 증언을 믿지 못했습니다. "바리새인들이 이르되 네가 너를 위하여 증언하니 네 증언은 참되지 아니하도다"(13)

바리새인들은 빛의 자증성을 몰랐습니다. 예수님은 다른 사람들의 증언이 필요 없으신 분입니다. 빛이신 예수님은 다른 어떤 증거도 필요로 하지 않으시며 직접 자체의 밝음을 나타내심으로써 스스로 빛이심을 증언하시는 분입니다. 예수님은 분명히 참된 증언을 하셨습니다. "내가 나를 위하여 증언하여도 내 증언이 참되니 나는 내가 어디서 오며 어디로 가는 것을 알거니와 너희는 내가 어디서 오며 어디로 가는 것을 알지 못하느니라"(14)

예수님은 세상 사람들이 알지 못하는 높은 진리이시며 생명이십니다. 예수님은 친히 자신을 증거하심으로 스스로를 나타내셨습니다.

예수님은 어디서 오셨다가 어디로 가시는지를 스스로 아시는 분입니다. 그러나 바리새인들은 자신들이 어디서 왔다가 어디로 가는지를 몰랐습니다. 바리새인들은 육체로 판단했기 때문입니다. 예수님은 말씀하셨습니다. "너희는 육체를 따라 판단하나 나는 아무도 판단하지 아니하노라"(15) 바리새인들은 사람을 외모, 즉 육체로 판단했습니다. 그러나 예수님은 아무도 판단하지 않는다고 하셨습니다. 예수님은 우리를 구원하시기 위하여 오셨기 때문에 판단하지 않으십니다.

예수님 앞에서는 우리는 모두 죄인입니다. 예수님은 우리를 죄악에서 구원하시려고 오신 분입니다. 예수님은 말씀하십니다. "만일 내가 판단하여도 내 판단이 참되니 이는 내가 혼자 있는 것이 아니요 나를 보내신 이가 나와 함께 계심이라"(16) 이 말씀은 예수님께서 자신을 판단하시는 것을 가리키는 말입니다. 이처럼 예수님께서 자신을 스스로 판단하시고 증거하실지라도 그 증거는 참되다고 하십니다. 그 이유는 예수님의 증거는 그분을 보내신 하나님 아버지께서 함께 하시기 때문입니다. 하나님 아버지께서 예수님과 함께 하시기 때문에 예수 그리스도의 증언이 참되다는 말씀입니다.

예수님은 계속 증언하십니다. "너희 율법에도 두 사람의 증언이 참되다 기록되었으니 내가 나를 위하여 증언하는 자가 되고 나를 보내신 아버지도 나를 위하여 증언하시느니라"(17-18) 예수님은 자신을 위한 증인이 두 분인 사실을 유대인의 율법에 근거하여 말씀하셨습니다. 유대인의 율법에는 두 명의 증인을 요구합니다. 그러므로 예수님은 자신과 예수님을 보내신 하나님 아버지께서 증언하시므로 두 분의 증인을 다 갖추었다는 말씀입니다.

요한복음에 나오는 증인이란 친히 보고 들은 사실을 증거하는 사람을 가리킵니다. 예수님의 증인은 성부 하나님과 성령 하나님이십니다. 그러므로 예수님의 증언은 참되십니다. 그 어느 누구도 부인할 수 없는 가장 확실한 증인이 되십니다. 따라서 예수님의 증언은 다 참된 증언이 됩니다. 그러나 바리새인들은 하나님 아버지도 몰랐고 예수님도 몰랐습니다. 그래서 반문합니다. "네 아버지가 어디 있느냐"(19) 그들은 하나님 아버지를 몰랐기 때문에 예수님의 증언을 믿을 수가 없었습니다. 그러자 예수님께서 다시 말씀하셨습니다. "너희는 나를 알지 못하고 내 아버지도 알지 못하는도다 나를 알았더라면 내 아버지도 알았으리라"(19) 바리새인들은 예수님의 아버지, 곧 참 하나님을 몰랐기 때문에 "네 아버지가 어디 있느냐"고 질문한 것입니다.

그들이 하나님 아버지를 몰랐던 것은 그들이 예수님을 알지 못하고 믿지 못했기 때문입니다. 그래서 예수님을 본 자는 아버지를 보았다고 말씀하셨습니다. 예수님을 아는 사람은 하나님 아버지를 알고 천국과 영생과 구원을 압니다. 그러나 예수님을 모르면 아버지 하나님을 모르기 때문에 천국도 구원도 영생도 알 수가 없습니다. 예수님을 알고 예수님을 믿으면 하나님 아버지를 알게 되고 천국과 영생을 알게 됩니다. 예수님은 말씀하셨습니다. "내가 곧 길이요 진리요 생명이니 나로 말미암지 않고는 아버지께로 올 자가 없느니라"(14:6) 예수님은 우리가 구원받을 수 있는 유일한 길이요 진리요 생명이 되십니다. 그러므로 예수님을 바로 알고 온전히 믿어야 합니다. 왜냐하면 예수님의 증언은 참되시기 때문입니다.

우리는 참 빛이신 예수님 안에서 영원한 생명과 천국의 소망을 가지고 빛이신 주님을 항상 바라보며 주님이 주시는 에너지로 빛 가운데서 살아가야 합니다.

3. 우리를 빛으로 인도하시는 참 빛이신 예수님을 따라가야 합니다

예수님은 말씀하십니다. "나는 세상의 빛이니 나를 따르는 자는 어둠에 다니지 아니하고 생명의 빛을 얻으리라"(12)

우리가 사는 세상은 죄악으로 어둡습니다. 그 길로 가다가는 넘어지고 멸망할 수밖에 없습니다. 그러므로 우리는 우리를 빛으로 인도하시는 빛이신 예수님을 따라가야 합니다. 캄캄한 밤중에 길을 갈 때 등불이 있으면 쉽게 갈 수 있습니다. 우리 교역자들이 산기도를 갈 때 달빛이 환하게 비칠 때는 앞이 잘 보이지만 달빛이 없을 때는 어두워 손전등을 가지고 갑니다. 손전등을 켜서 비추면 아무리 어두워도 길이 잘 보이기 때문입니다. 돌부리에 걸리거나 웅덩이에 빠지지 않으려면 불빛이 필요합니다. 불빛을 따라 걸으면 안전하게 갈 수 있기 때문입니다.

밤에 비행기가 착륙하려고 하면 수천 개의 유도등이 공항 활주로를 밝혀 줍니다. 캄캄한 밤에 공중에서 내려다보면 장관을 이룹니다. 이 유도등을 설치한 목적은 비행기를 안전하게 착륙시키기 위해서입니다. 기장은 비행기를 착륙시키려고 할 때 유도등을 따라 방향을 정하여 목표 지점에 착륙하게 됩니다. 여기에서 유도등의 불빛은 승객들을 안전한 여행으로 인도하는 역할을 합니다.

빛이신 예수님은 우리 인생의 길을 밝혀주시고 인도해 주십니다.

이스라엘 백성들이 광야에서 40년간 생활할 때 그들은 갈 길을 알지 못했습니다. 또한 적군들을 이길 힘도 없었고 먹을 양식도 없었습니다. 오직 그들을 인도하시는 하나님만 바라보고 따라갈 수밖에 없었습니다. 하나님은 항상 그의 백성들과 함께 하셨습니다. 그 증거는 바로 구름기둥과 불기둥입니다. 그들은 항상 구름기둥과 불기둥을 따라 움직였습니다. 그것이 백성들의 진 위에 멈추면 행군을 멈추었습니다. 그리고 몇 날이든 몇 달이든 무작정 기다렸습니다. 그러다가 그것이 움직이면 그들도 전진했습니다. 성경에는 이 장면을 이렇게 묘사하고 있습니다. "여호와께서 그들 앞에서 가시며 낮에는 구름기둥으로 그들의 길을 인도하시고 밤에는 불기둥을 그들에게 비추사 낮이나 밤이나 진행하게 하시니 낮에는 구름기둥 밤에는 불기둥이 백성 앞에서 떠나지 아니하니라"(출 13:21-22) 여기에 우리 인생의 해답이 있습니다. 이스라엘 백성들이 40년간의 광야 생활을 불기둥과 구름기둥을 따라 움직였던 것처럼 우리의 인생 여행의 비결은 세상의 빛으로 오신 예수 그리스도를 따르는 것입니다.

주님은 광야와 같은 이 세상에서 항상 우리와 동행하심으로 우리의 진정한 인도자가 되어 주십니다. 우리가 살면서 어느 직장을 택할 것이며 어떤 사업을 할 것인지를 결정하려고 할 때 주님의 인도하심을 받아야 합니다. 누구와 결혼을 할 것인지 어느 대학에 갈 것인지 우리는 잘 모르지만 주님은 다 아시고 우리를 인도해 주십니다. 그러므로 우리는 우리를 빛으로 인도하시는 예수님을 의지해야 합니다.

범사에 주님과 의논함으로 주님의 인도하심을 받아야 합니다. 모든 삶의 주권을 주님 앞에 내려놓고 참 빛이신 주님을 의지해야 합니다. 그러면 주님은 우리를 가장 선한 길로 인도하실 것입니다. 빛이신 예수님은 우리 인생길을 반드시 복된 길로 인도해 주십니다.

한국 최초의 맹인 박사가 된 강영우 박사님은 어렸을 때 축구공에 눈을 맞아 망막이 떨어지는 바람에 전혀 앞을 볼 수 없게 되었습니다. 2년 동안 입원하여 시력을 회복시켜 보려고 노력했지만 현대 의학으로는 불가능하다는 실명 선고를 받았을 때 어린 강영우 박사는 하늘이 무너지고 땅이 가라앉는 것 같았습니다. 맹인으로 살면서 다른 사람들에게 짐이나 되고 인간 구실도 제대로 못할 바에야 차라리 죽는 것이 나을 것이란 생각에 자살을 시도한 적도 있었습니다. 가정은 매우 가난하여 고픈 배를 움켜지고 캄캄하고 지루한 밤을 지새우며 수없이 울부짖기도 했습니다. 그러나 그는 선한 목자이신 하나님의 놀라우신 은혜로 서울맹학교를 졸업하고 연세대 교육학과에 입학한 후 문과대학에서 전체 차석으로 졸업하게 되었습니다. 그때까지 참 빛으로 인도하신 주님은 그 후로도 계속해서 그의 삶을 인도해 주셨습니다. 결혼 후 한국 장애인 최초로 정규 유학생이 되어 미국에 도착한 후 3년 8개월 만에 피츠버그 대학에서 교육학 석사, 심리학 석사, 교육 전공 철학박사 학위를 취득했습니다. 그리고 조지 부시 대통령(G. W. Bush)의 종교 및 사회봉사 분야 자문위원으로 임명되기도 했습니다. 또 실명과 언어의 이중 장애에도 불구하고 미국 12만 명 중 1명 꼴로 오르는 미국명사 인명사전(Who's who in America)은 물론 세계명사사전(Who's who in the world)에도 약력이 수록되는 저명

인사가 되었습니다. 1983년에 출간한 「빛은 내 가슴에」는 일본어와 스페인어 등의 여섯 개 나라의 말로 번역되어 출간되었습니다.

20세기의 가장 위대한 종교 지도자 중 한 분이시며 적극적 사고방식으로 널리 알려진 노만 빈센트 필 박사는 강영우 박사의 「빛은 내 가슴에」를 읽은 후 이렇게 말했습니다. "강 박사, 당신의 생애를 알고도 신의 존재를 부정할 사람은 아무도 없을 것입니다. 당신은 이 시대가 필요로 하는 그리스도의 위대한 산 증인입니다." 이렇게 참 빛이신 주님은 장님이 된 어린 강영우를 인도하셨습니다.

우리 하나님은 그의 사랑하는 백성들을 빛으로 인도하십니다. 그러므로 우리는 늘 빛이신 주님을 만나 그분으로부터 빛을 받아야 합니다. 우리가 햇빛을 많이 받으면 몸에 열이 나서 뜨거워집니다. 우리도 생명의 빛이신 예수님의 빛을 많이 받아야 합니다. 그래야 힘이 나고 마음에 기쁨이 있으며 은혜로운 생활을 할 수 있습니다. 또 영적으로 충만하게 되어 건강도 좋아집니다. 우리는 빛을 받을 시간을 만들어야 합니다. 예배생활을 열심히 해야 합니다. 공예배를 비롯하여 가정예배도 열심히 드려야 합니다. 기도생활도 열심히 해야 합니다. 새벽기도생활로 새벽부터 빛이신 주님의 에너지를 받아야 합니다. 중보기도 시간을 통해서도 능력을 받아야 합니다. 말씀을 읽고 듣고 배움으로써 빛이신 주님으로부터 영적 에너지를 충전해야 합니다.

엘리자 에드먼즈 히윗(E. E. Hewitt)은 미국의 저명한 여류 작가였습니다. 그런데 그녀가 37세 되던 겨울에 불의의 사고로 척추를 다쳐 수개월 동안 꼼짝도 하지 못한 채 병상에 누워 있어야만 했습니다. 그러던 어느 날 태양 아래에서 만물이 소생하고 있는 것을 목격한 그녀에게 소망이 찾아 왔습니다. 자신에게서 소망을 발견한 그녀는 감격하여 시를 쓰기 시작했습니다. 그 시가 바로 찬송가 428장입니다.

내 영혼에 햇빛 비치니 주 영광 찬란해
이 세상 어떤 빛보다 이 빛 더 빛나네
주의 영광 빛난 광채 내게 비춰 주시옵소서
그 밝은 얼굴 뵈올 때 나의 영혼 기쁘다

4절에서는 더욱 더 감격에 겨운 고백을 합니다.

내 영혼에 희락이 있고 큰 소망 넘치네
주 예수 복을 주시고 또 내려 주시네
주의 영광 빛난 광채 내게 비춰 주시옵소서
그 밝은 얼굴 뵈올 때 나의 영혼 기쁘다

예수님은 많은 사람을 살리는 생명의 빛이십니다. 예수님은 빛으로 우리에게 풍성한 삶을 살게 하십니다. 빛이신 주님 안에 있으면 어둠은 사라집니다. 우리 모두 빛이신 주님을 바라보고 의지함으로 영적 에너지를 공급받아 빛 가운데서 힘차게 살아갑시다. 아멘.

[21]다시 이르시되 내가 가리니 너희가 나를 찾다가 너희 죄 가운데서 죽겠고
내가 가는 곳에는 너희가 오지 못하리라 [22]유대인들이 이르되 그가 말하기를
내가 가는 곳에는 너희가 오지 못하리라 하니 그가 자결하려는가 [23]예수께서
이르시되 너희는 아래에서 났고 나는 위에서 났으며 너희는 이 세상에 속하
였고 나는 이 세상에 속하지 아니하였느니라 [24]그러므로 내가 너희에게 말하
기를 너희가 너희 죄 가운데서 죽으리라 하였노라 너희가 만일 내가 그인
줄 믿지 아니하면 너희 죄 가운데서 죽으리라 [25]그들이 말하되 네가 누구냐
예수께서 이르시되 나는 처음부터 너희에게 말하여 온 자니라 [26]내가 너희에
게 대하여 말하고 판단할 것이 많으나 나를 보내신 이가 참되시매 내가 그
에게 들은 그것을 세상에 말하노라 하시되 [27]그들은 아버지를 가리켜 말씀하
신 줄을 깨닫지 못하더라 [28]이에 예수께서 이르시되 너희가 인자를 든 후에
내가 그인 줄을 알고 또 내가 스스로 아무 것도 하지 아니하고 오직 아버지
께서 가르치신 대로 이런 것을 말하는 줄도 알리라 [29]나를 보내신 이가 나와
함께 하시도다 나는 항상 그가 기뻐하시는 일을 행하므로 나를 혼자 두지
아니하셨느니라 [30]이 말씀을 하시매 많은 사람이 믿더라

(요한복음 8:21-30)

27

내가 가는 곳

인생이라면 누구나 가야 할 곳이 있습니다. 그곳은 우리가 매일 출근하는 직장이나 또는 가정을 말하는 것이 아닙니다. 우리 인생의 삶을 다 마감한 뒤에 모든 사람이 가는 곳을 말합니다.

본문에서 예수님은 가실 곳이 있다고 말씀하셨습니다. 그런데 예수님이 가시는 그곳에 갈 수 있는 사람도 있지만 갈 수 없는 사람도 있습니다. 우리는 예수님이 말씀하시는 "내가 가는 곳", 바로 그곳에 가야 합니다. 예수님이 가시는 곳은 하나님의 나라 천국을 말합니다. 우리는 예수님이 가시는 그곳에 가는 삶을 살아야 합니다.

1. 예수님을 모르면 죄 가운데서 죽습니다

예수님은 늘 자신을 공격하며 죽이려 하고, 또 아무리 말씀을 전해도 믿지 않는 유대인들을 향해 말씀하셨습니다. "내가 가리니 너희가 나를 찾다가 너희 죄 가운데서 죽겠고 내가 가는 곳에는 너희가 오지 못하리라"(21)

불신자들은 예수님을 찾아도 찾지 못하고 죄 가운데 살다가 죽게 됩니다. 물론 예수님이 가시는 곳에 갈 수도 없습니다. 그들도 나름대로 진리를 찾았지만 찾지 못했습니다. 그들은 길이요 진리요 생명이신 예수님의 말씀을 들었지만 믿지 않았습니다. 그러므로 예수님을 통해서만 갈 수 있는 하나님의 나라 천국에 갈 수가 없었습니다. 그래서 예수님은 그들을 향해서 "내가 가는 곳에는 너희가 오지 못하리라"고 말씀하신 것입니다. 예수님을 모르는 사람들은 결국 날마다 죄악 가운데 살다가 죽게 됩니다. 예수님이 없는 죽음은 한 마디로 죄악 가운데 죽게 되므로 예수님이 가신 천국에 들어갈 수 없습니다.

그러나 예수님을 믿는 우리 성도들은 빛이신 예수님과 함께 진리를 좇아 거룩한 삶을 살려고 애쓰며 노력합니다. 연약하여 넘어지고 죄를 짓지만 회개함으로 용서받아 거룩한 성화의 길을 걸어갑니다. 예수님을 모르는 사람들은 죄악 가운데 살다가 죽으므로 천국에 갈 수 없습니다. 그러나 우리는 예수님을 영접하여 그분과 함께 살다가 그분이 계시는 천국으로 갑니다. 예수님은 말씀하셨습니다. "내가 곧 길이요 진리요 생명이니 나로 말미암지 않고는 아버지께로 올 자가 없느니라"(14:6)

천국에 가는 길은 오직 주 예수 그리스도 외에는 없습니다. 그런데 그들은 예수님의 "너희가 나를 찾다가 너희 죄 가운데서 죽겠고 내가 가는 곳에는 너희가 오지 못하리라"(21)고 하신 이 말씀의 의미를 몰랐습니다. 예수님의 말씀을 듣고 있던 유대인들의 반응은 한결 같았습니다. "그가 말하기를 내가 가는 곳에는 너희가 오지 못하리라 하니 그가 자결하려는가"(22) 그들은 예수님이 "내가 가는 곳에는 너희가 오지 못하리라"고 하신 말씀을 자결하려는 것으로 오해했습니다. 이것으로 미루어 보아 그들은 예수님의 영적 가르침을 이해하지 못했음을 알 수 있습니다.

그들은 영적인 말씀에 대한 이해력이 부족하여 말씀의 의미를 제대로 깨닫지를 못했습니다. 똑같은 장소에서 똑같은 말씀을 들어도 어떤 사람들은 잘 알아듣지만 어떤 사람들은 잘 알아듣지 못하는 경우도 있습니다. 그래서 예수님께서 다시 말씀하셨습니다. "너희는 아래에서 났고 나는 위에서 났으며 너희는 이 세상에 속하였고 나는 이 세상에 속하지 아니하였느니라"(23) 이 말씀은 예수님 자신이 천국에서 오셨음을 의미합니다. 반면 예수님을 믿지 않는 유대인들은 이 세상에서 났고 이 세상에 속했다고 말씀하십니다. 다시 말하면 예수님을 알지 못하면 천국에 갈 수 없다는 말씀입니다. 예수님은 더욱 더 분명하게 말씀하십니다. "그러므로 내가 너희에게 말하기를 너희가 너희 죄 가운데서 죽으리라 하였노라 너희가 만일 내가 그인 줄 믿지 아니하면 너희 죄 가운데서 죽으리라"(24) 이 말씀은 예수님을 믿지 아니하면 죄 가운데서 죽어 구원받지 못해 천국에 들어갈 수 없다는 말씀입니다. 예수님을 알지 못하고 믿지 않는 사람들은 구원받을 길이 없습니다. 성경은 말씀합니다. "다른 이로써는 구원을 받을 수 없나니 천하 사람 중에 구원을 받을 만한 다른 이름을 우리에게 주신 일이 없음이라"(행 4:12)

그런데 어떤 사람들은 이렇게 말합니다. "어떤 종교를 믿더라도 구원을 받는다. 결국은 모두 천국에서 만나게 된다." 그럴듯한 말처럼 들리지만 다 거짓입니다. 그들은 또 이렇게 말합니다. "등산을 할 때 길은 여러 갈래이지만 결국은 정상에서 다 만나게 된다. 마찬가지로 불교를 믿든 힌두교를 믿든 이슬람교를 믿든 기독교를 믿든 결국은 모두 구원받아 천국에서 만나게 된다." 이것이 바로 종교다원주의입니다. 그들은 기독교가 유일신을 주장하는 것은 독단적이며 예수 그리스도 외에는 구원받을 길이 없다는 논리는 잘못되었다고 주장합니다.

그러나 이것은 어디까지나 인간적인 생각이요 인본주의적인 말입니다. 만약 어느 종교를 믿더라도 구원을 받는다고 하면 기독교의 주장, 즉 성경의 가르침은 다 거짓이며 위선이 됩니다. 그러나 예수 그리스도만이 우리를 구원하시는 유일한 길이요 진리요 생명이라고 예수님은 분명히 말씀하셨습니다. "내가 곧 길이요 진리요 생명이니 나로 말미암지 않고는 아버지께로 올 자가 없느니라"(14:6) 그러므로 예수 그리스도를 모르고 죄 가운데 살아가는 사람은 죄 가운데서 죽을 수밖에 없습니다. 예수님만이 우리의 구원자가 되십니다. 우리는 예수님을 통해서만 천국에 갈 수 있습니다. 따라서 우리는 예수님을 모르고 죄 가운데 살다가 죄 가운데서 죽게 될 사람들에게 예수 그리스도를 가르쳐 주어야 합니다. 예수님의 말씀을 이해하지 못한 유대인들이 다시 물었습니다.

2. 당신은 누구입니까

그들이 "네가 누구냐"(25)고 묻자 예수님이 답하셨습니다. "나는 처음부터 너희에게 말하여 온 자니라 내가 너희에게 대하여 말하고 판단할 것이 많으나 나를 보내신 이가 참되시매 내가 그에게 들은 그것을 세상에 말하노라"(25-26)

이스라엘 민족은 처음부터 한 인물을 기다려 왔습니다. 당시의 모든 유대인들은 성경에 이미 예언된 바로 그 메시야를 기다렸습니다. 창세기 3장에 보면 하나님은 여자의 후손이 와서 우리 인간을 타락시킨 그 사단의 머리를 깰 것이라고 약속해 주셨습니다. 바로 예수 그리스도께서 이 세상에 오신다는 최초의 예언입니다. 이것을 원시복음이라고 합니다. 유대인들은 그때부터 그분을 기다리기 시작했습니다.

예수님 당시의 유대인들은 그 메시야가 로마의 억압을 깨뜨리고 자기 나라에 독립을 줄 정치적인 영웅일 것으로 생각하고 그런 분이 오시기만을 기다렸습니다. 그러나 성경에서 처음부터 약속된 그분은 그런 정치적인 메시야가 아니었습니다. 그분은 다윗과 같은 장군이 아니었습니다. 그렇다면 다윗이 그분을 기다리셨을 까닭이 없습니다. 그분은 솔로몬과 같은 왕도 아니었습니다. 솔로몬은 지혜로웠지만 그 역시 부패한 본성을 이기지 못한 인간입니다.

그분은 지구상의 한 나라를 적으로부터 구원하거나 강하게 통치하려고 오신 것이 아닙니다. 처음부터 말씀하신 그분은 세상의 모든 죄인들을 죄와 멸망으로부터 구원하실 메시야로 오셨습니다. 메시야로 오신 예수님은 우리 죄를 위하여 고난을 받으시고 십자가에 달려 돌아가시는 고난의 종으로 오셨습니다. 예수님께서 메시야로 오시어 고난 받으실 것이란 사실은 이미 성경에 예언되어 있습니다. 그러나 유대인들은 성경이 예언하신 대로 메시야로 오신 예수님의 말씀을 믿지 않았습니다. 예수님은 여러 차례 자신이 바로 그분이라고 말씀하셨지만 유대인들은 받아들이지 않았습니다. 그들은 조상 적부터 그렇게도 기다려왔던 메시야가 막상 자기들 앞에 나타나셨으나 아무도 알아보지 못했을 뿐 아니라 오히려 미워하며 죽이려고 했습니다. 그래서 주님은 이렇게 경고하셨습니다. "너희가 인자를 든 후에 내가 그인 줄을 알고 또 내가 스스로 아무 것도 하지 아니하고 오직 아버지께서 가르치신 대로 이런 것을 말하는 줄도 알리라"(28)

이 말씀은 유대인들도 결국 예수님이 하나님의 아들이신 것을 알게 될 것이라는 말씀입니다. 그러나 그들이 깨달을 때는 '인자를 든 후'가 될 것이라고 말씀하십니다. 이 말씀은 그들이 예수님을 십자가에 못 박은 뒤라는 말씀입니다. 이미 돌이킬 수 없는 반역을 저지른 대가로 예루살렘이 멸망할 때 비로소 그분이 하나님의 아들이라는 사실을 알게 될 것이란 말씀입니다. 그들은 기회를 놓치고 뒤늦게 예수님이 메시야로 오신 사실을 알게 되지만 때는 이미 늦었습니다. 뒤늦게 깨달아 봐야 아무 소용이 없습니다. 이미 예수님을 십자가에 못을 박은 후에 깨달은들 후회만 남을 뿐입니다. 그러므로 우리가 일찍 깨닫는 것은 큰 복입니다.

일찍 깨닫고 믿는 것은 더 없이 큰 복입니다. 우리가 이 땅에 사는 동안에 우리 자신이 죄인이라는 것을 깨닫는 것이 은혜입니다. 자신의 본성이 악하다는 것을 깨닫고 회개하는 것 역시 큰 은혜입니다. 반면 자신이 죄인인 줄을 모르고 의인인체 하며 살다가 죽어 심판대 앞에서 후회하게 된다면 이처럼 어리석은 일도 없을 것입니다. 그러므로 우리는 깨달아야 합니다. 그 이유는

1) 하나님의 은혜를 받기 위해서입니다

느헤미야 8장 8절에 보면 이스라엘 백성들이 에스라의 율법책을 읽고 해석해 주는 것을 듣기 위해 수문 앞 광장에 모였습니다. "하나님의 율법책을 낭독하고 그 뜻을 해석하여 백성에게 그 낭독하는 것을 다 깨닫게 하니 백성이 율법의 말씀을 듣고 다 우는지라"(느 8:8-9) 우리가 말씀을 깨달아 알게 될 때 은혜가 됩니다. 말씀을 깨달으면 은혜를 받게 되어 있습니다.

2) 깨달아야 열매를 맺을 수 있기 때문입니다

마태복음 13장 23절에 보면 "좋은 땅에 뿌려졌다는 것은 말씀을 듣

고 깨닫는 자니 결실하여 어떤 것은 백 배 어떤 것은 육십 배 어떤 것은 삼십 배가 되느니라"고 했습니다. 우리는 말씀을 깨달음으로써 성령의 풍성한 열매를 맺어야 합니다.

3) 깨달을 때에 위안과 연합과 모든 부요함에 이르게 되기 때문입니다

골로새서 2장 2절에 보면 "이는 그들로 마음에 위안을 받고 사랑 안에서 연합하여 확실한 이해의 모든 풍성함과 하나님의 비밀인 그리스도를 깨닫게 하려 함이니"라고 했습니다.

4) 깨달음이 없으면 다 망하기 때문입니다

호세아 4장 14절에서는 "깨닫지 못하는 백성은 망하리라"고 했습니다. 이 말씀은 호세아 선지자가 이스라엘 백성들의 죄를 지적하는 가운데 하신 말씀입니다. 깨닫지 못한 자는 악을 행함으로 결국 망하고 맙니다. 이스라엘은 하나님의 말씀에 불순종하여 우상 숭배를 할 때 회개하라는 말씀을 깨닫지 못해 결국 망하여 바벨론으로 포로로 끌려가고 말았습니다.

그러면 우리가 깨달을 수 있는 방법은 무엇입니까?

① 하나님의 말씀을 통해서 가능합니다.

"하나님의 말씀은 살아 있고 활력이 있어 좌우에 날선 어떤 검보다도 예리하여 혼과 영과 및 관절과 골수를 찔러 쪼개기까지 하며 또 마음의 생각과 뜻을 판단하나니"(히 4:12) 우리는 하나님의 말씀을 통해서 하나님의 뜻을 깨달아야 합니다.

② 말씀을 바로 가르쳐 주는 지도자를 통해 깨달을 수 있습니다.

사도행전 8장 31절에 보면 에디오피아 간다게의 내시가 예루살렘에 왔다가 가자 지역으로 돌아가는 길에 이사야 53장을 읽었지만 깨닫지 못했습니다. 이때에 빌립 집사의 "읽은 것을 깨닫느냐"(행 8:30)는 질문에 내시가 대답했습니다. "지도해 주는 사람이 없으니 어찌 깨달을 수 있느냐"(행 8:31) 그래서 빌립이 말씀을 풀어 가르쳐 주자 그 뜻을 깨달은 내시가 예수 그리스도를 영접하고 신앙을 고백한 후 세례를 받았습니다.

마태복음 16장에서는 주님께서 제자들에게 삼가 바리새인과 사두개인들의 누룩을 조심하라고 말씀하셨지만 제자들은 그 말씀의 의미를 깨닫지 못했습니다. 그래서 주님은 오병이어의 기적부터 차근차근히 해석해 주셨습니다. 그때 비로소 제자들이 말씀의 의미를 깨달아 알게 되었습니다. "그제서야 제자들이 … 깨달으니라"(마 16:12) 제자들은 예수님이 가르쳐 주실 때 비로소 그 말씀의 뜻을 깨달을 수 있었습니다.

③ 마음의 문이 열려야 깨닫게 됩니다.

이사야 6장 9절의 말씀을 인용하여 "너희가 듣기는 들어도 깨닫지 못할 것이요 보기는 보아도 알지 못하리라" 하시며 천국의 비밀이 허락되지 않은 사람들에게는 깨닫지 못하게 한다고 하셨습니다. 누가복음 24장에 보면 엠마오로 가는 두 제자와 부활하신 주님의 대화 내용이 나옵니다. "이에 그들의 마음을 열어 성경을 깨닫게 하시고"(눅 24:45) 마음의 문이 열려야 깨달을 수 있다는 말씀입니다. 우리는 마음의 문을 열어야 합니다. 영적 소경은 보지 못하고 깨닫지 못합니다. 그러므로 우리는 마음의 문이 열리도록 기도해야 합니다.

④ 장성한 사람이 되어야 합니다.

"내가 어렸을 때에는 말하는 것이 어린 아이와 같고 깨닫는 것이 어린 아이와 같고 생각하는 것이 어린 아이와 같다가 장성한 사람이 되어서는 어린 아이의 일을 버렸노라"(고전 13:11) 어린 아이의 문제점은 전체적으로 보지 못하고 부분적으로 본다는데 있습니다. 그러므로 믿음이 장성하여 성경을 부분적으로 보지 말고 전체적으로 볼 수 있어야 합니다.

우리는 하나님의 말씀을 깨달아 은혜를 받아야 합니다. 말씀을 깨달아 열매를 맺어야 합니다. 그리고 성장하고 승리해야 합니다.

3. 아버지께서 기뻐하시는 일을 하십니다

예수님의 이 말씀은 예수님 자신에게 하신 말씀입니다. "나를 보내신 이가 나와 함께 하시도다 나는 항상 그가 기뻐하시는 일을 행하므로 나를 혼자 두지 아니하셨느니라"(29)

예수님을 이 땅에 보내신 아버지께서 기뻐하시는 일을 행하신다고 하셨습니다. 예수 그리스도는 자신을 이 땅에 보내신 성부 하나님께서 기뻐하시는 일을 하셨습니다. 아버지 하나님은 우리 인생들이 죄에서 구원받는 것을 기뻐하십니다. 그래서 독생자 예수 그리스도를 이 땅에 보내시어 십자가에서 우리 죄를 대신하여 죽게 하심으로 우리를 구원하시려고 하셨습니다. 그러므로 예수 그리스도는 하나님 아버지께서 기뻐하시는 일, 즉 죄인을 구원하시려고 이 세상에 오셨습니다.

1) 하나님께서 기뻐하시는 일은 '보내신 이'와 함께 하는 것입니다

"나를 보내신 이가 나와 함께 하시도다"(29)

이 말씀에서 우리는 사도의식(使徒意識)을 발견할 수 있습니다. '나를 보내신 이'라는 말씀은 누군가가 나를 어딘가로 보내셨다는 말입니다. 이것을 사도의식이라고 합니다. 본래 '사도(使徒)'라는 말은 예수님의 열두 제자와 바울을 비롯한 복음 전도자에게 해당되는 말입니다. 이 단어의 원문 '아포스톨로스(αποστολος)'에는 '보냄을 받은 자'라는 뜻이 있습니다. 보냄을 받은 자는 우리 모든 그리스도인들에게 해당된다고 볼 수 있습니다. 그러므로 우리는 '보냄을 받은 자'로서 사도의식(使徒意識)을 가지고 살아야 합니다.

사도의식이란 보냄을 받은 자의 생각으로 사는 것입니다. 우리의 직장이나 가정이나 교회나 그 어디에서든지 보냄을 받은 자로 살아야 합니다. 우리는 세상의 빛과 소금으로 살아야 합니다. 그리스도의 향기를 발하며 살아야 합니다. 어디로 가든지 복음 전파자로 살아야 합니다. 이것이 보냄을 받은 자의 삶의 자세, 즉 사도의식입니다.

2) 하나님께서 기뻐하시는 일을 하면 하나님이 우리와 함께 하십니다

우리가 하나님께서 기뻐하시는 사도의식, 즉 보냄을 받은 자로서의 삶을 살아갈 때 하나님은 우리와 함께 하십니다. 예수님은 말씀하십니다. "나를 보내신 이가 나와 함께 하시도다 나는 항상 그가 기뻐하시는 일을 행하므로 나를 혼자 두지 아니하셨느니라"(29)

우리가 하나님께서 기뻐하시는 일을 행할 때 하나님은 우리와 함께 하십니다. 하나님은 하나님을 기쁘시게 한 요셉과 함께 하시어 그가 하는 모든 일을 형통하게 하셨습니다. 하나님을 기쁘시게 한 모세와 함께 하신 하나님은 다윗과도 함께 하셨습니다. 끝까지 하나님만 섬김으로써 하루에 세 번씩 감사기도를 했던 다니엘의 하나님은 사자굴 속에서도 그들과 함께 하시어 구원해 주셨습니다. 하나님은 끝까지 우상 앞에 절하지 않고 하나님을 기쁘시게 했던 사드락과 메삭과 아벳느고와 풀무불속에도 함께 하셨습니다.

말씀대로 살면 하나님이 기뻐하시며 함께 하십니다. 특별히 복음을 전파하는 자들과 함께 하십니다. 예수님은 말씀하셨습니다. "하늘과 땅의 모든 권세를 내게 주셨으니 그러므로 너희는 가서 모든 민족을 제자로 삼아 아버지와 아들과 성령의 이름으로 세례를 베풀고 내가 너희에게 분부한 모든 것을 가르쳐 지키게 하라 볼지어다 내가 세상 끝 날까지 너희와 항상 함께 있으리라"(마 28:18-20) 하나님이 가장 기뻐하시는 일, 즉 주님의 말씀을 전하는 일을 할 때 하나님은 항상 함께 하시겠다고 약속하셨습니다.

예루살렘에는 독일의 나치에 의해 희생된 600만 명의 유대인을 추모하는 '야드바심' 이라는 기념관이 있습니다. '야드바심' 은 절대로 잊어서는 안 된다는 의미가 있습니다. 이곳에는 오스카 쉰들러라는 오스트리아인의 묘가 있습니다. 유대인도 아닌 이 사람의 묘가 이곳에 있는 이유는 그가 나치로부터 700명의 유대인을 구출해 내었기 때문입니다. 전쟁이 끝나자 유대인들은 쉰들러에게 감사의 뜻을 전하려고 자신들의 이름을 서명한 편지와 반지 하나를 선물했습니다. 반지 표면에는 "한 사람의 생명을 구한 사람은 전 세계를 구한 것이다."라는 탈무드의 한 구절이 새겨져 있었습니다. 쉰들러는 "내가 좀 더 살릴 수도 있었는데 … 내가 좀 더 …"라며 항상 아쉬워하면서 한 사람이라도 더 살리려고 노력했습니다. 자동차를 볼 때면 "저 것이면 열 사람은 더 살릴 수 있는데?"라고 말했습니다. 그는 자신의 금 넥타이핀으로 독일군을 매수하여 두 명을 살려내기도 했습니다. 그의 머릿속에는 늘 한 사람이라도 더 살리려는 생각으로 가득해 있었습니다. 그에게 소중한 것은 돈이 아니라 바로 사람이었기 때문에 자기의 모든 것을 바쳐서라도 한 사람이라도 더 구원하려고 했던 것입니다.

우리 하나님 아버지의 뜻은 한 사람이라도 더 구원받는 것입니다. 하나님은 이 일을 제일 기뻐하십니다. 우리 모든 성도들도 하나님이 기뻐하시는 사람을 구원하는 일을 해야 합니다. '어떻게 하면 한 사람이라도 더 구원받을 수 있을까?' 하는 마음으로 살면 하나님이 얼마나 기뻐하시겠습니까? 우리가 죽어가는 영혼을 구원하기 위해 복음 전하는 일에 최선을 다한다면 하나님은 분명히 우리와 함께 하심으로 우리에게 하나님의 무한하신 사랑과 풍성한 복으로 채워주실 것입니다.

우리는 하나님께서 기뻐하시는 일을 해야 합니다. 그때 하나님은 우리 혼자 내버려두지 않으시고 함께 하시며 복을 주실 것입니다. 우리 예수님이 이 땅에 오신 목적이 바로 하나님 아버지께서 기뻐하시는 일을 하시기 위해서입니다. 그래서 예수님은 십자가에서 우리를 구원하실 대속의 역사를 이루셨습니다. 우리도 하나님께서 기뻐하시는 일을 해야 합니다. 그러면 하나님께서 우리와 함께 하심으로 풍성한 복으로 채워주실 것입니다.

다니엘 명이란 장로님은 미국에서 회계학을 전공했습니다. 그분이 취업을 준비하고 있을 때 그 당시 미국의 최상위 회계법인 여섯 개(빅6) 중에서 네 곳으로부터 입사제의를 받았습니다. 그 중에는 모든 회계학 전공자들이 채용되기를 꿈꾸는 제1위의 회사도 있었습니다. 그분이 직장을 선택하는데 있어 가장 중요하게 생각했던 것은 주일 성수 문제였습니다. 다른 사람들이라면 조건도 따지지 않고 제1위 회사로부터의 부름에 즉각 응했을 것이니 그는 망실였습니다. 그런데 그 회사는 주일에도 일을 해야 한다는 조건을 확인한 그는 끝내 거절했습니다. 친구들은 모두 어리석은 결정이라며 비난을 했습니다. 그런데 빅6 중에 6위인 회사에서 만나자는 연락이 왔습니다. 면접 책임자가 어떤 조건이면 자기네 회사로 오겠느냐고 묻자 다니엘 명 장로님은 주일을 지키게 해달라고 말했습니다. 회사는 그의 조건을 흔쾌히 받아들였습니다. 친구들은 제 정신이 아니라며 비난했지만 그는 주일을 지킬 수 있는 회사로 결정을 했습니다. 그런데 얼마 후 1위였던 회사는 부도가 난 반면 장로님이 선택한 6위 회사는 5위 회사와 합병을 하여 1위 회사가 되었다고 합니다. 우리가 하나님께서 기뻐하시는 일을 하면 하나님은 결코 우리를 혼자 내버려두지 않으시고 복을 주십니다. 우리도 하나님을 기쁘시게 하는 일을 해야 합니다. 그때에 복이 임하게 됩니다. 우리는 하나님께서 기뻐하시는 일을 함으로써 하나님과 동행하며 복을 받을 수 있는 삶을 살아야 합니다.

우리는 예수님이 가신 그곳, 바로 천국을 소망하며 살아가야 합니다. 성경이 말씀하시는 예수 그리스도를 그대로 믿고 따라가야 합니다. 우리는 우리를 보내신 하나님께서 기뻐하시는 사도의식을 가지고 살아야 합니다. 우리가 하나님께서 기뻐하시는 삶을 살 때 하나님은 우리와 함께 하십니다. 하나님께서 기뻐하시는 일을 할 때 하나님은 반드시 우리에게 복을 주십니다. 우리 모두 천국의 소망을 가지고 하나님이 기뻐하시는 삶을 살아갑시다. 아멘.

31그러므로 예수께서 자기를 믿은 유대인들에게 이르시되 너희가 내 말에 거
하면 참으로 내 제자가 되고 32진리를 알지니 진리가 너희를 자유롭게 하리
라 33그들이 대답하되 우리가 아브라함의 자손이라 남의 종이 된 적이 없거
늘 어찌하여 우리가 자유롭게 되리라 하느냐 34예수께서 대답하시되 진실로
진실로 너희에게 이르노니 죄를 범하는 자마다 죄의 종이라 35종은 영원히
집에 거하지 못하되 아들은 영원히 거하나니 36그러므로 아들이 너희를 자유
롭게 하면 너희가 참으로 자유로우리라 37나도 너희가 아브라함의 자손인 줄
아노라 그러나 내 말이 너희 안에 있을 곳이 없으므로 나를 죽이려 하는도
다 38나는 내 아버지에게서 본 것을 말하고 너희는 너희 아비에게서 들은 것
을 행하느니라 39대답하여 이르되 우리 아버지는 아브라함이라 하니 예수께
서 이르시되 너희가 아브라함의 자손이면 아브라함이 행한 일들을 할 것이
거늘 40지금 하나님께 들은 진리를 너희에게 말한 사람인 나를 죽이려 하는
도다 아브라함은 이렇게 하지 아니하였느니라 41너희는 너희 아비가 행한 일
들을 하는도다 대답하되 우리가 음란한 데서 나지 아니하였고 아버지는 한
분 뿐이시니 곧 하나님이시로다

(요한복음 8:31–41)

28

진리가 자유케 하리라

어느 날 랍비가 이런 말을 했습니다. “진리는 길에 널려 있는 돌멩이처럼 흔한 것이다.” 그러자 제자가 물었습니다. “선생님, 진리가 그렇게 흔한 것이라면 사람들은 왜 진리를 터득하지 못하는 것입니까?” 랍

비가 대답했습니다. "그야 사람들이 허리 굽히는 것을 싫어하기 때문이지. 허리 굽히는 것을 싫어하기 때문에 돌을 주울 수가 없단다." 우리는 허리를 굽혀야 합니다. 허리를 굽혀야 진리를 터득하고 진리를 터득해야 지도자가 될 수 있습니다.

오늘날 많은 사람들이 진리를 찾고 있습니다. 평생 진리를 찾으려고 애쓰는 사람들도 있습니다. 그러나 진리를 찾지도 못한 채 죽어가는 사람들도 많습니다.

그러면 진리가 무엇입니까? 진리는 예수 그리스도이십니다. 예수님을 아는 사람은 진리를 아는 사람입니다. 그리고 진리를 아는 사람은 자유를 얻습니다.

1. 예수님 안에 거할 때 진리를 알 수 있습니다

예수님이 말씀하셨습니다. "너희가 내 말에 거하면 참으로 내 제자가 되고"(31)

예수님의 말씀 안에 거하면 예수님의 제자가 됩니다. 그리스도 '안에' 있는 자는 그리스도의 말씀을 그 속에 가진 자입니다. "너희가 내 말에 거하면"에서 '거한다'는 말에는 '연합하다', '동행하다', '사로잡혀서 머무르다' 등의 뜻이 있습니다. 이 말은 주님의 말씀이 그들의 마음의 왕좌를 점령했다는 말과 같습니다. 주님의 말씀을 지키는 자에게 살아 계신 주님이 함께 하십니다. 그러므로 그리스도와 연합하게 됩니다. 따라서 거한다는 말은 주님과 특별한 관계를 가진다는 의미입니다. 그리스도 안에 거하는 자는 예수님과 특별한 관계를 유지하는 사람입니다. 주님의 말씀이 우리 속에 거하면 우리는 주님과 특별한 관계에 있는 것입니다. 그때 우리는 예수님의 제자가 됩니다. 예수님의 말씀 안에 거하며 그 말씀대로 믿고 지켜야 합니다. 그때 제자가 되어 예수님을 바로 알 수 있습니다. 우리가 예수님 안에 거해야 진리를 알 수 있습니다. 그러므로 우리는 예수님 안에 거해야 합니다.

예수님 안에 거할 때 진리를 알 수 있습니다. 그것은 예수님은 진리이시기 때문입니다. 예수님의 제자 중에 도마가 물었습니다. "주여 주께서 어디로 가시는지 우리가 알지 못하거늘 그 길을 어찌 알겠사옵나이까"(14:5) 예수님은 천국에 가는 길을 알고 싶어 하는 도마의 질문에 아버지께로 가는 길을 먼저 가르쳐 주셨습니다. "내가 곧 길이요 진리요 생명이니 나로 말미암지 않고는 아버지께로 올 자가 없느니라"(14:6)

예수님은 진리이십니다. 예수님을 모르면 아버지의 집에 길 수가 없습니다. 진리이신 예수님을 알 때 자유를 얻을 수 있습니다. 여기서 '길'과 '진리'와 '생명'의 헬라 원문에는 '그'라는 관사(the)가 있어서 '그 길', '그 진리', '그 생명'을 의미합니다. '그 길'은 유일한 길이요(행 4:12) '그 진리'는 유일한 진리요 '그 생명'은 유일한 생명의 근원이 되십니다. 예수님은 유일한 길이요 진리요 생명이십니다. 예수 그리스도는 '그 길' 자체이시며 더구나 그 길이 목적인 '그 진리'와 '그 생명' 자체이시기도 하십니다. 예수 그리스도는 사람들로 하여금 하나님께 이르도록 하는 중보자이신 동시에 하나님이십니다.

예수님은 "나로 말미암지 않고는 아버지께로 올 자가 없느니라"고 말씀하셨습니다. 이 말씀은 예수님을 통해서만 천국으로 갈 수 있다는 말입니다. 예수님이 없이는 천국에 들어갈 수 없으며 예수님 안에 있을 때에만 구원받아 천국에 들어갈 수 있다는 것은 불변의 진리입니다. 예수님 안에 참된 길이 있고 예수님 안에 참된 진리가 있고 예수님 안에 참된 생명이 있습니다. 예수님 안에 거하면 우리는 참된 진리를 소유할 수 있습니다. 예수님만이 참된 진리이시기 때문에 우리가 예수님 안에 거할 때 비로소 진리를 소유하게 됩니다.

우리가 예수 그리스도를 구주로 영접한다는 것은 어떤 종교적인 의식이나 인격 수양의 차원을 넘어 절대 구원을 받는 것을 의미합니다. 이 세상에는 여러 가지의 종교가 있습니다. 그런데 어떤 사람들은 왜 많은 종교 중에서 기독교 신앙을 가져야만 하느냐고 말합니다. 그러나 성경은 분명히 말씀합니다. "다른 이로써는 구원을 받을 수 없나니 천하 사람 중에 구원을 받을 만한 다른 이름을 우리에게 주신 일이 없음이라"(행 4:12) 누구든지 죄를 회개하고 예수 그리스도를 구주로 영접해야 구원을 받아 영생하게 됩니다. 기독교 신앙은 인류를 대신해서 십자가에서 고난을 받으신 예수님을 믿을 때 값 없이 의롭다함을 받아 흑암의 권세에서 영원한 생명의 나라로 옮겨지는 위대한 신분의 변화를 받게 됩니다.

젊었을 때부터 힌두교에 심취해 있다가 어떤 여 성도의 전도로 그리스도인이 된 유명한 교수가 있었습니다. 어느 날 이 교수가 인도의 뉴델리에서 다른 세 명과 함께 택시를 타게 되었습니다. 그 중에 한 사람이 자기 소개를 하는 것으로 시작해서 서로 이런저런 이야기들을 나누었습니다. 그런데 이야기를 하다 보니 공교롭게도 네 명의 종교가

다 다르다는 것을 알게 되었습니다. 그때 한 사람이 말했습니다. "우리의 종교는 각기 달라도 우리는 모두 같은 배를 탄 사람들이지요. 결국 목적지가 같은 사람들이니까요." 그러자 가만히 앉아 있던 이 교수가 버럭 고함을 쳤습니다. "아니오. 당신들은 같은 배를 탔는지 모르지만 나는 다르오. 나는 다른 배를 탔소." 진리는 거짓과 타협할 수 없습니다. 진리는 오직 하나뿐입니다.

예수 그리스도는 진리이십니다. 참 목자는 양의 우리에 들어갈 때 오직 하나의 문을 통해서 자기의 양들에게로 나아갑니다. 그것이 진리의 문입니다. 우리의 참 목자요 참 진리이신 예수 그리스도를 통하지 않고는 진리를 알 수 없고 천국에 들어갈 수도 없습니다. 그러므로 우리는 예수님 안에 거해야 진리를 알 수 있습니다. 예수님 안에 거한다는 것은 말씀 안에 거하면서 주님과 특별한 관계를 가지는 것을 말합니다. 예수님 안에 거하기 위해 우리는 말씀을 묵상해야 하고 말씀에 기초한 삶을 살아야 합니다. 다시 말하면 말씀이 나를 지배하고 말씀이 나의 인격과 삶을 인도하시도록 해야 합니다. 그를 위해 우리는 매일 말씀을 읽고 묵상하고 그 말씀에 순종해야 합니다. 그때 우리가 진리 안에 거하며 진리를 알게 됩니다.

우리는 말씀 안에 거하고 있습니까? 말씀을 얼마나 읽고 듣고 있습니까? 요즈음은 테이프나 CD나 MP3 등이 있어 길을 걸을 때에도 들을 수 있습니다.

우리는 예수님 안에 거하며 말씀 안에서 주님과 깊은 관계를 유지해야 합니다. 그러기 위해 우리는 예수님 안에서 참 진리를 발견하고 그 진리이신 주님 안에서 깊은 영적 교제를 나누어야 합니다.

2. 진리가 자유케 합니다

예수님께서 말씀하셨습니다. "진리를 알지니 진리가 너희를 자유롭게 하리라"(32) 그런데 이 말씀을 이해하지 못한 유대인들이 질문을 했습니다. "우리가 아브라함의 자손이라 남의 종이 된 적이 없거늘 어찌하여 우리가 자유롭게 되리라 하느냐"(33)

그들은 아브라함의 자손으로 지금까지 남의 종이 된 적이 없었다고 말했습니다. "우리가 아브라함의 자손이라 남의 종이 된 적이 없거늘" 이란 말에는 두 가지의 해석 방법이 있습니다. 하나는 육적인 의미의 해석이고 다른 하나는 영적인 의미의 해석입니다. 그런데 육적인 의미로 해석하면 곤란한 문제가 생깁니다. 왜냐하면 이스라엘은 다른 나라에 종이 되었던 적이 여러 번 있었기 때문입니다. 그들은 일찍이 애굽에서 400년 동안 종살이를 한 바 있습니다. 바벨론에 포로로 끌려가 70년 동안 고생하기도 했고 로마의 속방(屬邦)으로서 이미 종이 되었던 적도 있기 때문입니다. 뿐만 아니라 여러 번 외국의 침략을 받아 종으로 끌려 간 적도 있습니다.

그러므로 이 문구는 영적으로 해석되어야 합니다. 하나님께서 이스라엘 백성을 자기의 것으로 택하실 때에 아브라함을 그 계약 대상의 머리, 즉 시조로 정하셨습니다. 그러므로 이스라엘 백성의 조상은 아브라함입니다. 그러므로 유대인들은 이런 전통을 지킨다는 의미에서 남의 종이 된 적이 없다고 말한 것입니다. 다시 말하면 이스라엘은 언제나 아브라함의 하나님을 섬겨 왔으며 다른 어떤 나라의 신(神)을 섬긴 적이 없다고 합니다.

사실 그들의 조상이 우상을 섬긴 적은 있지만 그들은 선택받은 하나님의 자손이요 구원받은 백성이라는 자부심으로 사는 사람들이었습니다. 그들은 비록 로마의 식민통치를 받고 있기는 하지만 절대로 노예가 아니라는 것입니다. 그들은 하나님이 자기들만 사랑하셔서 특별히 선택하셨다고 믿는 선민의식으로 뭉쳐진 사람들입니다.

그들은 바벨론에 포로로 끌려갔을 때에도 신앙을 지켰습니다. 다니엘은 왕의 진미를 거절하고 그의 친구들은 풀무불에 들어가면서까지 신앙을 지켰습니다. 당시 세계를 제패한 로마제국의 황제에게 가장 신경 쓰이는 민족이 바로 유대인들이었습니다. 그래서 황제는 유대인들에게는 특별히 다른 민족과 달리 상당한 자치권을 주었습니다. 그러니까 유대인들의 신앙은 로마 황제까지도 인정한 신앙입니다. 그래서 그들은 아브라함의 자손으로 남의 종이 된 적이 없다고 말하는 것입니다.

그런데도 예수님은 그들에게 "진리를 알지니 진리가 너희를 자유롭게 하리라"(32) 즉 너희는 아직도 진리를 모르고 있고 진리를 모르기 때문에 참된 자유를 누리지 못하고 있으므로 자유를 얻기 위해서는 진리를 알아야 한다고 말씀하십니다. 그러자 불쾌해진 그들이 반감을 드러냈습니다. "우리가 아브라함의 자손이라 남의 종이 된 적이 없거늘 어찌하여 우리가 자유롭게 되리라 하느냐"(33) 그러나 예수님이 지적하신 자유는 몸이나 종교의식의 자유가 아니었습니다. 이에 대해 예수님이 말씀하셨습니다. "진실로 진실로 너희에게 이르노니 죄를 범하는 자마다 죄의 종이라"(34) 예수님의 관심은 죄의 종이었습니다.

'죄의 종'이란 말에는 두 가지 의미가 있습니다. 범죄하는 자마다 결국 그 죄의 지배를 받게 된다는 의미와 죄에서 놓이는 길은 오직 속량함이 되는 길밖에 없다는 의미가 있습니다. 죄는 작은 것이라도 무서운 것입니다. 그래서 죄를 범하면 죄의 종이 되는 것입니다. 죄는 아무리 작아도 힘이 있습니다. 그래서 죄를 지으면 죄의 종이 될 수밖에 없습니다.

전에 아일랜드 해역(海域)에서 배가 파선된 일이 있었습니다. 그 원인은 어느 날 선장이 나침반이 들어 있는 상자를 열고 지남침을 점검하던 중에 상자에 칼끝이 조금 떨어졌는데, 그로 인하여 지남침의 작용이 잘못되어 결국 엉뚱한 방향으로 가다가 파선을 당하게 되었다고 합니다. 이와 같이 죄는 아무리 작은 것이라도 일단 짓게 되면 죄의 종이 되어 망하게 됩니다. 그래서 예수님은 종이 되지 말고 아들이 되어 자유를 얻으라고 말씀하십니다. "종은 영원히 집에 거하지 못하되 아들은 영원히 거하나니 그러므로 아들이 너희를 자유롭게 하면 너희가 참으로 자유로우리라"(35-36)

종은 아브라함의 집의 영원한 언약을 누릴 자가 못되고 일시적으로 거할 뿐입니다. 따라서 구속을 받지 못한 사람, 곧 죄의 종이 된 자는 하나님 나라의 기업을 누릴 수 없습니다. 종은 주인의 아들과 영원히 함께 하지 못하고 떨어질 수밖에 없습니다. 죄의 종은 하나님의 택한 백성과 나누어질 수밖에 없습니다. 그러나 아들, 곧 예수 그리스도는 우리에게 자유를 주십니다. "그러므로 아들이 너희를 자유롭게 하면 너희가 참으로 자유로우리라"(36)

예수 그리스도는 그의 택한 백성들, 즉 하나님의 자녀들에게는 천국의 기업을 영원히 누리게 하실 뿐만 아니라 참된 자유를 주십니다. 예수님은 그를 믿는 자들, 즉 그리스도 안에 있는 자들에게 자유를 주십니다. 예수 안에 있으면 죄의 종이 아니라 참 자유를 얻게 된다는 말씀입니다. 성경은 말씀합니다. “그러므로 이제 그리스도 예수 안에 있는 자에게는 결코 정죄함이 없나니 이는 그리스도 예수 안에 있는 생명의 성령의 법이 죄와 사망의 법에서 너를 해방하였음이라”(롬 8:1-2)

예수님은 우리의 모든 죄악을 없애 주시는 구주가 되십니다. 누구든지 예수 그리스도를 믿기만 하면 영원한 죄의 노예의 자리에서 벗어나 참된 자유를 누릴 수 있습니다. 예수 그리스도는 사람을 죄악에서 해방시켜 영원히 하나님의 집에서 자유를 얻게 하실 뿐만 아니라 이 세상에서도 그리스도 안에서 참된 자유를 누리게 하십니다. 그리스도 안에 있는 사람들은 죄에서 자유를 얻게 됩니다. 예수님은 말씀하셨습니다. “진리를 알지니 진리가 너희를 자유롭게 하리라”(32)

미국의 남북전쟁 때에 어떤 사람이 말을 타고 가는데 한 군인이 달려와 “나를 살려 주시오. 나를 살려 주시오.” 하고 외쳤습니다. 그때 말을 탄 사람이 “왜 그러는가?” 하고 묻자 “나는 도망 다니는 병정인데 먹을 양식이 없습니다.” 하고 말했습니다. 그래서 말을 탄 사람이 “저 동네로 들어가시오.” 했더니 그 병정은 이렇게 말했다고 합니다. “내가 거기로 가면 군인들이 총살할 것입니다.” 그러자 말을 탄 사람이 다시 말했습니다. “지금은 전쟁이 끝났소.” 이미 전쟁이 끝났기 때문에 더 이상 싸울 필요가 없었습니다. 그 소식을 들은 병정은 기뻐하며 마을로 들어갔다고 합니다.

예수 그리스도는 우리의 구주가 되시어 우리에게 자유를 주십니다.

한국에서 최첨단 인공위성인 무궁화 위성을 처음으로 발사할 때의 일입니다. 한국에서는 인공위성을 발사할 수 없었기 때문에 남미에 있는 프랑스령 가이아나에서 발사하기로 되어 있었습니다. 그때 한국의 과학자들이 무궁화 위성을 발사하려고 가이아나로 갈 때 가지고 갔던 것이 있습니다. 그것이 바로 돼지 대가리였습니다. 무궁화 위성이 안전하게 발사되기를 기원하는 제사에 쓸 제물로 돼지 대가리를 공수해 간 것입니다. 물론 가이아나에서도 돼지 대가리를 구입할 수 있었지만 거기에 있는 것으로 사용하면 부정을 타기 때문에 한국에서 준비해 갔다고 합니다. 그것도 냉동을 하면 부정을 탄다고 해서 돼지를 잡자마자 즉시 비행기에 실어서 남미의 가이아나까지 공수해 갔습니다. 그리고 무궁화 위성 앞에 그 돼지 대가리를 놓고 거기에 절을 했습니다. 그런데 더 기가 막히는 것은 수많은 외신 기자들이 그 장면을 취재했다는 사실입니다. 보통 때에는 인공위성을 발사하는 장면을 취재하는 기자들이 거의 없지만 발사하기 직전에 돼지 대가리를 앞에 두고 거기에 절하는 모습이 하도 신기해서 그 장면을 취재했던 것입니다. 결국 인공위성을 발사하는 장면은 없고 돼지 대가리를 놓고 절하는 장면만 외신에 보도되었습니다.

과학자들이 왜 이런 어리석은 짓을 하는 것입니까? 적어도 무궁화 위성 프로젝트에 참여한 과학자들이라면 우리나라에서 뿐만 아니라 세계적으로도 알아주는 석학들입니다. 그런데도 그들은 돼지 대가리 앞에서 넙죽 엎드려 절을 했습니다. 그것은 그들이 진리를 몰라 예수 그리스도 안에서 자유를 누리지 못했기 때문입니다. 그들은 물리학, 수학, 공학 등 21세기의 첨단을 달리는 어려운 학문을 공부한 과학자들이지만 진리를 모르기 때문에 돼지 대가리를 놓고 제사를 지내면

떨어질 인공위성도 떨어지지 않을 것이라고 생각했던 것입니다.

이뿐이 아닙니다. 항공사들도 매년 초가 되면 역시 비행기 앞에 돼지 대가리를 놓고 거기에 절을 하면서 "올 한해에 아무런 사고도 없이 안전하게 운행되게 해주십시오." 하며 손바닥에 열이 나도록 빈다고 합니다. 그렇다고 사고가 없습니까? 야구장이나 공사 현장에서도 역시 돼지 대가리는 인기가 있습니다. 그들이 그렇게 하는 이유는 진리를 몰라 자유를 얻지 못했기 때문입니다. 그러나 우리는 개업예배를 드림으로써 하나님께 영광을 돌립니다. 하나님을 찬송하며 기도로 복을 구합니다.

어떤 사람들은 약혼 날짜나 결혼 날짜를 정하는데도 꼭 점쟁이를 찾아 갑니다. 이사를 할 때도 꼭 길일이어야 한다며 점쟁이를 찾아가 날짜를 받아 옵니다. 이들 역시 진리 안에서 자유를 얻지 못했기 때문입니다. 그러나 진리 안에 있는 우리는 주일이 아니라면 언제라도 편리한 날로 정합니다. 어떤 사람은 밤에 손톱을 깎으면 복이 달아난다고 해서 손톱도 마음대로 깎지를 못합니다. 그러나 우리는 언제라도 자유롭게 깎을 수 있습니다. 그들은 밤에는 휘파람도 마음껏 불지 못합니다. 그러나 우리는 언제라도 마음껏 노래도 하고 휘파람도 붑니다. 또 문턱을 밟으면 큰일이 납니다.

이 모든 것은 그들이 진리를 모르기 때문에 일어나는 일들입니다. 진리를 모르기 때문에 자유하지 못하고 조그마한 것까지도 신경을 씁니다. 그리고 그것들의 노예가 되어 버립니다. 우리 예수님은 말씀하십니다. "진리를 알지니 진리가 너희를 자유롭게 하리라"(32) 예수님 안에 자유가 있습니다. 예수님은 진리이시기 때문입니다. 진리이신 예수님이 우리를 자유케 하십니다.

사도 바울은 다메섹으로 가는 길에서 부활하신 예수님을 처음으로 만난 뒤, 그분이 하나님의 아들이시며 죽었다가 다시 사신 자신의 구주이시며 그분의 말씀이 진리라는 사실을 확신하게 되었습니다. 그가 진리를 확신하게 되자 그는 즉시 예수님 안에서 참 자유를 얻었습니다. 그래서 그는 성경의 서신서를 기록할 때나 인사나 권면을 할 때에도 늘 '주 안에서'라고 말했습니다. "주 안에서 항상 기뻐하라", "주 안에서 내가 너희에게 권면하노니", "주 안에서 너희에게 문안하노라" 이제 바울은 더 이상 죄의 종이 아니었습니다. 예수님 안에서 진리를 알게 되었고 그 진리가 자유를 주었다는 것을 확신한 후부터는 그 자유를 마음껏 즐겼습니다. 그는 전 세계를 다니며 예수 그리스도의 복음을 전하며 진리를 전파하며 그리스도 안에서 참 자유가 있음을 선포하는 참된 자유를 즐기는 삶을 살았습니다.

출애굽한 이스라엘이 가나안을 향하여 출발할 때 그들은 쉽고 가까운 길을 원했지만 하나님은 홍해가 가로막힌 광야길로 인도하셨습니다. 그들의 생각에는 그리로 가면 너무 멀어서 가다가 다 죽을 것으로 알았습니다. 그들이 생각하는 광야는 길도 없고 물도 없고 먹을 양식도 구할 수 없으며 태양을 피할 그늘도 없는 죽음의 땅이었습니다. 그러나 하나님은 홍해를 갈라서 물 가운데로 길을 내심으로 길이 되어 주셨습니다. 매일 하늘에서 만나를 내려주어 먹게 하시고 반석에서 나오는 생수를 마시게 해주셨습니다. 구름기둥과 불기둥으로 피할 그늘이 되어 주셨고 어둠을 환하게 밝혀 주셨습니다. 그들은 비록 광야에서 살았지만 하나님 안에서 자유를 얻었기 때문에 두려울 것이 없었습니다. 하나님께서 인도자가 되어 주셨기 때문입니다.

예수님은 우리에게 참된 자유를 주셨습니다. 이제 우리는 더 이상 죄의 종이 아닙니다. 예수 그리스도의 십자가의 보혈로 우리는 죄 사함을 받았기 때문에 더 이상 죄의 종이 아닙니다. 이제 예수님 안에서 주님이 주시는 참된 평안과 참된 자유를 누리며 살게 되었습니다. 예수 그리스도 안에 있는 성도는 예수님의 보혈로 자유함을 얻었습니다.

찬송가 268장입니다.

1. 죄에서 자유를 얻게 함은 보혈의 능력 주의 보혈
   시험을 이기고 승리되니 참 놀라운 능력이로다

2. 육체의 정욕을 이길 힘은 보혈의 능력 주의 보혈
   정결한 마음을 얻게 하니 참 놀라운 능력이로다

3. 눈보다 더 희게 맑히는 것 보혈의 능력 주의 보혈
   부정한 모든 것 맑히시니 참 놀라운 능력이로다

4. 구주의 복음을 전할 제목 보혈의 능력 주의 보혈
   날마다 나에게 찬송 주니 참 놀라운 능력이로다

후렴》 주의 보혈 능력 있도다 주의 피 믿으오
주의 보혈 그 어린 양의 매우 귀중한 피로다

우리는 예수 그리스도 안에서 자유를 얻었습니다. 우리는 예수님 안에 거해야 합니다. 주님의 말씀 안에서 주님과 교제하며 주님의 말씀에 순종해야 합니다. 말씀대로 살 때 능력이 있고 기쁨을 얻습니다. 말

씀대로 살 때 우리는 주님과 밀접한 관계를 누림으로써 행복한 삶을 살 수 있습니다. 우리는 예수님 안에서 참 진리를 깨닫게 되고 참 자유를 얻게 됩니다. 예수님은 말씀하십니다. "진리를 알지니 진리가 너희를 자유롭게 하리라"(32) 아멘.

42예수께서 이르시되 하나님이 너희 아버지였으면 너희가 나를 사랑하였으리
니 이는 내가 하나님께로부터 나와서 왔음이라 나는 스스로 온 것이 아니요
아버지께서 나를 보내신 것이니라 43어찌하여 내 말을 깨닫지 못하느냐 이는
내 말을 들을 줄 알지 못함이로다 44너희는 너희 아비 마귀에게서 났으니 너
희 아비의 욕심대로 너희도 행하고자 하느니라 그는 처음부터 살인한 자요
진리가 그 속에 없으므로 진리에 서지 못하고 거짓을 말할 때마다 제 것으
로 말하나니 이는 그가 거짓말쟁이요 거짓의 아비가 되었음이라 45내가 진리
를 말하므로 너희가 나를 믿지 아니하는도다 46너희 중에 누가 나를 죄로 책
잡겠느냐 내가 진리를 말하는데도 어찌하여 나를 믿지 아니하느냐 47하나님
께 속한 자는 하나님의 말씀을 듣나니 너희가 듣지 아니함은 하나님께 속하
지 아니하였음이로다

(요한복음 8:42-47)

29

마귀에게서 난 자들

이 세상에는 하나님의 자녀들과 마귀에게서 난 자들이 함께 살고 있습니다. 하나님의 자녀들은 하나님을 사랑하며 하나님의 말씀을 지키며 진실하게 살려고 합니다. 반면 마귀에게서 난 자들은 하나님을 사랑하지도 않고 하나님의 말씀을 지키지도 않으며 거짓말을 일삼아 살아가려고 합니다.

본문에서 예수 그리스도는 마귀에게서 난 자들에 대해 말씀하십니다. 예수님의 가르침을 통해서 마귀에게서 난 자들을 경계하는 동시에 하나님의 자녀인 우리는 어떤 삶을 살아야 할 것인지를 배워야 하겠습니다.

마귀에게서 난 자들은

1. 예수님을 사랑하지 않습니다

예수님은 말씀하셨습니다. "하나님이 너희 아버지였으면 너희가 나를 사랑하였으리니 이는 내가 하나님께로부터 나와서 왔음이라 나는 스스로 온 것이 아니요 아버지께서 나를 보내신 것이니라"(42)

하나님의 자녀는 예수님을 사랑합니다. 왜냐하면 예수님은 하나님 아버지로부터 오셨기 때문입니다. 하나님 아버지께서 우리를 구원하시려고 예수 그리스도를 이 땅에 보내주셨기 때문에 하나님의 자녀는 예수님을 사랑합니다. 따라서 예수님을 사랑하는 자는 하나님의 자녀입니다. 그러나 예수님을 사랑하지 않는 자는 마귀의 자녀입니다. 물론 창세 전에 하나님의 자녀로 선택받은 하나님의 자녀들 중에도 아직 예수님을 믿지 않고 하나님이 미워하시는 죄를 짓는 사람들도 있습니다. 그들은 지금도 우상을 숭배하며 세상을 좋아하며 많은 죄를 지으며 살아갑니다. 이들은 하나님의 자녀로서의 권세를 아직 회복하지 못했기 때문에 마귀의 종노릇을 하고 있는 것입니다. 이들은 나중에 회개하고 예수님께로 돌아올 때 하나님의 자녀로서의 권세를 회복하게 됩니다. 그러나 그들은 아직 마귀의 자녀처럼 살아가고 있습니다. 그래서 우리는 누가 하나님의 자녀로 선택받았는지 알 수 없기 때문에 모든 사람들에게 복음을 전해야 하는 것입니다.

이처럼 하나님의 자녀로 선택받은 사람들이 하나님께로 돌아오는 시기는 각각 다릅니다. 어떤 사람은 모태나 유년시절부터, 또 어떤 사람은 초·중·고 시절이나 청년시절부터 시작하기도 하고 결혼 후에 시작하는 사람들도 있습니다. 장년기에 시작하는 사람이 있는가 하면 인생의 황혼기부터 시작하는 사람들도 있습니다. 그런가 하면 극적으로 십자가상의 강도처럼 죽음 직전에 부름받는 사람도 있습니다. 그들도 모두 하나님의 자녀들입니다. 왜냐하면 이 세상을 떠나기 전에 예수님을 영접했기 때문입니다.

그러나 마귀의 자녀들은 끝까지 예수님을 믿지 않습니다. 그들은 예수님을 미워하여 결국 십자가에 못 박아 버렸습니다. 그러나 하나님의 자녀들은 예수님을 사랑합니다. 마귀의 자녀가 예수님을 사랑하지 않는 것은 예수님이 하나님께서 보내신 분임을 모르기 때문입니다. 예수님은 말씀하십니다. "하나님이 너희 아버지였으면 너희가 나를 사랑하였으리니 이는 내가 하나님께로부터 나와서 왔음이라 나는 스스로 온 것이 아니요 아버지께서 나를 보내신 것이니라"(42) 마귀의 자녀들은 하나님의 자녀가 아니기 때문에 예수님을 사랑하지 않습니다. 예수님이 하나님으로부터 오셨다는 것을 믿지도 않습니다. 그러나 하나님의 자녀들은 예수님을 사랑합니다. 예수님이 하나님께서 보내신 독생자이심을 믿습니다. 우리를 위하여 십자가에서 죽으시고 다시 살아나심으로 우리를 구원하시려고 오신 것을 믿습니다. 그러므로 우리는 예수님을 사랑하고 예수님의 십자가를 사랑합니다. 그리고 예수님의 말씀을 사랑합니다.

찬송가 202장입니다.

4. 주 예수 날 사랑하시오니 나 또한 예수를 사랑하네
   날 구원하시려 내려오사 십자가 위에서 죽으셨네

5. 주 예수 날 사랑하시오니 마귀가 놀라서 물러가네
   주 나를 이렇게 사랑하니 그 사랑 어떻게 보답할까

후렴》 주께서 나를 사랑하니 즐겁고도 즐겁도다
주께서 나를 사랑하니 나는 참 기쁘다

마귀의 자녀는 하나님을 사랑하지 않습니다. 그러나 하나님의 자녀는 하나님을 사랑하고 하나님께서 보내신 예수 그리스도를 사랑합니다. 우리는 항상 하나님과 예수님을 사랑하고 하나님의 말씀을 사랑하는 하나님의 자녀로서의 삶을 살아야 합니다.

2. 하나님의 말씀을 깨닫지도 못합니다

"어찌하여 내 말을 깨닫지 못하느냐 이는 내 말을 들을 줄 알지 못함이로다"(43)

마귀에게서 난 자들은 말씀을 들어도 깨닫지 못합니다. 당시 유대인들은 예수님의 말씀을 듣고도 깨닫지 못했습니다. 예수님의 말씀에

꼬투리를 잡아 항의하며 따지기만 할 뿐 믿지 않았습니다. 진리의 말씀을 가르치고 외쳐도 깨닫지 못하고 믿지 못했습니다. 이것이 마귀의 자녀들의 특징입니다. 따라서 이들은 하나님의 말씀을 부인하며 왜곡합니다.

그러나 성경은 정확무오한 하나님의 말씀입니다. 그러므로 성경을 가감하면 안 됩니다. 하나님의 말씀이 부족하다고 다른 것을 더한다거나 많다고 해서 삭제해도 안 됩니다. 하나님은 성경 말씀대로 일점일획도 남김없이 다 이루십니다. 그러나 마귀의 자녀들은 하나님의 말씀만으로는 부족하다고 말합니다. 그래서 성경 말씀 외에 그들의 교주들의 말을 추가하여 성경보다 더 권위를 두고 있으며 이것을 믿고 가르칩니다. 이단의 특징은 말씀의 왜곡입니다. 이단은 본래 '성경적으로 전혀 다른 것을 가르치는 것' 을 말합니다.

사도 바울은 이단적 가르침을 '다른 예수', '다른 중보', '다른 영' 으로 요약했습니다.(고후 11:4) 이를 기준하여 이단이라고 할 때는 성경적 이단을 가리킵니다. 그렇다면 이단적인 가르침은 구체적으로 어떤 것입니까? 바울은 "이것은 이상한 일이 아니니라 사탄도 자기를 광명의 천사로 가장하나니"(고후 11:14)라며 거짓 사도들의 가르침을 주의하라고 경고했습니다. 사탄이 자기를 광명의 천사로 가장하듯이 사탄의 일꾼들도 자기를 의의 일꾼으로 가장합니다. 거짓 사도들의 가르침은 다른 예수와 다른 영과 다른 복음을 전하는 것을 말합니다. 이단들은 성경에 기록된 성육신, 곧 예수 그리스도께서 육체로 오신 것을 부인합니다. 예수 그리스도로 말미암은 대속과 구원도 부인합니다. 예수님 외에는 우리를 위해 중보해 주실 분은 없습니다. 그런데 이단은 예수님 외의 다른 중보자를 내세우며 성경이 가르치는 예수 그리스도의 재림을 왜곡시킵니다.

예수 그리스도는 말씀이 육신이 되어 사람으로 오시어(1:14) 십자가에서의 죽음을 통해 인간의 죄를 담당하시고 부활하여 하늘 보좌에 오르셨습니다. 그러므로 이 예수 그리스도는 하나님이신 동시에 완전한 사람이십니다. 그러므로 예수님이 하나님의 아들이심을 부인하거나 말씀이 육신이 되어 오셨음을 부인하는 것은 이단입니다. 베들레헴에서 나시고 나사렛에서 자라신 그 예수가 아닌 다른 예수를 전하는 것은 성경 말씀을 왜곡하는 이단입니다.

인류의 구주 예수 그리스도는 베들레헴에서 태어나 나사렛에서 자랐으며 인간을 위하여 십자가에서 피 흘려 죽으셨습니다. 그분만이 우리의 구주이시며 그분의 이름인 '예수' 만이 천하 인간에게 구원을 주시는 이름입니다. "다른 이로써는 구원을 받을 수 없나니 천하 사람 중에 구원을 받을 만한 다른 이름을 우리에게 주신 일이 없음이라"(행 4:12) 성경은 예수 그리스도를 하나님과 인간 사이의 유일한 중보자이시며 구주이시라고 분명히 말씀하십니다. "하나님은 한 분이시요 또 하나님과 사람 사이에 중보자도 한 분이시니 곧 사람이신 그리스도 예수라"(딤전 2:5) 예수님의 성육신을 부인하거나 다른 예수를 전하는 것은 이단입니다. 예수님은 그리스도시요 살아 계신 하나님의 아들이십니다.(마 16:16)

그리고 이단들은 예수 그리스도의 재림에 대해서 성경 말씀을 왜곡하며 잘못 가르치고 있습니다. 그러나 예수님은 분명히 말씀하셨습니다. "많은 사람이 내 이름으로 와서 이르되 나는 그리스도라 하여 많은 사람을 미혹하리라"(마 24:5; 막 13:6) 재림의 때가 가까울수록 '재림주 예수'라 칭하는 이단들이 많이 출현할 것을 말씀하셨습니다. 또한 그때에는 "그리스도가 여기 있다 혹은 저기 있다 하여도 믿지 말라"(마 24:23), "그리스도가 광야에 있다 하여도 나가지 말고 보라 골방에 있다 하여도 믿지 말라"(마 24:26)고 하셨습니다. 마지막 때가 되면 사방에서 자칭 그리스도라 칭하는 이단들이 나타날 것인데 그들 거짓 그리스도들과 거짓 선지자들은 심지어 큰 표적과 기사를 나타내면서 믿는 자들까지도 미혹할 것이라고 경고하셨습니다.

그러므로 우리는 성경이 말씀하시는 것을 믿지 않고 왜곡하여 가감하는 모든 것은 이단이며 사탄의 자녀임을 알아야 합니다. 성경은 말씀합니다. "예수를 시인하지 아니하는 영마다 하나님께 속한 것이 아니니 이것이 곧 적그리스도의 영이니라 오리라 한 말을 너희가 들었거니와 지금 벌써 세상에 있느니라"(요일 4:3) 또한 이단은 성경이 말씀하시는 그리스도의 은혜의 복음 외에 다른 중보를 내세운다거나 율법의 행위를 첨가합니다. 그러나 구원의 조건은 오직 믿음입니다. 초대교회 시대에 유대교에서 개종한 그리스도인들 사이에 그리스도의 복음 외에 소위 '다른 복음'이 전파되곤 했습니다.

바울은 갈라디아 교회에 보내는 편지에서 갈라디아 교회 성도들 사이에 율법으로의 회귀를 주장하는 가르침이 있음을 지적하고 그리스도의 복음 외에 다른 것으로서는 결코 구원받을 수 없다고 경고했습니다. "그리스도의 은혜로 너희를 부르신 이를 이같이 속히 떠나 다른 복음을 따르는 것을 내가 이상하게 여기노라 다른 복음은 없나니 다만 어떤 사람들이 너희를 교란하여 그리스도의 복음을 변하게 하려 함이라 그러나 우리나 혹은 하늘로부터 온 천사라도 우리가 너희에게 전한 복음 외에 다른 복음을 전하면 저주를 받을지어다 우리가 전에 말하였거니와 내가 지금 다시 말하노니 만일 누구든지 너희가 받은 것 외에 다른 복음을 전하면 저주를 받을지어다"(갈 1:6-9) 사도 바울은 그리스도의 은혜로 말미암은 구원을 부정하며 율법의 행위로 구원받을 수 있다는 가르침은 그리스도의 복음을 변케 하려는 것으로 지적하고, 사람이든 천사든 그리스도의 복음 외에 다른 복음을 전하는 자는 저주를 받을 것이라고 경고했습니다. 따라서 전적인 예수님의 공로가 아닌 자기의 의와 수양으로 구원받을 수 있다는 주장은 이단입니다. 우리의 구원은 인간의 공로는 전혀 없이 전적으로 그리스도의 공로에 의해서만 얻어집니다. 예수님 외에 다른 구주가 없고 예수님의 복음 외에 다른 복음은 없습니다.

또한 이단의 특징은 성경이 가르치는 종말, 즉 예수 그리스도의 재림에 대해서 특정한 날짜와 때와 장소를 말합니다. 이것은 성경을 자기들 마음대로 변질시키는 행위입니다. 성경은 분명히 말씀합니다. "때와 시기는 아버지께서 자기의 권한에 두셨으니 너희가 알 바 아니요"(행 1:7), "그 날과 그 때는 아무도 모르나니 하늘의 천사들도 아들도 모르고 오직 아버지만 아시느니라"(마 24:36) 성경은 예수님의 재림의 때와 장소에 대해서는 하나님 아버지만 아신다고 말씀합니다. 예수님의 재림의 때는 어느 누구도 예언할 권리가 없는 아버지만의 고유 권한입니다. 또한 주의 날이 도둑같이 올 것이며(살전 5:2, 벧후 3:10) 인자가 생각하지 않은 때에 올 것(마 24:42-44)이라고 했습니다. 예수님의 재림은 마치 도둑이 오는 것처럼 생각지 않은 때에 오신다는 말입니다. 바울도 데살로니가 교회에 보내는 편지에서 주의 날은 도둑같이 임할 것이므로 그때와 시기에 관해서는 쓸 것이 없다고 했습니다.(살전 5:1) 그러므로 그 날짜를 알려고 성경을 억지로 해석할 필요가 없습니다.

그러나 2천년 교회사에서 예수님의 재림의 때와 장소에 대하여 특별계시를 받았다고 하는 이단들이 끊임없이 출현하여 사람들을 미혹해 왔습니다. 그러나 재림의 시기와 장소에 대한 그들의 주장은 곧 거짓으로 드러났습니다. 이들은 성경을 믿지 않고 왜곡하는 자들입니다. 그러므로 하나님의 사람들은 예수님의 재림에 대한 특정 날짜나 때를 주장하는 이단들을 경계해야 합니다. 동시에 그날이 가까울수록 더욱 사모함으로 항상 예비하고 깨어 있어야 합니다.(벧후 3:12; 마 24:42-44) 성경은 분명히 말씀합니다. "내가 이 두루마리의 예언의 말씀을 듣는 모든 사람에게 증언하노니 만일 누구든지 이것들 외에 더하면 하나님이 이 두루마리에 기록된 재앙들을 그에게 더하실 것이요 만일 누구든지 이 두루마리의 예언의 말씀에서 제하여 버리면 하나님이 이 두루마리에 기록된 생명나무와 및 거룩한 성에 참여함을 제하여 버리시리라"(계 22:18-19)

우리가 하나님의 말씀을 믿어야 구원을 받을 수 있고 믿음이 성장할 수 있습니다. 그러나 그들은 설교를 들어도 깨닫지 못하고 믿지도 못합니다. 하나님이 말씀을 의심하고 자기들 나름대로 해석을 합니다. 그래서 유대인들은 예수님의 말씀을 수없이 많이 들었지만 믿지 못하고 오히려 예수님을 죽이려고 했습니다. 반면 하나님의 자녀들은 말씀을 잘 깨닫습니다. 그리고 말씀을 들을 때 은혜를 받으며 말씀대로 믿고 순종합니다. 말씀을 사랑하고 율법을 지킵니다.

우리는 언제나 성령의 감동으로 기록된 하나님의 말씀을 사모하고 그 말씀을 굳게 믿고 말씀대로 순종하는 삶을 살아가야 합니다.

3. 마귀의 욕심대로 행합니다

"너희는 너희 아비 마귀에게서 났으니 너희 아비의 욕심대로 너희도 행하고자 하느니라"(44)

1) 마귀의 자녀는 마귀의 소욕대로 행합니다

마귀는 자기의 욕심을 자기의 자녀들로부터 채우려고 합니다. 따라서 마귀에게서 난 자들은 마귀의 욕심대로 행하게 되어 있습니다. 마귀의 노예가 되어 그의 뜻대로 움직입니다. 예수님은 유대인들을 향하여 "너희는 마귀가 성취하고 싶어 하는 욕심을 행하고 있다."고 말씀하셨습니다.

2) 마귀의 자녀는 마귀의 소욕대로 행하기를 원합니다

마귀의 자녀는 마귀가 바라는 바를 행하고자 합니다. 마귀의 자녀는 마귀의 소욕대로 행하기를 바라며 기다리는 자라 할 수 있습니다. 그래서 예수님은 본문에서 "너희 아비의 욕심대로 너희도 행하고자 하느니라"고 말씀하셨습니다.

3) 마귀는 처음부터 살인한 자입니다

"그는 처음부터 살인한 자요"(44)

마귀는 생명에 대한 원수입니다. 마귀는 죄로 인간을 유혹하여 세상에 죽음을 오게 한 장본인입니다. 마귀는 먼저 하와를 유혹하여 하와와 아담이 하나님이 따먹지 말라고 하신 금단의 열매인 선악과를 따먹게 함으로써 모든 인류가 죽음을 당하게 한 살인자입니다. 즉 우리 인간의 영혼을 죄 가운데로 유인하여 그 죄로 영혼을 살해하는 자입니다. 마귀는 태초에 한 번뿐 아니라 그 이후로도 계속 살인을 해왔습니다. 그는 인간을 유혹하여 살인하기 시작했습니다. 바로 가인으로 하여금 그의 형제 아벨을 죽이는 죄를 범하게 했습니다. 가인은 마귀의 교사를 받아서 동생 아벨을 죽였습니다. 마귀는 사람들의 마음에 악한 감정과 미워하는 마음과 죽이고 싶은 마음을 넣어 줌으로써 전쟁을 일으켜 수많은 사람들이 죽게 하는 집단 학살의 원흉입니다.

본문에도 마귀의 유혹을 받은 유대인들이 살인자로 나타납니다. 그들은 마귀에게서 난 자들로 마귀의 지도를 받아 장님을 구덩이에 빠지게 하는 영혼의 살인자들입니다. 또한 사람들을 지옥의 자녀로 만들며 그리스도를 죽이는 일에 앞장선 살인자들입니다. 그러므로 유대인들은 마귀의 추종자들이요 살인자들임을 알 수 있습니다. 그래서 예수님께서 유대인들을 향하여 "너희가 이제 나를 죽이려고 한다."고 말씀하신 것입니다. 마귀에게서 난 자들은 살인하는 자들입니다.

오늘날에도 마귀에게서 난 자들은 살인을 일삼고 있습니다. 말로써 사람을 죽이는 일을 합니다. 거짓말로 사람을 모함해서 그 사람의 명예를 완전히 짓밟는다거나 매장시키는 것도 살인입니다. 뿐만 아니라 사기로 재산과 물질들을 완전히 죽이는 물질의 살인도 있습니다. 더구나 실제로 사람의 생명을 죽이는 살인이 있습니다. 흉기를 사용하거나 약물 투여로 살인하기도 합니다. 요즈음은 자녀가 부모를 죽이는 일도 이따금 발생하고 있습니다. 그런가 하면 부모가 어린 자녀를 죽이기도 합니다. 이 세상은 자기를 낳아 길러 준 부모도 죽이고 부모는 자기가 낳아 기르던 자녀도 죽이는 악한 세상입니다.

알코올 중독으로 수십 년간 벌이도 없이 지내면서 걸핏하면 어머니와 누나들에게 폭력을 쓴 아버지를 살해한 사건이 발생했습니다. 아버지가 술을 마신 날이면 어머니는 부엌칼이나 가위 등 흉기가 될 만한 것들은 모조리 장롱안에 숨겨야 할 정도였습니다. 하지만 그는 외아들인 자신만은 아버지를 돌봐야 한다고 믿었습니다. 그래서 술에 취해 길에 쓰러진 아버지를 찾아서 업고 오기도 했습니다. 어머니를 대신해서 아버지와 한 방을 쓰면서 술만 마시면 대소변도 가리지 못하는 아버지를 보살피기를 어언 20년, 어린 소년은 어느덧 청년이 되어 직장생활을 하는 어엿한 가장 역할을 감당하고 있었습니다. 그의 성실함과 착실함에 감동해 결혼을 약속한 여성도 있었습니다. 그런데 비극적인 이 사건은 그의 결혼식을 불과 보름 앞두고 발생했습니다. 이날은 직장에서 회식을 할 때 술을 마시고 와서 결혼을 앞두고 감회에 젖어 어머니와 결혼식에 관한 이야기를 하고 있었습니다. 그런데 술에 취해 집에 들어온 아버지가 온 가족들에게 욕설을 하며 물건을 마구 던지며 술주정을 하기 시작했습니다. 그는 "결혼식도 얼마 남지 않았는데 제발 이러지 마세요." 하며 말렸지만 어머니를 향한 아버지의 술주정은 계속 되었습니다. 지금까지 참고 참았던 20여 년, 아버지 때문에 잃어버린 세월이 그의 머릿속을 스쳤습니다. 순간적으로 격분한 그는 아버지의 멱살을 잡고 머리를 거실 벽에 내리찍었습니다. 그리고 부르르 떨리는 주먹이 아버지의 복부를 두 차례 내리쳤습니다. 정신을 잃은 아버지는 병원으로 실려갔지만 잦은 음주로 몸이 허약해진 상태인지라 장기 손상으로 다음날 죽고 말았습니다. 2008년 4월 14일에 부산에서 있었던 사건입니다. 이유야 어떠하든 아버지를 죽이는 것은 사탄의 역사입니다.

몇 년 전 서울 광진구 화양동에 단칸방들이 다닥다닥 붙어 있는 한 다세대주택의 반지하 방에서 세 살짜리 아이가 숨진 사건이 있었습니다. 아버지 김 모 씨는 아들이 새벽에 울면서 칭얼댄다는 이유로 무자비하게 폭행하여 죽였다고 합니다. 김 씨는 2007년 말에 가출했던 아내 이 모(29) 씨가 이듬해 9월에 아들을 낳아 데려왔을 때부터 "내 자식이 아닌 것 같다."며 폭행을 일삼았다고 합니다. 김 씨는 숨진 아들을 8일간이나 방에 그대로 뒀다가 시신이 부패하자 비닐봉지에 넣어 화장실 세탁기 위에다가 10일간 더 방치했다고 합니다. 김 씨는 이듬해 3일 새벽에 시신을 이불로 감싸서 쓰레기봉투에 넣어 인근 쓰레기 더미에다 갖다 버렸습니다. 아들의 시신은 한 달여 만에 지나가던 사람에 의해 발견되었습니다. 얼마나 기가 막히는 일입니까?

모든 살인은 사탄의 역사임이 분명합니다. 사탄은 살인자입니다. 사탄에 사로잡히고 사탄에게 속한 자들은 살인을 일삼습니다. 반면 하나님의 자녀들은 사람을 살리는 일을 합니다. 하나님의 말씀으로 사람의 영혼을 살립니다. 그리고 배고픈 사람에게는 먹을 것을 주고 병든 자에게는 병을 치료해 줍니다.

우리는 사람을 죽이는 마귀의 일을 좇지 않고 사람을 살리는 하나님의 자녀로서의 일을 행하며 살도록 힘써야 합니다.

4) 거짓말쟁이입니다

“진리가 그 속에 없으므로 진리에 서지 못하고 거짓을 말할 때마다 제 것으로 말하나니 이는 그가 거짓말쟁이요 거짓의 아비가 되었음이라”(44)

거짓말은 진리와 상반됩니다. 마귀는 에덴동산에서부터 거짓말로 아담과 하와를 타락하게 만든 장본인입니다. 따라서 마귀는 거짓말쟁이로 묘사되고 있습니다. 마귀는 처음에는 선하게 창조되었지만 하나님 앞에 교만하여 죄를 짓고 난 후에는 타락하여 거짓의 아비가 되었습니다. 그래서 모든 사람들을 거짓말로 유혹하며 넘어뜨리고 있습니다. 그러므로 진리이신 그리스도를 배척하고 죽이려고 했습니다. 사람들의 마음을 거짓으로 현혹하여 거짓 신, 즉 우상을 숭배하게 합니다. 사탄은 인간들을 속여서 파괴할 의도로 우리에게 거짓말을 합니다. 그래서 마귀는 거짓의 아비입니다. 마귀는 자신이 거짓말하는 것으로 그치지 않고 다른 사람들도 거짓말을 하게 만듭니다. 그는 모든 거짓의 주인공이요 개척자입니다. 마귀는 사람들이 거짓말을 하게 만드는 거짓의 아비입니다.

하나님은 사람을 창조하실 때 진리를 사랑하는 마음을 주셨습니다. 그러므로 우리는 진리를 말해야 합니다. 이것이 하나님의 창조질서입니다. 그러나 마귀는 거짓의 아비입니다. 거짓말로 사람을 미혹하여 하나님께 불순종하게 만들며 타락하게 만드는 죄의 원흉입니다. 성경은 "나면서부터 곁길로 나아가 거짓을 말하는도다"(시 58:3)라고 말씀합니다. 마귀는 인간을 거짓말쟁이로 만듭니다. 범죄자들의 특징은 거짓말입니다. 체포된 범인들은 일단 거짓말부터 합니다. "나는 절대 죽이지 않았다. 나는 훔친 일이 없다. 나는 사기하지 않았다. 나는 법을 어기지 않았다. 나는 억울하다." 등의 말들을 합니다. 그런데 경찰이나 검찰이 조사한 결과를 보면 전부 거짓말이었음이 드러납니다. 마귀는 거짓의 아비입니다.

공산주의자들은 거짓말쟁이입니다. 공산주의(Communism)는 막스(Karl Marx, 1818-1883)와 레닌(Nikolai Lenin, 1870-1924)이 1917년에 소위 러시아 프롤레타리아 혁명을 일으켜, 모든 생산 수단을 사회 전체가 소유하며 모든 사람들을 계급으로부터 해방시켜 누구나 능력에 따라 필요한 만큼 분배받는 사회를 이루고자 하는 정치적 이념입니다. 그러나 공산주의자들은 사람들을 현혹하기에 좋은 구호를 내세워 무지한 노동자와 농민들을 선동해서 집권층과 자본가들을 무자비하게 숙청하고 권력을 거머쥐었습니다. 그러나 공산혁명 후에도 노동자와 농민들은 권좌에 오르지 않았습니다. 그들은 변함없이 노동자와 농민으로 남았으며 여전히 배고프고 가난했습니다.

공산주의자들은 그들이 정권을 잡기 위해 거짓말이란 수단으로 사람들을 속였을 뿐입니다. 공산주의를 만든 칼 막스(러시아 유대인)는 머리는 좋았지만 일을 하지 않았습니다. 어느 추운 겨울날 이불 밑에서 어떻게 하면 일을 하지 않고 살 수 있을 것인가를 생각하다가 고안해 낸 것이 바로 공산주의 이론이라고 합니다. 그때 그가 친구에게 도움을 청했더라면 약간의 도움을 받을 수도 있었겠지만 편지를 보낼

우표 값이 없었다고 그의 딸이 술회한 내용이 경제사상사에 소개되었습니다.

공산주의의 원조인 구 소련이 무너졌고, 중국도 등소평에 의해 자본주의 시장경제로 전환함으로써 가장 빠른 시일 내에 경제 대국의 반열에 올랐습니다. 월남도 중국을 따라잡아 재건에 열을 올리고 있습니다. 하지만 아직도 분별력이 없는 북한은 세계에서 가장 가난한 나라 중에 하나입니다. 북한은 공산주의 체제를 유지하기 위하여 2천 4백만 국민을 도탄에 빠뜨려 인간의 기본권과 자유를 유린해 왔습니다. 수많은 아사자들을 낳았고 배고픔을 견디다 못한 탈북자들의 처절한 고통과 비애는 글로써 다 묘사할 수 없을 만큼 비참합니다. 북한은 핵무기로 한반도와 세계 평화를 위협하고 있습니다. 이 모든 것은 그들이 사탄의 거짓말에 속은 결과입니다.

그러나 하나님의 자녀는 하나님의 말씀을 듣고 진리를 따릅니다. 거짓말을 하지 않습니다. 예수님은 말씀하십니다. "하나님께 속한 자는 하나님의 말씀을 듣나니 너희가 듣지 아니함은 하나님께 속하지 아니하였음이로다"(47)

우리는 하나님께 속한 자녀이기 때문에 하나님을 사랑합니다. 하나님의 자녀는 마귀의 욕심대로 행하지 않습니다. 하나님의 말씀을 깨달아 알고 그 말씀을 믿고 순종합니다. 하나님의 자녀는 거짓말을 하지 않습니다. 말씀대로 진실을 말하고 정직하게 살아갑니다. 아멘.

48유대인들이 대답하여 이르되 우리가 너를 사마리아 사람이라 또는 귀신이
들렸다 하는 말이 옳지 아니하냐 49예수께서 대답하시되 나는 귀신 들린 것
이 아니라 오직 내 아버지를 공경함이거늘 너희가 나를 무시하는도다 50나는
내 영광을 구하지 아니하나 구하고 판단하시는 이가 계시니라 51진실로 진실
로 너희에게 이르노니 사람이 내 말을 지키면 영원히 죽음을 보지 아니하리
라 52유대인들이 이르되 지금 네가 귀신 들린 줄을 아노라 아브라함과 선지자
들도 죽었거늘 네 말은 사람이 내 말을 지키면 영원히 죽음을 맛보지 아니하
리라 하니 53너는 이미 죽은 우리 조상 아브라함보다 크냐 또 선지자들도 죽
었거늘 너는 너를 누구라 하느냐 54예수께서 대답하시되 내가 내게 영광을
돌리면 내 영광이 아무 것도 아니거니와 내게 영광을 돌리시는 이는 내 아버
지시니 곧 너희가 너희 하나님이라 칭하는 그이시라 55너희는 그를 알지 못
하되 나는 아노니 만일 내가 알지 못한다 하면 나도 너희 같이 거짓말쟁이가
되리라 나는 그를 알고 또 그의 말씀을 지키노라 56너희 조상 아브라함은 나
의 때 볼 것을 즐거워하다가 보고 기뻐하였느니라 57유대인들이 이르되 네가
아직 오십 세도 못 되었는데 아브라함을 보았느냐 58예수께서 이르시되 진실
로 진실로 너희에게 이르노니 아브라함이 나기 전부터 내가 있느니라 하시니
59그들이 돌을 들어 치려하거늘 예수께서 숨어 성전에서 나가시니라

(요한복음 8:48-59)

30

아브라함보다 크신 이

유대인들은 예수님에 대해 많은 오해를 했습니다. 예수님이 가르치시는 말씀을 듣고도 깨닫지도 못하고 믿지도 못했습니다. 오히려 예수

님의 말씀에 사사건건 오해하여 공격을 해왔습니다. 오늘날에도 예수님의 진리의 말씀을 듣고도 믿지 않고 오해하는 사람들이 많습니다.

본문 말씀에도 유대인들은 예수님의 가르침을 들었지만 믿지 못했습니다.

1. 예수님의 가르침에 오해를 했습니다

유대인들은 예수님이 누구이신 줄 알지 못하고 예수님의 가르침을 오해하여 무시했습니다. 그들은 예수님에게 귀신이 들렸다고 했습니다. "우리가 너를 사마리아 사람이라 또는 귀신이 들렸다 하는 말이 옳지 아니하냐"(48)

그들은 예수님의 말씀을 그대로 믿지 않았습니다. 그들은 진리를 믿지 못해 예수님을 오해하여 귀신이 들렸다고 했습니다. 예수님은 바로 앞 절에서 진리를 믿지 못하는 그들을 향해 말씀하시기를 "너희가 듣지 아니함은 하나님께 속하지 아니하였음이로다"(47)라고 하셨습니다. 즉 마귀에게서 난 자들은 하나님이 보내신 아들을 사랑하지 않는다고 하셨습니다. 마귀의 자녀는 마귀의 욕심대로 행하며 살인하며 거짓말하는 자라고 하셨습니다. 이 말씀을 듣자 유대인들은 예수님을 향하여 귀신이 들렸다고 했습니다. 예수님의 말씀은 진리입니다. 그러나 그들은 마귀에게서 난 자들이요 거짓말쟁이요 살인자들이었습니다. 그래서 그들은 정확하게 지적하시는 진리의 말씀을 듣고도 깨닫지 못하고 오히려 예수님을 향하여 귀신이 들렸다고 하는 것입니다.

세상 사람들은 자신들의 잘못을 쉽게 인정하려고 하지 않습니다. 그들은 자신들의 잘못을 지적해 주는 진리의 말씀을 듣기 싫어합니다. 인정하기는커녕 오히려 공격하며 전가시킵니다. 이에 대해 예수님께서 말씀하십니다. "나는 귀신 들린 것이 아니라 오직 내 아버지를 공경함이거늘 너희가 나를 무시하는도다"(49)

예수님은 하나님 아버지께서 이 세상에 보내신 그 일을 수행하심으로 하나님 아버지를 공경했습니다. 하나님 아버지께서 이 땅에 보내신 사명에 순종하신 것은 하나님을 공경하는 것입니다. 하나님을 믿는 유대인들의 가장 큰 영예는 하나님 아버지를 공경하는 일입니다. 그러나 그들은 하나님의 말씀에 순종하지 않고 오히려 죄를 지었습니다. 예수님은 그것을 지적하셨습니다. 예수님은 하나님 아버지의 말씀대로 공경하며 순종하셨습니다. 그러므로 귀신이 들린 것은 예수님이 아니라 말씀을 거역하며 마귀의 뜻을 좇는 유대인들입니다. 하나님의 뜻대로 살지 않고 마귀의 뜻대로 사는 그들이 귀신 들린 자들입니다. 귀신은 하나님의 영광을 구하지 않고 하나님이 미워하시는 일을 합니다.

우리 하나님이 가장 미워하시는 것은 우상 숭배입니다. 십계명 중 첫째와 둘째 계명은 우상을 숭배하지 말라는 내용입니다. "너는 나 외에는 다른 신들을 네게 두지 말라 너를 위하여 새긴 우상을 만들지 말고 또 위로 하늘에 있는 것이나 아래로 땅에 있는 것이나 땅 아래 물속에 있는 것의 어떤 형상도 만들지 말며 그것들에게 절하지 말며 그것들을 섬기지 말라 나 네 하나님 여호와는 질투하는 하나님인즉 나를 미워하는 자의 죄를 갚되 아버지로부터 아들에게로 삼사 대까지 이르게 하거니와 나를 사랑하고 내 계명을 지키는 자에게는 천 대까지 은혜를 베푸느니라"(출 20:3-6) 하나님이 가장 미워하시고 싫어하시는 것이 우상 숭배입니다. 우상 숭배는 창조주 하나님께 영광을 돌리지 않고 자신들이 손으로 만든 우상 앞에 영광을 돌리는 행위입니다. 하나님으로부터 창조를 받은 우리 피조물들의 삶의 목적은 오직 하나님의 영광입니다. 무슨 일을 하든지 우리는 하나님의 영광이 우선되어야 합니다. 그러기 위해 우리는 무엇보다 하나님을 경외해야 합니다. 하나님께 경배하며 그분께 영광을 돌려야 합니다. 그런데 우상을 섬기며 그 앞에 절하는 것은 하나님의 영광을 가리는 것입니다.

반면 하나님의 자녀들은 무엇보다도 먼저 하나님의 영광을 구합니다. 예수님은 말씀하셨습니다. "나는 내 영광을 구하지 아니하나 구하고 판단하시는 이가 계시니라"(50) 예수님은 오직 하나님 아버지의 영광을 위하여 일하셨고 모든 영광을 하나님 아버지께만 돌렸습니다.

그러나 마귀는 자신의 영광을 구합니다. 마귀의 자녀들 역시 자신들의 영광을 위하여 일합니다. 당시 유대인들은 겉으로는 하나님께 영광을 돌린다고 하면서도 실제는 모든 영광을 자신들에게 돌렸습니다. 당시 바리새인들은 자신의 영광을 위해서만 살았던 외식자들입니다. 그래서 예수님은 유대인의 지도자들, 즉 제사장들과 장로들과 서기관들 및 바리새인들이 하나님께 영광을 돌리지 않는 외식하는 모습을 보시고 통렬하게 비판하셨습니다.

바로 마태복음 23장의 내용입니다. "무엇이든지 그들이 말하는 바는 행하고 지키되 그들이 하는 행위는 본받지 말라 그들은 말만 하고 행하지 아니하며"(마 23:3), "잔치의 윗자리와 회당의 높은 자리와 시장에서 문안 받는 것과 사람에게 랍비라 칭함을 받는 것을 좋아하느니라"(마 23:6-7) 바리새인들은 높은 자리에 앉아서 영광 받는 것을 좋아한 나머지 자신들의 영광을 위해 살았던 사람들입니다. "화 있을진저 외식하는 서기관들과 바리새인들이여 너희는 천국 문을 사람들 앞에서 닫고 너희도 들어가지 않고 들어가려 하는 자도 들어가지 못하게 하는도다"(마 23:13) 이들은 진리를 믿지 않았기 때문에 천국에 들어가지 못하는 것이 당연하지만 이들의 가르침을 받는 사람들까지도 역시 천국에 들어가지 못하게 했습니다. "화 있을진저 외식하는 서기관들과 바리새인들이여 너희는 교인 한 사람을 얻기 위하여 바다와 육지를 두루 다니다가 생기면 너희보다 배나 더 지옥 자식이 되게 하는도다"(마 23:15) 그들은 자신들이 전도한 사람들까지도 그들의 잘못된 가르침으로 인하여 더 악한 자로 만들어 지옥에 떨어지게 하는 자들입니다. "화 있을진저 외식하는 서기관들과 바리새인들이여 회칠한 무덤 같으니 겉으로는 아름답게 보이나 그 안에는 죽은 사람의 뼈와 모든 더러운 것이 가득하도다 이와 같이 너희도 겉으로는 사람에게 옳게 보이되 안으로는 외식과 불법이 가득하도다"(마 23:27-28)

바리새인들은 겉으로는 말씀을 잘 지키는 듯 의로운 척했습니다. 하나님을 잘 믿고 하나님께 영광을 돌리는 삶을 사는 것처럼 보였습니다. 그러나 그들의 속에는 더러운 것으로 가득했습니다. 그들은 겉과 속이 완전히 다른 사람들이었습니다. 그들은 진리이신 예수님으로부터 진리를 가르침 받았지만 깨닫지 못하고 믿지도 않았습니다. 그리고 진리를 오해했습니다.

하나님의 자녀인 우리는 하나님의 말씀을 바로 믿어 하나님의 영광을 나타내며 살아야 합니다.

2. 말씀을 지키면 영생을 얻습니다

예수님은 말씀을 오해하고 믿지 못하는 그들에게 말씀하셨습니다. "진실로 진실로 너희에게 이르노니 사람이 내 말을 지키면 영원히 죽음을 보지 아니하리라"(51)

예수님의 말씀을 그대로 믿고 지키는 사람은 영생을 합니다. 그러나 예수님의 말씀을 믿지 않고 지키지 않는 사람은 영원히 멸망할 수밖에 없습니다. 예수님은 말씀하셨습니다. "하나님이 세상을 이처럼 사랑하사 독생자를 주셨으니 이는 그를 믿는 자마다 멸망하지 않고 영생을 얻게 하려 하심이라"(3:16) 예수 그리스도를 믿는 자는 멸망치 않고 영생을 얻는다고 말씀하셨습니다. 예수님은 이어 말씀하십니다. "하나님이 그 아들을 세상에 보내신 것은 세상을 심판하려 하심이 아니요 그로 말미암아 세상이 구원을 받게 하려 하심이라 그를 믿는 자는 심판을 받지 아니하는 것이요 믿지 아니하는 자는 하나님의 독생자의 이름을 믿지 아니하므로 벌써 심판을 받은 것이니라"(3:17-18) 예수님의 말씀을 믿지 않고 오해하는 자들은 심판을 받습니다.

반면 주님의 말씀을 그대로 믿고 지키는 사람은 심판을 받지 않고 영생을 합니다. 성경은 말씀을 믿고 그대로 지키면 영원히 죽지 아니하고 형통하여 영생을 얻는다고 말씀합니다. 구약 성경에서도 보면 하나님은 이스라엘 백성들에게 약속의 땅 가나안에 들어가서 하나님의 말씀을 지키면 형통하고 복을 받을 것이라고 반복해서 말씀하셨습니다. 여호수아는 이스라엘 백성들에게 마지막 설교를 할 때 반드시 하나님의 말씀을 지키라고 권면했습니다. 그리고 "오직 나와 내 집은 여호와를 섬기겠노라"(수 24:15)고 선포했습니다. "만일 여호와를 섬기는 것이 너희에게 좋지 않게 보이거든 너희 조상들이 강 저쪽에서 섬기던 신들이든지 또는 너희가 거주하는 땅에 있는 아모리 족속의 신들이든지 너희가 섬길 자를 오늘 택하라 오직 나와 내 집은 여호와를 섬기겠노라"(수 24:15)

광야 생활을 하던 이스라엘 백성들이 가데스바네아에서 엄청난 사건을 경험했습니다. 그것은 하나님의 말씀을 지키느냐 지키지 않느냐 하는 문제였습니다. 그 결과 말씀을 지킨 자는 영생을 얻었지만 어긴 자는 죽임을 당했습니다. 열두 정탐꾼들이 40일간의 가나안 정탐을 마치고 돌아와서 모세에게 보고했습니다. 그때 열 명은 가나안 땅에 들어가면 우리 모두 그들의 밥이 되어 죽게 되므로 애굽으로 돌아가자고 소리치며 군대장관을 세워서 하나님의 약속의 말씀에 대항했습니다. 반면 여호수아와 갈렙은 "우리가 곧 올라가서 그 땅을 취하자 능히 이기리라"(민 13:30) 하며 하나님의 말씀을 믿고 그대로 따르자고 주장했습니다. 그러자 무리가 돌을 들어 치려고 했지만 그들은 모세와 아론의 편에 서서 하나님의 약속의 말씀을 끝까지 믿고 지키려고 했습니다.

하나님은 그들을 심판하셨습니다. 하나님의 말씀에 불순종한 무리는 그토록 갈망하던 약속의 땅을 밟지 못하고 모두 광야에서 죽고 말았습니다.

반면 하나님의 말씀을 끝까지 지킨 여호수아와 갈렙은 요단강을 건너 여리고성을 무너뜨리고 약속의 땅 가나안에 들어가서 하나님이 주신 땅을 기업으로 받았습니다. 하나님의 말씀을 지키는 것은 생명을 얻는 일입니다.

1789년 영국 군함 바운티(Bounty) 호에서 반란이 일어났습니다. 반란자들 중 일부는 피트게인 섬에 상륙하여 원주민들과 함께 공동체를 이루었습니다. 그들은 모든 정치적 구속에서 벗어나 자유롭게 살기를 원했습니다. 그러나 그로부터 9년이 지난 뒤 그곳에는 살인과 폭력과 성(性)의 문란 및 알코올 중독 등의 심각한 사회 문제가 발생했습니다. 이러한 결과에 회의를 품은 지도자 플래처 크리스천은 그만 자살을 하고 말았습니다. 그리고 남은 사람들은 모두 영국으로 돌아가기로 결정했습니다. 그런데 배가 떠나기 두 달 전에 존 아담스라는 사람이 창고에서 성경책 한 권을 발견했습니다. 그는 그 성경을 읽다가 자신의 죄를 회개하고 다시 예수님을 찾게 되었습니다. 결국 그는 영국으로 가는 배에 오르지 않고 성경과 함께 섬에 남기로 했습니다. 이제 죄악으로 얼룩졌던 피트게인 섬은 한 권의 성경으로 다시 소생하는 기회를 얻게 되었습니다.

하나님의 말씀은 단순한 활자나 많은 출판물 중의 하나가 아닙니다. 성경은 하나님께서 생명을 불어넣으신 책이기 때문에 영원히 사라지지 않습니다. 말씀은 역사 속에 함께 하고 있는 능력입니다. 주님은 말씀하십니다. "천지는 없어질지언정 내 말은 없어지지 아니하리라"(마 24:35) 성경은 말씀합니다. "이 예언의 말씀을 읽는 자와 듣는 자와 그 가운데에 기록한 것을 지키는 자는 복이 있나니 때가 가까움이라" (계 1:3) 하나님의 말씀을 지키는 자는 영생을 얻습니다. 하나님의 말씀은 바로 생명입니다. 그러므로 우리는 항상 말씀을 가까이 하고 말씀을 지켜야 합니다. 이 말씀 안에 생명이 있습니다.

그런데 유대인들은 예수님의 말씀을 그대로 믿지 못하고 항의를 했습니다. "유대인들이 이르되 지금 네가 귀신 들린 줄을 아노라 아브라함과 선지자들도 죽었거늘 네 말은 사람이 내 말을 지키면 영원히 죽음을 맛보지 아니하리라 하니 너는 이미 죽은 우리 조상 아브라함보다 크냐 또 선지자들도 죽었거늘 너는 너를 누구라 하느냐"(52-53)

그들은 오직 자신들이 예수님에 대해 알고 있는 그들의 지식 수준에 맞는 말만 했습니다. 그들은 예수님께서 "내 말을 지키면 영원히 죽음을 보지 아니하리라"(51)고 말씀하시자, 우리의 위대한 조상 아브라함과 선지자들도 다 죽었는데 왜 우리가 죽지 않을 것이라고 하느냐며 이런 말을 하는 것을 보니 귀신이 들린 것이 분명하다고 예수님께 다그쳤습니다. 또 예수님이 "내 말을 지키면 영원히 죽음을 맛보지 아니하리라"(52)고 하시자, 우리의 조상 아브라함과 선지자들도 이미 다 죽었는데 아브라함이나 선지자들보다 크냐며 다그쳤습니다. 도대체 누구길래 우리에게 그런 말을 하느냐며 대들었습니다. 이때 예수님이 말씀하셨습니다. "너희 조상 아브라함은 나의 때 볼 것을 즐거워하다가 보고 기뻐하였느니라"(56) 이 말씀은 아주 중요한 내용으로 유대인들이 깜짝 놀랄 만한 말씀입니다. 이 말씀에 대해 여러 가지 해석이 있습니다.

이 말씀은 일찍이 아브라함에게 메시야 시대가 계시되었음을 보여

줍니다. 다시 말하면 아브라함이 100세에 그의 아들 이삭을 낳을 것이라는 하나님의 약속을 받고 기뻐했습니다.(창 17:17) 이삭이 출생할 것이란 약속은 단순히 아들을 낳는다는 것이 아니라 "네 씨로 말미암아 천하 만민이 복을 받으리니"(창 22:18)란 약속의 말씀입니다. 그러므로 그것은 아브라함으로 하여금 메시야가 그의 후손으로 나시게 될 것을 내다보게 한 말씀입니다. 즉 아브라함은 이미 장차 오실 메시야 예수 그리스도를 내다보고 즐거워했다는 말입니다. 과연 하나님의 약속대로 1년 후에 이삭이 태어났습니다. 아브라함은 그 약속의 성취를 보고 기뻐했습니다.

본문에서 예수님이 아브라함에 대해 말씀하신 것은 아브라함도 예수님을 메시야로 알았으니 아브라함보다 예수님이 더 위대하시다는 것을 증거하기 위해서입니다.

3. 예수 그리스도는 아브라함보다 크신 분입니다

예수님이 아브라함은 예수님의 때를 볼 것을 즐거워하다가 보고 기뻐했다는 말씀을 하시자 유대인들은 이 말씀을 이해하지 못했습니다.(56) 그래서 다시 물었습니다. "네가 아직 오십 세도 못 되었는데 아브라함을 보았느냐"(57)

여기서 "오십 세도 못 되었는데"란 말에 대한 해석이 다양합니다. 당시 예수님의 나이가 30대라면 '네가 오십 세도 못 되었는데' 라고 한 유대인들의 말이 자연스럽지 않다는 것입니다. 크리소스톰

(Chrysostom)은 '오십' 이란 말 대신에 '사십' 이라고 읽었습니다. 그러나 그것은 상상에 불과합니다. 그리고 이레네오(Irenaeus)는 그 당시 예수님의 나이가 오십 세에 가까웠을 것이라고 합니다. 이 말도 역사적 사실에 맞지 않는 추측에 불과합니다.

성경은 예수님이 사역을 시작하실 때가 삼십 세쯤 되었다고 분명하게 말씀하기 때문입니다. 그리고 약 3년 동안 사역을 하시다가 십자가에 달려 돌아가셨습니다. 그러므로 여기서 예수님의 나이를 오십으로 본 것에 대해서 예수님이 너무 많은 고생을 하셨기 때문에 나이가 실제보다 들어보였을 것이란 견해도 있습니다. 이사야 53장에 보면 수난 받으시는 예수님에 대한 예언에서도 예수님의 모습을 이렇게 묘사하고 있기 때문입니다. "그는 주 앞에서 자라나기를 연한 순 같고 마른 땅에서 나온 뿌리 같아서 고운 모양도 없고 풍채도 없은즉 우리가 보기에 흠모할 만한 아름다운 것이 없도다 그는 멸시를 받아 사람들에게 버림 받았으며 간고를 많이 겪었으며 질고를 아는 자라 마치 사람들이 그에게서 얼굴을 가리는 것 같이 멸시를 당하였고 우리도 그를 귀히 여기지 아니하였도다 그는 실로 우리의 질고를 지고 우리의 슬픔을 당하였거늘 우리는 생각하기를 그는 징벌을 받아 하나님께 맞으며 고난을 당한다 하였노라"(사 53:2-4) 또한 예수님은 하나님의 아들로서 권위 있는 말씀을 가르치셨고 수많은 기사와 이적을 행하시며 병든 자를 고쳐주신 위대한 스승이기 때문에 실재보다 더 많아 보일 수도 있었을 것입니다.

우리 예수님의 이 세상에서의 생애는 33년 밖에 안 되는 짧은 기간이었습니다. 그러나 예수님이 행하신 초자연적인 위대한 능력과 인격으로 볼 때 예수님은 아브라함이나 모든 선지자들보다 훨씬 더 위대하시고 크신 분입니다. 예수님은 정확하게 말씀해 주셨습니다. "아브라함이 나기 전부터 내가 있느니라"(58) 이 말씀은 아브라함이 나기 전부터 계셨다기보다 그때나 지금이나 예수 그리스도는 항상 존재하시는 분이란 뜻입니다. 예수님은 영원 전부터 자존하시는 하나님이십니다. 예수님의 존재는 어느 역사적 시간에 지배를 받지 않습니다. 다시 말하면 예수님은 전에도 계셨고 지금도 계시고 앞으로도 영원히 계실 하나님이십니다. "예수 그리스도는 어제나 오늘이나 영원토록 동일하시니라"(히 13:8), "태초에 말씀이 계시니라 이 말씀이 하나님과 함께 계셨으니 이 말씀은 곧 하나님이시니라 그가 태초에 하나님과 함께 계셨고 만물이 그로 말미암아 지은 바 되었으니 지은 것이 하나도 그가 없이는 된 것이 없느니라"(1:1-3)

예수 그리스도는 이 세상에 인간의 몸을 입고 오신 하나님이십니다. 그 하나님은 영원 전부터 계셨고 지금도 계시고 앞으로도 영원히 계실 하나님이십니다. 그러므로 예수 그리스도 안에 영생이 있습니다. 예수님을 믿는 하나님의 백성들은 예수님과 함께 영원히 살게 됩니다. 그러므로 우리는 영원하신 예수님을 믿고 그 말씀을 지키는 자가 되어야 합니다. 예수님 안에 영생이 있고 예수님 안에 구원이 있고 예수님 안에 천국이 있습니다. 예수님은 길이요 진리요 생명이십니다. 예수님은 하나님의 아들이십니다. 그러나 유대인들은 예수님을 아브라함이나 선지자들처럼 한낱 인간으로만 보았습니다. 그들은 다 죽었습니다. 그러나 주 예수님을 믿고 그 말씀을 지키는 자는 부활과 영생을 얻습니다. 그를 믿는 자는 영원히 삽니다. 그런데 이 말씀을 들은 유대인들이 예수님을 죽이려고 했습니다. "그들이 돌을 들어 치려하거늘 예수께서 숨어 성전에서 나가시니라"(59)

예수님은 하나님 아버지의 정하신 때가 되기 전에는 그의 생명을 원수들에게 내어 맡기지 않으셨습니다. 예수님은 이 세상에 오신 목적을 다 이루셔야만 했기 때문입니다. 갈보리 산 위에서 우리의 죄를 대속하신 위대한 일을 하셔야만 했기 때문입니다. 그 위대하신 목적을 이루기 위해서 예수님은 위험한 곳을 피하여 숨기도 하셨습니다. 우리도 하나님의 뜻에 맞지 않는 일에는 시간과 희생을 낭비할 필요가 없습니다. 하나님께서 우리에게 주신 사명을 이루기 위해서는 위험한 환경에서 지혜롭게 피할 줄도 알아야 합니다. 하나님의 사명을 이루기 위해서는 무모한 위험은 삼갈 줄 아는 지혜가 필요합니다.

우리는 하나님의 말씀을 그대로 믿고 지켜야 합니다. 말씀을 지키는 자는 형통하게 되고 영생을 얻게 됩니다. 예수님은 영원 전부터 계신 하나님이십니다. 예수님 안에 영생이 있습니다. 우리는 예수님의 말씀을 그대로 믿고 지킴으로써 영생을 소유해야 합니다. 아멘.

1예수께서 길을 가실 때에 날 때부터 맹인된 사람을 보신지라 2제자들이 물
어 이르되 랍비여 이 사람이 맹인으로 난 것이 누구의 죄로 인함이니이까
자기니이까 그의 부모니이까 3예수께서 대답하시되 이 사람이나 그 부모의
죄로 인한 것이 아니라 그에게서 하나님이 하시는 일을 나타내고자 하심이
라 4때가 아직 낮이매 나를 보내신 이의 일을 우리가 하여야 하리라 밤이 오
리니 그때는 아무도 일할 수 없느니라 5내가 세상에 있는 동안에는 세상의
빛이로라 6이 말씀을 하시고 땅에 침을 뱉어 진흙을 이겨 그의 눈에 바르시
고 7이르시되 실로암 못에 가서 씻으라 하시니(실로암은 번역하면 보냄을 받
았다는 뜻이라) 이에 가서 씻고 밝은 눈으로 왔더라 8이웃 사람들과 전에 그
가 걸인인 것을 보았던 사람들이 이르되 이는 앉아서 구걸하던 자가 아니냐
9어떤 사람은 그 사람이라 하며 어떤 사람은 아니라 그와 비슷하다 하거늘
자기 말은 내가 그라 하니 10그들이 묻되 그러면 네 눈이 어떻게 떠졌느냐
11대답하되 예수라 하는 그 사람이 진흙을 이겨 내 눈에 바르고 나더러 실로
암에 가서 씻으라 하기에 가서 씻었더니 보게 되었노라 12그들이 이르되 그
가 어디 있느냐 이르되 알지 못하노라 하니라

(요한복음 9:1-12)

31

실로암 못에 가서 씻으라

예수님은 세상에 계실 때 많은 병자들을 고쳐 주셨습니다. 본문에 보면 예수님께서 날 때부터 맹인이었던 사람에게 실로암 못에 가서 씻으라고 하셨습니다. 그러자 그 맹인이 예수님의 말씀대로 실로암

못에 가서 눈을 씻자 깨끗이 나았습니다. 맹인으로 태어난 이 사람은 빛에 대한 개념도 없었습니다. 이 사람은 단 하루만이라도 빛과 색깔과 모양 등을 보는 것이 소원이었을 것입니다. 그런데 예수님은 소망이 없는 이 사람에게 빛을 주셨습니다. 놀라운 은혜가 이 사람에게 주어진 것입니다.

우리 주님은 가장 절망적인 상태에 있는 자를 도와주실 수 있는 능력이 있으십니다. 또한 주님은 이 사건을 통해 죄인들의 영혼에 특별한 은혜로 역사하실 수 있음을 보여 주셨습니다. 예수님은 이 사람에게 연민을 느껴 은혜를 베풀어 주셨습니다.

오늘날에도 우리 예수님은 육체적인 맹인들을 고쳐 주시는 동시에 영적인 맹인들의 눈을 뜨게 하여 구원받게 하시는 주님이십니다. 예수님의 제자들은 날 때부터 맹인이었던 자를 가리켜 예수님에게 질문을 했습니다. "랍비여 이 사람이 맹인으로 난 것이 누구의 죄로 인함이니이까 자기니이까 그의 부모니이까"(2)

1. 누구의 죄 때문입니까

제자들이 질문한 요지는 이 사람이 왜 날 때부터 맹인이 되었느냐 하는 것이었습니다. 제자들은 이 사람이 날 때부터 맹인이 된 이유가 맹인 자신의 죄 때문인지 아니면 부모의 죄 때문인지 궁금했습니다. 이 말은 유대인의 사상 중에 있는 말입니다. 그들은 부모의 죄를 자식들이 물려받는다고 생각했습니다. 유대 민족은 자기 민족 중에 나병이나 맹인이나 귀머거리 등 불치병자가 있으면 그 사람의 죄 값이라고 생각했습니다. 그리고 태어날 때부터 선천적인 병이 있으면 그것은 부모의 죄라고 믿었습니다. 그래서 제자들은 맹인을 보자마자 누구의 죄인지를 물어본 것입니다.

그래서 유대 민족은 죄에 대해 용서를 구할 때 '내 죄'를 용서해 달라고 하지 않는다고 합니다. 죄를 말할 때는 언제나 '내 죄'가 아니라 '우리의 죄'를 용서해 달라고 한답니다. 그래서 주님이 우리에게 기도를 가르쳐 주실 때에도 "우리 죄를 사하여 주시옵고"라고 하셨습니다. 유대 민족에게 있어서 죄는 어느 특정한 한 사람에게만 책임이 전가되는 것이 아니라 가족이나 민족이나 인류 전체에 주어지는 것으로 생각했습니다. 그들은 한 사람 때문에 불행과 재난이 닥쳤다고 생각하지 않습니다.

우리는 어떤 사람을 함부로 정죄하거나 죄인으로 취급하면 안 됩니다. 물론 조상의 죄 때문이라고 해도 안 됩니다. 우리는 하나님의 뜻을 바로 알아야 합니다.

이 사건에 대해 예수님의 생각과 제자들의 생각은 전혀 달랐습니다.

2. 하나님이 하시는 일을 나타내고자 하심이라

"이 사람이 맹인으로 난 것이 누구의 죄로 인함이니이까 자기니이까 그의 부모니이까"(2)

한 마디로 하나님이 하시는 일을 나타내기 위해서라고 하셨습니다.

모든 일에는 하나님의 뜻이 있습니다. 날 때부터 맹인이 된 이 일에도 하나님의 뜻이 있습니다.

오늘날의 많은 사람들도 예수님의 제자들처럼 과거에 집착을 합니다. 후손이 잘 안 되는 것은 다 조상의 탓으로 생각하여 그들의 잘잘못을 따져 책임을 추궁하려고 합니다. 과거를 따진다고 해서 문제가 해결되는 것이 아닙니다. 앞으로 다가올 미래와 현재의 문제를 해결하는 것이 더 중요합니다. 예수님은 날 때부터 맹인인 사람의 과거를 다 날려버리고 새로운 미래를 주셨습니다. 예수님은 말씀하셨습니다. "하나님이 하시는 일을 나타내고자 하심이라"(3) 세상의 모든 일에는 하나님의 뜻이 있습니다.

사람들이 보기에는 이해가 되지 않을지라도 여기에는 하나님의 깊은 뜻이 숨어 있습니다. 하나님이 허락하셨기 때문에 하나님의 뜻과 섭리 안에서 고통이나 어려움을 당하기도 하고 때로는 병이 들거나 실패도 합니다. 하늘과 땅을 창조하신 하나님은(창 2:3) 우리에게 복을 주실 뿐 아니라(신 2:7) 우리를 통해 싸워서 승리하게 하시고(신 3:21-22) 환난을 당해도 구원받게 하십니다.(욥 4:17-19) 그리고 반드시 이 세상을 심판하십니다.(전 12:14) 그러므로 우리는 하나님의 주권적인 역사를 인정하고 믿어야 합니다. 성경은 말씀합니다. "일을 행하시는 여호와 그것을 만들며 성취하시는 여호와 그의 이름을 여호와라 하는 이가 이와 같이 이르시도다"(렘 33:2) 그러므로 우리는 하나님의 주권적인 능력을 전적으로 믿어야 합니다. 그리하면 우리 하나님은 반드시 선하고 아름다운 것으로 복을 주시고 인도하실 것입니다.

피터 마셜(Peter Marshall, 1902-1949)은 "만일 하나님께서 우리로 하여금 고난으로부터 엄청난 복을 얻게 하시려는 특별한 계획이 없으시다면 하나님은 우리에게 어떠한 고난도 허락하지 않으실 것이다."라고 말했습니다. 하나님께서 우리에게 고난을 허락하시는 이유는 그 고난을 통해서 엄청난 복을 주시기 위해서란 말입니다.

세계적으로 가장 큰 복을 받은 미국의 거부 석유 왕 록펠러(John Davison Rockefeller, 1839-1937)는 이런 말을 했습니다. "나는 재난이 닥칠 때마다 그것을 좋은 기회가 되게 하려고 노력했습니다. 우리가 세상을 향해 가지 않고 하나님을 향해 한 걸음 다가가면 하나님은 우리를 향해 두 걸음 다가오십니다." 우리가 어려움을 당할 때 하나님께로 한 걸음을 나아가면 하나님은 우리에게로 두 걸음을 다가오신다는 말입니다.

이스라엘 백성들이 출애굽하여 홍해 앞에 도착했을 때 앞에서는 바다가 가로막고 있었으며 뒤에서는 애굽의 군대가 추격해 왔습니다. 이때 이스라엘 백성들은 꼼짝없이 죽을 것으로 생각했으나 하나님은 놀라운 계획을 가지고 계셨습니다. 모세가 지팡이를 내밀 때 홍해를 가르시고 이스라엘 백성들이 무사히 바다 한가운데 새로 난 길로 건너게 하셨습니다. 반면 이스라엘 백성들을 추격하던 애굽 군대는 모두 홍해에 빠져 죽게 하셨습니다. 이것이 하나님의 방법이었습니다.

우리는 하나님의 뜻을 알지 못할 때가 많으나 하나님의 뜻은 반드시 이루어집니다. 하나님의 뜻을 이해하지 못했을 때는 불평이나 원망을 할 수도 있습니다. 그러나 하나님의 뜻은 모든 것을 선하게 하신다는 것을 믿고 소망을 가지고 기다려야 합니다.

오랜 기간 불치의 병으로 누워만 지내던 한 불구의 소녀가 복음을 듣고 구원을 받게 되었습니다. 그 소녀는 다른 사람들처럼 교회에 나가 예배를 드림으로 주님을 기쁘시게 해드리지 못하는 것을 매우 안타깝게 여겼습니다. 그러던 어느 날 소녀를 찾아온 목사님이 비록 병상에서라도 열심히 기도함으로 하나님을 기쁘시게 해드릴 수 있다고 일러주었습니다. 그 말을 들은 소녀는 매우 기뻤습니다. 그로부터 몇 달 후 그 마을의 많은 사람들이 교회를 찾게 되었을 뿐 아니라 점점 믿음의 부흥이 일어나기 시작했습니다. 그런데 이 소녀는 그 부흥이 어떻게 나타나고 있으며 새로 교회에 등록하는 사람들은 어떤 사람들인지 궁금해서 가족에게 자주 물었습니다. 수개월 후 이 소녀는 계속 앓아오던 병으로 세상을 떠나게 되었습니다. 그런데 그 후에 놀라운 사실이 발견되었습니다. 그 소녀의 베개 밑에서 56명의 이름이 나란히 기록된 명단이 나왔습니다. 이 56명은 근래에 교회에 나와 구원받은 사람들의 명단이었습니다. 그리고 각 사람의 이름 앞에는 빨간 십자가 표시를 해놓았습니다. 그것은 소녀가 기도한 사람들 중에서 구원을 받았다는 소식을 들을 때마다 표시해 놓은 것입니다.

이 소녀의 생애에서 병으로 앓아누웠던 기간은 세상적인 시각으로 보면 견디기 매우 힘든 기간이었습니다. 그 기간에는 아무 일도 할 수 없었습니다. 그러나 그 기간들이 하나님의 기간과 연결될 때에 하나님이 하시는 일이 느러나게 되었습니다. 그리고 하나님 편에서 볼 때 그 소녀가 앓아 누워있었던 기간은 그의 생애에서 매우 소중한 기간이었습니다. "이 소녀가 어려서부터 병으로 누워 있게 된 것이 누구의 죄 때문인가?"라는 질문은 합당치 않습니다. 이 소녀가 병으로 누워 있을 동안에 하나님께서 드러내고자 하시는 일이 있었기 때문입니다.

우리의 보기에는 고난과 역경이 마치 운명이나 형벌처럼 보일지라도 하나님은 더 깊은 계획으로 하나님의 뜻을 이루어 가신다는 것을 믿고 온전히 주님만 바라보고 의지해야 합니다.

3. 예수님은 맹인에게 실로암 못에 가서 씻으라고 하셨습니다

예수님은 날 때부터 맹인인 사람을 고쳐 주시기로 작정하셨습니다.

1) 예수님은 일할 수 있을 때 일하셨습니다

"때가 아직 낮이매 나를 보내신 이의 일을 우리가 하여야 하리라 밤이 오리니 그때는 아무도 일할 수 없느니라"(4)

예수님이 이 일을 하실 수 있는 기간은 세상에 계실 동안이었습니다. 예수님에게 있어 낮은 공사역 기간입니다. 예수님에게 주어진 공사역 기간 안에만 일을 하실 수 있었습니다. 밤이 오면 일을 할 수 없습니다. "밤이 오리니 그때는 아무도 일할 수 없느니라" 그러므로 예수님은 밤이 오기 전에 모든 일을 마무리하셔야 했습니다. 일을 할 수 있을 때, 즉 낮에 일해야 합니다.

우리 인생에 일할 수 있는 낮은 청년 시절에 해당됩니다. 그때는 한창 일할 수 있는 능력과 환경이 주어진 때입니다. 우리 예수님도 젊은 청년의 시절에 일하셨습니다. 모든 일을 십자가에 달리시기 전까지

다 하셔야 했습니다. 예수님이 고난을 당하시고 죽임을 당하시면 일을 하실 수 없기 때문입니다. 예수님도 하나님이 이 땅에 보내셨기 때문에 오셨습니다. 예수님이 최우선적으로 하셔야 할 일은 예수님을 이 땅에 보내신 하나님 아버지의 그 일이었습니다. 예수님은 아버지로부터 받은 사명을 완수해야만 하셨습니다.

우리도 하나님의 일을 할 사명을 가지고 이 세상에 왔습니다. 그러므로 우리는 하나님이 원하실 때는 하나님의 일을 우선적으로 해야 합니다. 하나님의 일을 최우선적으로 하는 것이 바로 사명을 감당하는 것입니다. 우리도 주어진 기간에 일해야 합니다. 시간이 지나면 일을 할 수 없을 때가 오기 때문입니다. 우리에게 주어진 일을 할 수 있는 그 기간에 일해야 합니다. 우리는 우리의 때에 하나님의 일을 해야 합니다.

예수님은 말씀하셨습니다. "때가 아직 낮이매 나를 보내신 이의 일을 우리가 하여야 하리라 밤이 오리니 그때는 아무도 일할 수 없느니라 내가 세상에 있는 동안에는 세상의 빛이로라"(4-5) 이 말씀은 예수님이 죽으실 때가 얼마 남지 않았다는 의미입니다. 예수님께서 33세에 갈보리 산에서 십자가를 지시고 세상을 떠나실 시간, 곧 밤이 올 것이란 의미입니다. 그때는 아무 일도 하실 수 없으므로 예수님께서 이 세상에 계실 동안에 하나님의 일을 하시겠다는 말씀입니다.

우리 역시 밤이 오기 전에 일해야 합니다. 우리에게 죽음이 오기 전에 하나님의 일을 해야 합니다. 우리가 죽은 후에는 복음을 전할 수 없습니다. 죽은 사람이 하나님의 교회를 위해 섬길 수는 없습니다. 우리가 봉사하고 섬길 수 있는 기간은 길지 않습니다. 우리가 주님을 위해 일할 수 있는 기간이 정해져 있으므로 우리가 할 수 있을 때 주를 위해 열심히 섬기고 봉사해야 합니다. 우리에게 주신 사명에 충실해야 합니다. 전도와 교회 봉사에도 열심을 내어야 합니다. 우리에게 주어진 달란트를 주를 위해 최대한 사용해야 합니다. 특별히 하나님의 교회를 잘 섬기고 봉사해야 합니다. 우리의 낮 시간에 사랑을 베풀며 용서해야 합니다. 밤이 오면 할 수가 없으므로 밤이 오기 전에 열심히 일해야 합니다. 주님이 주신 사명에 충성을 다해야 합니다.

예수님은 날 때부터 맹인인 사람에게 말씀하셨습니다.

2) 실로암 못에 가서 씻으라

"이 말씀을 하시고 땅에 침을 뱉어 진흙을 이겨 그의 눈에 바르시고 이르시되 실로암 못에 가서 씻으라 하시니(실로암은 번역하면 보냄을 받았다는 뜻이라) 이에 가서 씻고 밝은 눈으로 왔더라"(6-7)

예수님께서 땅에 침을 뱉어 진흙을 이겨 맹인의 눈에 바르신 후 실로암 못에 가서 씻으라고 하셨습니다. 특별히 이 맹인에게 진흙을 이겨 발라주신 것은 그 당시 민간요법 중에 눈병이나 피부병에 침을 바르고 흙을 바르던 일이 있었기 때문일 것입니다.

여기서 주님이 요구하신 것은 순종입니다. 예수님의 말씀에 불순종하여 실로암 못으로 가지 않았다면 그는 눈을 뜨지 못했을 것입니다. 그러나 맹인은 예수님의 말씀대로 실로암 못에 가서 씻었기 때문에 밝은 눈으로 돌아올 수 있었습니다. 주님은 순종하는 자에게 은혜를 베푸십니다. 하나님께서 순종하라고 하실 때 순종하고 바치라고 하실 때 바치면 하나님께서 역사하십니다. 맹인은 순종함으로 눈을 뜨게 되었습니다.

아람 나라의 나아만 장군이 나병에 걸려서 엘리사를 찾아와 고쳐달라고 했습니다. 그런데 엘리사는 만나주지도 않고 종을 통해 요단 강에 가서 몸을 일곱 번 씻으라는 말만 전하였습니다. 그러자 나아만 장군이 화가 났습니다. 아람 왕국의 장군인 나아만에게 인사는커녕 얼굴도 비치지 않은 채 흙탕물인 요단 강에 가서 일곱 번 씻으라고만 하니 화가 날만도 합니다. 화가 난 나아만 장군이 그냥 돌아가려고 했습니다. 그러자 그의 종들이 어렵지 않은 일이니 순종할 것을 권유해 요단 강에 가서 씻기로 했습니다. 그러나 여섯 번까지 씻었지만 전혀 변화가 없었습니다. 여섯 번이나 들어갔으면 조금이라도 나을 기미가 있어야 할 텐데 전혀 반응이 없었습니다. 만약 이때 화를 내고 그냥 돌아갔더라면 그의 문둥병은 영원히 고칠 수 없었을 것입니다. 그러나 그가 일곱 번째 들어갔다가 나왔을 때 비로소 어린 아이의 살처럼 깨끗하게 치료되었습니다.(왕하 5장) 순종할 때 하나님의 역사가 나타났습니다.

미국의 유명한 토레이(Reuben Archer Torrey, 1856-1982) 목사님은 이런 말을 했습니다. "모든 권능은 하나님께 속해 있다. 그런데 우리가 그 권능을 받으려면 단 한 가지 조건이 있는데 그것은 바로 절대적인 순종이다." 우리가 하나님께 순종할 때 능력을 경험할 수 있습니다.

부모가 서울에서 사업에 실패하자 온 가족이 강릉으로 이사를 오게 된 황대현이라는 남자 아이가 어느 교회에 출석하게 되었습니다. 초등학교 4학년을 중퇴하게 된 이 아이는 똑똑했지만 가난하여 그 교회에서 운영하는 야간학교에 다닐 수밖에 없었습니다. 그 교회의 목사님은 그에게 이런 말을 해주었습니다. "애야, 네가 서울에서 학교에 다니다가 오게 되어 실망이 크겠지만 걱정하지 마라. 네가 하나님을 잘 믿고 네 인생을 그분께 맡기면 하나님께서 어느 누구보다 큰 복을 주실 것이다. 네 인생을 하나님께 맡겨라." 그 어린 아이는 목사님의 말씀대로 자신의 인생을 하나님께 맡기기로 결심하고 열심히 교회에 출석하는 가운데 페인트 상회에서 10년간 점원으로 일을 하며 보냈습니다. 그로부터 10년 후 그가 페인트 상회에서 열심히 일해서 모은 3천만 원으로 무슨 사업을 할까 궁리했습니다. 그러던 중에 옛날에 목사님께서 인생을 하나님께 맡기라고 하신 말씀이 생각났습니다. 그래서 그는 그 3천만 원으로 사업을 하는 대신 교회에 건축헌금으로 다 드렸습니다. 10년 동안 저축한 3천만 원이라는 돈을 선뜻 하나님께 드린다는 것은 결코 쉬운 일이 아닐 것입니다. 그러나 그에게는 하나님께 인생을 맡기겠다는 믿음이 있었습니다. 그리고 그는 계속해서 그 페인트 상회의 점원으로 일을 했습니다. 그로부터 얼마 뒤 주인은 더 이상 페인트 상회를 운영하기가 힘들다며 그에게 가게를 맡아 줄 것을 부탁했습니다. 이렇게 해서 그가 가게를 인수하게 된 지 얼마 안 되어 그 일대에 각종 콘도 사업의 번창으로 빌딩을 비롯한 여러 가지 공사들이 활발하게 진행되었습니다. 그러자 그 페인트 상회는 점점 번창해 갔습니다. 그 후 그는 하나님으로부터 큰 복을 받아 황대현 사장이라고 하면 모르는 사람이 없을 정도로 강릉 최고의 부자가 되었습니다.

하나님께 순종하면 하나님이 역사하십니다. 황대현 사장은 하나님께 인생을 맡긴 결과 큰 복을 받게 되었습니다. 우리도 순종함으로 하나님의 역사와 복을 체험해야 하겠습니다.

4. 눈을 뜨게 된 맹인은 예수님이 하신 일을 증거했습니다

"그들이 묻되 그러면 네 눈이 어떻게 떠졌느냐 대답하되 예수라 하는 그 사람이 진흙을 이겨 내 눈에 바르고 나더러 실로암에 가서 씻으라 하기에 가서 씻었더니 보게 되었노라 그들이 이르되 그가 어디 있느냐 이르되 알지 못하노라 하니라"(10-12)

맹인이 눈을 뜨게 되자 예수님이 행하신 놀라운 일을 증거하기 시작했습니다. 맹인은 예수님이 자신에게 행하신 그 일, 은혜 받은 그 일을 사실대로 증거했습니다. 고침을 받은 사람에게 어떻게 해서 눈을 뜨게 되었는지 묻자 "예수님이 나를 변화시켰다. 이처럼 위대하신 그분이 나를 구원해 주셨다. 나는 그 예수님을 믿는다."고 증거했습니다. 그때는 예수님을 그리스도로 시인하는 사람은 출교시키기로 되어 있었습니다. 그럼에도 불구하고 이런 간증을 했다는 것은 대단한 사건입니다. 이 맹인이었던 사람은 위험을 무릅쓰고 자신의 눈을 뜨게 해 주신 분이 예수님이라고 담대하고도 분명하게 증거했습니다. 그 말을 들은 사람들이 그러면 그 예수가 어디 있느냐고 묻자 자신도 모른다고 대답했습니다. 예수님이 피하셨으므로 그 맹인도 예수님의 행방을 알 수 없었기 때문입니다.

그는 육체의 눈만 뜬 것이 아니라 영혼의 눈까지 떴습니다. 주변 사람들이 누가 그의 눈을 뜨게 해주었는지 물을 때마다 예수님께서 하셨다고 간증을 했습니다. 그는 자신의 능력으로 눈을 떴다고 하지 않고 예수님께서 하신 일이라고 분명하게 증언했습니다. 예수님께서 성공하게 해주신 것입니다. 하나님께서 잘 되게 하시고 부자가 되게 하신 것입니다. 맹인은 모든 영광을 하나님께 돌렸습니다.

우리도 모든 영광을 하나님께 돌려야 합니다. 우리가 받은 복에 대해 하나님께 감사해야 합니다. 예수님을 믿어 은혜를 받고 복을 받은 사람들이 많습니다. 병을 고친 사람들도 많습니다. 그러면 예수님께서 나에게 은혜와 복을 주셨다는 것을 증거해야 합니다. '실로암'은 보냄을 받았다는 뜻입니다. 하나님께서 우리에게 생명과 사명과 직분을 주셨으니 이제 우리도 보냄을 받아야 합니다. 맹인은 눈을 뜨는 순간부터 주님을 증거했습니다.

우리도 주님의 은혜를 증거해야 합니다. 복을 받았으면 하나님으로부터 보냄을 받아야 합니다. 기도 응답을 받은 사람은 그것을 감사하며 증거해야 합니다. 병을 고친 사람도 증거해야 합니다. 종종 병을 고치거나 기도 응답을 받은 후에는 자신이 특별해서 된 것처럼 불순종하는 사람들도 있습니다. 그런 사람은 결코 그 복이 오래 갈 수 없습니다. 은혜 받은 사람은 더 겸손하게 주님께 감사하며 주님의 은혜를 증거해야 합니다. 맹인은 모든 영광을 하나님께 돌렸습니다. 우리도 우리가 받은 복에 대해 하나님께 감사함으로 모든 영광을 하나님께 돌려야 합니다. 그리고 하나님께서 주신 사명에 충성해야 합니다.

우리가 이해할 수 없는 일에도 하나님께서 하시고자 하는 섭리와 뜻이 있습니다. 우리의 낮 시간, 즉 일할 수 있을 때 일해야 합니다. 우리가 말씀에 순종할 때 하나님의 역사를 보게 됩니다. 우리는 우리에게 베푸신 하나님의 은혜와 역사를 모든 사람들에게 증거해야 합니다. 그리고 오직 하나님께 영광을 돌리는 삶을 살아야 합니다. 아멘.

13그들이 전에 맹인이었던 사람을 데리고 바리새인들에게 갔더라 14예수께서
진흙을 이겨 눈을 뜨게 하신 날은 안식일이라 15그러므로 바리새인들도 그가
어떻게 보게 되었는지를 물으니 이르되 그 사람이 진흙을 내 눈에 바르매
내가 씻고 보나이다 하니 16바리새인 중에 어떤 사람은 말하되 이 사람이 안
식일을 지키지 아니하니 하나님께로부터 온 자가 아니라 하며 어떤 사람은
말하되 죄인으로서 어떻게 이러한 표적을 행하겠느냐 하여 그들 중에 분쟁
이 있었더니 17이에 맹인되었던 자에게 다시 묻되 그 사람이 네 눈을 뜨게
하였으니 너는 그를 어떠한 사람이라 하느냐 대답하되 선지자니이다 하니
18유대인들이 그가 맹인으로 있다가 보게 된 것을 믿지 아니하고 그 부모를
불러 묻되 19이는 너희 말에 맹인으로 났다 하는 너희 아들이냐 그러면 지금
은 어떻게 해서 보느냐 20그 부모가 대답하여 이르되 이 사람이 우리 아들인
것과 맹인으로 난 것을 아나이다 21그러나 지금 어떻게 해서 보는지 또는 누
가 그 눈을 뜨게 하였는지 우리는 알지 못하나이다 그에게 물어 보소서 그
가 장성하였으니 자기 일을 말하리이다 22그 부모가 이렇게 말한 것은 이미
유대인들이 누구든지 예수를 그리스도로 시인하는 자는 출교하기로 결의하
였으므로 그들을 무서워함이러라 23이러므로 그 부모가 말하기를 그가 장성
하였으니 그에게 물어 보소서 하였더라 24이에 그들이 맹인이었던 사람을 두
번째 불러 이르되 너는 하나님께 영광을 돌리라 우리는 이 사람이 죄인인
줄 아노라 25대답하되 그가 죄인인지 내가 알지 못하나 한 가지 아는 것은
내가 맹인으로 있다가 지금 보는 그것이니이다 26그들이 이르되 그 사람이
네게 무엇을 하였느냐 어떻게 네 눈을 뜨게 하였느냐 27대답하되 내가 이미
일렀어도 듣지 아니하고 어찌하여 다시 듣고자 하나이까 당신들도 그의 제
자가 되려 하나이까 28그들이 욕하여 이르되 너는 그의 제자이나 우리는 모
세의 제자라 29하나님이 모세에게는 말씀하신 줄을 우리가 알거니와 이 사람
은 어디서 왔는지 알지 못하노라 30그 사람이 대답하여 이르되 이상하다 이
사람이 내 눈을 뜨게 하였으되 당신들은 그가 어디서 왔는지 알지 못하는도
다 31하나님이 죄인의 말을 듣지 아니하시고 경건하여 그의 뜻대로 행하는
자의 말은 들으시는 줄을 우리가 아나이다 32창세 이후로 맹인으로 난 자의
눈을 뜨게 하였다 함을 듣지 못하였으니 33이 사람이 하나님께로부터 오지
아니하였으면 아무 일도 할 수 없으리이다 34그들이 대답하여 이르되 네가
온전히 죄 가운데서 나서 우리를 가르치느냐 하고 이에 쫓아내어 보내니라
35예수께서 그들이 그 사람을 쫓아냈다 하는 말을 들으셨더니 그를 만나사
이르시되 네가 인자를 믿느냐 36대답하여 이르되 주여 그가 누구시오니이까

내가 믿고자 하나이다 [37]예수께서 이르시되 네가 그를 보았거니와 지금 너와
말하는 자가 그이니라 [38]이르되 주여 내가 믿나이다 하고 절하는지라 [39]예수
께서 이르시되 내가 심판하러 이 세상에 왔으니 보지 못하는 자들은 보게
하고 보는 자들은 맹인이 되게 하려 함이라 하시니 [40]바리새인 중에 예수와
함께 있던 자들이 이 말씀을 듣고 이르되 우리도 맹인인가 [41]예수께서 이르
시되 너희가 맹인이 되었더라면 죄가 없으려니와 본다고 하니 너희 죄가 그
대로 있느니라

(요한복음 9:13-41)

32

주여 내가 믿나이다

본문은 예수님께서 진흙을 이겨 맹인의 눈에 발라 줌으로써 눈을 뜨게 해주신 사실을 두고 바리새인들이 안식일을 어겼다고 시비하는 내용입니다. 그들은 눈을 뜨게 된 이 사람에게 여러 번 문초하는 것도 모자라 그의 부모까지 불러 확인해가며 예수님을 잡으려고 했습니다. 당시에는 나사렛 예수님을 믿으면 이단으로 취급하여 유대교에서 출교를 시켰습니다. 그러나 눈을 뜨게 된 이 맹인은 자신의 눈을 뜨게 하신 분은 예수님이라고 분명하게 대답했습니다. 그리고 나중에 예수님을 만났을 때에도 분명하게 고백했습니다. “주여 내가 믿나이다”(38)

우리도 이 사람의 신앙을 본받아야 합니다. 우리도 우리를 구원해

주신 분은 예수 그리스도이심을 확실히 믿고 어떤 환경에서라도 누구 앞에서라도 "주여 내가 믿나이다"라고 분명하게 고백할 수 있어야 합니다.

1. 바리새인의 문제 있는 태도를 살펴봅시다

1) 안식일에 대해 잘못 알고 있었습니다

바리새인들은 예수님께서 안식일에 병 고치신 것을 문제로 삼았습니다. "예수께서 진흙을 이겨 눈을 뜨게 하신 날은 안식일이라"(14), "바리새인 중에 어떤 사람은 말하되 이 사람이 안식일을 지키지 아니하니 하나님께로부터 온 자가 아니라 하며 어떤 사람은 말하되 죄인으로서 어떻게 이러한 표적을 행하겠느냐 하여 그들 중에 분쟁이 있었더니"(16)

바리새인들은 예수님께서 안식일에 병을 고치신 일에 대해 시비했습니다. 그런데 예수님은 바리새인들의 주장을 아시면서도 안식일에 병 고치시는 일을 주저하지 않으셨습니다. 그러자 바리새인들은 이것을 문제로 삼아 예수님을 공격했습니다.

안식일은 하나님께서 만드신 복된 날입니다. "천지와 만물이 다 이루어지니라 하나님이 그가 하시던 일을 일곱째 날에 마치시니 그가 하시던 모든 일을 그치고 일곱째 날에 안식하시니라 하나님이 그 일곱째 날을 복되게 하사 거룩하게 하셨으니 이는 하나님이 그 창조하시며 만드시던 모든 일을 마치시고 그날에 안식하셨음이니라"(창

2:1-3) 하나님께서 엿새 동안 만물을 창조하시고 이레 째 되는 날에 쉬셨습니다. 하나님께서 안식하신 날이 바로 주일입니다. 안식일의 목적은 휴식입니다. 하나님께서 우리 인생에게도 휴식의 복을 주셨습니다. 피곤하게 일하는 인생에게 휴식은 그 자체가 복입니다. 주일은 우리의 육신도 쉬고 영혼도 새 힘을 얻게 되는 하나님께서 주신 복된 날입니다.

우리는 주일의 안식을 주신 하나님께 감사해야 합니다. 십계명 중 제4계명이 바로 안식일에 대한 규례입니다. "엿새 동안은 일할 것이요 일곱째 날은 쉴 안식일이니 성회의 날이라 너희는 아무 일도 하지 말라 이는 너희가 거주하는 각처에서 지킬 여호와의 안식일이니라" (레 23:3) 안식일은 하나님께서 엿새 동안 천지를 창조하신 후에 쉬셨듯이 엿새 동안 일한 우리에게도 안식할 수 있도록 하신 복된 날입니다. 이날은 누구라도 하던 일을 멈추고 편히 쉬어야 합니다. 그러나 안식일에도 할 수 있는 일이 있습니다. 다시 말하면 안식일을 구별하여 거룩하게 지켜야 한다는 말입니다.

① 하나님께 예배를 드려야 합니다.

주일은 하나님의 날이므로 하나님을 경배하고 예배하며 하나님이 기뻐하시는 하나님의 일을 하는 날입니다. 그러므로 이 하루를 구별하여 드려야 합니다. 따라서 내 자신을 위하여 사사로운 일을 하면 안 됩니다. "만일 안식일에 네 발을 금하여 내 성일에 오락을 행하지 아니하고 안식일을 일컬어 즐거운 날이라 여호와의 성일을 존귀한 날이라 하여 이를 존귀하게 여기고 네 길로 행하지 아니하며 네 오락을 구하지 아니하며 사사로운 말을 하지 아니하면 네가 여호와 안에서 즐거움을 얻을 것이라 내가 너를 땅의 높은 곳에 올리고 네 조상 야곱의 기업으로 기르리라 여호와의 입의 말씀이니라"(사 58:13-14)

이날은 거룩한 날이므로 자신을 위한 육신의 일을 금하고 사사로운 행위를 삼가야 합니다. 모든 세상적인 일은 쉬어야 합니다. 그리고 더 중요한 것은 이날은 주의 날이므로 하루를 온전히 하나님께 드려야 합니다. 그 첫째가 예배드리는 일입니다. 어떤 일이 있어도 예배드리는 일을 최우선적으로 해야 합니다. 주님은 예배를 가장 기뻐하시기 때문입니다.

② 선을 행하고 생명을 구하는 일을 해야 합니다.

주님께서 안식일에 대하여 말씀하셨습니다. "그들에게 이르시되 안식일에 선을 행하는 것과 악을 행하는 것 생명을 구하는 것과 죽이는 것 어느 것이 옳으냐 하시니 그들이 잠잠하거늘"(막 3:4)

주일에는 선한 일과 생명을 구하는 일을 하는 날입니다. 가장 선한 일은 하나님께 예배드리는 일입니다. 예배는 주일에 해야 할 일 중에서 가장 중요한 일입니다. 예배를 통하여 하나님께 찬양과 영광을 돌리며 예수 그리스도의 부활을 체험하며 새로운 변화와 복을 받습니다. 위로부터 주시는 하나님의 말씀의 은혜를 받는 날이 주일입니다. 불쌍한 이웃에게 구제하는 일도 선한 일 중에 하나입니다. 그러므로 하나님을 알지 못하는 심령들을 불쌍히 여겨 구제에 힘쓰는 일도 해야 합니다. 그리고 생명을 구원하는 일은 잃어버린 영혼을 찾아 복음을 전하는 일입니다. 주일은 받은 은혜에 감사하여 열심히 복음을 전하며 심방하는 날입니다. 이것이 선한 일이며 생명을 구원하는 일입니다.

우리가 선한 일과 생명을 구원하는 일을 하면 하나님은 우리에게 기쁨을 주십니다. 우리가 선한 일이나 생명을 구원하는 일을 하면 우리의 육신은 다소 피곤할 수도 있습니다. 그러나 우리의 심령이 새로워지고 강건해지면 우리의 피곤함도 능히 감당할 수 있습니다. 심령이 강건하면 무엇이라도 감당할 수 있게 됩니다. 주일에는 선을 행하고 생명을 구원하는 일을 해야 합니다.

③ 재능대로 봉사해야 합니다.

하나님께서 우리에게 주신 재능으로 주님을 섬기면 됩니다. 하나님은 우리 모두에게 일할 수 있는 재주와 은사를 주셨습니다. 그리고 그것으로 하나님의 영광을 위해 사용하라고 하십니다. 하나님은 사람마다 각각 다른 은사를 주셨습니다. 교사나 찬양대원이나 기도 등으로 섬기며 봉사할 수 있도록 직분을 주셨습니다. 교회 안에는 여러 가지 섬기는 직책들이 있습니다. 그 직책에 따라 섬기면 됩니다.

우리는 자신의 은사를 발견하여 열심히 주를 위해 사용해야 합니다. 안식일에 할 수 있는 일은 선한 일과 생명을 살리는 일입니다. 병자를 고치는 일도 생명을 구원하는 일입니다. 그러므로 예수님께서 안식일에 병자를 고치신 것은 안식일에 당연히 할 수 있는 일입니다. 그러므로 예수님께서 안식일에 맹인의 눈을 뜨게 하신 것은 주일을 어긴 것이 아닙니다. 오히려 바리새인들이 안식일 본래의 뜻을 정확히 모르고 안식일에 맹인의 눈을 뜨게 하신 예수님을 공격한 것입니다. 그리고 그들은 집요하게 예수님에게서 허물을 찾기 위해 눈뜬 맹인을 불렀습니다.

2) 예수님의 능력을 믿지 못했습니다

① 그들은 맹인이었던 사람에게 물었습니다.

"이에 맹인되었던 자에게 다시 묻되 그 사람이 네 눈을 뜨게 하였으니 너는 그를 어떠한 사람이라 하느냐 대답하되 선지자니이다"(17)

바리새인들이 맹인이었던 사람에게 물은 것은 예수님의 능력을 믿지 못했기 때문입니다. 맹인이었던 사람은 예수님을 선지자라고 대답했습니다.(17) 많은 사람들이 예수님을 선지자, 즉 하나님이 보내신 사람으로 알고 믿었습니다. 다시 말하면 예수님의 능력을 인정한다는 말입니다. 모두 예수님을 존경하며 하나님의 말씀을 전하는 주의 종으로 알고 따르며 순종했습니다. 맹인이었던 사람이 예수님을 선지자라고 하자 그 말을 들은 바리새인들이 못마땅하게 여기고 맹인이었던 사람의 부모를 불러 확인하려고 했습니다.

② 맹인이었던 사람의 부모를 불러서 물었습니다.

"유대인들이 그가 맹인으로 있다가 보게 된 것을 믿지 아니하고 그 부모를 불러 묻되 이는 너희 말에 맹인으로 났다 하는 너희 아들이냐 그러면 지금은 어떻게 해서 보느냐"(18-19)

그들이 부모에게 확인하려는 저의 역시 예수님에 대한 불신 때문이었습니다. 그들은 부모로부터 눈을 뜬 자가 아들임을 확인한 후 눈을 뜨게 된 경위를 물었습니다. 그의 부모의 대답입니다. "이 사람이 우리 아들인 것과 맹인으로 난 것을 아나이다 그러나 지금 어떻게 해서 보는지 또는 누가 그 눈을 뜨게 하였는지 우리는 알지 못하나이다 그에게 물어 보소서 그가 장성하였으니 자기 일을 말하리이다"(20-21) 부모가 아들에게 직접 물어보라고 한 것은 바리새인들을 두려워했기 때문입니다. 그 이유를 성경은 이렇게 말씀하고 있습니다. "그 부모가 이렇게 말한 것은 이미 유대인들이 누구든지 예수를 그리스도로 시인하는 자는 출교하기로 결의하였으므로 그들을 무서워함이러라 이러므로 그 부모가 말하기를 그가 장성하였으니 그에게 물어 보소서 하였더라"(22-23)

당시에는 예수님을 선지자로 인정하거나 믿고 따르는 사람들은 유대교에서 출교를 시켰습니다. 유대인들의 공동체인 회당에서의 출교는 아주 무서운 벌이었습니다. 그러므로 그의 부모는 이것을 두려워하여 자기의 아들이 장성한 어른이므로 직접 물어보라며 대답을 회피한 것입니다.

③ 맹인이 되었던 사람을 다시 불렀습니다.

"이에 그들이 맹인이었던 사람을 두 번째 불러 이르되 너는 하나님께 영광을 돌리라 우리는 이 사람이 죄인인 줄 아노라"(24)

이 말 역시 예수님을 인정하지 못하겠다는 뜻이 담겨 있습니다. 그러나 이들의 말에는 모순이 있습니다. 그들은 맹인이었던 사람에게 하나님께 영광을 돌리라고 하면서도 예수님을 죄인이라고 단정했습니다. 예수님은 하나님께 영광을 돌리는 일을 하셨습니다. 죄인을 구원하시고 병자를 고치신 일이 바로 하나님께 영광을 돌리는 일입니다. 그런데 바리새인들은 오히려 하나님의 영광을 가리며 예수님을 죄인으로 몰아가고 있습니다. 자신들은 하나님의 영광을 나타내지 못하면서도 하나님의 뜻대로 사는 사람들을 무시하며 정죄했습니다. 바리새인들은 죄를 지으며 백성들을 괴롭혔습니다. 그러면서도 자신들이야말로 하나님의 영광을 나타내는 믿음이 좋은 사람이라고 자랑하며 거만을 떨었습니다. 그리고 하나님의 영광을 나타내는 예수님을 핍박하며 죄인으로 몰아갔습니다.

우리는 바리새인들의 전철을 밟으면 안 됩니다. 우리는 진실하게 하나님의 말씀대로 순종하며 하나님의 영광을 나타내며 하나님께서 기뻐하시는 삶을 살아야 합니다. 하나님은 사람의 중심을 보십니다. 하나님께 영광을 돌리는 삶은 하나님의 말씀대로 사는 삶, 즉 하나님의 말씀에 순종하는 삶입니다. 그리고 하나님께 영광을 돌리는 것은 하나님을 바로 고백하는 것입니다.

여기서 중요한 것은 바로 맹인이었던 사람의 신앙고백입니다.

2. 맹인이었던 사람은 분명한 신앙고백을 했습니다

맹인이었던 사람은 예수님을 무시하는 바리새인들의 위협 속에서도 용감하게 자신의 신앙을 고백했습니다. "그가 죄인인지 내가 알지 못하나 한 가지 아는 것은 내가 맹인으로 있다가 지금 보는 그것이니이다"(25)

그는 자신이 과거에는 맹인이었지만 지금은 보게 되었다고 분명하게 고백했습니다. 맹인이었던 사람의 "한 가지 아는 것은 내가 맹인으로 있다가 지금 보는 그것이니이다"란 고백은 이론보다 실제적 사실에 호소함으로써 바리새인들의 이론을 사정없이 꺾어 버렸습니다. 그는 사실대로 말했습니다. 그가 '한 가지'를 안다는 것이야말로 그에게 있어서 한 가지이면서도 모든 것을 의미하는 중대한 사건이기도 합니다. 그것은 바로 그가 맹인으로 있다가 지금은 볼 수 있게 되었다는 것입니다. 이것은 사실이자 진실이었습니다. 진실보다 강한 것은 없습니다. 사실을 사실이라고 말하고 진실을 진실이라고 말하는 것은 확실한 신앙고백입니다.

그러자 바리새인들이 다시 질문했습니다. "그 사람이 네게 무엇을 하였느냐 어떻게 네 눈을 뜨게 하였느냐"(26) 그들이 계속 집요하게 묻는 저의는 예수님의 능력을 인정하고 싶지 않다는 말입니다. "내가 이미 일렀어도 듣지 아니하고 어찌하여 다시 듣고자 하나이까 당신들도 그의 제자가 되려 하나이까"(27) 이 말은 "내가 여러 번 말을 했는데도 왜 믿지를 못하는 것입니까? 나는 그분의 능력을 믿습니다. 당신들도 그분을 믿고 싶습니까? 그분의 제자가 되고 싶습니까?"란 의미입니다. 이 말을 들은 바리새인들이 화가 났습니다. "그들이 욕하여 이르되 너는 그의 제자이나 우리는 모세의 제자라 하나님이 모세에게는 말씀하신 줄을 우리가 알거니와 이 사람은 어디서 왔는지 알지 못하노라"(28-29) 그들은 위대한 하나님의 율법을 받은 선지자 모세의 제자들일 뿐 정체도 알 수 없는 나사렛 예수님의 제자가 아니라는 말입니다.

바리새인들은 유대교의 전통과 권위에 대한 자부심이 굉장했기 때문에 예수님을 이단처럼 취급했습니다. 그런 상황에서 예수님의 제자가 되려고 하느냐는 말을 듣게 되자 흥분할 수밖에 없었습니다. 그러나 맹인이었던 사람은 결코 물러서지 않았습니다. 확신하고 있는 것을 거리낌 없이 고백했습니다. "그 사람이 대답하여 이르되 이상하다 이 사람이 내 눈을 뜨게 하였으되 당신들은 그가 어디서 왔는지 알지 못하는도다 하나님이 죄인의 말을 듣지 아니하시고 경건하여 그의 뜻대로 행하는 자의 말은 들으시는 줄을 우리가 아나이다 창세 이후로 맹인으로 난 자의 눈을 뜨게 하였다 함을 듣지 못하였으니 이 사람이 하나님께로부터 오지 아니하였으면 아무 일도 할 수 없으리이다"(30-33)

맹인이었던 자는 자기의 확고한 신앙을 드러냈습니다. 그는 예수님이 하신 그 일을 믿지 못하는 바리새인들이 도리어 이상하다고 말했습니다. 그에게는 하나님은 죄인의 말을 듣지 않으시고 경건한 자의 말을 들으신다는 확신이 있었습니다.(31) 그리고 창세 이후로 맹인으로 난 자의 눈을 뜨게 했다는 말을 들은 적이 없는데 예수님께서 이런 위대한 일을 행하셨으니 어찌 그를 죄인이라고 할 수 있겠느냐는 확신에 찬 고백입니다.(32-33)

이것은 역사적 사실에 의한 힘 있는 논증이요 위대한 신앙고백입니다. 우리도 죽음 앞에서도 당당하게 우리의 믿는 바를 고백할 수 있어야 합니다. 형편에 따라 진실을 바로 고백하지 못하고 거짓으로 말하는 어리석은 신앙인이 되어선 안 됩니다. 혹 어려움을 당할까 해서 하나님이 하신 그 일을 당당하게 증거하지 못한다면 곤란합니다. 앞서 간 우리의 선배들은 생명의 위협 속에서도 당당하게 자신의 신앙을 고백했습니다.

다니엘은 사자굴속에 들어갈 줄 알면서도 자기가 섬기는 하나님에 대한 신앙을 당당하게 고백했습니다. 그의 세 친구들도 풀무불속에 들어갈 줄 알면서도 하나님에 대한 신앙을 고백했습니다. 종교개혁자 마틴 루터도 보름스(worms) 종교회의에서 하나님의 말씀에 대한 진리를 포기하지 않고 "주여, 내가 여기 섰나이다. 나를 도우소서."라고 당당하게 자신의 신앙을 고백했습니다. 우리도 어떤 어려움이 오더라도 당당하게 하나님에 대한 신앙을 고백할 수 있어야 합니다.

바리새인들은 당당하게 고백하는 이 맹인이었던 사람을 쫓아 버렸습니다. 바리새인들은 맹인이었던 한 사람의 신앙고백 앞에서 완전히 패배하게 되자 그를 출교시켜 버렸습니다. 맹인이었던 그는 초신자(初信者)였으나 그의 올바른 신앙이 확신 있게 증거될 때에 많은 바리새인들도 여지없이 패배하고 말았습니다. "그들이 대답하여 이르되 네가 온전히 죄 가운데서 나서 우리를 가르치느냐 하고 이에 쫓아내어 보내니라"(34) 의인은 고난도 받고 추방도 당합니다. 그는 예수 그리스도 그분이 자신의 눈을 뜨게 해주셨다는 신앙을 고백한 후에 박해를 받았습니다. 그러나 예수님은 그를 찾아와 물으셨습니다. "예수께서 그들이 그 사람을 쫓아냈다 하는 말을 들으셨더니 그를 만나사 이르시되 네가 인자를 믿느냐"(35) 그는 예수님을 만난 후에도 확실한 신앙고백을 했습니다. "주여 그가 누구시오니이까 내가 믿고자 하나이다 예수께서 이르시되 네가 그를 보았거니와 지금 너와 말하는 자가 그이니라 이르되 주여 내가 믿나이다 하고 절하는지라"(36-38)

주님은 불법적으로 출교당한 성도를 찾아가 더 깊은 신앙으로 인도하셨습니다. 예수님은 "네가 인자를 믿느냐"고 물으심으로 그의 신앙 수준을 높일 수 있는 좋은 기회를 제공해 주셨습니다. 이때까지 맹인이었던 자는 예수님을 선지자나 하나님께로부터 온 자로만 알았습니다. 그러나 그에게는 좀 더 명백한 지식, 곧 예수님을 인자로 아는 지식이 필요했습니다. '인자'는 메시야를 의미합니다. 맹인이었던 사람은 그것을 사모했습니다. 그 소원을 구체화하여 "주여 내가 믿나이다"라고 분명하게 대답했습니다. 우리도 이런 확실한 신앙을 고백할 수 있어야 합니다. 우리도 베드로처럼 '주는 그리스도시요 살아 계신 하나님의 아들'이라고 고백해야 합니다.

그러나 바리새인들은 예수님을 보지 못했기 때문에 신앙고백을 할 수 없었습니다. 예수님은 이어서 누가 진정한 맹인인가를 말씀해 주셨습니다. "예수께서 이르시되 내가 심판하러 이 세상에 왔으니 보지 못하는 자들은 보게 하고 보는 자들은 맹인이 되게 하려 함이라 하시니 바리새인 중에 예수와 함께 있던 자들이 이 말씀을 듣고 이르되 우리도 맹인인가 예수께서 이르시되 너희가 맹인이 되었더라면 죄가 없으려니와 본다고 하니 너희 죄가 그대로 있느니라"(39-41)

눈앞에 계시는 예수님을 보고도 영안이 어두워 보지 못해 믿지 못하는 그들이 바로 맹인입니다. 예수님이 말씀하시는 맹인은 육적 맹인이 아닙니다. 눈으로 사물을 볼 수 있다고 해서 그들이 맹인이 아닌 것이 아닙니다. 사람의 시력이 아무리 좋다 해도 어떤 짐승의 시력을 따를 수 없습니다. 예를 들면 매는 수 십리 밖에 있는 작은 것도 뚜렷이 볼 수 있다고 합니다. 주님이 말씀하시는 눈의 표준은 심령의 눈입니다. 심령의 눈은 하나님을 보아야 합니다. 심령이 하나님을 보기 전에는 맹인이 될 수밖에 없습니다. 만물보다 거짓되고 심히 부패한 것이 사람의 마음이며(렘 17:9) 자기의 마음을 믿는 자가 바로 미련한 자입니다.(잠 28:26)

인간이 천지를 창조하시고 자신을 만드신 하나님을 모른다면 맹인이 될 수밖에 없습니다. 그런데도 인간은 자신이 맹인인 줄도 모르고 본다고 주장하는 어리석음에 빠지곤 합니다. 예수님은 "너희가 맹인이 되었더라면 죄가 없으려니와 본다고 하니 너희 죄가 그대로 있느니라"(41)고 하셨습니다. 다시 말하면 그들이 맹인인 줄 알았더라면 주님을 믿어 회개하고 죄 사함을 받아 무죄한 자처럼 되었을 것이라는 말씀입니다. 그러므로 영적인 맹인이 자신은 맹인이 아니라고 한다면 자신을 속이는 죄와 하나님을 거짓말쟁이로 만드는 죄를 동시에 범하는 것이 됩니다.

우리는 늘 우리의 영안이 밝아지도록 기도해야 합니다. 우리의 영이 주님을 보기 위해서는 늘 말씀을 가까이 하며 성령의 인도하심을 받아야 합니다. 그리고 늘 영적인 일에 관심을 가져야 합니다.

고대 헬라 나라에 디오게네스라는 철학자가 있었습니다. 그는 자기가 느끼고 생각하는 것을 거리낌 없이 행동에 옮기는 것으로 유명했습니다. 예컨대 그는 환한 대낮에도 등불을 켜서 들고 다녔다고 합니다. 그 이유는 진실하고 정직한 사람을 찾기 위해서라고 합니다. 그래서 '디오게네스의 등불' 이라는 말이 생겼습니다. 그런데 또 '디오게네스의 침' 이라는 말도 있습니다. 어떤 부자가 디오게네스의 명성을 듣고 그를 자기의 집으로 초청을 했습니다. 그에게 자기의 집을 자랑하기 위해서입니다. 과연 그 부자의 집은 으리으리했습니다. 정원도 온갖 기화요초로 깨끗하게 잘 손질되어 있었으며 집안은 각종 보석으로 사치스럽게 꾸며져 있었습니다. 부자는 보란듯이 온갖 거드름을 피우며 디오게네스를 여기저기로 안내했습니다. 부자는 자기 집을 자랑하는데 여념이 없어서 초대를 한 디오게네스에게는 단 1분도 말할 기회를 주지 않았습니다. 그때 별안간 디오게네스가 주위를 두리번거리더니 가래침을 '퉤!' 하며 부자의 얼굴에 뱉었습니다. 명성 있는 철학자의 갑작스러운 행동에 당황한 부자가 얼떨떨해 하자 디오게네스가 말했습니다. "당신의 집은 매우 아름답고 깨끗하여 아무리 둘러보아도 가래침을 뱉을 만한 적당한 장소를 찾지 못했습니다. 그런데 단지 교만과 위선으로 가득한 당신의 더러운 얼굴이 내게는 쓰레기통처럼 보여 어쩔 수 없었습니다." 아주 통쾌한 말입니다. 이렇게 해서 '디오게네스의 침' 이라는 말이 생기게 되었습니다.

본문에서 우리는 교만과 위선으로 가득한 바리새인들의 모습을 봅니다. 태어나면서부터 맹인이었던 사람이 예수님을 만나 눈을 뜨게 되었으면 당연히 축하하고 감사해야 함에도 불구하고 그들은 시비를 했습니다.

우리는 위선과 교만을 멀리하고 언제 어디서라도 당당하고 진실하게 우리의 신앙을 고백해야 합니다. 항상 우리의 영안이 뜨여 있어서 언제라도 주님을 볼 수 있어야 합니다. 그리고 믿음으로 살아가야 합니다. 아멘.

[1]내가 진실로 진실로 너희에게 이르노니 문을 통하여 양의 우리에 들어가지 아
니하고 다른 데로 넘어가는 자는 절도며 강도요 [2]문으로 들어가는 이는 양의
목자라 [3]문지기는 그를 위하여 문을 열고 양은 그의 음성을 듣나니 그가 자기
양의 이름을 각각 불러 인도하여 내느니라 [4]자기 양을 다 내놓은 후에 앞서 가
면 양들이 그의 음성을 아는 고로 따라오되 [5]타인의 음성은 알지 못하는 고로
타인을 따르지 아니하고 도리어 도망하느니라 [6]예수께서 이 비유로 그들에게
말씀하셨으나 그들은 그가 하신 말씀이 무엇인지 알지 못하니라 [7]그러므로 예
수께서 다시 이르시되 내가 진실로 진실로 너희에게 말하노니 나는 양의 문이
라 [8]나보다 먼저 온 자는 다 절도요 강도니 양들이 듣지 아니하였느니라 [9]내가
문이니 누구든지 나로 말미암아 들어가면 구원을 받고 또는 들어가며 나오며
꼴을 얻으리라 [10]도둑이 오는 것은 도둑질하고 죽이고 멸망시키려는 것뿐이요
내가 온 것은 양으로 생명을 얻게 하고 더 풍성히 얻게 하려는 것이라 [11]나는
선한 목자라 선한 목자는 양들을 위하여 목숨을 버리거니와 [12]삯꾼은 목자가 아
니요 양도 제 양이 아니라 이리가 오는 것을 보면 양을 버리고 달아나나니 이
리가 양을 물어 가고 또 헤치느니라 [13]달아나는 것은 그가 삯꾼인 까닭에 양을
돌보지 아니함이나 [14]나는 선한 목자라 나는 내 양을 알고 양도 나를 아는 것이
[15]아버지께서 나를 아시고 내가 아버지를 아는 것 같으니 나는 양을 위하여 목
숨을 버리노라 [16]또 이 우리에 들지 아니한 다른 양들이 내게 있어 내가 인도하
여야 할 터이니 그들도 내 음성을 듣고 한 무리가 되어 한 목자에게 있으리라
[17]내가 내 목숨을 버리는 것은 그것을 내가 다시 얻기 위함이니 이로 말미암아
아버지께서 나를 사랑하시느니라 [18]이를 내게서 빼앗는 자가 있는 것이 아니라
내가 스스로 버리노라 나는 버릴 권세도 있고 다시 얻을 권세도 있으니 이 계
명은 내 아버지에게서 받았노라 하시니라 [19]이 말씀으로 말미암아 유대인 중에
다시 분쟁이 일어나니 [20]그 중에 많은 사람이 말하되 그가 귀신 들려 미쳤거늘
어찌하여 그 말을 듣느냐 하며 [21]어떤 사람은 말하되 이 말은 귀신 들린 자의
말이 아니라 귀신이 맹인의 눈을 뜨게 할 수 있느냐 하더라

(요한복음 10:1-21)

33

선한 목자이신 예수 그리스도

예수님은 우리의 선한 목자가 되십니다. 예수님은 앞서 목자에 대해 말씀을 하신 후에 "나는 선한 목자"라고 말씀하셨습니다. 요한복음에 보면 예수님이 자신을 소개하신 말씀이 여러 군데 있습니다. "나는 생명의 떡이니"(6:35), "나는 세상의 빛이니"(8:12), "나는 양의 문이라"(7), "나는 선한 목자라"(11), "나는 부활이요 생명이니"(11:25), "내가 곧 길이요 진리요 생명이니"(14:6), "나는 참 포도나무요"(15:1)

본문에서는 "나는 선한 목자라"고 말씀하셨습니다. 예수님께서 자신에 대해 일곱 번이나 이렇게 표현하신 것은 우리의 무지로 인하여 하나님을 정확하게 이해하기 어렵기 때문에 좀 더 쉽고 명확하게 설명해 주시기 위해서입니다.

예수님께서 본문을 통해서 우리에게 소개하시려는 예수님은 선한 목자이신 예수님입니다. 일반적인 목자가 아닌 선한 목자입니다. 본문은 선한 목자이신 예수님은 잘 설명해 주고 있습니다.

1. 양을 돌보시는 목자이십니다

본문 1-6절에서는 목자와 양의 관계를 통해서 선한 목자 예수님을 잘 설명해 주고 있습니다. 유대 팔레스틴 지역에는 양을 치는 사람들이 많았습니다. 간혹 목장을 가지고 있으면서 많은 양을 치는 사람들도 있었지만 개인적으로 몇 마리 혹은 몇 십 마리를 치는 경우가 대부분이었습니다. 그리고 소유가 적을 때에는 애완동물처럼 이름을 붙여서 불렀다고 합니다. 그러므로 목자는 각 양들의 이름과 특성을 잘 알고 있었습니다.(3) 당연히 양들은 자기 목자의 음성을 알았기 때문에 목자의 소리에 따랐습니다.(3,4,27) 목자는 밤이 되면 자기의 양들을 개인 우리에 넣었습니다. 그리고 몇 마리 혹은 몇 십 마리의 양을 치는 목자는 마을의 공동우리에 맡겨 관리하기도 했습니다.

그 공동우리에는 문을 지키는 문지기가 있었습니다.(3절 참조) 아침이 되어 목자들이 자기의 양을 찾으려고 우리에 가면 문지기가 문을 열어 주었습니다. 그러면 목자가 그 문을 통해 우리 안으로 들어가 자기 양들의 이름을 불러 우리 밖으로 몰아내어 풀을 뜯게 했습니다. 목자들은 양들의 안전을 위해 최선을 다했으며 때로는 생명도 아끼지 않았습니다. 그런데 예수님은 자신을 가리켜 '선한 목자' 라고 하셨습니다.(10)

예수님은 자신을 가리켜 양들을 위해 생명을 버리는 목자라고 하셨습니다. 마가복음 10장 45절에서 예수님은 "인자가 온 것은 섬김을 받으려 함이 아니라 도리어 섬기려 하고 자기 목숨을 많은 사람의 대속물로 주려 함이니라"고 말씀하셨습니다.

1) 도둑과 강도가 있습니다

양떼에게 도둑이나 강도는 위험이 되고 주인에게는 해가 됩니다. "문을 통하여 양의 우리에 들어가지 아니하고 다른 데로 넘어가는 자는 절도며 강도요"(1)

절도와 강도는 합리적인 방법으로 들어가지 않고 문이 아닌 다른 곳, 즉 창문이나 벽을 타고 들어 갑니다. 사단은 주님의 양들을 해치려고 문으로 들어가지 않고 문이 아닌 다른 곳으로 들어가서 해칩니다.

2) 목자는 문으로 들어 갑니다

양떼의 소유권을 가지고 그들을 돌보는 정당한 주인으로서의 특성이 잘 나타나 있습니다. "문으로 들어가는 이는 양의 목자라"(1)

목자는 주인이란 권위가 있기 때문에 들어갈 수 있습니다. 그는 다친 것을 싸매주고 병든 것을 강하게 해주는 등의 좋은 일을 하려고 들어 갑니다.(겔 34:16) 양은 인간의 보호를 필요로 합니다. 그렇지만 목자가 양을 보호하고 지켜주면 양은 그 대가로 인간에게 봉사를 합니다.(고전 9:7) 양들은 먹이를 공급해 준 사람들에게 옷감과 먹을 것을 제공해 줍니다.

우리의 목자이신 예수님은 길이요 진리요 생명이십니다. 예수님은 그의 양들을 천국으로 인도하는 우리의 문이 되십니다. 목자이신 예수님은 천국의 문을 열어 우리를 영생의 나라로 인도하십니다.

3) 목자에게는 준비된 문을 열어 줍니다

"문지기는 그를 위하여 문을 열고"(3)

옛날에는 대문 안에 양 우리가 있었습니다. 그래서 아무도 그들에게 곧바로 들어갈 수 없고 문지기가 열어 주거나 집 주인이 열쇠를 주어야만 했습니다. 목자가 양들을 안전한 곳으로 인도할 수 있도록 문을 열어 주었습니다.

예수님은 우리를 위하여 구원의 문을 열어 주십니다. 아무에게나 열어주지 않고 선택받은 주님의 양들에게만 열어 주십니다.

4) 양은 목자의 음성을 듣습니다

목자는 양을 보호하고 관리합니다. "양은 그의 음성을 듣나니"(3)

집에서 키우는 개나 말에게 하듯 주인이 양들에게 친근히 말할 때 양들은 주인의 음성을 듣습니다. 더구나 목자는 자기 양들의 이름을 불러 우리 밖으로 몰고 나와 푸른 초장으로 인도합니다. 그때 목자는 항상 양들보다 앞서 가서 위험으로부터 보호해 줍니다. 뒤에서 몰다 가는 양들이 어떠한 위험이나 해를 당할 수도 있기 때문입니다.

주님의 양들은 주님의 음성을 듣습니다. 양들이 목자의 음성을 들으면 기뻐하듯 주님의 양인 우리도 주님의 음성을 들을 때 기쁨이 있습니다. 찬송가 446장입니다.

주 음성 외에는 참 기쁨 없도다 날 사랑하신 주 늘 계시옵소서
기쁘고 기쁘도다 항상 기쁘도다 나 주께 왔사오니 복 주옵소서

우리는 주님의 양들로서 주님의 음성만 듣고 주님만 따르는 삶을 살아가야 합니다.

5) 양을 인도해 냅니다

"그가 자기 양의 이름을 각각 불러 인도하여 내느니라 자기 양을 다 내놓은 후에 앞서 가면 양들이 그의 음성을 아는 고로 따라오되 타인의 음성은 알지 못하는 고로 타인을 따르지 아니하고 도리어 도망하느니라"(3-5)

양들은 목자의 음성을 알기 때문에 낯선 사람의 음성을 구별할 수

있습니다. 양들은 목소리가 의심스러울 때는 달아납니다. 목자는 양의 우리에 있던 각 양들의 이름을 불러 우리 밖으로 내보내는 것처럼 주님은 우리 한 사람 한 사람의 이름을 부르시고 만나 주십니다. 목자이신 우리 주님은 그의 양들의 이름을 다 기억하시고 일일이 불러 주십니다. 학교 선생님도 자기 반 학생들의 이름을 기억했다가 부릅니다. 우리 주님도 그의 양들의 이름을 다 기억하시고 일일이 불러 주십니다. 이름을 부른다는 것은 그 사람의 인격을 인정하고 소중히 여긴다는 말입니다. 그런데 그 사람의 이름을 부르지 않고 번호나 별명, 또는 다른 호칭을 사용한다면 그 사람을 무시하며 인정하지 않는다고 볼 수 있습니다.

그런데 우리가 살아가는 이 시대는 이름 대신 번호나 다른 명칭을 부르는 일들이 많습니다. 이름 대신에 몇 동 몇 호 아줌마, 누구 엄마, 어느 가게 며느리 등으로 부릅니다. 물론 비밀 보장을 위한 것도 있습니다. 그런데 주님이 우리를 부르실 때는 결코 번호를 부르지 않으십니다. 우리 개개인의 이름을 부르십니다. 우리 주님은 우리 한 사람 한 사람의 이름을 부르시고 맞아 주십니다. 우리 주님은 우리의 모든 상처와 무거운 짐과 연약함과 허물과 죄도 다 아십니다.

우리가 애창하는 찬송 중에 '갈릴리 호숫가에서' 가 있습니다.

> "갈릴리 호숫가에서 주님은 시몬에게 물으셨네 사랑하는 시몬아 넌 날 사랑하느냐 오 주님 당신만이 아십니다 사마리아 우물가에서 주님은 여인에게 물으셨네 사랑하는 여인아 넌 날 사랑하느냐 오 주님 당신만이 아십니다"

우리 주님은 우리의 모든 일에 관심을 가지실 뿐 아니라 우리의 마음과 형편까지 다 아시고 우리의 이름을 불러 주십니다. 그러므로 우리가 우리의 목자이신 주님을 의지하며 나아갈 수 있는 것입니다.

6) 목자는 양보다 앞서 나갑니다

"자기 양을 다 내놓은 후에 앞서 가면 양들이 그의 음성을 아는 고로 따라오되 타인의 음성은 알지 못하는 고로 타인을 따르지 아니하고 도리어 도망하느니라"(4-5)

목자가 양들을 우리 밖으로 내보낸 뒤에는 목마르고 배고픈 양들을 잔잔한 물가와 푸른 초장으로 인도합니다. 필요에 따라 돌보아 주고 보살펴 주기도 합니다. 목자는 양들보다 앞서 가면서 안전하고 푸른 풀밭과 잔잔한 물이 있는 곳으로 인도하십니다. 예수님은 우리의 목자로 우리 앞에서 인도하시되 생명의 길로 인도하십니다. 그러므로 양들은 목자이신 주님만 따라가면 됩니다. "자기 양을 다 내놓은 후에 앞서 가면 양들이 그의 음성을 아는 고로 따라오되"(4)

우리도 우리의 목자이신 주님을 따라갈 때가 가장 안전합니다. 우리가 주님을 따라 가면 주님은 우리의 모든 것을 책임져 주십니다. 양들은 목자의 음성을 알고 목자를 따라가지만 주인이 아닌 다른 목자를 따라가지는 않습니다. "타인의 음성은 알지 못하는 고로 타인을 따르지 아니하고 도리어 도망하느니라"(5) 양들은 타인이 부르면 따라가지 않고 달아납니다.

주님의 양들인 우리 성도들도 다른 목자의 음성을 듣고 따라가면 안 됩니다. 결코 다른 목자의 소리에 귀를 기울여서도 안 됩니다. 우리는 항상 주님의 음성만 듣고 주님만 따라가야 합니다. 예수님이 이렇게 목자의 비유를 들어서 설명을 해도 유대인들은 깨닫지 못했습니다. "예수께서 이 비유로 그들에게 말씀하셨으나 그들은 그가 하신 말씀이 무엇인지 알지 못하니라"(6) 그래서 예수님은 그들에게 더 자세하게 설명해 주셨습니다.

2. 양의 문이 되시는 목자이십니다

본문에서는 예수님을 양의 문으로 소개하고 있습니다. 당시 이스라엘에서는 양치기들이 풀을 찾아 여러 날 광야를 떠돌다 보면 자연스레 야영을 할 수밖에 없었습니다. 그때 밤이 되면 목자들은 돌을 쌓아서 간이 우리를 만들어 그 안으로 들여보냈습니다. 그렇게 하고 나면 목자는 그 문 입구에서 잠을 잤습니다. 양들을 지키기 위해서입니다. 주님은 말씀하십니다. "내가 진실로 진실로 너희에게 말하노니 나는 양의 문이라 나보다 먼저 온 자는 다 절도요 강도니 양들이 듣지 아니하였느니라"(7-8)

목자는 자신이 양의 문이 되어 도둑과 강도를 막아 주었습니다. 이때 양 우리의 문을 닫는 것이 안전합니다. 이 문을 통하지 않으면 아무도 목자로 간주할 수 없습니다. 그들은 다 도둑이며 강도입니다.(8) 예수님보다 앞서 갔던 주의 종들 중에 충실한 목격자들도 많이 있었습니다. 그러나 그들 중에는 자기들에게 위임했던 것을 미리 앞지르거나 적그리스도처럼 자기 자신을 높이거나 그리스도보다 뛰어난 척했던 자들이 있었습니다. 바로 그들이 강도와 도둑입니다.(살후 2:4) 서기관들이나 바리새인들, 그리고 대제사장들 및 심지어 주님 앞에 나왔던 많은 사람들까지도 주님을 반대하면서 사람들의 마음을 사로잡아 주님의 권세를 애써 방해하며 그들의 마음에 주님이 들어갈 자리를 없애려고 했습니다. 이들이 바로 도둑이요 강도입니다. 이들은 예수님을 문으로 삼아 들어오지 않았기 때문입니다. 그들이 도둑이며 강도인 것은 주님을 뒤따르지 않고 오히려 앞섰기 때문입니다. 그러므로 양들은 그들의 말을 듣지 않았습니다.

그리스도는 양의 문입니다. "내가 문이니 누구든지 나로 말미암아 들어가면 구원을 받고 또는 들어가며 나오며 꼴을 얻으리라"(9) 이 말씀은 양처럼 누구든지 나를 통하여(δι' ἐμοῦ, 즉 문으로서의 나를 통하여) 양 우리로 들어오면 구원을 받을 것이란 말입니다.

우리는 양의 문이 되시는 예수 그리스도를 통하여 들어가야 합니다. 하나님과 인간과의 위대한 중재자이신 그리스도를 통하여 하나님과의 계약 관계에 들어가 그와 교통하게 됩니다. 그리스도의 교회로 들어가는 길 외에는 하나님의 교회로 들어갈 수 없습니다. 우리는 예수님을 믿는 '신앙의 문' 을 통하여 들어가야 합니다.(행 14:27)

양들은 우리를 드나들며 꼴을 발견할 수 있었습니다. 이것은 양들의 특권입니다. 양들은 아침에 초장으로 나갔다가 밤이면 우리 안으로 들어 왔습니다. 목자는 어디서나 양들을 인도하며 지켜 주었습니다. 양들은 어디서나 꼴을 발견할 수 있었으며 마음껏 드나들며 풀을 뜯어 먹을 수 있었습니다.

주님은 언제나 우리를 선한 길로 인도하십니다. 생명길로 인도하십니다. 주님의 뒤를 따르지 않으면 우리의 생명이 위태롭습니다. 목자는 양들을 안전한 목장으로 인도하려고 몰고 갑니다. 이 문을 통과해야 안전합니다. 이 문은 우리 목자이신 주님이십니다. 예수님보다 먼저 온 자들은 다 절도요 강도입니다. 예수님을 통하지 않으면 천국에 들어갈 수도 없고 구원을 받을 수도 없습니다. 예수님은 구원의 문이십니다.

우리는 그리스도 안에서 생명의 양식을 먹으며 자유를 누리게 됩니다. 그리고 그리스도 안에 있는 사람은 배부름을 얻습니다. 그리스도 안에서 영의 양식을 풍부하게 얻을 수 있습니다. 광야교회 안에서 살아가던 이스라엘 백성들은 날마다 하늘에서 내려주시는 만나로 배불리 먹었습니다.

오늘날에도 그리스도 안에 있는 성도는 목자이신 주님께서 책임져 주시고 먹여 주시고 인도하십니다. "도둑이 오는 것은 도둑질하고 죽이고 멸망시키려는 것뿐이요 내가 온 것은 양으로 생명을 얻게 하고 더 풍성히 얻게 하려는 것이라"(10) 도둑이 양들에게 다가오는 목적은 도둑질하고 죽이고 멸망시키기 위해서입니다. 반면 예수님이 이 세상에 오신 목적은 양에게 생명을 주시기 위해서입니다. 예수님은 교회에 생명을 주시려고 오셨습니다. 예수님은 잃어버린 자들을 찾고 상한 자들을 감싸주기 위해서 오셨습니다.(겔 34:16) 예수님을 믿는 자는 누구든지 죄를 용서받아 새 생명을 얻고 영생을 얻습니다. 동시에 예수 그리스도는 양들로 하여금 생명을 보다 풍성히 누리게 하시려고 오셨습니다.

본문은 비교급으로 되어 있습니다. 목자이신 주님은 도둑이나 강도가 도둑질하고 죽이고 멸망시킨 것보다 생명을 얻되 더욱 풍성히 얻게 하시려고 오셨습니다. 예수님은 죄로 말미암아 박탈당한 생명보다 훨씬 더 풍부한 생명을 주시려고 오셨습니다. 예수 그리스도는 생명을 주시되 보다 많고 유익하고 풍성한 삶을 주십니다. 우리 주님은 우리가 우리의 목자이신 그리스도 안에서 살게 하시되 더욱 편안하고 풍성하고 기쁘게 살 수 있도록 하기 위해 오셨습니다.

예수님은 제자들의 삶을 풍성하게 해주셨습니다. 예수님의 제자들은 수많은 위협과 박해와 고난 중에도 예수님이 주시는 능력으로 승리했습니다. 그들은 늘 감사하며 기쁨이 넘쳤습니다. 예수님은 그의 양들에게 풍성한 삶을 살게 하셨습니다. 다윗은 주님이 주시는 능력으로 풍성한 삶을 살았습니다. 사도들과 종교개혁자 마틴 루터도 풍성한 삶을 살았습니다. 우리는 우리의 목자이신 예수님 안에서 참 생명을 얻어 더 풍성한 삶을 누리는 주님의 양으로 살아가야 합니다.

3. 양을 위해 목숨을 버리신 선한 목자이십니다

당시 이스라엘에는 두 종류의 목자가 있었습니다. 돈을 받고 다른 사람의 양을 대신 쳐주는 삯군 목자와 직접 자기의 양을 치는 주인 목자가 있었습니다. 삯군 목자는 양을 치다가 광야에서 강도나 맹수를 만나게 되면 양을 버리고 달아났습니다. 양을 치는 삯보다 자신의 생명이 더 귀하기 때문입니다. 그러나 주인 목자는 한 마리의 양이라도 빼앗기거나 죽게 할 수가 없어 끝까지 싸웠습니다. 그러다가 목자가 힘에 부치면 죽을 수도 있었습니다. 이런 목자를 선한 목자라고 합니다. 예수님은 말씀하십니다. “나는 선한 목자라 선한 목자는 양들을 위하여 목숨을 버리거니와”(11), “아버지께서 나를 아시고 내가 아버지를 아는 것 같으니 나는 양을 위하여 목숨을 버리노라”(15), “내가 내 목숨을 버리는 것은 그것을 내가 다시 얻기 위함이니 이로 말미암아 아버지께서 나를 사랑하시느니라”(17)

선한 목자이신 예수님은 양들에게 생명을 주시기 위해 자기의 생명을 바치려고 오셨습니다. 선한 목자는 자기의 생명을 양들을 위해 바칩니다. 양들을 위해 자기의 생명을 내놓는 것이 모든 선한 목자들의 특성입니다. 목자 야곱은 피곤을 무릅쓰고 양들을 위해 헌신했습니다.(창 31:40) 목자 다윗 역시 사자와 곰을 죽일 때 그러했습니다.(삼상 17:34-35)

사도 바울도 양떼들을 위하여 생명을 내놓았습니다. 선한 목자는 자기의 양떼를 적으로부터 보호하기 위해 자기의 생명을 기꺼이 내줍니다. 자신의 피를 흘려 양떼를 깨끗하게 하는 것은 위대한 목자의 특권이었습니다. 우리의 목자이신 예수 그리스도는 삯군이 아닌 선한 목자이십니다. 선한 목자이신 주님은 우리를 위해 희생하셨습니다. 그리고 결정적으로 자기의 목숨까지도 내놓으셨습니다. 우리를 구원하시기 위해서 가장 귀한 생명까지도 내놓으셨습니다. 선한 목자이신 주님은 양들을 살리시려고 자신의 목숨을 버리셨습니다. 죄악으로 영혼까지 죽어버린 양들을 살리는 방법은 십자가밖에 없었기 때문입니다. 십자가에 달려 자신의 생명까지 주심으로 우리에게 영원한 생명을 주신 예수 그리스도만이 우리의 선한 목자가 되십니다.

오래 전에 미국 덴버 시에 있는 컬럼바인 고등학교에서 발생한 총기

난사 사건 때에 있었던 일입니다. 그 학교 야구팀 코치인 샌더스는 총성이 울리자 안전한 곳으로 숨지 않고 복도로 뛰어나가 우왕좌왕하는 학생들을 안전한 곳으로 대피시켰습니다. 곧이어 두 발의 총성이 울렸고 그는 그 자리에 쓰러졌습니다. 그때 "우왕좌왕하는 가운데에도 참 스승은 있었다."는 제목으로 이 내용이 신문에 게재된바 있습니다. 이 세상 무엇과도 바꿀 수 없는 가장 귀한 자신의 생명을 다른 사람을 위해 바치는 것이야말로 참 사랑입니다. 사랑과 헌신을 말로만 하지 않고 자신의 생명을 내줌으로써 제자들을 향한 자신의 사랑을 증명해 보였습니다. 선한 목자이신 우리 예수님은 그의 양떼들을 위해 자신을 희생하셨습니다.

예수님은 말씀하십니다. "나는 양을 위하여 목숨을 버리노라"(15) 예수님의 죽음은 어쩔 수 없는 죽음이 아니라 자원하는 죽음이었습니다. "이를 내게서 빼앗는 자가 있는 것이 아니라 내가 스스로 버리노라 나는 버릴 권세도 있고 다시 얻을 권세도 있으니 이 계명은 내 아버지에게서 받았노라"(18) 양들을 사랑하시되 자신의 생명을 버리시기까지 사랑하신 이 사랑이 참된 목자의 모습입니다. 세상의 다른 어떤 것도 구원의 문이 될 수 없으며 예수님을 제외한 그 누구도 선한 목자가 될 수 없습니다. 예수님만이 우리를 참되고 아름다운 길로 이끄실 수 있습니다.

교부 어거스틴은 성자들의 순교의 피에도 능력이 있고 가치가 있다고 생각하는 사람들에게 이런 말을 한 적이 있습니다. "어떤 순교자의 피도 죄의 사함을 위해 흘린 피는 없습니다. 사죄를 위한 피 흘림은 오직 그리스도께서만 우리를 위하여 하실 수 있는 일이었습니다. 이로써 그가 우리에게 주신 속죄의 사랑은 우리로 하여금 모방하게 하려고 하신 일이 아니라 감사하게 하시려고 주신 사랑입니다."

오직 예수님만이 우리의 죄를 사하시기 위해 대속의 죽음을 죽으셨습니다. 우리는 오직 예수님의 대속의 죽음 위에 나타난 그 놀라운 사랑에 감사해야 합니다. 이렇게 예수님은 우리의 죄를 사해 주시기 위해 우리를 대신해서 죽으셨습니다. 그러므로 예수님은 우리의 선한 목자가 되십니다. 우리도 선한 목자이신 주님의 은혜에 감사하면서 선한 목자 주님을 본받도록 노력해야 합니다.

엊그제 일본 나고야에 있는 선교사 한 분으로부터 메일이 왔습니다. 금번에 일본에 불어 닥친 지진과 쓰나미로 인하여 센다이 지역이 폐허가 되다시피 했습니다. 물론 그곳에 있던 교회도 다 파손되었습니다. 이렇게 되자 생명의 위협을 느끼게 되어 모두 대피할 수밖에 없었습니다. 그런데 목사님은 혼자 남아서 교회를 복구하려고 애쓰는 모습을 보았다고 합니다. 그래서 선교사님 자신도 어떤 어려운 환경에도 굴하지 않고 주님의 교회와 영혼을 사랑하는 삶을 살기로 다짐했다고 했습니다.

우리 주님은 생명을 주시기까지 그의 양들을 사랑하시는 선한 목자이십니다. 그러므로 주님 안에 있는 자는 영생을 얻고 풍성한 삶을 살 수 있습니다.

우리 주님은 우리의 선한 목자이십니다. 선한 목자 예수님은 우리를 끝까지 보호해 주십니다. 선한 목자 예수님은 구원의 문이요 생명의 문이십니다. 선한 목자 예수님은 우리에게 생명을 주실 뿐만 아니라 풍성한 삶을 주십니다. 선한 목자 예수님은 우리를 위해 목숨까지 내어 주셨습니다. 우리는 선한 목자이신 주님만 바라보고 사랑하며 감사하며 섬기며 살아가야 합니다. 아멘.

[22]예루살렘에 수전절이 이르니 때는 겨울이라 [23]예수께서 성전 안 솔로몬 행
각에서 거니시니 [24]유대인들이 에워싸고 이르되 당신이 언제까지나 우리 마
음을 의혹하게 하려 하나이까 그리스도이면 밝히 말씀하소서 하니 [25]예수께
서 대답하시되 내가 너희에게 말하였으되 믿지 아니하는도다 내가 내 아버
지의 이름으로 행하는 일들이 나를 증거하는 것이거늘 [26]너희가 내 양이 아
니므로 믿지 아니하는도다 [27]내 양은 내 음성을 들으며 나는 그들을 알며 그
들은 나를 따르느니라 [28]내가 그들에게 영생을 주노니 영원히 멸망하지 아니
할 것이요 또 그들을 내 손에서 빼앗을 자가 없느니라 [29]그들을 주신 내 아
버지는 만물보다 크시매 아무도 아버지 손에서 빼앗을 수 없느니라 [30]나와
아버지는 하나이니라 하신대 [31]유대인들이 다시 돌을 들어 치려하거늘 [32]예수
께서 대답하시되 내가 아버지로 말미암아 여러 가지 선한 일로 너희에게 보
였거늘 그 중에 어떤 일로 나를 돌로 치려 하느냐 [33]유대인들이 대답하되 선
한 일로 말미암아 우리가 너를 돌로 치려는 것이 아니라 신성모독으로 인함
이니 네가 사람이 되어 자칭 하나님이라 함이로라 [34]예수께서 이르시되 너희
율법에 기록된 바 내가 너희를 신이라 하였노라 하지 아니하였느냐 [35]성경은
폐하지 못하나니 하나님의 말씀을 받은 사람들을 신이라 하셨거든 [36]하물며
아버지께서 거룩하게 하사 세상에 보내신 자가 나는 하나님의 아들이라 하
는 것으로 너희가 어찌 신성모독이라 하느냐 [37]만일 내가 내 아버지의 일을
행하지 아니하거든 나를 믿지 말려니와 [38]내가 행하거든 나를 믿지 아니할지
라도 그 일은 믿으라 그러면 너희가 아버지께서 내 안에 계시고 내가 아버
지 안에 있음을 깨달아 알리라 하시니 [39]그들이 다시 예수를 잡고자 하였으
나 그 손에서 벗어나 나가시니라 [40]다시 요단 강 저편 요한이 처음으로 세례
베풀던 곳에 가사 거기 거하시니 [41]많은 사람이 왔다가 말하되 요한은 아무
표적도 행하지 아니하였으나 요한이 이 사람을 가리켜 말한 것은 다 참이라
하더라 [42]그리하여 거기서 많은 사람이 예수를 믿으니라

(요한복음 10:22-42)

34

예수님의 수전절 교훈

예수님은 수전절에 예루살렘에 계셨습니다. 이때는 겨울이었습니다. 구약성경에는 없었으나 신약에 와서 등장한 이 수전절은 우리 달력으로 크리스마스 무렵이 됩니다. 수전절은 유다 마카비우스 형제가 이끄는 3천 명의 독립군이 예루살렘을 점령하던 시리아의 안티오쿠스 에피파네스의 6만 군대를 물리친 후에, 이방 신상과 돼지의 피로 더럽혀진 성전의 제단을 헐고 새로 만든 번제단에서 희생제사를 드리기 시작한 것을 기념하는 절기입니다. 다시 말하면 예루살렘 성전 회복을 기념하는 절기가 수전절(하누카)입니다.

유대인들은 성전을 정화하고 제단에 제물을 드리는 날에는 찬송하면서 비파와 퉁소와 꽹과리를 연주하며 춤을 추며 즐겼습니다. 이 제단 봉헌 축제는 8일 동안 즐겼습니다. 유대인들은 수전절이 되면 그들의 영웅 유다 마카비우스를 생각하며 메시야의 시대를 사모했습니다. 유대력으로 9월(키슬레브) 25일이 '하누카'라고 부르는 수전절입니다. 수전절이 되면 전야부터 8일간 촛불을 밝히는데 매일 하나씩 추가해서 밝혔습니다.

수전절이 되었을 때에 예수님께서 예루살렘의 솔로몬 행각을 거니시다가 말씀을 전하셨습니다. 솔로몬 행각은 솔로몬 왕이 제1차 성전을 건축할 때에 지었던 부속 건물로 바벨론의 공격에도 무사히 보존되어 왔습니다. 제2성전을 지을 때에도 남겨둔 이 행각은 이방인의 뜰 동편에 있었습니다. 비를 피할 수 있도록 기둥과 지붕만 설치한 이 행각은 벽이 없는 현관과 같은 것으로 큰 건물과 건물을 이어주는 주랑이었습니다.

이때는 비가 많이 내리는 계절이라 예수님이 비를 피하여 주랑으로 다니셨던 것으로 보입니다. 이때 유대인들이 예수님을 에워싸고 질문을 했습니다. "유대인들이 에워싸고 이르되 당신이 언제까지나 우리 마음을 의혹하게 하려 하나이까 그리스도이면 밝히 말씀하소서"(24) 유대인들은 예수님이 진짜 그리스도가 맞다면 스스로 그리스도이심을 분명하게 밝히라고 재촉했습니다. 언제까지 유대인들의 마음을 조이며 혼란스럽게 할 것이냐는 말입니다. 그러자 예수님이 말씀하셨습니다.

1. 유대인이 믿지 않는 것은 택한 백성이 아니기 때문입니다

예수님은 이미 자신이 그리스도임을 밝히셨는데도 유대인들이 믿지 않았다고 말씀하십니다. "내가 너희에게 말하였으되 믿지 아니하는도다 내가 내 아버지의 이름으로 행하는 일들이 나를 증거하는 것이거늘 너희가 내 양이 아니므로 믿지 아니하는도다"(25-26)

유대인의 메시야관은 유대인을 속박하는 로마제국을 물리치고 조상 다윗 왕의 시대처럼 정치적인 번영을 가져다주는 것이었습니다. 그러나 우리 주님은 이미 몇 차례 말씀을 통하여 자신이 바로 하나님이 보내신 그리스도이심을 말씀하셨습니다. 예수님의 말씀을 들은 사람들도 예수님을 그리스도라고 증언한바 있습니다. 제자들이나 주님을 따르던 사람들로부터 "우리가 메시야를 만났다"(1:41)고 하는 간접적인 증언도 많았습니다. 사마리아 사람들은 수가 성 여자로부터 "이는 그리스도가 아니냐"(4:29)라는 복음을 들은 후 주님을 모시고 말씀을 들었습니다. 그리고 그들은 고백했습니다. "그 여자에게 말하되 이제 우리가 믿는 것은 네 말로 인함이 아니니 이는 우리가 친히 듣고 그가 참으로 세상의 구주신 줄 앎이라"(4:42)

우리는 말씀만 듣고도 잘 믿는 사람이 되어야 합니다. 주님은 요한복음 8장 58절에서도 증언하셨습니다. "진실로 진실로 너희에게 이르노니 아브라함이 나기 전부터 내가 있느니라" 예수님께서 이미 자신이 그리스도이심을 말씀하셨지만 유대인들이 믿지 않은 이유를 주님은 이렇게 말씀하셨습니다. "너희가 내 양이 아니므로 믿지 아니하는도다 내 양은 내 음성을 들으며 나는 그들을 알며 그들은 나를 따르느니라"(26-27)

유대인들이 예수님의 말씀을 들으며 예수님의 기사와 이적을 보고도 믿지 못하는 것은 주님의 양이 아니기 때문이라고 말씀하셨습니다. 즉 선택받은 사람이 아니기 때문에 예수님을 믿지 못한다는 말씀입니다. 예수님이 행하신 일들이 예수님을 증거해 줍니다. 예수님은 자신이 그리스도이심을 말과 행동으로 보여 주셨습니다. 예수님은 사람으로는 감히 상상도 할 수 없는 이적들을 행하셨습니다. 병을 고치셨고 귀신을 쫓아내셨고 바다를 잔잔케 하셨고 보리 떡 다섯 개와 물고기 두 마리로 5천 명을 먹이셨습니다. 주님은 죽은 야이로의 딸과 나인성 과부의 독자와 죽어 나흘이나 된 나사로를 살리셨습니다.

감옥에 갇힌 세례 요한이 제자들을 예수님에게 보내어 "오실 그이가 당신이오니이까 우리가 다른 이를 기다리오리이까"(눅 7:19)라며 알아보게 했습니다. 그러자 주님은 "너희가 가서 보고 들은 것을 요한에게 알리되 맹인이 보며 못 걷는 사람이 걸으며 나병환자가 깨끗함을 받으며 귀먹은 사람이 들으며 죽은 자가 살아나며 가난한 자에게 복음이 전파된다 하라 누구든지 나로 말미암아 실족하지 아니하는 자는 복이 있도다"(눅 7:22-23)라고 말씀하셨습니다. 이 말씀은 구약에서 메시야가 오시면 이런 일들이 일어날 것이라고 예언한 말씀이었지만 지금은 바로 우리 눈앞에서 이루어지고 있다는 말씀입니다.

주님은 맹인을 보게 하셨고 앉은뱅이를 걷게 하셨고 하늘의 형벌이라고 생각하던 나병환자를 깨끗하게 하셨고 귀머거리의 귀를 열어 주셨고 죽은 자를 살리셨고 가난한 자들에게 복음을 전파하셨습니다. 이런 증거들 외에 더 이상 무슨 증거가 필요하겠습니까? 이런 증거들을 보면서도 믿지 못하는 유대인들을 향해 예수님은 "내 양이 아니므로 믿지 아니하는도다"(26)라고 말씀하셨습니다.

유대 나라에서는 밤이 되면 양의 우리를 공동으로 만들거나 동굴 같은 곳에 양들을 몰아넣고 함께 자게 했습니다. 그리고 아침이 되면 목자들이 와서 자기 양떼의 이름을 불러 밖으로 몰아냈습니다. 그러면 목자로부터 부름을 받은 양들은 주인의 음성을 정확히 알아듣고 목자를 따라 나섭니다. 마찬가지로 우리 주님은 이미 여러 차례 말씀과 이적을 통해 보여 주셨지만 주님의 양무리가 아니기 때문에 믿으려고 하지 않은 것입니다. 주님은 말씀하셨습니다. "내 양은 내 음성을 들으며 나는 그들을 알며 그들은 나를 따르느니라"(27)

우리는 주님의 사랑을 받는 양들입니다. 주님은 우리의 선한 목자이시며 양의 문이 되십니다. 우리 주님이 오신 것은 양들로 하여금 영원한 생명을 주시려고 오셨습니다. "도둑이 오는 것은 도둑질하고 죽이고 멸망시키려는 것뿐이요 내가 온 것은 양으로 생명을 얻게 하고 더 풍성히 얻게 하려는 것이라"(10) 여기서 예수님이 말씀하시고자 하는 요지는 주님의 양은 주님의 음성을 듣고 믿지만 주님의 양이 아니면 믿지 않는다는 말씀입니다. 이스라엘 백성들은 선택받은 하나님의 백성으로 이스라엘 민족이 하나의 교회입니다. 그러나 그 중에는 하나님의 말씀을 믿지 않은 사람들도 많았습니다. 다시 말하면 교회에 출석하는 사람들 중에는 주님의 양도 있지만 주님의 양이 아닌 사람들도 있다는 말씀입니다.

우리가 보기에는 다 똑같아 보입니다. 그러나 예수님은 어떤 사람에게는 "너는 내 양이다. 내가 너에게 영생을 주겠다."고 말씀하시지만 또 다른 사람에게는 "너는 내 양이 아니다."라고 말씀하십니다. 물론 그에게는 영생을 주실 리 없으며 누가 그를 유린하든지 상관하지 않으십니다. 주님의 양이 아니기 때문입니다. 우리가 주님의 양을 구별할 수 있는 방법은 믿음입니다. 이 믿음은 자신의 방식이 아니라 하나님이 원하시는 방식대로 사는 믿음입니다. 유대인들도 예수님의 탁월한 설교를 들을 때는 주님을 메시야로 생각했습니다. 그처럼 놀라운 가르침을 이전에는 그 누구에게서도 들어보지 못했기 때문입니다. 뿐만 아니라 소경의 눈을 뜨게 하고 나병환자를 한순간에 깨끗하게 하고 죽은 사람을 살리는 일을 보고서는 더 이상 의심할 수가 없었습니다. 그러나 시간이 지나면서 다시 의심이 되었습니다.

유대 나라는 나라의 독립을 위해 막강한 힘을 가진 정치 지도자가 필요했습니다. 그런데 예수님은 싸움 자체를 싫어하셨습니다. 게다가 그들이 멸시하는 세리나 창녀들도 따르게 하실 뿐 아니라 그들의 죄를 용서해 주시고 구원을 선포하셨습니다. 그들이 생각하는 메시야는 율법과 유대인이 중심이 되는 사회를 만들어 줄 것으로 믿었습니다. 그런데 예수님은 자신들이 생각하던 메시야 상과 달랐기 때문에 주님의 증언을 듣고도 여전히 의심을 하게 된 것입니다. 그래서 결국 그들은 예수님을 메시야가 아니라고 판단하게 되었습니다.

오늘날에도 이런 식으로 믿는 사람들이 있습니다. 예수님을 믿는 사람들도 나름대로 믿음의 기준이 있습니다. 그들의 기준은 모두가 자기의 생각으로 하나님의 모습과 하나님이 하실 일을 정해 놓았다는 것입니다. 예수님 앞에 나왔던 이 유대인들과 조금도 다르지 않습니다. 예수님은 말씀하십니다. "내 양이 아니므로 믿지 아니하는도다"(26)

그러면 예수님의 양은 누구입니까? 예수님의 양은 한 마디로 예수님의 말씀과 그의 행하신 일을 그대로 믿는 사람입니다. "내 양은 내 음성을 들으며 나는 그들을 알며 그들은 나를 따르느니라"(27) 자신의 모든 것을 예수님께 맡긴 사람입니다. 자신의 무지와 무능과 실패를 인정하고 모든 것을 예수님께 맡긴 사람, 그래서 예수님을 중심에 모시고 예수님의 생각으로 가득 채운 사람이 참으로 예수님을 믿는 주님의 양입니다. 예수님의 양은 모든 것을 주님께 맡기고 전적으로 그분을 믿습니다. 믿지 못하고 맡기지 못하는 사람은 믿는 사람이 아닙니다.

그리고 주님의 양이 될 수도 없습니다. 그래서 예수님은 "너희가 내 양이 아니므로 믿지 아니하는도다"(26)라고 분명히 말씀하신 것입니다.

우리의 목자이신 예수님은 우리를 너무나 자세하게 아시고 잘 돌보시는 참된 목자이십니다. 예수님은 그의 양이 어디에 있으며 그에게 필요한 것이 무엇이며 그의 약점이 무엇이며 어디로 인도해야 할지를 다 아십니다. 그리고 우리의 약점과 장점뿐 아니라 우리에게 필요한 것과 불필요한 것도 다 아십니다. 그러므로 우리는 우리의 목자이신 주님을 전적으로 믿고 우리의 모든 것을 주님께 맡기고 따라가야 합니다. 주님을 믿고 사랑함으로 따르는 사람이 하나님의 양입니다. 우리는 날마다 끝까지 주님의 양으로 살아가야 합니다.

2. 주님의 손에서 빼앗을 자가 없습니다

예수님은 이어서 말씀하십니다. "내가 그들에게 영생을 주노니 영원히 멸망하지 아니할 것이요 또 그들을 내 손에서 빼앗을 자가 없느니라 그들을 주신 내 아버지는 만물보다 크시매 아무도 아버지 손에서 빼앗을 수 없느니라"(28-29)

하나님 아버지의 손은 만물을 창조하시는 손입니다. 하나님은 시간과 공간 세계 속에서 행동하시는 인격적인 하나님이란 사실을 우리에게 전달하기 위해서 손이라는 형상을 사용하셨습니다. 그러므로 이 말씀은 하나님께서 우리를 철저하게 책임지시겠다는 말씀입니다. 하나님의 자녀가 된 우리에게는 이런 하나님 아버지의 손이 함께 하십니다. 하나님은 항상 우리를 주목하시고 우리의 기도를 들으십니다. 억울하게 오해를 받아 답답해 할 때에도 하나님은 우리 마음의 신음을 들으시고 해결해 주십니다. 원수에게 쫓기는 사면초가에서도 하나님은 구원의 길을 만들어 주십니다. 그래서 주님을 믿는 사람은 어떤 절망 가운데서도 마음에 평안이 있습니다. 우리 자신은 연약하여 아무런 대책이 없지만 우리 하나님 아버지께서는 생각지도 못한 새로운 상황을 만들어 주실 것이라 믿고 믿음으로 살려고 애쓰는 사람이 신자입니다. 바로 그런 사람에게 하나님의 강하신 손으로 넉넉히 구원하시고 보호해 주십니다.

만유보다 크신 우리 하나님은 세상을 창조하신 하나님이십니다. 우리의 모든 것을 책임져 주실 뿐 아니라 모든 문제를 해결해 주십니다. 주님은 자신을 믿는 사람들을 개인적으로 아시되 아주 상세히 아십니다. 주님은 그에게 날마다 새로운 힘과 지혜를 주시며 그의 전능하신 팔로 보호하고 인도하십니다. 그래서 믿음의 사람은 어떤 전쟁이나 격변에도 두려워하지 않습니다. 엄청난 전능자의 손이 자신을 붙들고 계심을 믿기 때문입니다.

예수님의 제자들이 배를 타고 갈릴리 바다를 건너가게 되었습니다. 갈릴리 바다는 갑자기 풍랑이 일곤 했습니다. 제자들이 깊은 밤에 바다에서 노를 저어갈 때 거센 파도가 일어나 큰 위험을 느끼게 되었습니다. 그때 바다 위에 이떤 물체가 보였다 밀었다 하자 세사들은 유령이 나타난 것으로 알고 두려워 어떻게 할 바를 몰랐습니다. 그런데 주님께서 가까이 다가오시며 말씀하셨습니다. "안심하라 나니 두려워하지 말라"(마 14:27) 이 주님의 음성을 듣는 순간 안도의 한숨을 내쉬었습니다. 그리고 주님은 바람과 풍랑을 멈추게 하셨습니다. 주님은 풍랑으로 고생하는 제자들을 물에 빠져 죽게 내버려두지 않으셨습니다. 풍랑 속에서도 지켜 주셨습니다. 주님은 거센 파도와 폭풍 가운데서도 능력의 손으로 우리를 보호하시고 지켜 주십니다.

예수 그리스도 안에서 구속함을 받은 사람은 그의 손이 우리를 지켜 주실 뿐 아니라 하나님 아버지의 손이 우리를 보호해 주십니다. 이처럼 우리는 예수님의 손과 하나님의 손으로부터 이중으로 보호받기 때문에 마귀가 아무리 간교하다 할지라도 결코 우리를 빼앗을 수 없습니다. 이 말씀을 꼭 믿으시기 바랍니다. 성경은 말씀하십니다. “환난 날에 나를 부르라 내가 너를 건지리니 네가 나를 영화롭게 하리로다”(시 50:15) 우리가 하나님을 찾기만 하면 아버지가 되시는 우리 하나님은 언제든지 찾아 오셔서 그 능력의 오른손으로 우리를 붙들어 보호해 주십니다. “두려워하지 말라 내가 너와 함께 함이라 놀라지 말라 나는 네 하나님이 됨이라 내가 너를 굳세게 하리라 참으로 너를 도와주리라 참으로 나의 의로운 오른손으로 너를 붙들리라”(사 41:10) 하나님 아버지의 오른손이 우리를 붙들어 주시는 한 우리는 망할 수가 없습니다.

세상만사는 다 하나님 아버지의 손에 달려 있습니다. “이 모든 것을 내가 마음에 두고 이 모든 것을 살펴본즉 의인들이나 지혜자들이나 그들의 행위나 모두 다 하나님의 손 안에 있으니”(전 9:1) 우리는 모두 하나님 아버지의 손 안에 있습니다. 우리의 생각을 초월하시는 하나님은 절대적인 하나님이십니다. 뿐만 아니라 하나님은 우리 안에 내재하시며 우리 안에서 일하십니다. 하나님은 이 우주 만물을 창조하셨을 뿐 아니라 오늘도 계속 창조하고 계십니다. 이 우주에 하나님 아버지의 손이 미치지 않는 곳이 없습니다. 온 우주 만물을 창조하신 하나님은 창조하신 것을 따라서 이 만물을 떠나지 않으시고 보존하십니다. 만물이 하나님 아버지의 손을 의식하거나 의식하지 못하거나 그의 창조물을 보존하시기 위해 하나님은 오늘도 계속 쉬지 않고 일하십니다.

택함을 받은 하나님의 사람은 하나님 아버지의 손 안에 있다는 것을 잊지 말아야 합니다. 주님은 "아무도 아버지 손에서 빼앗을 수 없느니라"(29)고 말씀하셨습니다. 그러므로 우리는 하나님 아버지의 손에 우리의 심령을 부탁해야 합니다. 우리의 크고 작은 모든 문제를 하나님의 손에 부탁해야 합니다. 하나님은 반드시 우리의 지각에 넘치는 좋은 것으로 이루어 주실 것입니다.

3. 아버지와 예수님은 하나입니다

예수님은 성자이신 아들의 손에서 빼앗을 자가 없다고 하신 후, 다시 아버지의 손에서 빼앗을 수 없다고 하시더니 드디어 우주적인 선언을 하셨습니다. "나와 아버지는 하나이니라"(30)

여기서 "나와 아버지는 하나이니라"고 하신 것은 아버지와 아들 예수님은 일체란 말씀입니다. 본질적으로 예수 그리스도는 아버지와 더불어 하나로 영원하신 하나님의 아들이시기 때문입니다. 그와 동시에 예수 그리스도는 성부 하나님 아버지의 계시자(啓示者)로서 세상에 보내심을 받아 아버지의 뜻을 완전히 순종하시는 만큼 그의 모든 행동은 곧 아버지의 행동과 완전히 하나가 되었습니다. 성부와 성자와 성령 하나님은 서로 무관하게 독자적으로 존재하시는 것이 아니라 하나로 존재하시는 하나님이십니다. 바로 삼위일체 하나님이십니다. 그래서 주님은 "나와 아버지는 하나이니라"(30), "나를 본 자는 아버지를 보았거늘"(14:9)이라고 말씀하셨습니다. 이 말씀은 성부가 성자요 성자가 성부라는 말이 아닙니다. 이 말씀은 성부는 성자 안에 계시고 성자는 성부 안에 계신다는 말씀입니다. 성자께서 행하시는 일들은 성부께서 성자 안에 계시면서 성부 자신의 일을 행하시는 것과 같습니다.

예수님이 "나와 아버지는 하나이니라"고 하시자 유대인들이 거세게 반항했습니다. "유대인들이 다시 돌을 들어 치려 하거늘"(31) 그러자 예수님이 다시 말씀하셨습니다. "내가 아버지로 말미암아 여러 가지 선한 일로 너희에게 보였거늘 그 중에 어떤 일로 나를 돌로 치려 하느냐"(32) 예수님께서 하나님 아버지로 인하여 선한 일을 그들에게 보여주셨는데도 왜 믿지 않고 돌로 치려고 하느냐는 말씀입니다. 이때 유대인들이 대답했습니다. "선한 일로 말미암아 우리가 너를 돌로 치려는 것이 아니라 신성모독으로 인함이니 네가 사람이 되어 자칭 하나님이라 함이로라"(33) 유대인들이 돌을 들어 예수님을 치려고 한 것은 예수님이 자칭 하나님이라 하며 신성모독을 했기 때문이라고 합니다. 이때 예수님은 그들의 잘못에 대해 지적하셨습니다. "너희 율법에 기록된바 내가 너희를 신이라 하였노라 하지 아니하였느냐 성경은 폐하지 못하나니 하나님의 말씀을 받은 사람들을 신이라 하셨거든 하물며 아버지께서 거룩하게 하사 세상에 보내신 자가 나는 하나님의 아들이라 하는 것으로 너희가 어찌 신성모독이라 하느냐"(34-36)

여기서 '율법' 이란 말은 시편 82편 6절을 가리킵니다. 시편 82편 6절에는 재판장들을 가리켜 '신들' 이라고 했습니다. 그것은 재판장들이 신(神)의 명령대로 재판을 대행(代行)한다는 의미일 뿐 그들 자신이 영원한 '신들' 이라는 의미는 아닙니다. 그런데 예수님은 그의 신격(神格)이나 신자격(神子格) 주장의 정당성을 이 시구(詩句)에 두셨습니다. 이 말씀은 하나님의 지시를 받은 인간들도 그 본질에 있어서는 신(神)이 아니지만 그들을 '신들' 이나 '자존자의 아들들' (시 82:6)이라고 하였거든, 하물며 아버지께서 거룩하게 하시어 세상에 보내신 영원하신 하나님의 아들이야 말할 것이 무엇이냐는 뜻입니다.

우리 주님은 우리에게 영생을 주신 그리스도이십니다. 주님의 말씀은 다 하나님의 말씀이며 주님이 행하신 일들은 다 하나님의 능력이었습니다. 주님은 우리에게 영원한 생명과 풍성한 은총을 주셨습니다. 그리고 아버지 하나님을 보여 주셨습니다. 그리고 예수님은 말씀하셨습니다. "만일 내가 내 아버지의 일을 행하지 아니하거든 나를 믿지 말려니와 내가 행하거든 나를 믿지 아니할지라도 그 일은 믿으라 그러면 너희가 아버지께서 내 안에 계시고 내가 아버지 안에 있음을 깨달아 알리라"(37-38)

여기에서 "내 아버지의 일"이란 예수님이 행하신 이적들을 가리킵니다. 그리스도께서 행하신 이적들은 어느 한 구석이 아닌 대중이 주목하는 공식석상에서 바리새인들이나 서기관들과 같은 강팍한 교권자들이 끈질기게 책잡으려는 무서운 눈초리 앞에서 이뤄진 일들입니다. 예수님은 "내가 행하거든 나를 믿지 아니할지라도 그 일은 믿으라"고 하신 것은 그의 행하신 이적들이 초자연적이며 사람으로는 할 수 없는 일들이므로 하나님 아버지께서 예수님 안에 계신 표적으로 믿으라는 말입니다.

우리는 예수님은 분명히 그리스도이심을 믿어야 합니다. 우리는 예수 그리스도께서 하신 일을 확실히 믿고 그분을 전적으로 의지해야 합니다. 예수 그리스도는 세상 마지막 때에 재림하시어 최후의 심판을 하실 것입니다. 그러므로 우리는 오직 예수 그리스도만을 믿고 순종하며 따라야 합니다. 예수님은 그리스도이십니다. 우리는 이 신앙을 굳게 잡고 큰 확신 가운데 승리해야 합니다. 우리 예수님은 하나님이십니다. 예수님의 양은 주님을 믿고 따릅니다. 주님은 그의 양을 결코 버리지 않으시고 굳게 붙잡으시고 보호해 주십니다. 그러므로 우리는 전적으로 주님만 의지하고 믿음으로 살아야 합니다. 우리 주 예수 그리스도만이 우리가 전적으로 믿고 따라야 할 분이십니다.

영국의 한 목공소에서 일하던 가난한 청년이 예수님을 소개받고 주님으로 영접하게 되었습니다. 이 청년은 구원의 확신을 갖게 되면서부터 인생을 참으로 의미 있고 소중하고 가치 있게 살아야겠다고 마음을 먹었습니다. 그 후 청년은 한 10년 동안 열심히 노력한 결과 이름이 알려질 만큼 훌륭한 목수가 되었고 드디어 바라던 대로 가구 제조업체를 경영하는 사장이 되기에 이르렀습니다. 어느 날 그가 공장 뒤편에 있는 언덕에 올라 산책을 하다가 널찍한 바위에 걸터앉아 아름다운 마을을 내려다 보았습니다. 그때 갑자기 가슴 깊숙한 곳에서 행복감을 느끼며 감사한 마음이 들었습니다. 이렇게 행복한 마음을 갖게 된 것은 자신이 걸터앉은 바위가 평안히 받쳐주고 있기 때문임을 알았습니다. 그리고 그 순간 그에게 있어 자신을 평안히 떠받쳐주고 있는 바위와 같은 존재가 바로 예수님이시란 사실도 깨닫게 되었습니다. 자신이 행복한 근거는 돈이나 명예나 건강이 아니었습니다. 오직 부활하신 예수님, 살아 계셔서 자신을 인도하시며 십자가에서 대속의 죽음으로 우리를 살려주신 예수님이란 사실을 깨달았습니다. 그는 종이 한 장을 내어 시를 써내려 갔습니다. 그 시가 바로 우리가 즐겨 부르는 찬송 '이 몸의 소망 무언가' 로 에드워드 모트(Edward mote)라는 분이 1834년에 지은 것입니다. 이 시의 제목은 'solid rock' 으로 '단단한 바위' 라는 뜻입니다. "이 몸의 소망 무언가 우리 주 예수뿐일세 우리 주 예수밖에는 믿을 이 아주 없도다 주 나의 반석이시니 그 위에 내가 서리라 그 위에 내가 서리라"

에드워드 모트는 구원받은 확신과 천국에 대한 소망 가운데 가구점 운영과 회사 경영을 했습니다. 기업은 점점 더 융성해져 부자가 되었으나 그의 마음에는 돈보다 주님에 대한 열망으로 가득했습니다. 천국에 대한 소망과 구원의 복음을 널리 전해야 한다는 생각으로 가득하게 된 것입니다. 그는 55세가 되던 해에 기업과 모든 재산을 정리하고 예배당을 건축했습니다. 그리고 드디어 침례교 목사가 된 그는 20년 이상 주의 사역에 힘쓰다가 77세의 일기로 세상을 떠났습니다. "세상에 믿던 모든 것 끊어질 그날 되어도 구주의 언약 믿사와 내 소망 더욱 크리라 바라던 천국 올라가 하나님 앞에 뵈올 때 구주의 의를 힘입어 어엿이 바로 서리라 주 나의 반석이시니 그 위에 내가 서리라 그 위에 내가 서리라"

우리는 오직 우리의 목자이시며 반석이 되시는 예수 그리스도만 바라보고 믿음으로 살아가야 합니다. 아멘.

1어떤 병자가 있으니 이는 마리아와 그 자매 마르다의 마을 베다니에 사는
나사로라 2이 마리아는 향유를 주께 붓고 머리털로 주의 발을 닦던 자요 병
든 나사로는 그의 오라버니더라 3이에 그 누이들이 예수께 사람을 보내어
이르되 주여 보시옵소서 사랑하시는 자가 병들었나이다 하니 4예수께서 들
으시고 이르시되 이 병은 죽을 병이 아니라 하나님의 영광을 위함이요 하나
님의 아들이 이로 말미암아 영광을 받게 하려 함이라 하시더라 5예수께서
본래 마르다와 그 동생과 나사로를 사랑하시더니 6나사로가 병들었다 함을
들으시고 그 계시던 곳에 이틀을 더 유하시고 7그 후에 제자들에게 이르시되
유대로 다시 가자 하시니 8제자들이 말하되 랍비여 방금도 유대인들이 돌로
치려하였는데 또 그리로 가시려 하나이까 9예수께서 대답하시되 낮이 열두
시간이 아니냐 사람이 낮에 다니면 이 세상의 빛을 보므로 실족하지 아니하
고 10밤에 다니면 빛이 그 사람 안에 없는 고로 실족하느니라 11이 말씀을 하
신 후에 또 이르시되 우리 친구 나사로가 잠들었도다 그러나 내가 깨우러
가노라 12제자들이 이르되 주여 잠들었으면 낫겠나이다 하더라 13예수는 그
의 죽음을 가리켜 말씀하신 것이나 그들은 잠들어 쉬는 것을 가리켜 말씀
하심인 줄 생각하는지라 14이에 예수께서 밝히 이르시되 나사로가 죽었느니
라 15내가 거기 있지 아니한 것을 너희를 위하여 기뻐하노니 이는 너희로 믿
게 하려 함이라 그러나 그에게로 가자 하시니 16디두모라고도 하는 도마가
다른 제자들에게 말하되 우리도 주와 함께 죽으러 가자 하니라

(요한복음 11:1-16)

35

나사로의 죽음

성경에 두 명의 나사로가 나옵니다. 한 사람은 누가복음의 부자이며 다른 한 사람은 나사로 이야기에 나오는 나사로인데 거지로 묘사됩니

다. 부자는 죽어서 지옥에 가고 거지 나사로는 천국에 들어가는 내용입니다. 그리고 본문에 나오는 나사로는 마르다와 마리아의 오빠로 죽었다가 예수님의 능력으로 다시 부활하는 사람입니다.

본문은 나사로가 죽게 되는 내용입니다. 예루살렘 부근의 베다니에서 언니 마르다와 동생 마리아, 그리고 그들의 오라비인 나사로가 함께 살아가는 이 가정은 예수님의 특별한 사랑을 받았습니다. 그리고 나사로의 가정은 예수님을 사랑했습니다. 일찍 부모님을 여의고 세 남매만 남았지만 그들은 주님을 믿으며 의좋게 살았습니다. 예수님이 예루살렘을 지나가실 때에는 꼭 이 가정에 들러 유숙하며 식사를 하셨습니다. 마르다는 예수님이 집에 오실 때마다 정성껏 음식을 대접했고 나사로와 마리아는 예수님 앞에 앉아서 주님의 말씀 듣는 것을 좋아했습니다. 이것으로 보아 우리 주님이 이 가정을 특별히 사랑하셨으며 세 남매와 허물없이 지내셨다는 것을 알 수 있습니다.

1. 예수님께서 사랑하시는 자가 병들었습니다

"어떤 병자가 있으니 이는 마리아와 그 자매 마르다의 마을 베다니에 사는 나사로라 이 마리아는 향유를 주께 붓고 머리털로 주의 발을 닦던 자요 병든 나사로는 그의 오라버니너라 이에 그 누이들이 예수께 사람을 보내어 이르되 주여 보시옵소서 사랑하시는 자가 병들었나이다 하니"(1–3)

나사로의 가정은 예수님이 사랑하시는 가족입니다. 마리아는 예수님의 말씀을 사모하여 예수님 앞에 앉아 말씀을 듣고 마르다는 예수님께 대접할 음식을 정성껏 준비하며 나사로는 예수님과 대화하는 가정이었습니다. 또한 이 가정은 예수님에게 음식을 대접할 뿐 아니라 편히 주무시도록 숙박을 제공했습니다. 그들은 예수님의 사역에 위로와 쉼을 제공했으며 말씀을 사모하고 믿고 순종했습니다. 한 마디로 예수님이 사랑하시는 가정이었습니다. "본래 마르다와 그 동생과 나사로를 사랑하시더니"(5)

마리아는 아름다운 섬김을 보여 주었습니다. "이 마리아는 향유를 주께 붓고 머리털로 주의 발을 닦던 자요"(2) 마리아는 주님의 말씀을 사모하여 열심히 들었을 뿐 아니라 자신이 가장 소중히 여기는 값비싼 향유를 깨뜨려 주님께 부어드리고 머리털로 주님의 발을 닦아 드렸습니다. 제자들은 왜 값비싼 향유를 허비하느냐고 책망했지만, 예수님은 마리아가 자신의 머리에 향유를 붓는 것은 예수님의 장례를 위한 것이라고 말씀하시며 복음이 전파되는 곳마다 이 여자가 한 일이 전파될 것이라고 칭찬하셨습니다. 이처럼 주님을 사랑하며 예수님의 사랑을 받는 한 가정의 중심이 되는 나사로가 병들어 죽게 되었습니다.

우리가 여기서 알 수 있는 것은 주님의 사랑을 받는 사람도 병에 걸릴 수 있다는 것입니다. 예수님을 잘 믿는 성도들도 병이 들 수 있습니다. 어려움은 누구에게나 찾아올 수 있습니다. 하나님의 백성들에게도 어려움이 찾아 옵니다. 광야교회의 이스라엘 백성들에게도 어려움이 찾아 왔습니다. 물이 부족해서 어려움을 당했으며 여행하는 길이 험해서 많은 고생을 했습니다. 전쟁도 해야 했고 불신앙으로 인하여

전염병으로 많은 사람이 죽는 일도 있었습니다.

오늘날에도 예수 그리스도를 믿는 믿음의 성도들 역시 병에 걸릴 수 있습니다. 믿음의 가정에도 질병으로 어려움을 당하는 경우가 발생합니다. 우리 교회도 병으로 입원해 있는 성도들이 있습니다. 주님을 믿는 성도들도 병에 걸릴 수 있습니다. 거기에는 주님의 뜻이 있습니다. 예수님을 잘 믿는 나사로가 병이 들어 죽게 된 이유를 예수님은 이렇게 말씀하십니다.

2. 하나님의 영광을 위한 병입니다

"이 병은 죽을 병이 아니라 하나님의 영광을 위함이요 하나님의 아들이 이로 말미암아 영광을 받게 하려 함이라"(4)

이 말씀에서 세 가지 큰 뜻을 발견할 수 있습니다. 첫째는 예수님은 전지전능하신 하나님이시라는 것, 즉 그리스도의 신성(神性)을 알 수 있습니다. 둘째는 예수님과 하나님은 하나이시라는 것, 즉 일체(一體)이심을 알 수 있습니다. 셋째는 또한 이 말씀은 나사로가 죽지 않는다는 말씀이 아니라 그가 죽어도 죽음으로 끝나지 않을 것이란 의미를 내포하고 있습니다. 나사로는 예수님으로 말미암아 다시 살게 되므로 하나님 아버지께 영광이 돌아가게 될 것이라는 뜻입니다.

나사로의 병은 하나님의 영광을 위한 병입니다. 하나님께서 사랑하시는 백성들도 병에 걸립니다. 그러나 여기에는 하나님의 뜻이 있습니다. 그 병으로 인하여 하나님께서 영광을 받으시길 원하십니다.

히스기야 왕이 병들어 죽게 되었을 때 이사야 선지자가 하나님의 말씀을 선포했습니다. "네가 죽고 살지 못하리라"(사 38:1) 이때 히스기야는 침상에서 벽을 향하여 돌아누워 "여호와여 구하오니 내가 주 앞에서 진실과 전심으로 행하며 주의 목전에서 선하게 행한 것을 기억하옵소서"(사 38:3) 하며 심히 통곡을 했습니다. 그러자 하나님은 그의 간절한 기도에 응답하셨습니다. 하나님은 다시 이사야 선지자를 보내어 하나님의 말씀을 선포하게 하셨습니다. "내가 네 기도를 들었고 네 눈물을 보았노라 내가 네 수한에 십오 년을 더하고 너와 이 성을 앗수르 왕의 손에서 건져내겠고 내가 또 이 성을 보호하리라 이는 여호와께로 말미암는 너를 위한 징조이니 곧 여호와께서 하신 말씀을 그가 이루신다는 증거이니라 보라 아하스의 해시계에 나아갔던 해 그림자를 뒤로 십도를 물러가게 하리라"(사 38:5-8) 하나님은 히스기야를 살려 주셨습니다. 히스기야의 병은 하나님의 영광을 위한 것이었습니다.

요한복음 9장에 나면서부터 맹인인 사람이 나옵니다. 예수님은 그 사람이 맹인이 된 것은 자신의 죄나 부모의 죄 때문이 아니라 하나님의 영광을 나타내기 위한 것이라고 하셨습니다. 그리고 땅에 침을 뱉어 진흙에 이겨 그의 눈에 바르고 실로암 못에 가서 씻으라고 말씀하셨습니다. 그가 실로암 못에 가서 눈을 씻었을 때 그의 눈이 뜨였습니다. 그가 맹인이 되어 고통당한 것도 하나님의 영광을 위한 것이었습니다.

예수님은 나사로가 병들어 죽게 된 것이 하나님의 영광을 위한 것이라고 말씀하신 후 이틀을 더 계시다가 나사로가 있는 곳으로 가셨습니다. 나사로가 병이 들어 죽게 된 것도 하나님의 영광을 나타내기 위한 것이었습니다. 예수님께서 죽은 나사로를 살리심으로써 하나님께 더 큰 영광을 돌리게 되었습니다. 주님이 사랑하는 사람들이 병에 걸리는 것은 하나님의 뜻이 있으시기 때문입니다. 하나님의 영광을 위한 것임을 우리는 믿어야 합니다. 지금 우리는 하나님의 뜻을 정확히 알지 못하지만 하나님은 모든 일을 하나님의 영광을 위해서 계획하시고 실행하신다는 것을 믿어야 합니다.

송명희 시인은 어린 시절을 찢어지는 가난 속에서 보냈습니다. 그런데다 신체의 성장발육이 느리고 연약하여 마음대로 움직이지도 못했습니다. 그러던 어느 날 병원으로부터 태어날 때 의사의 실수로 소뇌를 다쳐 뇌성마비가 되었다는 말을 들었습니다. 여러 병원을 찾아 봤으나 다 똑같은 대답이었습니다. 치료 방법이 없어 가족들은 고통 분담을 해야 했습니다. 모태 신앙인 그녀였지만 사춘기에는 방황하는 가운데 위기도 많았습니다. 1979년 10월의 어느 늦가을, 부흥회에 참석하여 기도하는 중에 참았던 눈물이 터졌습니다. 그때 그녀는 진정으로 주님을 영접하게 되었습니다. 그때부터 그녀는 나름대로 기도생활에 최선을 다했습니다. 여러 차례 반복되는 이사와 그때마다 헤어져야 하는 사람들을 보면서 불평을 늘어 놓았습니다. 이때 하나님은 "내가 말하는 대로 쓰라."고 하셨습니다. 그래서 왼손에 몽당연필을 쥐고서 울먹이며 하나님의 말씀을 받아 적었습니다.

나 가진 재물 없으나
나 남이 가진 지식 없으나

나 남에게 있는 건강 있지 않으나
나 남이 없는 것 있으니
나 남이 못 본 것을 보았고
나 남이 듣지 못한 음성 들었고
나 남이 받지 못한 사랑 받았고
나 남이 모르는 것 깨달았네
공평하신 하나님이 나 남이 없는 것 갖게 하셨네

여기서 '공평하신 하나님이' 라는 너무나 엉뚱한 말씀에 울며 소리쳤습니다. "아뇨. 못 쓰겠어요. 공평해 보이지가 않아요. 내겐 아무 것도 없어요." 그러나 결국 하나님은 '공평하신 하나님' 이라고 쓰라 하셨습니다. 그녀와의 반복되는 공방전 속에 결국 하나님의 고집이 승리했습니다. 이렇게 해서 '나' 라고 하는 시가 나오게 되었습니다. 그녀는 말합니다. "모든 것을 감사하세요. 고난도 감사하세요. 아픔도 감사하세요. 슬픔까지도 감사하세요. 일어날 수 있을 것입니다. 걸어갈 수 있을 것입니다."

우리는 주님께서 사랑하시는 사람도 병들 수 있다는 사실을 알아야 합니다. 그리고 주님이 사랑하시는 성도의 병에는 하나님의 뜻이 있으며 성도의 병을 통해서 하나님이 영광을 받으시길 원하신다는 것도 믿어야 합니다.

3. 예수님께 알려야 합니다

"이에 그 누이들이 예수께 사람을 보내어 이르되 주여 보시옵소서 사랑하시는 자가 병들었나이다 하니"(3)

마르다와 마리아는 그들의 오빠 나사로가 병이 들자 사람을 보내어 예수님께 이 사실을 알렸습니다. 메시지는 아주 짧았습니다. "사랑하시는 자가 병들었나이다" 예수님께 전달한 이 짧은 말은 기도입니다. 비록 짧은 한 마디라도 진실한 믿음으로 주님에게 고하면 주님은 다 응답해 주십니다. 우리 주님은 그의 사랑하시는 자들의 기도에 응답하시길 기뻐하시기 때문입니다.

여기서 중요한 것은 우리는 어려운 일을 만날 때 제일 먼저 주님께 아뢰어야 한다는 것입니다. 어떤 일이 발생하면 즉시 기도해야 합니다. 우리는 인생의 고통을 당할 때마다 마리아 자매처럼 즉시 주님께 아뢰어야 됩니다. "주여 보시옵소서 사랑하시는 자가 병들었나이다"(3)

우리는 어떤 어려움을 당하더라도 모든 것을 주님께 다 아뢰어야 합니다. 그런데 하나님을 잘 믿는 성도들도 어려운 일이 생기면 '왜 내게 이런 어려움을 주실까? 누구보다도 주님을 사랑하는 나에게 왜 이런 시련을 주실까?' 하며 의문을 가질 수도 있습니다. 나사로의 가정처럼 갑작스런 불행을 당할 때 '왜 주님을 사랑하는 우리 가정에 이런 어려움을 주실까?' 하며 주님의 사랑을 의심할 수도 있을 것입니다. 그러나 본문에 나오는 나사로의 누이 마르다와 마리아는 주님의 사랑을 의심하지 않았습니다. 즉시 모든 사실을 주님께 알렸습니다. 사람을 보내어 나사로가 병들었다고 주님께 도움을 청했습니다.

우리도 어려운 일을 당할 때면 결코 주님의 사랑을 의심하지 말고 즉시 기도로 도움을 청해야 합니다. 주님 앞에 나와 도와 달라고 간절히 기도하는 것이 주님을 사랑하는 성도의 자세입니다. 주님의 사랑을 받는 성도는 어려운 일이 있을 때 먼저 주님께 기도해야 합니다. 동시에 우리가 알아야 할 것은 우리가 주님께 기도했다고 해서 반드시 즉각 응답이 있는 것만은 아니란 사실입니다. 본문에 보면 예수님이 나사로가 병들었다는 소식을 들으시고 곧바로 행동하지 않으셨습니다. "예수께서 본래 마르다와 그 동생과 나사로를 사랑하시더니 나사로가 병들었다 함을 들으시고 그 계시던 곳에 이틀을 더 유하시고 그 후에 제자들에게 이르시되 유대로 다시 가자 하시니"(5-7)

우리가 하나님께 기도하면 즉각 응답하시지 않는 경우가 더러 있습니다. 우리가 기도할 때 나타나는 반응으로는 첫째, 즉시 응답해 주시는 경우가 있습니다. 우리가 즉각적으로 응답받을 때도 많습니다. 둘째, 나중에 주시는 경우입니다. 주님은 우리에게 가장 적절한 때에 주시려고 응답을 미루십니다. 셋째, 내가 원하는 방법이 아닌 다른 방법으로 주시는 경우가 있습니다. 우리 주님은 나에게 더 좋은 것이 무엇인지를 잘 아시기 때문입니다. 넷째, 기도에 응답하시지 않는 경우도 있습니다. 우리의 기도에 응답이 없는 것도 우리에게 유익합니다. 우리 주님이 보실 때 우리가 원하는 대로 응답하시지 않는 것이 우리에게 더 유익하다는 것을 주님은 잘 아시기 때문입니다.

믿음도 좋고 꿈도 많고 두뇌도 명석한 어느 청년이 대학을 졸업할 즈음에 갑자기 몸에 이상이 나타났습니다. 온 몸에서 기운이 빠지고 모든 일에 의욕을 잃어 가는 병이었습니다. 여러 병원을 다녀 본 결과 '근육무력증' 이라는 희귀하고도 무서운 병임을 알게 되었습니다. 이 병은 갈수록 근육에서 힘이 빠지다가 나중에는 말라죽게 되는 병입니다. 아직 앞날이 창창한데다 믿음이 좋은 학생이 이런 병에 걸렸으니 눈앞이 캄캄할 뿐이었습니다. 치료받을 길이라도 있으면 좋으련만 이 병은 치료가 불가능한 병이었습니다. 나중에는 연필을 들 힘조차 없을 정도로 악화되어 계속 누워만 있어야 했습니다. 그는 하나님께 간절히 기도했으나 하나님은 잠잠히 계시는 듯했습니다. 병은 점점 악화되어 갔지만 그런 와중에서도 그나마 조금이라도 기운이 날 때면 책을 읽었고, 그보다 좀 더 나을 때에는 신문에 실린 기사들 중에서 필요하다 싶은 부분을 오려 스크랩을 해두었습니다. 그렇게 하면서 자그마치 5년이라는 세월을 보냈습니다. 우리 생각에는 "주여, 사랑하는 자가 병들었나이다." 하고 기도하면 하나님이 "그래, 알았으니 기다려라." 하시고는 이내 고쳐 주실 것만 같습니다. 그런데 하나님은 계속 침묵하시다가 5년이 될 무렵에서야 고쳐 주셨습니다.

훗날에 그는 이렇게 간증했습니다. "저는 왜 하나님께서 그런 어려운 환경을 주셨는지 곰곰이 생각한 후에 깨닫게 되었습니다. 그것은 제가 미처 모르는 사이에 하나님은 저에 대한 계획이 있으셔서 그 일을 위해 저를 준비시키셨다는 사실입니다." 그러면서 이런 말을 덧붙였습니다. "성공적인 기업 경영을 위해서는 두 가지 준비가 필요합니다. 한 가지는 기업을 하나님의 뜻대로 정직하게 경영할 수 있는 신앙적인 준비이고, 다른 한 가지는 다방면에서 많은 사람들을 이끌어 갈 수 있는 광범위한 지식을 준비하는 것입니다. 그런데 하나님은 나를 병 중에서 이 두 가지를 다 준비시켜 주셨습니다. 지난 5년 동안 읽었던 책과 스크랩을 해두었던 모든 자료들이 회사를 경영하는데 꼭 필요한 기본적인 재산이 되었습니다." 이 사람이 바로 이랜드 그룹의 박성수 장로입니다. 한 마디로 우리의 기도는 다 응답된다는 것을 알아야 합니다. 그러므로 우리는 항상 모든 일을 기도함으로 주님과 의논해야 합니다.

우리도 어려운 문제가 발생하면 먼저 주님께 기도해야 합니다. 우리 모두 모든 문제를 주님께 기도하여 하나님의 시간에 응답받아야 하겠습니다.

4. 일할 수 있을 때 일해야 합니다

예수님은 요한이 세례를 주던 요단 강변에 계실 때 나사로가 병들었다는 소식을 들으셨습니다. 그러나 예수님은 그곳에 이틀을 더 머무셨고 그 사이에 나사로는 죽었습니다. 예수님을 따르던 제자들에게 잘 된 일이라고 말씀하셨습니다. "그 후에 제자들에게 이르시되 유대로 다시 가자 하시니 제자들이 말하되 랍비여 방금도 유대인들이 돌로 치려하였는데 또 그리로 가시려 하나이까"(7-8) 그들은 유대 곧 예루살렘으로 올라가는 것을 꺼렸습니다. 그러나 본문에서 예수님은 제자들을 향하여 이렇게 말씀하셨습니다. "낮이 열두 시간이 아니냐 사람이 낮에 다니면 이 세상의 빛을 보므로 실족하지 아니하고 밤에 다니면 빛이 그 사람 안에 없는 고로 실족하느니라 이 말씀을 하신 후에

또 이르시되 우리 친구 나사로가 잠들었도다 그러나 내가 깨우러 가노라"(9-11)

일은 낮 시간에만 할 수 있고 밤이 오면 할 수 없습니다. 요즈음은 밤에도 일을 하지만 예전에는 전기도 없었지만 할 일도 그다지 많지 않았습니다. 그래서 예수님 당시에는 낮에는 일을 했지만 밤에는 쉴 수밖에 없었습니다. 자연에 순응하며 살았던 것입니다. 인간을 비롯한 모든 피조물은 자연에 순응하며 살아야 합니다. 그러나 인류 문명이 발달하면서 부터는 밤에도 일을 하게 되었습니다. 그 결과 하나님이 주신 리듬이 깨어져 건강을 잃게 되었습니다. 그러나 대부분은 낮에는 일을 하지만 밤에는 쉽니다.

본문에서 예수님이 하신 말씀의 의미는 밤이 되면 일을 할 수 없으므로 낮 시간에 열심히 일해야 한다는 것입니다. 예수님께서 "낮이 열두 시간이 아니냐"(9)고 하신 이 말씀에는 지금은 일할 때라는 의미가 있습니다. 동시에 하나님이 정하신 예수님이 일하실 그때 그 시간은 아무도 손댈 수 없다는 말입니다. 예수님의 때, 즉 예수님이 십자가에 달려서 우리를 위한 구속의 사역을 이루실 때까지 그 누구도 예수님을 건드릴 수 없다는 의미를 내포하고 있습니다. 우리 예수님은 종종 복음서에서 자신의 '때'에 관하여 말씀하셨습니다. "내 때가 아직 이르지 아니하였나이다"(2:4), "너희가 아버지께 예배할 때가 이르리라"(4:21), "그의 때가 아직 이르지 아니하였음이러라"(7:30), "때가 왔도다"(12:23), "아버지께로 돌아가실 때가 이른 줄 아시고"(13:1), "나를 혼자 둘 때가 오나니"(16:32), "아버지여 때가 이르렀사오니"(17:1)

예수님께서 '아직은 낮'이라고 말씀하신 것은 지금은 일할 때임을 강조하신 것입니다. 요한복음 9장 4-5절에는 나면서부터 맹인인 사람의 이야기가 나옵니다. 이때도 예수님은 "때가 아직 낮이매 나를 보내신 이의 일을 우리가 하여야 하리라 밤이 오리니 그때는 아무도 일할 수 없느니라 내가 세상에 있는 동안에는 세상의 빛이로라"고 말씀하셨습니다. 이 말씀은 아직은 일할 수 없는 밤이 아니라는 말씀입니다. 예수님을 죽이려고 모의하지만 아직은 일할 때라는 말씀입니다. 하나님께서 일을 할 수 있도록 기회를 주셨을 때에는 어려운 환경이라도 일을 해야 합니다.

주님은 오늘도 우리가 주님의 일을 하기를 원하십니다. 우리가 우리에게 맡겨주신 사명을 완수하길 바라십니다. 우리는 일할 수 없는 밤이 오기 전에, 일할 수 있는 이 낮 시간에 우리에게 주신 기회와 여건을 주를 위하여 사용해야 합니다.

우리 예수님은 열심히 일하셨습니다. 33년이란 짧은 기간이었지만 최선을 다하여 일하셨습니다. 3년 동안의 공생애 기간에 예수님은 쉴 여가도 없이때로는 주무시지도 못하고 때로는 식사도 거르시면서까지 열심히 말씀을 가르치셨고 복음을 전파하셨고 병자를 고치셨습니다. 주님을 믿는 우리 성도들도 우리에게 주어진 낮 시간에, 주님을 위해 일할 수 있는 이 시간에 최선을 다해서 일해야 합니다.

예수님의 제자들도 열심히 일했습니다. 예수님처럼 주어진 시간에 최선을 다했습니다. 특별히 사도 바울은 자신에게 주어진 그 시간에 최선을 다하여 주어진 사명, 즉 복음 전파와 주의 교회를 위하여 열심히 일했습니다. 사도 바울은 에베소교회 장로들을 밀레도로 불러 이렇게 말했습니다. "그들에게 말하되 아시아에 들어온 첫날부터 지금까지 내가 항상 여러분 가운데서 어떻게 행하였는지를 여러분도 아는 바니 곧 모든 겸손과 눈물이며 유대인의 간계로 말미암아 당한 시험을 참고 주를 섬긴 것과 유익한 것은 무엇이든지 공중 앞에서나 각 집에서나 거리낌이 없이 여러분에게 전하여 가르치고 유대인과 헬라인들에게 하나님께 대한 회개와 우리 주 예수 그리스도께 대한 믿음을 증언한 것이라"(행 20:18-21)

사도 바울은 일할 수 있는 낮 시간에 최선을 다해 일했습니다. "그들이 그리스도의 일꾼이냐 정신 없는 말을 하거니와 나는 더욱 그러하도다 내가 수고를 넘치도록 하고 옥에 갇히기도 더 많이 하고 매도 수 없이 맞고 여러 번 죽을 뻔하였으니 유대인들에게 사십에서 하나 감한 매를 다섯 번 맞았으며 세 번 태장으로 맞고 한 번 돌로 맞고 세 번 파선하고 일 주야를 깊은 바다에서 지냈으며 여러 번 여행하면서 강의 위험과 강도의 위험과 동족의 위험과 이방인의 위험과 시내의 위험과 광야의 위험과 바다의 위험과 거짓 형제 중의 위험을 당하고 또 수고하며 애쓰고 여러 번 자지 못하고 주리며 목마르고 여러 번 굶고 춥고 헐벗었노라 이 외의 일은 고사하고 아직도 날마다 내 속에 눌리는 일이 있으니 곧 모든 교회를 위하여 염려하는 것이라"(고후 11:23-28) 바울은 자신의 낮 시간에 주를 위하여 모든 것을 바쳤습니다.

우리도 주님을 위해 일할 수 있는 우리의 낮 시간에 최선을 다해야 합니다. 일할 수 없는 밤이 오기 전에 우리에게 주어진 사명에 충성을 다해야 합니다. 밤이 오면 우리는 아무 것도 할 수 없습니다. 밤이 오기 전에 일해야 합니다. 주를 위해 일할 수 있는 기회와 여건이 주어졌을 때 우리는 최선을 다해서 일해야 합니다. 변명하거나 핑계하지도 말고 뒤로 미루지도 말아야 합니다. 나중에 하겠다고 말하는 사람은 그 나중이 우리에게 영원히 오지 않을 수도 있다는 것을 알아야 합니다. 주께서 우리에게 기회를 주셨을 때, 그리고 사명이 주어졌을 때만 할 수 있습니다. 우리의 힘으로 하는 것이 아니라 주님이 힘을 주시고 할 수 있는 여건을 주셔야 할 수 있습니다. 우리도 주님처럼 위험이 기다리고 있더라도 하나님의 일을 하기 위해 담대하게 일어나야 합니다. 그때 하나님께서 능력을 주시어 사명을 잘 완수할 수 있게 하십니다. 우리 모두 주님처럼 일할 수 있는 낮 시간에 주께서 주신 사명을 잘 감당할 수 있기를 바랍니다.

주님을 사랑하는 성도들도 병에 걸릴 수 있고 어려움이 올 수도 있습니다. 그러나 거기에도 하나님의 뜻이 있으며 이 일 역시 하나님의 영광을 위한 일임을 알아야 합니다. 어려움이 올 때 먼저 하나님께 기도함으로 도움을 청해야 합니다. 우리 모두 주를 위해 일할 수 있는 낮 시간에 우리에게 주신 사명에 최선을 다함으로 주의 뜻을 이루어 가야 하겠습니다. 아멘.

17예수께서 와서 보시니 나사로가 무덤에 있은 지 이미 나흘이라 18베다니는
예루살렘에서 가깝기가 한 오 리쯤 되매 19많은 유대인이 마르다와 마리아에
게 그 오라비의 일로 위문하러 왔더니 20마르다는 예수께서 오신다는 말을
듣고 곧 나가 맞이하되 마리아는 집에 앉았더라 21마르다가 예수께 여짜오되
주께서 여기 계셨더라면 내 오라버니가 죽지 아니하였겠나이다 22그러나 나
는 이제라도 주께서 무엇이든지 하나님께 구하시는 것을 하나님이 주실 줄
을 아나이다 23예수께서 이르시되 네 오라비가 다시 살아나리라 24마르다가
이르되 마지막 날 부활 때에는 다시 살아날 줄을 내가 아나이다 25예수께서
이르시되 나는 부활이요 생명이니 나를 믿는 자는 죽어도 살겠고 26무릇 살
아서 나를 믿는 자는 영원히 죽지 아니하리니 이것을 네가 믿느냐 27이르되
주여 그러하외다 주는 그리스도시요 세상에 오시는 하나님의 아들이신 줄
내가 믿나이다 28이 말을 하고 돌아가서 가만히 그 자매 마리아를 불러 말하
되 선생님이 오셔서 너를 부르신다 하니 29마리아가 이 말을 듣고 급히 일어
나 예수께 나아가매 30예수는 아직 마을로 들어오지 아니하시고 마르다가 맞
이했던 곳에 그대로 계시더라 31마리아와 함께 집에 있어 위로하던 유대인들
은 그가 급히 일어나 나가는 것을 보고 곡하러 무덤에 가는 줄로 생각하고
따라가더니 32마리아가 예수 계신 곳에 가서 뵈옵고 그 발 앞에 엎드리어 이
르되 주께서 여기 계셨더라면 내 오라버니가 죽지 아니하였겠나이다 하더라
33예수께서 그가 우는 것과 또 함께 온 유대인들이 우는 것을 보시고 심령에
비통히 여기시고 불쌍히 여기사 34이르시되 그를 어디 두었느냐 이르되 주여
와서 보옵소서 하니 35예수께서 눈물을 흘리시더라 36이에 유대인들이 말하
되 보라 그를 얼마나 사랑하셨는가 하며 37그 중 어떤 이는 말하되 맹인의
눈을 뜨게 한 이 사람이 그 사람은 죽지 않게 할 수 없었더냐 하더라 38이
에 예수께서 다시 속으로 비통히 여기시며 무덤에 가시니 무덤이 굴이라
돌로 막았거늘 39예수께서 이르시되 돌을 옮겨 놓으라 하시니 그 죽은 자의
누이 마르다가 이르되 주여 죽은 지가 나흘이 되었으매 벌써 냄새가 나나
이다 40예수께서 이르시되 내 말이 네가 믿으면 하나님의 영광을 보리라 하
지 아니하였느냐 하시니 41돌을 옮겨 놓으니 예수께서 눈을 들어 우러러 보
시고 이르시되 아버지여 내 말을 들으신 것을 감사하나이다 42항상 내 말을
들으시는 줄을 내가 알았나이다 그러나 이 말씀 하옵는 것은 둘러선 무리를
위함이니 곧 아버지께서 나를 보내신 것을 그들로 믿게 하려 함이니이다 43
이 말씀을 하시고 큰 소리로 나사로야 나오라 부르시니 44죽은 자가 수족을
베로 동인 채로 나오는데 그 얼굴은 수건에 싸였더라 예수께서 이르시되 풀
어 놓아 다니게 하라 하시니라

(요한복음 11:17-44)

36

나사로의 부활

나사로가 무덤에 묻힌 지 나흘 째 되던 날 예수님께서 베다니에 도착하시어 죽은 나사로를 다시 살려 주셨습니다. 이것은 예수님은 신성을 가지신 하나님으로 이 세상에 오셨다는 것을 증명하는 사건입니다. 죽은 나사로를 다시 살리신 예수 그리스도께서 지금도 죽은 자를 살리실 뿐 아니라 세상 마지막 날에는 이 세상에 오시어 모든 죽은 자들을 살리실 하나님이심을 우리는 믿어야 합니다. 예수님이 베다니에 도착하셨을 때 마르다와 마리아를 위로하려고 온 조문객들이 많았습니다. 예수님이 도착하셨다는 소식을 들은 마르다는 달려 나가 주님을 영접했으나 마리아는 확신이 없는 신앙을 보여 주었습니다. 그렇지만 예수님은 죽은 나사로를 전능하신 능력으로 살려 주셨습니다.

1. 예수님은 과거와 미래뿐 아니라 현재에도 역사하시는 하나님이십니다

마르다가 예수님을 만나자 이렇게 말했습니다. "주께서 여기 계셨더라면 내 오라버니가 죽지 아니하였겠나이다 그러나 나는 이제라도

주께서 무엇이든지 하나님께 구하시는 것을 하나님이 주실 줄을 아나이다"(21-22)

이때 예수님께서 말씀하셨습니다. "네 오라비가 다시 살아나리라"(23) 그러자 마르다가 대답했습니다. "마지막 날 부활 때에는 다시 살아날 줄을 내가 아나이다"(24) 여기서 예수님이 하신 말씀은 지금 예수님의 능력으로 나사로를 살리실 것을 의미하는데 마르다는 세상 끝 날에 있을 부활을 말씀하시는 것으로 알았습니다.

유대인들은 이 세상 끝 날에 부활이 있을 것이라고 믿었습니다. 사두개인들은 부활을 부인했지만 바리새인들은 부활을 믿었습니다. 그들의 가르침을 받고 있던 유대인들은 세상 마지막 날에 죽은 자가 다시 살아나는 부활을 믿었습니다. 유대인들은 다니엘서에 나오는 부활의 가르침을 기억하고 믿었습니다. "땅의 티끌 가운데에서 자는 자 중에서 많은 사람이 깨어나 영생을 받는 자도 있겠고 수치를 당하여서 영원히 부끄러움을 당할 자도 있을 것이며"(단 12:2) 여기서 "땅의 티끌 가운데에서 자는 자 중에서 많은 사람이 깨어나 영생을 받는 자도 있겠고"란 말씀은 부활 신앙을 말합니다.

마르다 역시 유대인들이 믿는 교리를 기억하고 있었으나 그녀의 신앙은 흔들리는 신앙이었습니다. 예수님을 만났을 때 예수님이 여기 계셨더라면 우리 오라버니 나사로가 죽지 않았을 것이라고 말했듯이 마르다는 과거의 주님을 믿었습니다.(21) 그리고 곧이어 고백했습니다. "그러나 나는 이제라도 주께서 무엇이든지 하나님께 구하시는 것을 하나님이 주실 줄을 아나이다"(22) 마르다는 다시 현재에도 역사하시는 주님을 믿는다고 고백했습니다. 그러나 예수님이 "네 오라비가 다시 살아나리라"(23)고 말씀하시자 마르다가 다시 고백했습니다. "마지막 날 부활 때에는 다시 살아날 줄을 내가 아나이다"(24) 마르다는 다시 세상 마지막 날에 죽은 자를 살리실 미래의 주님을 믿었습니다. 마르다는 죽은 나사로를 살리실 현재의 예수님을 믿지 못했습니다. 마르다는 과거와 미래의 예수님을 믿는 신앙을 고백했습니다. 마리아도 마르다와 똑같은 믿음을 가지고 있었습니다. 그의 동생 마리아도 예수님 앞에 와서 동일한 대답을 했습니다. "마리아가 예수 계신 곳에 가서 뵈옵고 그 발 앞에 엎드리어 이르되 주께서 여기 계셨더라면 내 오라버니가 죽지 아니하였겠나이다"(32) 예수님은 마르다에게 다시 말씀하셨습니다. "나는 부활이요 생명이니 나를 믿는 자는 죽어도 살겠고 무릇 살아서 나를 믿는 자는 영원히 죽지 아니하리니 이것을 네가 믿느냐"(25-26)

과거에 역사하신 우리 주님은 미래에도 역사하실 것이지만 현재에도 역사하시는 하나님이십니다. 이 말씀은 예수님이 자신의 중대하고 비범하신 메시야의 권위에 대하여 알려 주시는 자아 주장입니다. 여기서 '부활' 이란 말과 '생명' 이란 말 앞에 각각 관사가 있어서 '그 부활이요 그 생명' 이라고 번역되어야 합니다. '그(the)' 라는 관사는 예수님만이 유일하신 부활이요 생명이심을 말씀합니다. 성경은 하나님과 예수님만이 인간에게 영생을 주실 수 있다고 말씀합니다. 다시 말하면 오직 예수님에게만 죽지 아니함이 있고(딤전 6:16) 예수님 자신이 바로 인생의 구원이 되신다는 말씀입니다.(사 12:2) 우리 인간은 영생을 사모할 수밖에 없는 존재들입니다. 하나님 외에는 다른 어느 것도 우리 인생을 만족시킬 수 없습니다. 그러므로 예수님만이 우리에게 부활과 영생을 주실 수 있는 유일하신 분입니다. 예수님 안에 부활과 영생이 있습니다.

"나를 믿는 자는 죽어도 살겠고"(25)에서 '죽어도(κα' ν ἀποθάνη, 칸 아포다네)'는 '그가 죽을지라도(τηουγη ηϵ διϵσ)'라고 번역되어야 합니다. 그러므로 "죽어도 살겠고"란 문구는 '그가 죽을지라도 계속하여 살리라'는 뜻입니다. 이것은 주님을 믿는 신자가 받은 영생이 그 육신의 죽음 때문에 중단되지 않는다는 뜻입니다. 따라서 이 문구는 신자는 육신이 죽은 후에도 영적 생명이 계속 유지된다는 말입니다.

주 예수 그리스도를 믿는 우리 성도들의 죽음은 육신은 죽어도 우리의 영혼은 계속 하나님 나라에서 살아서 존재합니다. 그리고 주 예수 그리스도께서 재림하실 때에는 땅속에 있던 우리의 육체도 부활하여 영원히 살게 될 것입니다. 그러므로 예수 그리스도 안에 있는 우리 성도들은 계속 살아서 존재하게 됩니다.

"살아서 나를 믿는 자는 영원히 죽지 아니하리니"(26)에서 '살아서'란 말은 육신의 생명이 아닌 영적 생명, 곧 구원론적 생명을 의미합니다. 요한복음에 나오는 '산다'는 말은 일률적으로 구원과 관련됩니다. 특히 본문의 "살아서 나를 믿는 자는"이란 말에서 '살아서'란 말과 '믿는 자'란 말이 함께 하나의 관사로 결속되어 있습니다. 따라서 '영적으로 다시 산' 자만이 진정한 의미에서 그리스도를 믿게 됩니다. 그러므로 '살아서 나를 믿는 자'란 말씀은 성령으로 거듭나 그리스도를 믿는 자를 가리킵니다.

따라서 본문의 "나를 믿는 자는 죽어도 살겠고 무릇 살아서 나를 믿는 자는 영원히 죽지 아니하리니"(25-26)라는 두 가지 말씀은 각각 다른 내용을 설명한 것이 아니라 같은 말을 거듭한 것입니다. 다시 말하면 25절의 것(나를 믿는 자는 죽어도 살겠고)은 죽음이라도 그리스도를 믿는 자를 해칠 수 없다는 뜻이며, 26절의 것(살아서 나를 믿는 자는 영원히 죽지 아니하리니)은 앞의 말씀을 좀 더 상세하게 설명한 것입니다. 다시 말하면 살아서(거듭나서) 믿는 자는 영원히 산다는 뜻입니다. 이 말씀을 하신 후 예수님은 우리에게 믿음을 요구하셨습니다. "무릇 살아서 나를 믿는 자는 영원히 죽지 아니하리니 이것을 네가 믿느냐"(26)

예수님은 우리가 영생을 얻을 수 있는 길은 오직 믿음밖에 없음을 강조하셨습니다. 예수님이 이렇게 말씀하신 이유는 우리의 영생은 오직 믿는 자에게만 주시는 하나님의 언약이요, 하나님의 선물이라는 것을 가르쳐 주시기 위해서입니다. 우리가 구원받을 수 있는 길은 오직 믿음으로만 가능합니다. 이것이 하나님의 은혜입니다. 하나님은 믿음의 조상 아브라함에게 믿음을 요구하셨습니다. 아브라함은 믿음으로 의롭다함을 받아 구원을 받았습니다. 이것이 하나님의 은혜 계약입니다. 우리가 구원받는 것은 우리의 행위나 노력이나 공로로 되는 것이 아니라 오직 예수 그리스도를 믿음으로 됩니다. 이것이 은혜입니다. 우리는 오직 주의 은혜 안에서 오직 믿음으로 영생을 얻습니다. 예수님은 말씀하십니다. "하나님이 세상을 이처럼 사랑하사 독생자를 주셨으니 이는 그를 믿는 자마다 멸망하지 않고 영생을 얻게 하려 하심이라"(3:16)

예수님 안에 영생이 있습니다. 오직 예수 그리스도를 믿음으로 영생을 얻습니다. 마르다와 마리아는 확신이 없었습니다. 처음에는 예수님이 여기 계셨더라면 오라비가 죽지 않았을 것이라고 했다가 후에는 다시 지금이라도 살아날 줄 믿는다고 고백했습니다. 그러다가 예수님이 "네 오라비가 다시 살아나리라"(23)고 말씀하시자 "마지막 날 부활 때에는 다시 살아날 줄을 내가 아나이다"(24)라고 말했습니다. 그들은 과거의 예수님을 믿는다고 했다가 현재의 예수님을 믿는다고 하더니 이제는 미래의 예수님을 믿는다고 고백했습니다. 이들의 믿음은 확신이 없는 믿음입니다. 그러나 과거에 역사하신 우리 예수님은 미래에도 역사 하실 것이지만 지금도 역사하시는 주님이십니다.

우리는 분명한 신앙을 고백해야 합니다. 우리가 믿는 예수님은 과거에도 역사하셨고 미래에도 역사하실 것입니다. 그리고 현재에도 역사하시는 우리 하나님이십니다. 우리 주님은 지금도 죄인들을 구원하시고 우리의 기도에 응답하시고 병자를 고치십니다. 우리 주님에게는 죽은 자도 살리실 수 있는 능력이 있으십니다. 역사를 주관하시는 우리 하나님은 우리의 매일의 삶 속에서 우리를 인도하시며 동행하시는 살아 계시는 우리의 하나님이십니다. 주님은 우리에게 분명한 신앙을 요구하십니다. "나는 부활이요 생명이니 나를 믿는 자는 죽어도 살겠고 무릇 살아서 나를 믿는 자는 영원히 죽지 아니하리니 이것을 네가 믿느냐"(25-26)

우리는 분명한 신앙을 고백해야 합니다. 부활이요 생명이신 예수 그리스도, 우리에게 영생을 주시는 하나님, 과거에도 역사하셨고 지금도 역사하시고 미래에도 역사하실 주님을 고백하는 믿음이 우리에게 있어야 합니다.

2. 예수님이 우셨습니다

예수님은 나사로의 죽음을 슬퍼하는 마르다와 마리아, 그리고 그들을 위로하기 위해 온 유대인들이 우는 것을 보시고 비통해 하시며 우셨습니다. “예수께서 그가 우는 것과 또 함께 온 유대인들이 우는 것을 보시고 심령에 비통히 여기시고 불쌍히 여기사 이르시되 그를 어디 두었느냐 이르되 주여 와서 보옵소서 하니 예수께서 눈물을 흘리시더라”(33-35)

예수님은 마리아와 함께 한 유대인들이 우는 것을 보시고 심령에 비통해 하시며 불쌍히 여기셨습니다. 요한 칼빈은 “비통히 여기시고”를 “그가 슬퍼하신 것은 그 우는 자들을 동정하시는 체휼(體恤)의 슬픔”으로 해석했습니다.

여기서 예수님께서 심령에 비통함을 느끼신데 대한 여러 가지 해석이 나올 수 있습니다. 예수님이 비통해 하신 것은 첫째, 예수님의 신성(神性)이 그의 인성(人性)에 대하여 노하신 것이라고 합니다. 다시 말하면 나사로의 주검 앞에서 슬퍼하시는 예수님 자신의 인성의 약점에 대하여 그의 신성이 노하셨다는 말입니다. 둘째, 유대인의 불신앙이나 의식적 울음에 대하여 노하신 것이라고 합니다. 셋째, 사망의 세력이나 마귀에게 대하여 노하셨다는 해석도 있습니다.

그리고 예수님은 우셨습니다. 예수님은 왜 나사로의 죽음 앞에서 슬퍼하시며 우셨습니까? 예수님께서 곧 나사로를 부활시키실 것인데도 슬퍼하신 이유가 무엇입니까? 예수님이 우신 것에 대한 몇 가지 견해가 있습니다. 첫째, 예수님에 대한 이 세상 사람들의 불신앙 때문이라고 합니다. 예수님을 존경하던 마르다와 마리아도 예수님에 대한 신앙이 부족했으니 유대인들이야 더 말할 필요도 없었습니다. 진리이신 예수님은 사람들의 불신앙 앞에서 가장 큰 고통을 느끼셨습니다. 예수님은 불신앙의 예루살렘을 보시고 우신 적이 있습니다.(눅 19:41) 둘째, 죽음이란 비애 앞에 우셨다고 합니다. 죽음 앞에 슬퍼하지 않을 사람은 없습니다. 죽음에 대하여 지나치게 슬퍼하는 것은 옳지 않지만 죽음이 슬픈 것은 사실입니다. 예수님은 인생의 죽음이란 비통함에 우셨습니다. 인성을 가지신 예수님께서 인간의 죽음 앞에 슬퍼하며 우셨다는 말입니다. 셋째, 인간을 향한 사랑의 눈물이라고 합니다. 예수님의 눈물은 인간의 슬픔을 대신 짊어지신 사랑과 위로의 눈물입니다. 예수님은 나사로의 죽음과 그로 인해 슬퍼하는 사람들을 보시고 눈물을 흘리셨습니다.(35) 예수님의 눈물은 절망에 처해 있는 인간의 고통과 슬픔을 향한 분노이자(통분) 그 아픔을 함께 느끼는 사랑이었습니다.(빈방)

우리 예수님은 함께 울어주실 뿐만 아니라 우리의 눈물을 기쁨으로 바꾸어 주십니다. 잠시 후 예수님은 죽은 나사로의 무덤 앞에서 "나사로야 나오라"는 한 마디 말씀으로 모든 상황을 바꾸어 주셨습니다. 예수님은 눈물을 기쁨으로 죽음을 생명으로 바꾸어 주셨습니다. 우리도 예수님이 슬퍼하시며 우시는 모습을 통해 배워야 합니다.

예수님은 우리 인생의 불신앙을 보시고 슬퍼하셨습니다. 인간의 가장 큰 어리석음은 평화의 왕이 되시는 예수님을 알지 못하는 것입니다. 아무리 많이 배워도 예수님을 알지 못하면 이 세상에서 가장 어리석은 자입니다. 당시 많은 사람들은 메시야에 대해 수많은 예언의 말씀을 들었지만 정작 구세주로 오신 예수님을 믿지는 않았습니다. 평화의 왕이 오셨지만 메시야를 간절히 고대하던 평화의 도시 예루살렘은 그분을 알지 못했고 영접하지 않았습니다. 예수님을 영접하지 않으면 멸망의 날이 올 것인데도 그들은 깨닫지 못했습니다.(눅 19:43-44)

예수님은 우리가 예수님을 완전히 믿지 못할 때에는 슬퍼하시지만 믿음생활을 잘 할 때는 무엇보다 기뻐하십니다. 그러므로 우리는 예수님을 슬프시게 만드는 불신앙의 사람들이 되지 말아야 합니다. 우리는 예수님을 슬프시게 하는 사람들이 되지 말고 예수님을 기쁘시게 하는 믿음의 사람들이 되어야 합니다. 동시에 우리 예수님처럼 하나님의 의로 인한 눈물과 거룩한 분노가 있어야 합니다. 사람들이 아픔과 고통으로 눈물을 흘릴 때는 함께 울어주고 사회가 온갖 죄악으로 그릇된 길을 가고 있을 때에는 하나님의 정의를 위한 의분(義憤)이 있어야 합니다.

그런데 오늘날 우리의 눈에는 눈물이 매말라 버렸습니다. 세상의 악함을 보면서도 울지 못하고 세상 사람들이 악한 길로 가는 것을 보고도 슬퍼하지 않습니다. 믿음의 형제들의 마음이 강퍅해지는 것을 보면서도 안타까워할 줄 모르고 죄를 보고도 눈물을 흘릴 줄 모릅니다. 우리 자신의 문제나 아픔 때문에 울 때는 있어도 이웃의 죄와 아픔에는 아예 관심조차 없습니다. 예수님은 우리에게 '세상의 소금이요 빛'이라고 말씀하셨습니다. 이 세상의 소금과 빛으로 살아가야 할 우리 성도들은 이 세상의 죄를 볼 때 안타까워하며 슬퍼할 줄 알아야 합니다. 그리고 이 세상의 부패를 바로 잡아주고 문제들을 예방해야 할 세상의 소금과 빛으로 살아가야 합니다.

예수님이 조국 예루살렘이 회개하지 않고 예수님을 배척할 때 조국이 멸망당할 것을 내다보시고 슬퍼하시며 우신 것처럼 우리도 우리의 조국 대한민국의 현실을 보면서 가슴 아파하며 슬퍼할 줄 알아야 합니다. 우리도 사도 바울처럼 한 영혼을 위해 교회와 세상을 위해 밤낮 쉬지 않고 눈물로 훈계하며 기도해야 합니다.(행 20:31) 성경은 말씀합니다. "너희를 박해하는 자를 축복하라 축복하고 저주하지 말라 즐거워하는 자들과 함께 즐거워하고 우는 자들과 함께 울라"(롬 12:14-15)

우리는 예수님을 슬프시게 하는 삶을 살면 안 됩니다. 다만 이 세상의 죄악에 대해 슬퍼하는 마음을 가져야 합니다. 우리는 예수님을 모르는 그들을 깨우쳐 주님 앞으로 인도하는 세상의 소금과 빛의 사명을 감당해야 합니다.

3. 나사로를 살려 주셨습니다

예수님은 나사로의 무덤으로 가시어 그를 살리셨습니다. "이에 예수께서 다시 속으로 비통히 여기시며 무덤에 가시니 무덤이 굴이라 돌로 막았거늘 예수께서 이르시되 돌을 옮겨 놓으라 하시니 그 죽은 자의 누이 마르다가 이르되 주여 죽은 지가 나흘이 되었으매 벌써 냄새가 나나이다"(38-39)

예수님께서 "돌을 옮겨 놓으라"고 하신 것은 하나님께서 하시는 일에도 사람이 할 일은 사람이 해야 한다는 진리를 가르쳐 주고 있습니다. 돌을 치우는 것은 사람이 할 수 있는 일입니다. 그리고 돌을 옮겨 놓으라고 하신 것은 거기에 모인 사람들이 예수님의 이적역사(異蹟役事)에 수종들므로써 그들이 그 이적의 놀라운 사실을 좀 더 인상 깊게, 또는 밀접하게 체험하여 확신을 갖도록 하기 위해서입니다. 이때 마르다가 말했습니다. "주여 죽은 지가 나흘이 되었으매 벌써 냄새가 나나이다"(39) 이것은 마르다의 불신앙을 나타내는 말입니다.

이 말에서 유대인들의 당시의 관념을 알 수 있습니다. 유대인들은 죽은 자의 영혼이 죽어서부터 사흘까지는 무덤 가까이에 있지만 나흘이 되면 멀리 떠나기 때문에 생명으로 되돌아 올 소망이 없다고 생각했습니다. 이것은 불신앙입니다. 그리고 하나님의 무한하신 권능을 인간의 표준으로 측량한다는 것은 어리석은 일입니다. 예수님은 냄새가 날 정도로 부패한 시신을 부활시키셨기 때문입니다.

이때 예수님이 말씀하셨습니다. "내 말이 네가 믿으면 하나님의 영광을 보리라 하지 아니하였느냐"(40) 이 말씀은 마르다의 믿음이 나사로를 부활시킬 수 있는 조건이 된다는 말이 아닙니다. 다만 마르다가 불신앙하면 그 나타날 부활의 이적을 영적 눈으로 보지 못하고 누리지 못할 것이라는 의미입니다. 하나님이 이적을 통하여 보여주시는 하나님의 영광은 오직 믿음으로만 볼 수 있습니다. 불신앙하는 유대인들도 나사로의 부활을 목격했지만 거기에 나타난 하나님의 영광은 보지 못했습니다.

"돌을 옮겨 놓으니 예수께서 눈을 들어 우러러 보시고 이르시되 아버지여 내 말을 들으신 것을 감사하나이다 항상 내 말을 들으시는 줄을 내가 알았나이다 그러나 이 말씀 하옵는 것은 둘러선 무리를 위함이니 곧 아버지께서 나를 보내신 것을 그들로 믿게 하려 함이니이다" (41-42) 예수님은 항상 자신의 기도에 대한 하나님의 응답에 감사하셨습니다. 이것은 하나님 아버지와의 교제가 어떤 사건에만 국한되는 것이 아니라 끊임없는 것임을 말씀합니다. 하나님 아버지께서 이 세상에 메시야를 보내셨기 때문에 하나님 아버지와의 사이에 끊임없는 교통이 이루어지고 있다는 말씀입니다. 예수님께서 큰 소리로 기도하신 것은 둘러 선 사람들 모두가 이 사실을 듣고 알게 하기 위해서입니다. 예수님은 모든 사람들이 자신이 메사야이심을 알기를 원하셨기 때문에 기회가 있을 때마다 자신이 메시야이심을 가르치셨습니다. 이것은 사람들이 그를 메시야로 바로 알아야만 그들이 구원을 받을 수 있었기 때문입니다.

우리 예수님의 관심은 언제나 사람들의 구원이었습니다. 그래서 항상 말씀을 전파하시고 가르치신 것입니다. 예수님은 큰 소리로 나사로를 향해서 "나사로야 나오라"고 외치셨습니다. 예수님은 마술사들이 중얼거리는 것과는 반대로 큰 소리로 또렷하게 말씀하셨습니다. 예수님은 죽은 자를 산 자처럼 불러 내셨습니다. 그런데 왜 예수님께서 나사로의 이름을 부르셨습니까? 어떤 사람은 이런 말을 했습니다. 그때 만약 예수님께서 '나사로'의 이름을 부르지 않고 그저 '나오라'고만 하셨다면 무덤에 묻혔던 모든 시신들이 다 일어났을 것이라고 합니다. 우리 예수님은 능히 그럴 만한 능력이 있으십니다.

"죽은 자가 수족을 베로 동인 채로 나오는데 그 얼굴은 수건에 싸였더라 예수께서 이르시되 풀어 놓아 다니게 하라 하시니라"(44) 이렇게 말씀하신 것은 살아 나오는 자가 나사로임에 틀림이 없다는 것을 보여주시기 위해서입니다. 만일 그에게 베로 동인 것이 없었다면 유령으로 생각했을지도 모릅니다. 예수님이 "풀어 놓아 다니게 하라"고 말씀하신 것은 그 부활 이적의 역사에 무리가 수종들게 함으로써 그들로 하여금 그 사실의 진실성을 뼛속 깊이 체험하게 하시기 위해서입니다. 주님은 사람이 하지 못하는 기적을 친히 이루시면서도 그 일과 관련하여 사람들에게 할 일을 주십니다. 기적은 예수님이 행하시지만 그 기적으로 인하여 사람들이 게을러지거나 무책임해지는 것을 원치 않으셨기 때문입니다. 사람들에게 그 기적에 동참할 기회를 주심으로써 그 믿음과 감격을 함께 누릴 수 있는 은혜를 받게 하셨습니다. 이것은 하나님께서 사람들을 존귀하게 여기신다는 것을 알 수 있습니다.

예수님은 "나사로야 나오라"고 명령하심으로써 죽은 나사로를 무덤에서 살리셨습니다. 예수님은 이것으로 전능하신 하나님이심을 보여주셨습니다. 죽은 자를 향해서 명령하시는 분은 하나님 외에는 없습니다. 나사로의 부활 사건은 많은 사람들이 보는 대낮에 일어난 일로 아무도 부인할 수 없는 사실입니다. 그리고 우리 예수님은 베로 묶여 있던 나사로를 풀어 다니게 하셨습니다.

이 사건은 오늘날 죄악에 묶여 살아가는 우리 인생들에게도 예수님은 자유와 구원을 주시는 분이심을 보여주고 있습니다. 우리 인생에게 가장 소중한 것은 속박에서 해방을 얻어 자유와 인권을 누리며 사는 것입니다. 우리 예수님은 우리를 영적 사망에서 해방시켜 참 자유와 인간적인 권리를 가지고 살게 하시려고 이 세상에 오셨습니다. 이 세상의 많은 사람들은 죄악이란 쇠사슬에 묶여 살아가고 있습니다.

예수님께서 "풀어 놓아 다니게 하라"고 하신 말씀은 예수님을 믿지만 아직 세속의 줄에 매어 있는 우리 인생들에게 자유를 선포하시는 말씀입니다.

예수님은 우리 인생들이 영혼과 육신의 모든 삶 가운데서 참 자유를 얻기를 원하셨습니다. 그래서 예수 그리스도는 우리에게 참 자유를 주셨습니다. "그리스도께서 우리를 자유롭게 하려고 자유를 주셨으니 그러므로 굳건하게 서서 다시는 종의 멍에를 메지 말라"(갈 5:1) 예수님은 우리 인생들에게 참 자유를 주시려고 이 세상에 오셨습니다. 성경은 말씀합니다. "주의 성령이 내게 임하셨으니 이는 가난한 자에게 복음을 전하게 하시려고 내게 기름을 부으시고 나를 보내사 포로된 자에게 자유를 눈 먼 자에게 다시 보게 함을 전파하며 눌린 자를 자유롭게 하고 주의 은혜의 해를 전파하게 하려 하심이라"(눅 4:18-19) "너희는 유혹의 욕심을 따라 썩어져 가는 구습을 따르는 옛 사람을 벗어 버리고 오직 너희의 심령이 새롭게 되어 하나님을 따라 의와 진리의 거룩함으로 지으심을 받은 새 사람을 입으라"(엡 4:22-24) 우리는 예수 그리스도 안에서 베로 동인 수의를 벗어야 합니다. 썩은 것은 벗어 버리고 새 옷으로 갈아 입어야 합니다.

예수 그리스도는 과거에도 미래에도 현재에도 역사하시는 하나님이십니다. 우리도 예수님처럼 조국과 인생의 죄악을 보고 울며 기도할 수 있어야 합니다. 예수님은 죽은 자도 살리시는 전능하신 하나님이십니다. 우리는 세속화된 죄악의 줄에서 해방되어 주 안에서 참된 자유와 거룩한 삶을 살아가야 합니다. 아멘.

45마리아에게 와서 예수께서 하신 일을 본 많은 유대인이 그를 믿었으나 46그
중에 어떤 자는 바리새인들에게 가서 예수께서 하신 일을 알리니라 47이에
대제사장들과 바리새인들이 공회를 모으고 이르되 이 사람이 많은 표적을
행하니 우리가 어떻게 하겠느냐 48만일 그를 이대로 두면 모든 사람이 그를
믿을 것이요 그리고 로마인들이 와서 우리 땅과 민족을 빼앗아 가리라 하니
49그 중의 한 사람 그해의 대제사장인 가야바가 그들에게 말하되 너희가 아
무 것도 알지 못하는도다 50한 사람이 백성을 위하여 죽어서 온 민족이 망하
지 않게 되는 것이 너희에게 유익한 줄을 생각하지 아니하는도다 하였으니
51이 말은 스스로 함이 아니요 그해의 대제사장이므로 예수께서 그 민족을
위하시고 52또 그 민족만 위할 뿐 아니라 흩어진 하나님의 자녀를 모아 하나
가 되게 하기 위하여 죽으실 것을 미리 말함이러라 53이날부터는 그들이 예
수를 죽이려고 모의하니라 54그러므로 예수께서 다시 유대인 가운데 드러나
게 다니지 아니하시고 거기를 떠나 빈들 가까운 곳인 에브라임이라는 동네
에 가서 제자들과 함께 거기 머무르시니라 55유대인의 유월절이 가까우매 많
은 사람이 자기를 성결하게 하기 위하여 유월절 전에 시골에서 예루살렘으
로 올라갔더니 56그들이 예수를 찾으며 성전에 서서 서로 말하되 너희 생각
에는 어떠하냐 그가 명절에 오지 아니하겠느냐 하니 57이는 대제사장들과 바
리새인들이 누구든지 예수 있는 곳을 알거든 신고하여 잡게 하라 명령하였
음이러라

(요한복음 11:45-57)

37

예수님을 죽이려는 음모

나사로가 죽어 장사된 지 나흘 째 되는 날 예수님께서 찾아 오시어 무덤에 누워 있는 나사로를 살려 주셨습니다. 이것은 대단한 사건이

었습니다. 많은 사람들이 보는 가운데 일어난 이 사건은 목격자들에게 큰 충격을 주었습니다. 이 소문은 이스라엘 전역에 퍼져나갈 것입니다. 예수님께서 이런 놀라운 일을 행하시자 유대인 지도자들은 예수님을 죽이려고 음모를 꾸미기 시작했습니다.

1. 나사로의 부활에 대한 반응입니다

1) 믿는 사람들이 나타났습니다

"마리아에게 와서 예수께서 하신 일을 본 많은 유대인이 그를 믿었으나"(45)

나사로의 죽음으로 슬퍼하는 마르다와 마리아를 위문하러 온 많은 유대인들이 죽은 자를 살리시는 예수님의 전능하심을 보고 예수님을 믿게 되었습니다. 예수님이 하신 일, 즉 예수님께서 죽은 자를 살리시는 기적을 보고 예수님을 믿은 것입니다.

이 믿음이 중요합니다. 하나님이 역사하시는 이 놀라운 일을 보고도 믿지 않는다면 이것은 불신입니다. 불신하는 사람들에게는 하나님의 역사가 나타나지 않습니다. 하나님의 능력을 보고도 믿지 않는다면 구원이 없습니다. 중요한 것은 믿음입니다. 예수님을 믿어야 구원을 받고 영생을 얻게 됩니다. 예수님을 믿어야 복을 받습니다. 복음서에 보면 많은 병자들이 믿음으로 구원을 받았습니다.

예수님은 병자를 고쳐주실 때에 "네 믿음이 너를 구원하였느니라"(막 10:52)고 말씀하셨습니다. 소경 바디매오가 "다윗의 자손 예수여 나를 불쌍히 여기소서"(10:47)라며 병을 고쳐달라고 외칠 때에도 예수님은 "네 믿음이 너를 구원하였느니라"(막 10:52)고 말씀하셨습니다. 그러자 즉시 바디매오의 눈이 뜨였습니다. 우리가 믿어야 합니다. 예수님을 믿을 때 역사가 나타납니다.

우리는 하나님의 역사를 보고 믿어야 합니다.

2) 일부는 바리새인들에게 찾아가 예수님을 고발했습니다

"그 중에 어떤 자는 바리새인들에게 가서 예수께서 하신 일을 알리니라"(46)

이 놀라운 장면을 본 어떤 사람은 바리새인들을 찾아가 예수님이 하신 일을 말했습니다. 이들은 예수님을 칭찬하려고 간 것이 아니라 예수님을 고발하려고 갔습니다. 예수님을 죽일 기회만 노리고 있는 바리새인들에게 찾아가 예수님을 고발한 것입니다. 예수님의 기적의 현장을 보고도 믿지 못하고 오히려 예수님을 죽이려고 하는 것은 죄악입니다.

오늘날에도 하나님의 역사를 보면서도 믿지 않는 사람들이 많습니다. 오히려 믿는 사람들과 교회를 박해하는 사람들도 있습니다. 어느 시대에나 예수님에 대하여 부정적인 자세로 박해하는 자들이 있습니다. 하나님의 역사를 눈으로 보면서도 믿기는커녕 오히려 고발을 했습니다. 교회에 대하여 비판하는 무리는 언제나 있기 마련입니다. 사실 교회도 사람들이 모인 곳이다 보니 아직 죄성을 씻지 못해 실수하는 일들이 있습니다. 그래도 교회는 이 세상에서 소금과 빛의 사명을 감당하고 있습니다.

기독교는 우리나라의 현대교육에 많은 공헌을 했습니다. 민주주의와 언론에도 많은 기여를 했습니다. 병원이나 고아원, 그리고 양로원 등 불우이웃을 돕는 일에도 큰 역할을 했습니다. 6·25에 동란 때에 이북에서 피난 온 고 장기려 박사님이 현재 부산에 있는 제3영도교회 앞마당에 천막을 치고 환자들을 치료하게 된 것이 복음병원을 설립하게 된 동기입니다. 과거 우리나라가 어려울 때에 예수님을 믿는 사람들이 이웃에 사랑을 실천하고 구제하기 위해서 많은 일들을 했습니다.

그런데도 호텔이나 술집 등을 지을 때는 아무런 반응이 없다가도 교회를 짓는다고 하면 반대부터 합니다. 예수님을 반대하며 고발하는 무리는 앞으로도 계속 있을 것입니다. 우리는 이것을 각오하고 기도로 준비하여 승리해야 합니다.

2. 공회에서 예수님에 대한 처분을 의논했습니다

"이에 대제사장들과 바리새인들이 공회를 모으고 이르되 이 사람이 많은 표적을 행하니 우리가 어떻게 하겠느냐"(47)

예수님께서 죽은 나사로를 살리신 것을 비롯하여 많은 표적들을 행하시자 이 일을 어떻게 대처해야 될지 몰라 서로 의논을 했습니다. 이 말 속에는 예수님의 능력을 인정한다는 의미가 포함되어 있습니다. 그러나 그들은 예수님의 능력은 인정하지만 믿지는 않았습니다. 아무튼 예수님이 많은 표적을 행하시는 것이 그들에게는 심각한 문제가 되었습니다. “만일 그를 이대로 두면 모든 사람이 그를 믿을 것이요 그리고 로마인들이 와서 우리 땅과 민족을 빼앗아 가리라”(48) 예수님의 표적을 본 많은 사람들이 예수님을 믿게 되면 예수님을 왕으로 삼으려고 할 것이며, 만일 그렇게 된다면 로마 군인들이 나라를 빼앗아 갈 것이라는 그럴싸한 논리로 합리화시키고 있습니다. 이것을 국가의 운명이 걸린 심각한 문젯거리로 다루고 있습니다. 그러나 이들이 하는 말은 나라를 염려하는 애국자처럼 보이지만 실상은 자기들의 지위가 위협받을까 해서 염려하는 핑계에 불과합니다.

옛날이나 지금이나 나라를 생각하는 것처럼 명분을 내세우지만 실상은 자신들의 목적과 사리사욕을 채우는 정치인들이 많습니다. 진정으로 나라와 민족을 염려하고 생각한다면 포퓰리즘, 즉 인기 영합주의적인 주장을 하면 안 됩니다. 선거에서 표만 획득하면 된다는 생각으로 앞뒤 생각도 하지 않고 백성들의 마음을 현혹시켜 판단을 흐리게 하며 선동적인 발언을 하는데 앞장 서는 사람들이 많습니다. 이들에게는 진정성이 없습니다. 비록 싫은 소리를 듣더라도 사실대로 정확하게 분석해서 나라와 민족을 위해 바른 말을 하는 사람이 진정한 애국자입니다. 하나님의 백성인 우리 성도들은 정직하고 진실한 말을 하고 참으로 나라와 민족을 생각하는 언행이 뒤따라야 합니다.

1) 가야바의 논리입니다

이때 종교 지도자 중의 한 사람인 대제사장 가야바가 말했습니다. “그 중의 한 사람 그해의 대제사장인 가야바가 그들에게 말하되 너희가 아무 것도 알지 못하는도다 한 사람이 백성을 위하여 죽어서 온 민

족이 망하지 않게 되는 것이 너희에게 유익한 줄을 생각하지 아니하는도다"(49-50)

가야바의 논리는 한 마디로 한 사람이 백성을 위하여 죽음으로써 온 민족이 망하지 않도록 하는 것이 국가적으로 유익하다는 말입니다. 다시 말하면 예수님 한 명만 죽으면 이 민족이 망하지 않고 살 수 있으니 예수님을 죽이자는 말입니다. 사실 예수님은 우리 모든 죄인들을 살리시기 위해서 십자가에서 대신 죽어 주셨습니다. 예수님 한 사람이 십자가에서 죽어 주심으로 그분을 믿는 우리 모든 사람들이 죄를 용서받았습니다. 예수님 한 사람의 죽으심으로 인하여 많은 사람들이 구원을 받게 되었습니다. 가야바는 자기 자신의 욕망을 채우기 위하여 예수님을 죽이려고 했지만 하나님은 이미 예수 그리스도의 죽으심으로 만백성을 구원하시기 위해서 위대한 구원 역사를 준비해 두셨습니다.

"이 말은 스스로 함이 아니요 그해의 대제사장이므로 예수께서 그 민족을 위하시고 또 그 민족만 위할 뿐 아니라 흩어진 하나님의 자녀를 모아 하나가 되게 하기 위하여 죽으실 것을 미리 말함이러라"(51-52) 가야바는 대제사장의 자격으로 이런 예언을 한 것입니다. 그의 본의는 예수님을 해하려는 악한 마음으로 말했습니다. 그렇지만 그의 말은 성령으로 말미암아 예언하게 된 말이라는 뜻입니다. 하나님은 악인의 생각까지도 이용하십니다. 하나님은 예수님을 죽이려고 했던 가야바를 통해서도 하나님의 뜻을 이루셨습니다.

"여호와께서 온갖 것을 그 쓰임에 적당하게 지으셨나니 악인도 악한 날에 적당하게 하셨느니라"(잠 16:4) 하나님은 모든 피조물을 자신의 목적에 따라 만드셨습니다. 각 피조물들은 하나님께로부터 저마다의 목적과 용도를 가지고 지음을 받았습니다. 모든 만물과 그것들을 통해 발생되는 수많은 상황들이 하나님의 섭리와 계획이라는 하나의 통일된 법칙 속에서 성취된다는 것을 알 수 있습니다. 그리고 악인도 악한 날에 적당하게 하셨다고 말씀합니다. 악한 날은 심판의 날을 말합니다. 하나님은 악인들의 악행도 하나님의 나라를 위하여 선하게 사용하십니다. 그러나 악인은 그 악행에 대한 심판을 받게 될 것입니다. 가야바가 악을 계획하고 예수님을 체포하여 죽이려는 죄를 지었지만 하나님은 이 악한 계획을 이용하여 우리를 구원하시기 위한 십자가의 대속의 역사를 이루셨습니다.

예수님이 십자가에 달리시는 것은 우리를 구원하시기 위한 하나님의 위대하신 계획이었습니다. 그런데 이 하나님의 구원역사에 쓰임받은 사람들 중에는 두 종류가 있었습니다. 악인으로 쓰임을 받은 사람들과 구원역사에 협력한 의로운 사람들입니다. 악인들 중에는 예수님을 죽이려고 모의하고 체포한 유대인의 지도자들이 있습니다. 불법재판으로 예수님을 십자가에 넘겨준 빌라도 총독과 예수님을 박해하며 괴롭히고 채찍질한 로마 군병들도 있습니다. 그리고 예수님을 십자가에 못 박으라며 소리친 무리도 있습니다. 그런가 하면 예수님을 위해 애쓴 사람들도 있습니다. 예수님이 입성하실 때 자기의 나귀를 드린 무명의 나귀 주인과 예수님의 마지막 장례를 예비하여 귀한 옥합을 깨뜨려 예수님의 몸에 부어드린 마리아가 있습니다. 예수님과 제자들의 유월절 마지막 만찬을 준비하며 다락방을 제공한 마가 요한의 어머니가 있습니다. 예수님의 십자가를 대신 지고 간 구레네 시몬과 같은 사람이 있는가 하면 예수님이 십자가에 못 박히시는 곳까지 따라간 여인들을 비롯한 경건한 무리도 있습니다. 용감하게 빌라도 총독을 찾아가 예수님의 시신을 요구하고 자신이 묻힐 새 무덤에 예수님의 시신을 모신 아리마대 사람 요셉도 있습니다. 그리고 몰약을 가지고 와서 예수님의 몸에 바르고 장례를 치른 니고데모도 있고, 예수님의 장례식에 참석하고 안식일 새벽 미명에 예수님의 몸에 향유를 바르려고 찾아온 막달라 마리아와 같은 믿음의 여성들도 있습니다.

우리는 어느 편에 서야 하겠습니까? 당연히 우리는 예수님의 편에 서야 합니다. 우리는 하나님의 역사에 동참해야 하고 하나님의 나라를 위해 쓰임 받아야 하고 하나님의 교회를 위해 노력해야 합니다. 우리는 우리의 평생, 그리고 매일의 삶 속에서 순간마다 하나님 앞에 악의 도구가 아닌 의의 도구로 쓰임 받도록 소망하고 기도하며 애써야 합니다.

2) 예수님을 죽이기로 모의했습니다

"이날부터는 그들이 예수를 죽이려고 모의하니라"(53)

이제 유대인의 지도자들은 적극적이고도 구체적으로 예수님을 죽이려고 모의하기 시작했습니다. 그들의 목표는 예수님을 죽이는 것이었습니다. 그들은 자신들의 지위와 권력을 유지하기 위하여 예수님을 죽이려고 했습니다. 머리를 맞대고 의논하며 연구하기 시작했습니다. 이들은 자신들의 육적인 욕구를 충족시키기 위해서 예수님을 죽이려고 했던 것입니다.

오늘날에도 예수님을 죽이고 하나님의 교회를 죽이려는 무리가 있습니다. 역사적으로 예수님을 죽이고 교회를 말살하려고 했던 권세자들과 이념들이 많았습니다. 로마제국이 그러했습니다. 그러나 결과는 오히려 로마제국이 예수 그리스도를 영접하고 국교로 선포했습니다. 나치 히틀러나 무소리니, 그리고 일본의 군국주의자들은 모두 예수님을 죽이고 교회를 없애려고 박해를 했습니다. 결과는 그들이 패망하고 말았습니다. 소련을 공산주의 제국으로 건설하려고 했던 막스 레닌은 교회를 박해하며 고통을 주었습니다. 그러나 공산주의는 망하고 교회가 승리했습니다. 지구상에 몇 남지 않은 공산국가 중에 유일하게 북한 정권은 아직도 교회를 박해하며 성도들에게 고통을 주고 있습니다. 예배의 자유가 없어 찬송이나 기도나 설교를 할 수도 없습니다. 그 결과 그들은 세계에서 가장 가난하게 살아가는 나라가 되었습니다. 우리는 하루 속히 북한에도 종교의 자유가 주어지도록 기도해야 합니다.

3. 예수님을 잡으라고 명령했습니다

1) 예수님은 자신을 드러내지 않으셨습니다

아직 예수님의 때가 오지 않았기 때문에 유대인들에게 자신을 공개적으로 드러내지 않으셨습니다. "그러므로 예수께서 다시 유대인 가운데 드러나게 다니지 아니하시고 거기를 떠나 빈들 가까운 곳인 에브라임이라는 동네에 가서 제자들과 함께 거기 머무르시니라"(54)

예수님이 빈들에 머무신 것은 하나님의 뜻을 이룰 때를 기다리신 것입니다. 예수님은 자신의 때를 기다리며 준비하셨습니다. 결코 서두르거나 늦추지 않으셨습니다. 하나님께서 자신에게 주신 그때를 기다리시다가 때가 되자 즉각 행동하셨습니다. 우리도 예수님의 지혜를 배워야 합니다. 일을 해야 할 때가 있고 그 일을 위해 준비해야 할 때가 있습니다. 이것을 잘 분별할 줄 아는 사람이 지혜로운 사람이요 성공하는 사람입니다. 반면에 이것을 잘 분별하지 못하면 실패하게 됩니다. 아직 준비할 때인데 준비가 채 되기도 전에 앞서 행동한다면 실패할 수밖에 없습니다. 준비 기간이 중요합니다.

요셉도 총리로 나서기 전에 준비 기간이 필요했습니다. 요셉은 아버지 야곱으로부터 신앙교육을 받았습니다. 또 형들에게 미움을 받아 애굽에 종으로 팔려가서 시위대장 보디발의 집에서도 훈련을 받았습니다. 그리고 억울하게 누명을 쓰고 들어간 감옥에서도 훈련을 받았습니다. 이 모든 과정을 다 거친 후에 비로소 총리로 발탁되어 성공적인 사역을 감당할 수 있었습니다. 요셉은 훌륭한 정치력을 통해 하나님의 영광을 높이 드러냈습니다. 모세도 오랜 기간 준비했습니다. 애굽의 궁궐에서의 40년간은 학문과 정치를 배웠고 미디안 광야에서의 40년간은 고난이란 훈련을 통해 배웠습니다. 그리고 80세에 이스라엘의 지도자로 부름을 받았습니다. 그는 위대한 구원사역에 수종들면서 성공적인 삶을 살았습니다. 우리도 우리의 때를 기다리며 준비해야 합니다. 그리고 기회가 주어졌을 때에는 즉각 행동해야 합니다.

2) 유월절이 되자 많은 사람들이 예루살렘으로 올라 갔습니다

"유대인의 유월절이 가까우매 많은 사람이 자기를 성결하게 하기

위하여 유월절 전에 시골에서 예루살렘으로 올라갔더니"(55)

성경에는 유대인 남자들이 반드시 지켜야 할 3대 절기로 유월절(무교절)과 칠칠절, 그리고 초막절을 언급하고 있습니다. 유월절에 대해서는 출애굽기 12장에 자세히 기록되어 있습니다. 유월절은 BC 13세기(혹은 15세기)에 이스라엘 백성들이 애굽으로부터 해방되어 나온 날에 그 근거를 두고 있습니다. 하나님의 명령을 받은 모세가 이집트 왕 바로에게 이스라엘을 보내라고 요구했지만 바로는 매번 거절했습니다. 그러다가 장자가 죽게 되는 열 번째 재앙이 있은 후에 비로소 이스라엘 백성들을 해방시켜 주었습니다. 이때 하나님이 이스라엘 백성들에게 양을 잡아 그 피를 문의 설주(문 좌우의 기둥)와 인방(문 좌우의 기둥을 가로지르는 나무)에 뿌리라고 명령하셨습니다. 죽음의 천사는 이 피가 묻은 가정은 넘어가고 피가 없는 모든 가정의 장자, 그리고 모든 노예들의 장자와 짐승의 첫 소생까지 다 죽음을 당하게 했습니다. 천사가 어린 양의 피가 뿌려진 그 집을 보고 넘어갔다고 해서 유월절(逾越節, Passover)이라고 부르게 되었습니다.

유월절의 시기(출 12:18)는 이스라엘의 종교력으로 1월(아빕월, 니산월) 14일에 해당되며 현대의 달력으로는 4-5월에 해당됩니다. 이 시기는 보리 수확이 시작되는 시기입니다. 종교력으로 1월 14일은 유월절로, 1월 15일부터 21일까지는 무교절로 지키는데 성경에서는 이 두 절기를 하나의 절기로 취급하고 있습니다. 이스라엘 백성들이 급히 이집트에서 나오게 되자 빵을 발효시킬 여유가 없어서 발효되지 않은 빵을 구워 먹게 된 것이 무교절의 유래입니다. 종교력으로 유월절인 1월 14일은 이스라엘 백성들이 이집트에서 나오면서부터 발효되지 않은 빵(무교병, 無酵餠, unleavened bread, 유대인들은 '마쪼트'라 부른다)을 일주일간, 즉 유월절인 1월 14일부터 21일까지 먹은 것으로부터 무교절이 유래되었습니다.

무교절이란 '누룩이 없는 빵(떡)의 축제일'을 말합니다. 이 '마쪼트'는 경건한 남자들만이 만들 수 있었습니다. 레위기 23장 1-8절에 보면 1월 14일은 유월절로, 1월 15일부터 7일간은 무교절로 묘사하고 있습니다. 이 기간에는 집 안에 누룩을 없애고 누룩이 없는 음식을 먹으면서 첫째 날(1월 15일)과 7일 째 되는 마지막 날(1월 21일)에는 성회로 모여야 했으며 아무 일도 하지 않았습니다.(레 23:1-8)

이 유월절의 영적인 의미는 바로 우리의 어린 양이신 예수 그리스도의 대속적 죽음입니다. 예수 그리스도는 우리의 죄를 대속하시기 위해서 이 땅에 세상 죄를 지고 가는 하나님의 어린 양으로 오셨습니다. 그리고 유월절에 이스라엘 백성들을 살리시기 위해 죽은 어린 양처럼 십자가에서 우리의 죄를 대신하여 살 찢고 피 흘려주셨습니다. 그러므로 이 유월절은 이스라엘 백성들에게 아주 중요한 절기입니다.

이 시대를 살아가는 하나님의 백성들 역시 우리의 죄를 위하여 십자가에 달려 돌아가신 유월절 어린 양이신 예수 그리스도의 대속의 은혜를 기억하고 항상 감사하며 살아가야 합니다. 주일마다 드리는 예배를 비롯하여 성찬식 및 매일의 삶 속에서 유월절 어린 양이신 예수 그리스도의 구속의 은혜를 기억하고 항상 감사하며 살아가시길 바랍니다.

유월절을 지키려고 많은 유대인들이 예루살렘으로 모여들었습니다.

3) 이들의 관심은 예수님을 체포하는 일이었습니다

많은 유대인들이 예수님이 예루살렘에 오실 것에 대해 관심을 가졌습니다. "그들이 예수를 찾으며 성전에 서서 서로 말하되 너희 생각에는 어떠하냐 그가 명절에 오지 아니하겠느냐"(56) 그 이유는 대제사장들과 바리새인들이 예수님이 계신 곳을 신고하고 잡으라는 명령을 내렸기 때문입니다. "이는 대제사장들과 바리새인들이 누구든지 예수 있는 곳을 알거든 신고하여 잡게 하라 명령하였음이러라"(57)

유대인의 지도자들은 우리를 죄악에서 구원하시려고 이 땅에 유월절 어린 양으로 오신 예수님을 체포하라고 명령했습니다. 그들의 목표는 오직 예수님을 죽이는 것이었습니다. 유대인들은 우리의 죄를 위하여 죽어주신 예수님을 죽이려고 했습니다. 이 말에 동조하는 무리도 많았습니다. 그들은 예수님의 위대한 능력을 알고도 예수님을 죽이려고 했습니다. 죽어 장사한 지 나흘이 지난 나사로를 살리신 예수님의 위대한 능력을 보고도 그들은 믿기는커녕 오히려 예수님을 죽이려고 했습니다. 결국 그들은 예수님을 체포하여 십자가에 달리게 했습니다. 유월절에 우리의 유월절 어린 양이신 예수님을 십자가에 달려 피 흘려 죽게 했습니다. 이것은 엄청난 죄입니다. 그러나 하나님은 우리를 위하여 십자가에서 죽어주신 예수 그리스도를 통하여 위대한 구원의 역사를 이루셨습니다.

죽은 나사로를 다시 살리신 예수님은 지금도 죄악 가운데 죽은 자들을 다시 살리시는 역사를 계속 하십니다. 예수님은 우리의 죄를 용서해 주실 뿐만 아니라 우리를 영원한 천국으로 인도하실 우리의 구주가 되십니다. 죽어서 무덤에 묻힌 나사로를 향하여 "나사로야 나오라"

고 명령하심으로 그를 살려 내셨습니다. 베데스다 연못가의 38년 된 병자에게는 "일어나 네 자리를 들고 걸어가라" 하심으로 병을 고쳐 주셨습니다.

예수님은 지금도 말씀으로 우리를 살리십니다. 죽음에서 살리실 수 있는 분은 오직 예수님뿐입니다. 우리는 예수님의 말씀으로 살아날 수 있습니다. 우리는 전적으로 주 예수 그리스도를 의지하며 믿음으로 살아야 합니다. 예수님의 말씀으로 일어나야 합니다. 아멘.

요한복음 강해설교 1

생명의 떡 예수 그리스도

■

초판 1쇄 인쇄 / 2012년 12월 10일
초판 1쇄 발행 / 2012년 12월 15일

■

지은이/배 굉 호
펴낸이/김 수 관
펴낸곳/도서출판 영문
122-070 서울시 은평구 역촌동 10-82
☏ (02)357-8585
FAX • (02)382-4411
E-mail • kskym49@yahoo.co.kr

■

출판등록번호/제 03-01016호
출판등록일/1997. 7. 24

정가 20,000원
ISBN 978-89-8487-298-1 03230
Printed in Korea